인간행동과 사회환경

인간행동과 사회환경

윤경원 · 안외자 · 박선태 · 이규은 · 이지복 · 이경희 공저

HUMAN BEHAVIOR AND SOCIAL ENVIRONMENT

동문사

머리말

인간은 독립적인 생활을 유지하면서 자율적인 삶을 영위해 나가는 사회적 존재이기 때문에 인간행동을 바르게 이해한다는 것은 결코 쉬운 일이 아니다. 하나의 인간행동에는 다양한 행동요인과 환경요인이 연계성을 유지하고 있어서 인간행동의 원인을 찾고 이를 설명하는 것은 매우 중요하지만 상당히 어렵고 복잡한 문제이다. 따라서 인간행동의 원인을 찾고, 설명하고, 이해하기 위해서는 단일한 하나의 원인으로 행동을 설명하는 것은 불가능한 일이며, 사회적 환경, 심리적 요인, 발달상의 특성 등 다양한 요인들을 고려해야 보다 객관적이고 과학적인 답을 찾아낼 수 있다. 이와 같이 인간의 행동을 다양한 이론과 방법들을 통해서 분석하고 이해하기 위해 필요한 기초이론과 지식을 배우는 교과목이 바로 '인간행동과 사회환경'이다.

사회복지사는 인간의 행동의 원인을 찾고 이를 바탕으로 인간을 분석하고 이해하는 능력을 갖추어야 한다. 즉, 사회복지사가 사회복지를 실천하는 현장은 인간의 욕구와 문제에서 시작해서 인간의 변화를 이끌어 내는 것으로 완성이 된다. 따라서 사회복지사는 인간의 행동을 통해서 '욕구와 문제'를 사정하여야 하고 개입을 통해서 '변화'라는 목표를 달성하고 인간의 행동을 통해서 목표의 달성 여부를 측정할 수 있어야 한다. '인간행동과 사회환경'의 교과목은 인간행동의 이해를 위해 필요한 심리학이론과 사회학이론으로 구성되어 있다. 좀 더 구체적으로 심리학이론으로는 발달이론과 심리학파의 이론들, 그리고 사회학이론으로서는 사회체계이론과 생태체계이론들을 포함하고 있다. 심리학이론은 주로 인간의 행동이나 사고의 원인을 개인 내에서 찾고자 하며, 행동이나 사고의 문제를 개인의 문제로 보고 개인의 변화를 통해서 문제를 해결하려는 입장을 갖는 반면에, 사회학은 개인의 문제를 개인 내에서 찾으려고 하지 않고 사회환경 속에서 원인을 찾으려고 하고, 사회환경의 변화를 통해서 문제를 해결하려고 한다. 좀 더 구체적으로 살펴보면 발달이론은 인간이 수태에서부터 사망에 이르기까지의 주요한 변화들을 발달단계별로 제시해 준다. 다음으로 심리학파의 이론들을 통해서는 인간을 이해하기 위한 다양한 관점들과 이에 따른 인간이해의 각기 다른 접근방법들을 제시해 준다. 마지막으로 사회학이론은 인간의 행동을 사회환경적 관점에서 접근하는 이론으로서 사회체계이론과 생태체계이론을 제시하고 있다.

본서의 특성은 먼저, 대학에서 본 교과목을 교수하는 각 분야의 전문가들로 집필진을 구성하여 학생의 눈높이에 맞게 저술하였다는 점을 들 수 있다. 둘째로는, 각 주제별 내용을 핵심 내용을 중심으로 최대한 간략하게 정리하고자 하였다는 점이다. 간략한 내용들을 학습자가 이해하기 쉽도록 일상적인 용어로 쉽게 표현함으로써 학생들이 한 학기 동안 수업하기에 적절한 내용과 양을 유지할 수 있도록 하였다. 셋째로는, 발달이론에서 각 발달단계별 생애맞춤형 복지계획을 현 정부가 시행하고자 하는 계획을 바탕으로 기술함으로써 현실적 타당성을 높이고자 하였다. 뿐만 아니라 각 단계별로 사회적 이슈가 되거나 복지정책상 이슈가 존재하는 문제를 '함께 생각해 볼 문제'라는 제목으로 최근의 기사 내용을 중심으로 대표적인 것 한두 개를 각 장의 마지막에 제시하였다. '함께 생각해 볼 문제'는 높은 현실성을 바탕으로 학생들과 함께 토론하거나 보고서 문제로 제시하기에 적합할 것으로 판단되며, 사회복지실천의 사회적 이슈와 당면문제를 이해하는 데 상당히 큰 도움이 될 것으로 기대된다.

다양한 관점의 학문분야의 내용을 다양한 집필진이 함께 노력하여 관점의 다양성을 높이는 데는 매우 유익하였으나 다양성을 일관성을 지닌 관점으로 정리하고 논리적으로 기술하며 매끄럽게 정리하는 데는 다소간 부족함이 있었음을 밝혀둔다. 이러한 부족한 점은 추후에 보완하고 수정해 나가는 과정을 거쳐 완성도를 높여가도록 하겠다. 마지막으로 어려운 처우에도 불구하고 가장 낮은 곳에서 가장 빛나는 삶을 지향하는 우리 사회의 약 52만 명의 사회복지시설 종사자분들과 우리의 가장 중요한 동행자로 항상 지켜봐 주고 지지와 조언을 아끼지 않는 사랑하는 아내와 가족들 모두와 함께 출판의 기쁨을 함께하고 동시에 감사를 드린다.

2022년 1월

저자 일동

차 례

Part 01 발달적 관점에서 인간행동이해

Chapter 01

인간행동이해와 사회복지실천

<인간행동과 사회환경>은 사회복지 분야의 기초과목으로서 사회복지실천(social work practice)의 기본 바탕이 되는 인간을 이해하고 필요한 서비스를 제공하는 데 요구되는 기본적인 지식과 이론을 학습하는 과목이다. 사회복지실천은 클라이언트(client)의 욕구와 문제(drive and problem)에서 시작된다. 그러므로 사회복지실천현장의 실천가인 사회복지사(social worker)는 클라이언트의 행동 관찰을 통해서 클라이언트의 욕구 혹은 문제를 파악하여야 한다. 그리고 사회복지서비스의 목적인 클라이언트의 변화를 달성하기 위해서 필요한 적절한 서비스가 기본적으로 제공되어야 하지만 목적의 달성 여부를 확인하기 위해서도 역시 사회복지사는 클라이언트의 행동 관찰을 통해서 변화의 정도를 파악하여야 한다. 사회복지사가 사회복지실천을 시작하고 그리고 최종적으로 변화의 정도를 확인하는 데 필수적으로 요구되는 능력이 클라이언트의 행동을 관찰하고 이를 바탕으로 클라이언트 혹은 인간을 이해하는 것이다. 여기에 필요한 지식과 이론을 배우는 과목이 바로 <인간행동과 사회환경> 교과목이다.

본격적으로 학습하기 이전에 인간행동과 사회환경의 기본 개념을 이해하고 습득하기 위해서 1장에서는 인간행동의 개념, 인간행동이해를 위한 심리학의 주요 관점들, 인간행동이해를 위한 발달적 관점, 인간행동이해를 위한 사회환경적 관점들을 개괄적으로 살펴보고자 한다.

1 인간행동의 개념

인간행동이란 단순히 우리가 눈으로 보고 알 수 있는, 즉 사람들이 외부적으로 표현해서 눈으로 확인되는 외현적(overt) 행동만을 의미하는 것은 아니다. 즉, 심리학이나 교육학 등의 사회과학 분야에서 행동이란 의미는 매우 복잡한 의미를 지닌다. 따라서 먼저 행동이 갖는 의미를 정확히 알아야 할 것이다. 그리고 행동의 의미를 제대로 파악하고 이해하기 이전에 사회복지실천에서 행동이 갖는 의미를 살펴보고 행동의 정확한 개념을 파악해 보기로 한다.

1) 사회복지실천에 행동이 갖는 의미

사회복지사는 사회복지실천현장에서 문제나 욕구를 지닌 클라이언트를 만나 그들의 욕구나 문제를 사정하고 이를 해결하기 위한 개입을 하는 것이 기본적인 활동 패턴이다. 그러므로 사회복지사는 클라이언트가 어떤 문제를 지니고 있으며 이들의 문제를 해결하기 위해서는 어떤 개입이 필요할 것이며 이들이 지니고 있는 강점과 약점은 무엇인지 등의 내용에 대한 이해가 필수적이다. 이러한 일련의 활동에 필요한 클라이언트의 이해를 위한 가장 기본은 클라이언트의 행동을 관찰하고 분석 혹은 이해하는 것이다. 따라서 어떤 의미에서 사회복지사의 활동은 클라이언트의 행동에서 시작해서 클라이언트의 행동을 통해서 마무리된다고 해도 지나친 말이 아닐 것이다.

클라이언트의 행동을 보고 이들을 이해하고 또 이들의 행동을 변화시키는 활동들은 일견 단순해 보이지만 매우 복잡하고 어려운 일이다. 왜냐하면 인간의 행동이 너무 복잡하고 다양하며 또한 사회환경의 변화와 함께 변화를 계속해 나아가는 존재이기 때문이다. 그래서 우리는 가장 먼저 인간행동의 개념에 대해서 정확하게 학습하여야 한다.

2) 인간행동이란?

인간행동(human behavior)은 매우 복잡한 개념이다. 다시 말해서 인간행동은 외부로 표현되어 나타나는 외현적 행동(overt behavior), 내면에 존재하는 사고나 신념과 같이 보이지 않은 내현적 행동(covert behavior) 그리고 정신적이고 내면적인 부분이지만 우리의 의식 속에 존재하지 않는 무의식(unconsciousness)이라는 정신세계도 존재한다. 물론 정신적인 부분으로 영혼이 존재한다는 주장도 많지만 과학적 근거가 현재로서는 부족하기 때문에 인간의 행동에 포함하지는 않는다.

요약해 보면, 인간의 행동은 눈에 보이는 외부로 표현된 행동, 눈에 보이지 않는 내면의 행동, 그리고 내면에 존재하지만 의식하지 못하는 무의식이라는 정신세계로 구분된다. 즉, 우리가 본서에서 인간의 행동이라고 하면 이 세 가지 모두를 포함하는 행동의 개념으로 이해하여야 한다.

세 가지 의미의 인간행동에 대해서 좀 더 구체적으로 살펴보도록 하자.

(1) 외현적 행동

눈에 보이는 외현적 행동은 우리가 늘 접하게 되는 인간의 일상적인 행동들이다. 즉, 웃고 말하고, 걷고, 달리는 것과 같은 행동들을 의미한다. 이러한 행동들은 왓슨(Watson), 파블로프(Pavlov), 스키너(Skinner)와 같은 '행동주의' 이론에 관심을 갖고 연구를 한 주제이다. 행동주의이론에서는 행동은 '자극과 반응의 결합 혹은 연합'(조건화된 반응)을 통해서 학습된 결과로 본다. 따라서 행동주의는 어떤 방식으로 행동이 조건화가 되는지에 관심을 가졌으며 환경에 의해서 조건화가 된다는 것이 이들 이론의 핵심이다.

따라서 인간의 대부분의 행동은 환경에 의해 조건화되었으며, 환경적인 조건의 변화를 통해서 행동을 변화시킬 수 있다는 이론이며, 이들의 이론을 적용한 행동변화를 '행동수정기법'이라 한다.

행동에 대한 또 다른 접근방식은 행동의 원인을 찾아서 행동을 분석하고 이해하는 것이다. 이는 심리학의 '동기이론'에 해당한다. 행동의 원인으로는 생리적 필요에 의한 행동(요구[need])이나 인간이 원하는 것을 추구하는 '욕구' 혹은 '무의식적 욕망' 등이 있다. 이들 이론은 행동의 원인을 찾아 행동을 설명하고 이해하려고 한다. 기본적으로 인간은 자신의 욕구를 해소하려고 행동하는데 욕구가 충족되지 않으면 문제가 발생한다. 사회복지서비스는 주로 인간의 충족되지 못한 욕구를 만족시켜서 삶의 질을 향상시키려는 목표를 이루려고 하기 때문에 사회복지사는 기본적으로 인간의 욕구에 대한 이해가 필요하다.

(2) 내현적 행동

내현적 행동이란 인간의 행동 중에 내면의 정신활동 혹은 정신활동의 틀로서 작동하는 신념, 태도, 가치관 등을 의미한다. 내면의 정신활동은 굉장히 광범위한 스펙트럼의 심리현상이므로 단일한 하나의 행동으로 규정짓기는 불가능하다. 따라서 정신활동은 사고, 인지, 의식, 신념, 태도, 가치관 등과 같이 정신활동의 내용 혹은 특정한 분야를 중심으로 구분되고 설명되고 있다.

정신활동을 발달적 관점으로 분석한 이론에는 '인지발달', '도덕성 발달'과 같은 이론들이 있다. 인간행동의 원인으로서 행동에 영향을 미치는 정신활동으로는 신념, 태도, 가치관 등이 있는데, 이들이 내현적 행동으로 연구된다. 이러한 관점에서의 내현적 행동의 연구는 심리학이론의 관점에서 본서의 제2부에서 다룬다.

(3) 무의식

정신활동을 의식과 무의식으로 구분하고 무의식의 중요성을 다룬 연구는 프로이트(Freud)의 정신분석이론이다. 정신분석이론은 인간의 행동의 원인을 무의식적 소망 혹은 욕망으로 전제한다. 따라서 행동의 원인을 찾아 설명하고 이해하기 위해서는 무의식이 행동에 미치는 영향을 모르면 불가능하다. 프로이트는 무의식적 욕망은 성적 욕망과 공격적 욕망 두 가지가 있으며, 생의 본능은 바로 성적 욕망이라고 주장하였다. 즉, 인간의 삶을 지배하는 모든 행동의 원인은 '성적 욕망'이기 때문에 성적 욕망과 행동과의 관련성을 모르고는 행동을 이해할 수가 없다는 이론이다.

정신적인 문제인 불안이나 노이로제 등의 문제는 바로 성적 욕망을 지나치게 억압함으로써 기인한 문제로 본다. 즉, 억압된 성적 욕망이 언제 분출되어 나올지 모른다는 막연한 불안이 정신적인 문제의 하나인 '불안'의 원인이라고 진단한다. 따라서 정신적인 건강을 위해서는 자신의 욕망을 억압하는 것이 아니라 적절하게 잘 해소해야 한다. 그렇기 때문에 성적 농담을 잘하는 사람은 오히려 그렇지 못한 사람보다 정신적으로 건강하다고 볼 수 있다. 이러한 이론을 바탕으로 베스트셀러가 되었던 책이 바로 유명한 마광수 교수의 『나는 야한 여자가 좋다』라는 책이다. 즉, 야한 여자가 정신적으로 건강하다는 의미고 우리 사회가 야한 것을 받아들여야 정신이 건강한 사회가 될 수 있다는 의미가 된다.

그리고 정신분석이론은 인간의 성격(혹은 인격)은 5세 이전의 성적 경험에 의해서 결정된다고 가정한다. 그러므로 우리의 인생의 초기경험(5세 이전)을 매우 중요하게 고려한다. 만일 우리의 성격에 문제가 있다면 이는 5세 이전의 성적 경험의 문제로 기인되기 때문에 과거의 경험을 분석하여야 한다. 특히 과거의 경험 중에 상처가 된 경험(즉, 트라우마)은 우리의 삶에 지속적으로 영향을 미친다고 주장한다.

2 인간행동이해를 위한 심리학의 주요 관점들

인긴의 행동은 너무나 다양하고 복잡하기 때문에 인간의 행동을 쉽게 이해하기란 어쩌면 불가능한 일일 수도 있다. 인간의 행동을 분석하고 이를 통해서 인간을 과학적으로 이해해 보고자 하는 학문분야가 바로 '심리학(psychology)'이다. 1879년 독일에서 시작된 심리학은 '인간의 행동을 과학적 방법으로 연구'하는 학문으로 출발하였다. 다른 사회과학 분야의 학문에 비해서 역사가 매우 짧지만 그래도 이젠 140여 년의 역사를 지니고 있다. 심리학의 목표는 '인간이해'이다. 지금까지 100년이 넘도록 심리학은 인간을 이해하기 위해서 무엇을 주제로 어떤 방법으로 인간을 연구하는 것이 최선의 방법이 될 것인지를 두고 연구를 해왔다. 그 결과는 완벽한 인간이해를 위한 방법을 찾아내기보다는 다양한 관점의 인간이해의 방법들을 제안하고 있다. 이런 관점이 바로 인간을 이해하기 위한 다양한 심리학이론으로 자리를 잡고 있다. 이들 이론이 인간이해를 위한 하나의 단일한 최선의 방법이 아니라 각각의 방법이 나름대로의 장점과 단점을 지니고 특정한 인간의 행동에 더 적합한 형태로 존재하고 있다. 다시 말해서 인간의 외현적 행동을 중시하는 '행동주의', 인간의 사고를 중요시하는 '인지주의', 그리고 과학적 방법으로 인간을 분석하고 탐구하기보다는 각각의 인간의 독특성에 관심을 두는 '인본주의' 등으로 발전해 왔다. 따라서 사회복지사는 어느 하나의 단일한 이론이 아니라 인간을 이해하기 위한 심리학의 다양한 관점을 학습하고 이를 바탕으로 보다 객관적이고 합리적으로 인간을 이해할 수 있는 능력을 갖추어야 한다.

따라서 본서에서는 인간이해의 다양한 심리학의 접근 방법들을 '제2부 심리학 관점에서 인간행동이해' 부분에서 다룰 것이다.

여기에서는 인간이해를 위한 심리학의 대표적인 주요 관점들을 간단히 정리해 보도록 하자.

1) 정신분석주의 관점의 인간이해

정신분석주의는 19세기 후반에 오스트리아의 정신과 의사인 프로이트에 의해서 만들어진 심리학파이다. 정신분석주의는 인간의 정신을 의식과 무의식으로 구분하였으며 의식보다는 무의식이 중요하다고 가정하였다. 즉, 인간의 행동을 결정하는 동기는 의식이 아니라 우리가 알지 못하는 무의식이다. 따라서 인간의 행동을 이해하기 위해서는 행동의 원인이 되는 무의식이 어떻게 행동에 영향을 미치는지를 알아야 한다고 주장한다.

정신분석주의이론의 핵심은 두 가지 주요 원리에 있다.

(1) 심적결정론의 원리

심적결정론의 원리(principle of hic determinism)는 인간의 모든 행동에는 원인이 있다고 보는 원리이다. 즉, 인간의 행동은 우연하게 일어나는 것은 결코 없으며 인간의 모든 행동은 심리적 요인이든, 신체적 요인이든 간에 행동에 앞서 그 무엇인가와 연관되어 있기 때문에 일어난다는 것이다. 이는 누구나 쉽게 이해할 수 있는 내용이지만 일반 상식과는 다른 원인론이다. 즉, 인간이 흔히 원인이 없다고 생각하는 것, 예를 들면 농담, 실수, 실언 등과 같은 행동들이 원인이 있다는 것이며, 이러한 행동들에 인간의 진심이 숨겨져 있다고 주장한다.

(2) 무의식의 원리

무의식의 원리(principle of the unconscious)는 인간의 사고, 감정, 행동을 실제로 지배하는 인간행동의 원인은 의식에 있는 것이 아니라 무의식에 있다는 것이다. 그러므로 인간의 모든 행동은 우리가 알지 못하는 무의식에 원인이 있으므로 행동을 이해하기 위해서는 반드시 무의식과 행동의 관계를 알아야 한다. 무의식은 인간의 욕망에 해당한다. 즉, 성적 욕망과 공격성이 있다. 이들 중에 인간의 삶을 지배하는 욕망은 성적 욕망이기 때문에 인간의 모든 행동의 원인은 성적 욕망이라고 주장한다.

2) 행동주의 관점의 인간이해

행동주의는 러시아의 심리학자 파블로프(Pavlov), 미국의 심리학자 왓슨(Watson)에 의해서 만들어진 학파로 이들의 이론을 고전적 조건형성이론이라 한다. 이후에 미국의 심리학자 스키너(Skinner)에 의해 발전된 이론은 조작적 조건형성이론이다. 이들 이론은 보이지 않는 정신을 연구하는 것은 과학적이지 못하며, 따라서 정신연구를 통한 인간이해는 불가능하다고 간주하였다. 따라서 이들은 인간을 과학적으로 연구할 수 있는 유일한 방법은 눈으로 볼 수 있고 측정이 가능한 외현적 행동뿐이라고 주장하였다.

외현적 행동만을 정확하게 분석하고 행동의 원인을 밝혀내면 인간을 이해할 수 있다고 가정하였다. 따라서 이들을 행동주의라고 부른다. 행동주의이론에 따르면, 행동은 자극과 반응의 결합(혹은 연합)으로 학습된다. 고전적 조건형성에서는 개가 종소리(자극)에 타액 분비(반응)를 보이는 행동을 학습한 것은 개가 본능적으로 타액 분비를 하는 음식물과 거의 동시에 종을 치고 음식을 제공하는 환경적인 조건을 반복하게 되면 종소리가 음식의 신호가 되어서 개는 종소리에 타액을 분비하는 반응(행동)을 학습하게 된다. 즉, 종소리(자극)와 타액 분비(반응)의 결합이 곧 학습이다. 조작적 조건형성이론에서는 자극과 반응의 결합, 즉 학습은 반응의 결과에 의해서 이루어진다. 굶주린 쥐가 실험상자 안에서 특정한 지렛대를 누르게 되면 먹이가 제공되고 다른 지렛대는 먹이가 제공되지 않는 조건에서 쥐는 특정한 지렛대를 누르면 먹이가 나온다는 것을 학습하게 된다. 즉, 특정 지렛대(자극)와 먹이제공(반응)을 학습하게 되어서 먹이가 필요하면 특정한 지렛대를 누르는 행동을 학습하게 된다.

고전적 조건형성이나 조작적 조건형성 모두 환경적인 조건에 해당하며 환경적 조건에 의해서 행동이 학습된다는 것이 행동주의이론의 핵심이다. 학습된 행동을 변화시키는 것도 새로운 행동을 하도록 학습시키는 것도 모두 환경적 조건에 의해서 가능하다. 따라서 행동주의이론에 따르면 학습은 환경적 조건에 의해서 이루어지기 때문에 환경의 중요성을 매우 강조하고 있다.

3) 인지주의 관점의 인간이해

20세기 중반에 접어들면서 행동주의의 영향력이 약화되면서 인간을 바르게 이해하기 위해서는 인간의 정신적 현상을 이해하는 것이 중요하다는 신념이 촉발되었다. 즉, 인간행동을 정신과정과 정신구조의 과학적인 분석을 통해 이해하려 했던 것이다. 이러한 변화에 맞춰 많은 연구들이 인간이해를 위한 과학적 연구방법에 초점이 맞추어졌다. 비록 정신에 관한 연구가 관심에서 벗어난 기간이 꽤 길긴 했지만 형태주의 심리학파를 중심으로 인간의 '지각과정'이 우리가 감각기관을 통해서 사물을 감각한 이후 이것이 뇌로 전달되어 감각적 자극 자체로만 인식이 되는 것이 아니라 우리의 뇌의 활동을 통해서 이를 해석하고 조직화하는 적극적인 처리과정을 거치게 된다는 사실들이 밝혀지면서 인간의 정신활동의 중요성이 다시 부각되었다.

그리고 인간의 정신을 과학적으로 연구하는 객관적인 방법으로 외현적 행동을 통한 내현적 행동인 사고과정을 추론하는 것과 인간의 사고과정과 유사한 컴퓨터와 뇌를 비교하여 사고과정을 연구하는 '정보처리이론'을 통해서 인간의 사고과정을 과학적으로 연구하게 되었으며, 인간의 사고과정을 주로 다루는 심리학의 학파를 인지주의라고 한다.

이들 심리학파의 연구를 통해서 인간의 기억과정을 정보의 부호화, 저장, 인출의 과정으로 구분하여 각각의 과정을 설명함으로써 인간의 사고과정에 관한 많은 연구업적들이 만들어지게 되었다.

4) 인본주의 관점의 인간이해

과학적 연구방법을 통해서 인간을 이해하고자 하는 정통적인 심리학의 학파와 달리 과학적인 연구를 통한 인간의 연구 자체를 부정하는 심리학을 제3의 심리학이라 하며, 이 중 대표적인 학파가 인본주의 학파이다. 따라서 인간은 모두가 다른 존재(독특성[uniqueness])이므로 과학적인 연구를 통해서 인간의 대표적인 특성을 찾아내고 그 결과를 바탕으로 인간은 어떠하다라고 설명하고 이해하는 것은 잘못되었다고 보는 입장이다.

인본주의는 인간은 누구도 같을 수가 없는 각자가 다 다른 독특한 존재이므로 인간 개개인에 관심을 가져야 한다고 주장한다. 인본주의의 기본가정은 인간은 누구나 선한 존재이며 각자가 나름대로의 능력을 갖고 세상에 태어난 존재라고 본다. 즉, 인간이 각자 지니고 있는 독특성을 존중받게 되면 인간은 각자가 원하는 삶을 통해서 만족스러운 삶을 살아갈 것으로 가정하고 있다. 그러나 우리의 삶은 태어나면서부터 각자의 독특성이 그대로 받아들여지기보다는 부모, 형제 그리고 주변의 중요한 인물들에 의해서 특정한 행동 혹은 삶을 살도록 강요를 받게 된다. 그러면서 독특성을 잃어버리고 사회에서 요구하는 모습의 자신을 만들게 되고 이를 페르소나(가면 혹은 성격)라 한다.

페르소나가 자신이 원하는 삶과 일치하면 만족스러운 삶을 살게 되겠지만 이것이 자신이 원하는 삶과 멀어지면 멀어질수록 만족하지 못하는 불만족한 삶이 된다. 이러한 불만족에서 벗어나기 위한 유일한 방법은 자신의 독특성을 찾는 것이며 이를 바탕으로 자신이 원하는 삶을 살아가는 것이다.

5) 인간이해를 위한 심리학의 관점과 사회복지실천의 함의

앞에서 살펴본 심리학의 관점들은 클라이언트의 욕구와 문제를 해결하고 나아가 삶을 변화시키는 사회복지서비스 실천과 매우 깊은 연관성을 지닌다. 심리학의 이론들과 사회복지실천의 연관성에 관한 내용을 요약하면 표 1-1과 같다.

표 1-1 심리학파의 이론과 사회복지실천과의 연관성

구 분	19세기 후반 ~ 20세기 초	20세기 중반
심리학파	정신분석주의, 행동주의	인본주의, 사회체계이론
주요 내용	• 정신분석주의 : 초기 아동기의 경험중시 5세 이전의 경험-무의식으로 남아 지속적 영향 • 행동주의 : 관찰 가능한 행동만 관심 행동은 자극과 반응의 결합(조건화)으로 습득됨	• 인본주의 : 인간의 독특성 긍정적 인간관 · 무조건적 긍정적 존중 • 사회체계이론 : 환경 속의 인간 개인(체계)은 집단, 지역사회, 국가와 같은 상위체계와 상호작용
인간행동에 관한 이해	• 개인의 문제를 진단하고 치료하는 진단주의 학파 • 외현적 행동이 학습되는 환경적 조건에 관심(특정 체계 내의 개인 간 상호작용에만 한정하여 이해)	• 개인 : 타고난 능력소유, 근본적으로 선한 존재 • 다양한 체계수준의 환경 간 영향 고려
사회복지 실천함의	• 개인을 변화시키는 데 필요한 개입방법의 다양성 제공	• 개개인의 존중을 통한 문제해결 • 개입수준의 변화 : 개인과 관련성을 지니는 다양한 환경들과의 관계 모두를 함께 사정하고 개입함

3 인간행동이해를 위한 발달적 관점

인간은 누구나 태어나서 죽을 때까지 모든 부분에서 변화를 경험하면서 일생을 보내게 된다. 인간이 수태에서 시작해서 죽음에 이르는 순간까지 나이에 따라서 변화하는 것을 '발달'이라고 한다. 다시 말해서 발달이란, '수태에서 죽을 때까지 인간에게 일어나는 모든 변화'를 의미하며 이러한 발달적 변화는 개인마다 차이가 있겠지만 공통적인 양상과 특징을 지니고 있다. 따라서 우리가 인간을 이해하는 하나의 방식으로서 매우 중요한 것이 발달단계상의 위치에 따라서 인간을 이해하는 것이다. 예를 들면, 청소년기의 인간은 그 이전 단계와는 달리 거의 대부분의 아이들이 성(sexuality)에 대한 관심이 매우 고조된다. 그런데 특정 청소년기의 아이가 성에 관심을 보이지 않는다면 이는 발달단계의 공통적인 특성에서 벗어난 발달을 보이므로 어떤 문제의 여지가 있을 것으로 예측하는 것에 도움이 된다. 이런 식으로 발달에 관한 지식과 이론은 특정 단계의 인간의 행동을 예측할 수 있게 해 준다. 또한 어떤 경우는 특정한 연령의 아동이나 성인이 공통적인 발달수준에 적합하거나 지나치거나 부족한 수준에 있는지를 파악할 수 있다. 이를 기준으로 정상적인 발달수준으로 변화를 촉진시키거나 발달상의 문제점을 찾아낼 수 있기 때문에 인간이해에 매우 중요한 분야 중 하나가 발달이론이다.

인간발달은 사회복지실천에 있어서 클라이언트가 지니고 있는 문제를 파악하고, 평가하는 데 있어서 중요한 요인이 될 수 있으며, 문제 해결을 위한 자원을 파악하고 활용하는 데 있어서도 유용하게 사용될 수 있다. 뿐만 아니라, 문제 해결을 위한 프로그램 개발이나 서비스 고안에 있어서도 발달단계에 맞는 효과적인 개입계획을 수립하는 데 유용하게 활용될 수 있다.

사회복지실천은 클라이언트의 욕구와 문제에서 출발하기 때문에 클라이언트(인간)에 대한 이해가 필수적이다.

다음으로 발달이론과 사회복지실천의 관련성을 살펴보면, 우선 사회복지실천의 대상인 인간 혹은 클라이언트는 발달단계상의 뚜렷한 차이를 보여준다. 따라서 발달단계별로 클라이언트의 주요한 욕구와 문제들이 차이가 나게 된다. 클라이언트의 특성을 발달단계별로 정리하고 단계별로 적합한 사회복지서비스를 제공하고자 하는 것이 '생애주기별 맞춤형 사회복지서비스'이다.

생애주기별·대상별 맞춤형 사회복지서비스의 내용과 정책과제를 예시로 제시하면 다음의 표 1-2, 그림 1-1과 같다.

표 1-2 생애주기별 · 대상별 맞춤형 사회복지서비스 내용

구분	대상	사회복지서비스 내용	확충 계획
장기요양 보장성 강화	노인	재가서비스 중심으로 장기요양수급률을 OECD 수준으로 확대하고 장기요양 보장성 강화	장기요양수급률 10.0%(23년)
		치매안심센터 256개소 정식 개소, 치매환자 의료지원 강화 등 치매 국가책임제 추진	치매환자관리율 54.4%(22년)
발달장애인 맞춤형 서비스 지원	장애인	발달장애인의 생애주기별 특성을 고려한 돌봄, 교육 등 맞춤형 서비스 지원	특수학교 200개교, 11,575학급(22년) 방과후 돌봄서비스 22,000명(22년)
		발달장애인의 특성을 고려한 취업 지원 확대	현장중심 직업재활센터 20개소(21년)
통합적 아동보호체계 구축	아동	보호대상 아동 자립지원 강화	• 만18세 이상 보호종료 아동에게 보호종료 후 2년 매월 30만 원 자립수당 지급 • 주거와 함께 맞춤형 사례관리 서비스를 제공하는 주거지원 통합서비스 제공(19년부터)
		저소득층 한부모가족 아동 양육비 지원 확대	한부모가족 아동양육비 수혜 인원을 12만 명으로 확대(22년부터)
		아동중심의 보호체계 구축	아동사업전문기관을 아동권리보장원으로 통합하여 종합적 · 체계적 아동서비스 제공의 기반을 마련
취약계층 복지 체계 확대 추진	취약계층	• 동절기 위주 에너지 복지체계를 하절기로 확대 시행 • 에너지 바우처 지원대상 및 지원단가를 단계적으로 확대	• 냉방지원(19년부터) • 하절기 에너지 바우처 지급, 에너지 절감형 냉방기기 보급
		저소득층의 문화향유기회 확대를 위해 통합문화이용권 지급액 상향 추진	1인당 10만 원의 통합문화이용권 지급(22년부터)

출처 : 보건복지부(2019). 제2차 사회보장기본계획(2019-2023). p. 30.

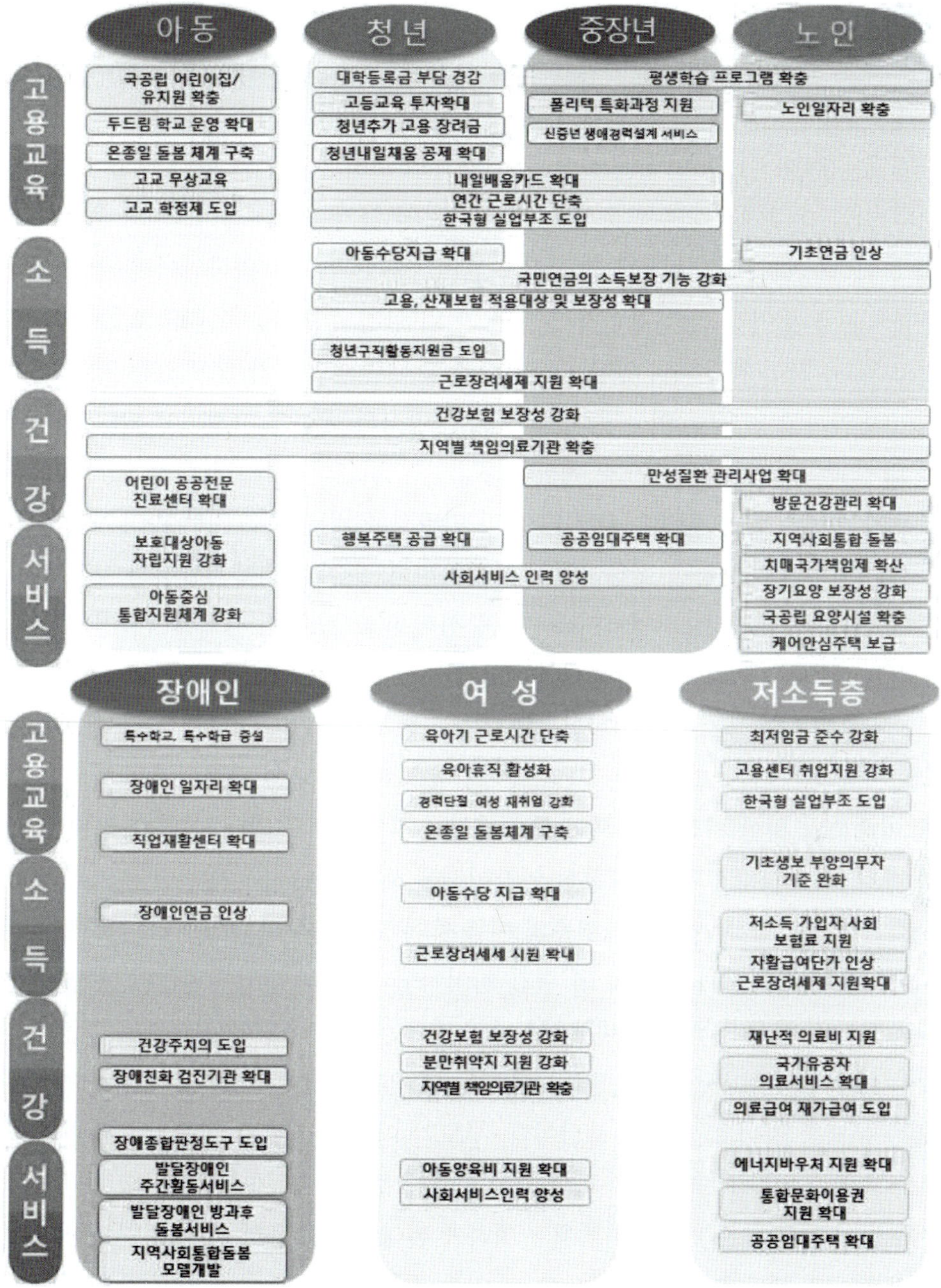

출처 : 보건복지부(2019). 제2차 사회보장기본계획(2019-2023). p. 35.

그림 1-1 생애주기별 · 대상별 주요 정책

4 인간행동이해를 위한 사회환경적 관점들

대구는 1980~1990년대만 하더라도 '사과의 도시', '미인의 도시'로 불렸다. 그러나 지금 대구에서 과수원을 구경하기는 거의 불가능하다. 또 인근의 울릉도는 '오징어' 주산지로 섬 전체에 오징어가 넘쳐나는 지역으로 인식되어 왔지만 지금 울릉도는 오징어가 거의 잡히지 않는다. 이런 환경의 변화는 우리의 삶을 변화시키고 있다. 지구 온난화의 영향으로 기후가 변하면서 우리가 살고 있는 지역의 환경이 변화하고 있으며, 이는 곧 우리의 삶의 방식의 변화를 가져오게 되었고 앞으로 더 큰 변화를 가져올 것으로 예상된다.

우리 주변의 모든 환경은 우리의 삶과 연관성을 지닌다. 그래서 환경의 영향을 무시하고 인간의 행동을 이해하기란 불가능하다. 또한 사회복지실천의 장은 이제 지역을 기반으로 하는 지역사회복지가 중심이 되고 있으며, 사회복지실천의 주요 자원으로서 지역사회의 환경은 매우 중요한 사회복지실천의 영향요인이 되었다.

그러므로 사회복지서비스 실천가로서 사회복지사는 인간이해를 위한 기초지식으로서 심리학이론, 발달이론, 그리고 마지막으로 환경과의 관련성 속에서의 인간을 이해하기 위한 지식과 이론의 학습이 필수적으로 요구된다. 이와 관련된 분야가 바로 '사회환경적 관점'을 통한 인간이해에 해당한다. 아주 빈번한 우리 주변의 사회환경의 영향에 관한 인간행동의 예를 들어 보자. 필자는 보호관찰위원으로서 비행청소년의 상담과 지도에 몇 년간 참여하였다. 이때 상담위원들이 가장 많이 사용했던 표현 중의 하나가 비행청소년의 뒤에는 90% 이상의 비행가정이 존재한다는 표현이었다. 즉, 비행을 저지르는 청소년의 90% 이상이 가족관계의 역기능 혹은 문제를 지니고 있다는 사실이다. 부모가 이혼과 재혼을 반복하면서 친부와 친모가 누구인지도 모르고 자신을 가장 지지해 주어야 할 가족으로부터 버림받은 친구들이 낮은 자존감으로 비행에 관여하게 된다는 것으로서, 이는 경험의 법칙일 뿐만 아니라 많은 연구를 통해서도 그 인과관계가 규명된 사실이다. 따라서 우리는 인간을 이해하기 위해서 각 개인이 처한 환경을 고려하지 않고는 절대로 인간을 이해할 수가 없다. 사회환경을 고려하는 사회환경 이해의 관점은 표 1-3과 같이 정리해 볼 수 있다.

표 1-3 사회환경 이해의 관점

구 분	19세기 후반 ~ 20세기 초	20세기 중반	현 재
관점	초기 사회학 기반 관점	생태학 기반 관점	생태체계적 관점 (생태학 + 사회체계이론)
주요 특성	가족 · 집단 · 조직 · 사회 등에 주목 : 체계수준이 아니고 환경 내의 구성원 간 교류 강조	인간이 속한 자연환경에 초점	개인의 기능과 관련된 상 · 하위체계는 물론 다른 여타 체계들의 영향 중시

1) 사회환경의 구조

인간과 환경의 관계에서 '인간의 제반 생활에 직접 혹은 간접으로 영향을 미치는 조건이나 환경'을 사회환경의 구조라 한다. 재스트로와 애쉬맨(Zastrow & Ashman, 2001)은 사회를 구성하는 대다수에 의한 공통된 성격(국민성), 문화를 형성하고 활용하는 체계, 제도와 전통, 인간을 둘러싸고 있는 조건과 상황, 인간의 상호작용을 포함하는 것들을 사회환경 구조로 정의하고 있으며 개인과 환경은 서로 영향을 주고받는다고 주장하였다. 그리고 뮬러(Muller, 1995)의 견해에 따르면 환경은 보다 세부적으로 자연환경(지형, 기후, 고도, 날씨, 천연자원), 인공적 환경(인간에 의해서 만들어진 환경, 주택단지, 공장, 대중교통)으로 구분하고 있으며, 이러한 사회환경은 체계를 이루고 이들 체계는 서로 연계되어 서로 영향을 주고받는 것으로 주장하였다.

사회환경의 구조가 변화하면서 인간의 행동에 변화를 가져다준 가장 극적인 예가 바로 미국 미주리 주의 세인트루이스에 지은 '이고우 서민용' 아파트 단지의 건설과 파괴이다.

'프루이트 - 이고우(Pruitt - Igoe)' 아파트 단지

1954년에 미국 세인트루이스에 지은 아파트로 11층짜리 고층건물 43개 동에 2,700가구 13,000명이 생활할 수 있는 대규모 임대 아파트 단지 조성사업으로 지어진 아파트 단지이다. 거주할 수 있는 대규모 임대 아파트 단지였다. 당시 이 지역은 유명한 우범지역으로 범죄율이 매우 높았다. 미국 연방정부는 도시환경 개선을 통해서 살기 좋은 곳으로 만들고자 하였으며 건축기술과 당시의 상황에서는 획기적인 단지조성이었기 때문에 건축상을 수상하기도 하였다. 그러나 결과적으로는 이 지역이 20년도 유지되지 못한 채 범죄의 소굴로 전락할 정도로 심각한 문제가 대두되어 1972년 강제로 폭파하게 되었다.

출처 : https://en.wikipedia.org/wiki/Pruitt%E2%80%93Igoe

그림 1-2 프루이트 이고우 아파트의 모습과 폭파사진

2) 사회체계적 관점의 인간이해

사회복지영역에서 체계이론에 대한 관심이 증대하게 된 배경으로 기존의 성격이론들이 개인의 내재적 문제 혹은 행동의 변화에만 초점을 두었지, 개인의 성격

발달에 상당한 영향을 미치는 환경이라는 주요 변수를 고려하지 못하였기 때문이다. 따라서 생태학은 환경적 요인을 고려하여 인간의 행동을 이해하게 됨으로써 인간발달의 진화적·적응적 관점과 종의 특성들을 설명하는 데 유용한 개념이 되었고, 인간이 그들의 환경과 지속적인 상호작용을 하고 있다는 것을 강조함으로써 '상황 속의 인간'의 관점을 지향하는 기능주의를 넘어선 성격이론의 새로운 패러다임을 창출하였다.

체계이론의 관점은 자연과의 끊임없는 상호작용을 하는 인간의 실체를 규정하고 인간을 둘러싼 사회환경과 물리적 환경의 맥락을 통해 인간의 심리사회적 문제에 대한 깊은 통찰력을 제공하는 등 사회복지실천에서 인간의 문제에 대한 새로운 시각과 접근법을 개발하는 데 도움을 줄 수 있을 것이다. 사회복지영역에서 다루어지는 체계이론은 크게 일반체계이론과 생태체계이론 등으로 대표된다.

사회체계이론은 사회복지실천의 기초로서 인간행동에 대한 이해를 도울 수 있는 개인과 환경의 상호관계의 본질을 조명해 줄 수 있다. 사회복지실천에서의 유용성을 보면,

첫째, 과거의 다른 실천모델보다 넓은 관점과 관심영역을 포괄한다(손광훈, 2014). 문제를 사정할 때 문제와 관련된 많은 체계를 접촉하여 정보를 얻어내므로 개인으로부터 나오는 정보에만 의지하던 과거의 방법보다 훨씬 다양하고 객관적인 정보를 획득할 수 있다.

둘째, 개인, 집단, 공동체를 포함한 다양한 크기의 체계에 적용되는 이론이다. 개입을 위한 실천모델을 활용하는 데 어느 한 가지 모델에 치우치지 않고 보다 다양한 모델을 절충적으로 선택하고 활용할 수 있다. 따라서 사회복지사는 클라이언트를 돕기 위해 다양한 수준의 사람이나 체계와 일할 수 있으며, 다양한 실천모델을 적용할 수 있도록 해 준다.

셋째, 사회체계이론은 대상체계의 속성과 체계 사이의 상호연관성을 평가함에 있어 체계 간의 일관성과 상호성, 갈등의 정도와 상태를 규명할 수 있는 개념들을 제공하므로 사정의 도구로도 직접적 유용성을 지닌다.

넷째, 문제를 총체적인 관점에서 이해할 수 있으므로 사회복지사가 개입 시 체계 전체를 변화시키는 전략을 세우는 데 유용하다. 따라서 개입이 종료되어도 이

미 발생한 체계의 변화는 체계 자체의 적응 기능에 의해 지속되는 특성이 있기 때문에 그 효과가 지속적으로 유지될 수 있다.

사회체계이론의 제한점은 이론이라기보다 하나의 모델로서 개념적 접근방법이며, 체계와 관련되는 복잡한 요인을 정확하게 측정하고 기술하기가 어렵고 인과관계를 구체화하기가 힘들어 과학적 검증이 어렵다는 점이다.

3) 생태체계적 관점의 인간이해

생태학이론(ecological theory)을 인간발달에 적용한 대표적 학자는 브론펜브레너(U. Bronfenbrenner)이다. 브론펜브레너는 생태학이론을 '활동적이고 성장하는 인간과 환경 간의 일생 동안 이루어지는 진보적이고 상호적인 적응과정을 연구'하는 것으로 규정하고 있다. 브론펜브레너는 인간발달에서 '맥락 속의 발달' 또는 '발달의 생태학'을 연구해야 한다고 주장하며, 인간과 그들이 생활하는 환경적 상황과의 상호작용에 초점을 두었으며, 독창적인 이론화를 통하여 인간발달 연구의 방향을 근본적으로 변화시켰다(이근홍, 2015). 생태학이론은 인간이 환경의 제 요소들과 끊임없이 상호교류하면서 적응하고 진화한다는 견해를 바탕으로 인간이 그들의 물리적·사회적 관경을 변화시키며, 환경과의 지속적인 상호적응과정을 통하여 환경에 의해서 변화된다는 이론이다.

생태학이론의 주요 특성은 성장하는 유기체와 항상 변화하는 사회적·물리적 환경과의 특정 시점에서의 상호작용을 규명하는 이론이다. 즉, 이것은 인간이 환경의 제 요소들과 끊임없이 상호교류하면서 적응하고 진화한다는 견해를 바탕으로 하고 있다. 따라서 인간과 환경은 분리될 수 없으며, 항상 동시에 고려해야 한다는 것이다. 이러한 생태학이론은 가족, 집단, 조직, 지역사회, 문화 등 인간이 몸담고 있는 환경을 보다 체계적으로 구조화하고 이들 환경체계와 개인 간의 관계를 이해하는 것을 인간발달의 주요 과제로 삼고 있다.

브론펜브레너는 인간발달을 분석하는 가운데 체계론적 관점을 확대하여 '생태적 체계'라는 용어를 사용하여 인간을 둘러싸고 있는 생태학적 환경을 가장 가까운 것에서부터 가장 먼 것에 이르기까지 다섯 가지의 환경체계, 즉 미시체계, 중간체계, 외체계, 거시체계, 시간체계로 구분하였다. 생태학이론은 인간발달이 결코 진공상태에서 일어나지 않고 언제나 특정한 환경 안에서 환경과의 상호작용을 통해 일어난다고 보았으며, 사회적·물리적 환경을 다양한 체계수준으로 구분하여 개인과의 상호작용을 분석하고 있다.

사회환경의 중요성을 보여주는 대표적인 예가 노르웨이의 지상낙원 교도소 '바스토이'이다. 이 교도소는 감시와 처벌보다는 자율과 교육에 중점을 두는 환경을 제공해서 재범률이 가장 낮은 사회를 만드는 데 기여하고 있다([그림 1-2]).

출처 : 조선일보 2016. 03. 17.
(http://news.chosun.com/site/data/html_dir/2016/03/17/2016031701967.html)

그림 1-3 노르웨이 교도소 수형자의 자유로운 생활모습

5 함께 생각해 볼 문제

인간행동의 결정론과 자율론 논쟁

인간행동은 외적 자극에 의해 결정된다는 결정론
자율적 판단과 선택에 의해 인간행동이 형성된다는 자율론

지식해설가 WebZine
2021. 9. 15.

인간행동은 어떻게 형성되는 것일까? 이 질문에는 크게 두 가지 입장이 서로 다른 대답을 하고 있다. 하나는 인간행동이 외적 자극, 즉 강화요인에 의해 결정된다고 보는 결정론이 있으며, 또 다른 하나는 인간의 주관적이고 자율적 판단과 선택에 의해 인간행동이 형성된다는 자율론이 있다.

결정론자인 돌라드(J. Dollard)와 밀러(N. E. Miller)는 제2차 세계대전에 참전하여 생사의 고비를 넘는 경험을 한 비행기 조종사가 비행기를 극도로 꺼리는 행동을 설명하면서, 이 사람이 수많은 공포를 유발하는 비행기라는 외적 자극을 통해 공포를 학습하였기 때문에 비행기에 대한 학습된 공포가 겉으로 나타나는 것이라 주장했다. 이러한 이들의 자극-반응에 의한 인간행동 해석은 스키너(B. F. Skinner)에 의해 인간행동이 외부 자극에 의해 결정된다는 견해로 발전하게 되었다. 다양한 동물실험을 통해 스키너는 사람이 어떤 행동을 반복하느냐의 여부는 행동의 결과로 얻어지는 보강물에 의해 결정된다고 주장하였다. 즉, 유기체의 특정한 반응에 대하여 보상이나 벌 등의 강화를 가함으로써 의도적인 학습 또는 행동수정을 할 수 있다고 하였다.

한편 또 다른 결정론자인 왓슨(J. Watson)은 파블로프의 고전적 조건형성원리를 인간의 행동에 적용하면서 인간행동 형성에 고전적 조건형성의 원리를 적용시켰다. 즉, 흰쥐에게 아무런 공포를 느끼지 않은 유아에게 흰쥐를 보여 주면서 동시에 유아가 놀랄 만한 큰 소리를 냈다. 이러한 과정을 되풀이하여 유아가 흰쥐만 보면 놀라고 울고 흰쥐를 회피하려는 반응을 보였다. 이에 따라 인간의 행동은 정교하고 계획적으로 주어지는 자극에 의해 원하는 방향으로 변화시킬 수 있다고 주장했다.

이러한 결정론자들의 주장에 대하여 로저스(C. Rogers), 반두라(A. Bandura), 미드(G. Mead) 등은 자율론의 입장에서 다른 논리를 폈다. 먼저 로저스는 인간 유기체는 성장, 자기증진, 성숙, 자아실현을 향한 자연적 경향성을 가지고 있다고 보았다. 이러한 경향성은 적극적이며 진취적인 지향적 힘이다. 이에 따라 인간의 의지적 지향성, 삶의 주관성 등을 강조한다. 그러므로 인간의 외적 자극보다는 완전한 독립성과 자기 책임성, 자기조절성, 자율성에 입각하여 자신의 행동을 형성해 나가는 존재인 것이다. 또한 반두라는 인간은 타인을 모델로 삼아 학습하는 것으로 학습자는 강화를 받은 자신의 직접 경험에 의하여 학습하기도 하지만, 타인이 강화 받는 행동을 의식적으로 관찰하고 모방하는 대리적 경험을 통해서도 학습함으로써 행동을 형성 및 변화시키는 존재로 보았다. 마지막으로 미드는 인간의 자아를 주체적 자아인 'I'와 타인과 환경을 고려하는 사회적 자아인 'ME'로 구분하면서 주체적 자아에 의해 외부적 자극을 주체적으로 수용하고 의미부여를 하여 자신의 행동을 형성해 나가는 것으로 보았다. 이러한 그의 주장은 상징적 상호작용론으로 이어지는데, 상징적 상호작용론자인 블루머(H. Blumer)도 자율론의 입장에서 인간행동을 이해하고 있다.

그러나 자율론자들은 결정론이 주장하는 외부자극, 즉 강화요인의 영향을 근본적으로 부정하는 것이 아니라 그 일방적 영향을 거부하고 있는 것을 주의할 필요가 있다. 인간은 상대적으로 주체적 판단력과 분석력 등을 통하여 자신을 둘러싼 환경, 강화요인, 외적 자극 등으로부터 자유로운 존재인 것이다.

출처 : 지식해설가 WebZine(2021.09.15.). 인간행동의 결정론과 자율론 논쟁.

Chapter 02

발달의 개념과 원리

1 인간발달과 인간행동과의 관련성

인간은 생명이 시작되는 순간, 즉 수태에서부터 삶을 다하는 죽음에 이르는 순간까지 한순간도 멈추지 않고 변화한다. 따라서 인간을 이해하기 위해 반드시 필요한 지식이 바로 시간의 경과에 따른 인간의 변화에 관한 것이다. 이러한 변화를 심리학적 용어로 '발달'이라고 한다. 즉, '발달'이란 '수태에서부터 죽음에 이르기까지 인간에게 일어나는 모든 변화'를 말한다. 평생에 걸쳐 일어나는 발달은 연속적인 과정으로 진행되지만 특정한 시기를 기준으로 발달의 양적·질적 변화가 두드러져서 이전의 발달과는 상당한 차이를 보여주게 된다.

인간의 행동을 바르게 이해하고 그에 따른 적절한 원조를 제공하기 위해서는 인간발달에 관한 지식을 지니고 있어야 한다. 인간발달은 사회복지의 실천에 있어서 유용하게 활용되기 때문이다. 사회복지사가 클라이언트의 욕구나 문제를 정확하게 파악하여 적절한 도움을 제공하기 위해서는 인간발달에 관한 깊이 있는 지식은 필수적이다. 인간발달에 대한 전문적 지식은 사회복지의 실천과 관련하여 클라이언트의 문제를 평가하고 이해하는 데 있어서 중요한 역할을 할 뿐만 아니라, 문제해결을 위한 프로그램이나 서비스를 구안하고 적용하는 데 있어서도 유용하게 활용된다. 인간발달과 관련된 이론은 병적이거나 문제가 있는 발달을 정상적인 발달과 구분하는 데 있어서도 필수적으로 알아야 할 내용이며 발달단계에 따라 효율적인 개입계획을 세워 욕구를 충족시키는 경우에도 반드시 필요하다. 발달의 이러한 중요성과 특성을 고려하여 발달과정을 설명하고 이해하는 것이 '발달단계' 이론이다.

본서에서는 인간의 발달을 단계별로 설명하는 발달단계 이론을 근거로 발달단계를 태내기 및 신생아기, 영·유아기, 아동기, 청소년기, 청년기, 성인기, 중·장년기, 노년기로 구분하여 다루고자 한다. 각각의 단계별로 주요 행동들의 특성을 살펴보고 각 발달단계에 맞추어진 사회복지실천의 분야와 내용을 올바르게 이해해 둘 필요가 있다.

2 인간발달의 주요개념과 특성

인간의 발달, 즉 인간의 변화는 개인마다 다르게 일어난다. 그러나 인간발달의 주요한 특성 중의 하나가 보편적인 순서와 방향 혹은 내용으로 발달이 이루어진다. 따라서 발달적 관점에서 인간을 이해하기 위해서 가장 기본적으로 알아야 할 내용이 바로 발달의 원리이다. 따라서 발달의 기본개념과 발달의 주요 원리를 정리하면 다음과 같다.

1) 발달의 개념

인간은 다른 동물들과 달리 매우 불안정하고 미숙한 상태로 태어난다. 다른 동물들은 태어난 지 불과 몇 시간 내로 걷고 서지만 인간은 스스로 보행하기 위해서는 최소한 1년 정도는 지나야 가능하다. 그런데 왜 인간은 생존을 위협받을 정도로 미성숙한 상태로 태어날까? 그 이유는 많은 것을 학습하기 위해 미숙한 상태로 태어난다.

발달(development)이란 프랑스어의 '아니다'는 의미의 'des'와 '감싸다'는 의미의

'veloper'가 합쳐진 'desveloper'에서 유래한 용어로서, 원래 '풀다(unwrap), 펴지다(unfurl), 나타내 보이다(unveil)'의 의미를 지닌다. 즉, 발달은 어원상 유기체에 잠재되어 있는 본질이나 가능성이 점차 모습을 드러내는 현상이다(권중돈, 2019). 즉, 발달은 임신(수태)에서 사망에 이르는 기간 동안에 일어나는 인간의 모든 변화'라고 말할 수 있다. 모든 것이 변화하지만 발달에서 다루고 있는 대표적인 내용으로는 신체적 변화, 정신적 변화, 정서적 변화, 사회적 변화 등이다.

발달의 개념에는 발달이 지니고 있는 몇 가지 특성을 포함하고 있는데, 그 내용은 다음과 같다. 첫째, 발달은 전 생애에 걸쳐 점진적으로 일어나는 체계적인 변화라는 점이고, 둘째로는 발달은 신체·심리·사회적 영역에서 일어나는 전체적인 변화를 의미한다는 것, 셋째로는 발달은 크기나 양의 변화와 같은 양적인 변화와 본질이나 구조, 비율, 기능의 변화와 같은 질적인 변화를 모두 포함한다는 점이다. 또한, 넷째로는 발달은 상승변화뿐만 아니라 퇴행적 변화도 발달에 포함되며, 다섯째로는 발달은 안정성과 변화를 동시에 추구하는 과정으로 변화와 안정성의 과정이 역동적으로 일어난다는 점이다.

2) 발달의 의미

발달과 관련성을 갖는 유사한 개념으로 성장, 성숙, 학습이 있다. 그리고 이들은 발달적 변화의 주요 요인이 된다. 발달적 변화는 성장, 성숙, 학습이라는 세 가지 요인의 합으로 이루어진다. 이들은 유사한 의미로 자주 사용되지만 상당한 차이가 나는 의미를 지닌다. 따라서 발달의 개념을 정확하게 이해하기 위해서는 이들 개념을 제대로 이해하여야 한다.

(1) 성 장

성장은 유전에 의해서 결정되고 인간의 발달적 변화를 가져오는 요인으로서 양적 변화를 가져오는 것을 말한다. 즉, 나이가 들면서 키가 크고 몸무게가 느는 것과 같은 양적 변화를 '성장'이라고 한다.

(2) 성 숙

성숙도 유전적으로 결정되는 인간의 발달적 변화를 가져오는 요인으로서 기능적 변화를 가져오는 것을 말한다. 예를 들어, 영아가 배밀이로 이동하다가 다음에는 양팔로 그 다음에는 양팔과 다리로 기어서 이동하게 되는 변화를 보이는 것은 기능적 변화에 해당하며 이를 '성숙'이라 한다.

(3) 학 습

학습은 후천적 경험을 통해서 일어나는 행동의 변화를 의미한다. 정확하게 정의를 내리면, 학습이란 '경험을 통한 비교적 영속적인 행동상의 변화'로 정의된다. 다시 말해서 학습이란 유전적으로 타고난 것이 아니라 인간이 각자의 경험을 통해서 후천적으로 습득하게 되는 행동을 의미한다. 신생아가 할 수 있는 행동이 거의 없다가 나이가 들면서 너무나 많은 것을 할 수 있는 것은 바로 경험을 통해서 습득된 행동에 의해서 가능하다. 예를 들어, 신호등의 불빛에 따라서 길을 건너거나 멈추는 행동을 하는 것과 같은 대부분의 인간행동은 경험을 통해서 학습된 것으로서 사람마다 다른 행동을 보이는 것은 학습의 결과이다.

(4) 발달은 유전과 환경의 상호작용의 결과이다

발달은 변화이고 이러한 변화는 성장과 성숙 그리고 학습에 의해서 만들어진다. 따라서 발달은 유전적 변화요인인 성장과 성숙, 그리고 후천적 변화요인인 학습에 의해서 이루어지며 이들의 관계는 서로 상호작용하는 관계이다. 즉, 유전적으로 아무리 우수해도 제공되는 환경이 '0'이라면 결과가 '0'이 될 것이며 또한 환경이 아무리 좋다고 하더라도 타고난 유전적인 능력이 '0'이라면 발달적인 변화는 '0'이 될 것이다.

한때는 발달의 중요성과 환경의 중요성을 극단적으로 강조하기도 하였으나 현재는 유전과 환경이 상호작용하기 때문에 두 가지 요인을 모두 똑같이 중요한 것으로 받아들이고 있다.

표 2-1 발달과 유사한 개념의 정리

구분	발달	성장	성숙	학습
개념	개체가 시간의 변화에 따라서 일어나는 모든 양적·질적 변화의 연속적인 과정을 말함	키가 크고 체중이 증가하는 등의 양적인 변화로써 유전적 프로그램에 의해서 자연히 일어나는 변화로써 환경의 영향을 적게 받음	세포나 기관 등의 기능이 성장을 통해서 완전한 상태에 도달하여 그 기능이 발휘되는 것을 뜻함	후천적인 연습이나 특별한 훈련에 의해서 생겨나는 행동 변화를 의미하는 것으로서 유전적 프로그램에 의한 변화인 성장·성숙과는 구별됨
예	코프카 : "유기체와 그 기관이 양적으로 증대하고 구조가 정밀해지며, 그 기능이 유능화되는 것"	양적 변화 : 신장, 체중의 증가, 내부기관의 증대	기능의 변화 : 걷기 능력 및 언어 습득은 선행연습과는 무관하게 일정한 연령이 되면 성숙에 의해 발달됨	선천적으로 지니고 태어난 본능적인 반응 혹은 행동 외에 환경 속 경험을 통해 얻어지는 행동이나 반응들(예 뱀 공포)

3) 인간발달의 특성

인간의 발달은 환경과의 상호작용을 통하여 일정한 순서에 따라 연속적인 과정으로 이루어진다. 하지만 발달과업의 수행에 있어서 결손이 생기게 되면 결함이 누적되어 심각한 문제를 도출해 내게 되고 다시는 돌이킬 수 없는 일이 되기도 한다. 인간발달의 일반적인 특징은 다음과 같다.

(1) 기초성

생애 주기로 보면 아동기는 인생의 기초가 되는 시기이다. 인간발달에서 인생 초기인 아동기의 발달은 모든 영역에 걸쳐 전 생애발달의 토대를 구축하게 된다. 이처럼 어릴 때의 기초적인 발달이 훗날 모든 발달에 있어서 기초가 된다고 보는 것을 기초성의 원리라고 한다. 즉, 인생 초기의 신체적, 정서적, 지적, 사회적, 성격적 발달이 그 사람의 일생을 결정하는 기초가 된다. 따라서 아동기의 발달은 매우 중요한 발달로, 모든 영역에 있어서 전 생애발달에 필요한 기본적 기틀을 형성하는 중요한 시기이다. 아동기는 발달을 통해 성인기에 필요한 전반적인 기초를 형성하는 시기이므로, 발달을 촉진할 수 있는 의미 있는 환경을 마련해 주어야 한다.

(2) 적기성

0세부터 2세 시기의 발달은 인간의 인지적 발달이 이루어지는 최적기로 보는 시각이 있다. 일반적으로 이 시기에는 부모로부터 다양한 율동이나 촉감놀이와 같은 활동을 통해 여러 가지 감각과 동작을 배우고 지적, 정서적 경험을 하게 된다. 이처럼 인간의 발달은 어떠한 특정 발달과업을 성취하는 데 있어서 가장 적절한 최적기가 존재한다고 보는 것이 적기성의 원리이다. 즉, 인간 발달에 있어서 신체, 인지, 성격, 도덕성, 사회성의 발달 측면에서 발달과업을 성취하는 가장 적절한 시기는 제각기 다르다는 것이다. 어떤 특정한 발달과업을 성취하는 데는 가장 적절한 시기가 있는데 이 시기를 결정적 시기라고 한다. 발달과업을 성취하는 데 있어서 결정적 시기를 놓치게 되면 다음 시기에 특정한 발달과업을 수행하는 일은 매우 어려운 일이 된다. 발달의 적기를 놓쳐서 원만한 발달이 이루어지지 못하게 된다면 그 사람의 성격형성이나 인간행동에 있어서 어느 한 부분에 결함을 보이는 문제점을 도출해 낼 수도 있다.

(3) 누적성

어릴 때 완성된 발달과업은 성인이 되어서 맞이하게 되는 발달과업의 수행에 기초적인 기질을 제공하는 역할을 한다. 따라서 인간의 발달과정에서 어느 한 단계의 발달에 결손이 생기면 다음 발달에 영향을 미치게 된다. 이처럼, 인간이 자라고 성장하면서 겪게 되는 결핍이 그 다음의 발달에 영향을 주게 되는 것을 누적성의 원리라고 한다. 물론 누적성의 원리에는 긍정적인 것도 있고 부정적인 것도 있을 수 있다. 이전 단계에서 제대로 된 교육과 환경 속에서 발달과업을 수행했다면 성공적으로 발달단계 초기를 거치게 되겠지만 그렇지 못할 경우에는 부정적인 발달단계를 거칠 수도 있다. 이 처럼 누적성의 원리는 결손 누적성의 개념으로 하나의 발달 결손이 다음 발달과정에 장애가 되어 결손이 누적됨으로써 보다 심각한 결손이 발생하게 된다는 의미이다. 인간발달 과정에서 적기를 놓쳤을 때, 결손이 누적되어 그 사람의 성격형성이나 인간행동에 결함을 나타내게 되는 것은 바로 누적성과 관련이 있다.

발달과업의 실패 경험은 아동에게 부정적인 기억을 남긴다. 따라서 아동복지 측면에서 아동의 발달과업이 지체되거나 어려움을 겪게 된다면 초기에 개입하여 적절한 시기에 적합한 발달과업을 이룰 수 있도록 도와야 한다.

(4) 불가역성

인간 발달의 특성은 주로 초기에 그 기초가 형성이 되고 발달이 급속히 이루어진다는 점이다. 그런데 만약에 초기에 이루어지는 최적의 발달시기를 놓치게 되면, 회복이 불가능한 상태에 놓이거나 그 시기 이후에 이를 보완하거나 교정하기 어려운 상태에 빠지게 된다. 이처럼 최적기를 놓쳐서 회복이 불가능한 상태를 가리켜 불가역성이라고 한다. 인간의 발달은 나이에 따라 그 시기에 반드시 수행해야 할 발달과업이 주어진다. 그런데 필요한 과업을 최적기에 수행하지 못하고 놓치게 되면 그 이후에 보정한다는 것은 어려운 일이다. 초등학교 시기에 익혀야 할 한글을 익히지 못한 채 중학교에 입학하게 되면 중학교에서 가르치는 영어를 배운다는 것은 어려운 일인 것과 같은 이치이다. 한글을 모르는데 영어를 배운다는 일은 어려울 수밖에 없는 것이다.

또래 아이들과 비슷한 수준에 있지 않으면 정규 교육을 통해 학습을 습득하기가 어려워 개별교육을 받게 되는 것처럼 중학교에 가서 뒤늦게 서야 한글을 배우려고 한다면 초등학교 시절에 배웠던 것보다 더 많은 시간과 더 많은 노력이 필요하게 된다. 이러한 불가역성은 교육적인 측면에서만이 아니라 정서적인 측면에서도 동일하게 나타난다.

표 2-2 **인간발달의 특성**

구분	내용
기초성	• 인생 초기의 신체적, 정서적, 지적, 사회적, 성격적 발달은 그의 일생을 결정하는 기초가 된다. • 아동기는 인생의 기초가 되는 시기이다.
적기성	• 인간의 발달에는 가장 적절한 결정적 시기가 있다. • 인간의 모든 측면의 발달은 제각기 서로 다른 최적기가 존재한다. • 적절한 시기를 놓치면 특정한 발달과업을 보충하는 데 어려움이 있다.
누적성	• 인간발달에서 적절한 시기에 특정한 발달과업을 성취하지 못하면 다음 시기에 계속적으로 누적된다. • 누적된 결손은 인생 후기에 보충하기에는 어려움이 많다.
불가역성	• 인간의 신체적, 정서적, 지적, 사회적, 성격적 발달은 최적기를 놓치면 그 이후에 이를 교정하거나 보충하기가 매우 힘들게 된다. • 경우에 따라서는 거의 회복이 불가능하게 될 경우도 있다.

3 인간발달의 원리

인간은 일생을 거치면서 끊임없이 변화한다. 신체는 물론이고 사고, 행동 등도 시간의 흐름에 따라 점진적으로 변화한다. 이러한 인간의 발달은 신체적 발달과 심리적 발달 등 모든 면에서 일정한 원리와 순서를 지니고 있으며 이러한 발달의 과정은 일정한 단계를 거치게 된다고 보는 것이 발달의 원리이다. 인간의 연령이 증가하고 신체의 크기가 변화하는 것은 물론이거니와 그들의 행동방식, 인지능력, 가치관 등에서도 변화모습을 볼 수 있다. 이러한 인간의 변화는 발달 수준에 따라 일정한 특성을 나타낸다.

인간의 발달은 개인마다 차이가 있지만 모든 인간이 공통적으로 보여주는 발달적인 양상이 존재한다. 인간발달의 주요 원리는 다음과 같다.

1) 상관성

발달이란 시간의 경과에 따른 인간의 모든 변화를 의미한다. 따라서 신체적 · 사회적·정서적·지적 특성 등 모든 측면의 변화가 이루어지며 이들 변화는 각기 독립적으로 변화하는 것이 아니라 서로 관련성을 지니고 변화하게 된다. 이를 발달의 상호관련성 혹은 상관성이라 한다. 예를 들면, 신체적 건강 혹은 변화의 양상은 지적 발달에 영향을 미친다. 따라서 신생아의 지능 측정은 지적 능력을 직접적으로 평가하기는 불가능하지만 운동발달을 통해서 측정이 가능하다. 그 이유는 발달의 상관성 때문이다.

2) 연속성

발달적 변화는 획득(+)과 상실(−)의 과정을 거쳐서 일어난다. 신생아나 영아의 경우는 매우 미발달한 상태로 태어나서 엄청나게 빠른 속도로 변화를 보여준다. 즉, 획득을 통해서 하지 못하던 상태에서 많은 것을 할 수 있게 된다. 예를 들면, 자신의 목도 스스로 가누지 못하다가 목을 가누게 되는 것과 같은 수없이 많은 것들을 획득해 나가게 된다. 그러나 중년기에 접어드는 40대가 되면 획득과 상실을 비교할 때 상실이 보다 많은 시기가 된다. 즉, 근력이나 지구력 등과 같은 신체적 능력이나 유동적 지능과 같은 타고난 지적 능력 등에서 상실이 일어나게 되며, 이 시기에 획득을 통해서 알게 되거나 얻게 되는 것보다는 상실을 통해서 잃어버리는 것이 많아지는 시기가 도래하게 된다. 다시 말해서 '늙기 시작한다' 시점에 해당한다.

이러한 발달적인 변화의 양상(획득과 상실)은 일생 동안 지속된다. 이러한 특성을 '발달의 연속성'이라 한다. 물론 발달적인 변화는 영속적이기는 하지만 발달의 속도는 특정한 발달의 영역에 따라서 일정하지 않고 늦거나 빠를 수 있다.

발달이 연속성을 지닌다는 원리와 더불어 발달은 불연속성을 지닌다는 견해도 존재한다. 정확하게 구분해서 단정적으로 연속성과 불연속성으로 구분지어서 인간의 특성을 열거할 수는 없지만 정신적인 특성의 변화는 불연속성의 변화 양상으로 발달하고 신체적인 변화는 영속성의 원리에 따르는 것으로 구분해서 연속성 개념을 설명하고 있는 것이 보편적이다.

3) 개별성

발달은 연속성을 지니고 보편적인 순서에 의해서 변화하는 양상을 보인다. 그러나 인간은 유전적으로 타고난 능력이 차이가 나며 각자가 살아가는 환경 또한 상당한 차이를 보이기 때문에 발달의 속도나 발달적인 변화의 크기나 내용적인 부분에서 차이가 있다. 이러한 발달적인 변화에서 개인이 갖는 차이를 발달의 '개별성' 원리라 한다. 예를 들면, 우리 주변의 아이들이 누구는 말을 일찍 배워서 돌 이전에 엄마, 아빠라고 했는데 누구 집 아이는 돌이 지나고 두 돌이 되어가는데도 옹알이 정도의 말을 사용한다고 무엇이 문제인지 모르겠다는 이웃들을 흔히 보게 된다. 유전적으로 타고난 언어능력이 문제가 아니라면 단지 언어적인 변화가 다소 빠르거나 늦는 것에 따른 언어 사용의 차이를 보일 수가 있으며, 이러한 특성을 '개별성'이라 한다.

4) 순서성

신체 및 운동적인 변화, 즉 발달은 일정한 방향이나 순서를 통해서 일어나며 발달의 이런 특성을 발달의 '순서성' 원리라고 한다. 대표적인 발달의 순서는 다음과 같다.

(1) 머리에서 아래로

신생아는 신체적인 발달이 우선 목 → 허리 → 다리와 같은 순서로 변화가 나타난다. 처음에 목을 가누고, 다음으로 허리로 힘을 줘서 앉을 수가 있고, 다음으로 다리로 설 수 있는 순서로 신체발달을 보여준다.

(2) 중심에서 말단으로

인간의 중심은 뇌이며 이를 지배하는 것이 중추신경이다. 다음으로 척수가 있고 신체발달에 말초신경이 분포되어 있다. 이들 신경의 발달 순서도 중추신경에서 말초신경 방향으로 발달이 진행된다.

(3) 전체운동에서 특수운동으로

영아들은 처음에는 온몸을 움직여서 이동을 하다가 점차 배밀이를 하고 다음으로 양팔로 그 다음에는 양팔과 양발로 움직이는 것과 같은 점차 특수하고 세분화된 운동으로 변하게 된다.

5) 적기성

발달의 주요한 특성 중의 하나가 특정한 내용의 발달은 일정한 시기에 최고의 변화를 보여주지만 이 시기에 적절한 발달을 이루지 못하게 되면 정상적인 발달을 이루지 못하거나 불가능하게 되며 그 결과 발달상의 문제를 가져올 수 있는 발달적 원리를 의미한다. 비교행동학자 로렌즈(Lorenz)는 알에서 갓 부화한 새끼 오리는 처음 움직이는 대상을 어미로 학습하게 되며 처음 마주하는 움직이는 물체를 어미로 학습하게 되는 이 시기가 어미 학습의 결정적 시기로서 이때 로렌즈처럼 사람을 어미로 학습한 경우에 진짜 어미가 나타나도 이미 때를 지나쳐서 학습이 불가능한 것을 실험을 통해서 보여주었으며 이런 오리의 행동을 '각인(imprinting)행동'이라 하였다([그림 2-1]). 이와 같이 인간도 특정한 행동은 특정한 시기에 최적으로 잘 이루어지며 이 시기를 지나치면 학습이 매우 어려운 발달의 원리가 존재하며 이를 '적기성'이라 한다.

인간의 경우는 출생해서 1세 이전의 시기가 애착행동(attachment behavior) 학습의 결정적 시기로 알려져 있다. 따라서 이 시기에 적절한 애착형성을 하지 못하면 평생 애착형성이 어려울 수 있으며, 그 결과 다른 사람을 신뢰하고 사랑하는 마음에 문제가 발생할 수 있다.

출처 : http://www.britannica.com/EBchecked/media/118499/Konrad-Lorenz-being-followed-by-greylag-geese-1960

그림 2-1 로렌즈의 오리 : 각인 행동

6) 분화와 통합성

인간의 발달은 분화의 과정이면서 동시에 통합이 이루어지는 과정이다. 즉, 인간의 발달은 점진적으로 분화해 가고 전체적으로 통합해 가는 과정이다. 영유아의 신체 발달과정을 보면 처음에는 신체의 각 부분들이 분화되지 못한 상태의 모습을 보이지만, 점차 각 기관의 세밀한 부분들이 분화되면서 발달해 가는 모습을 볼 수 있다. 예를 들어 영유아가 물건을 잡는 모습을 보면 처음에는 몸을 물건 쪽으로 구부려서 잡지만, 점차 신체의 부분이 분화되면서부터는 팔을 뻗쳐 물건을 잡기 시작하고, 나중에는 손목과 손가락을 사용하여 물건을 잡는 모습을 볼 수 있다. 이처럼 인간발달은 전체적인 측면에서 부분적인 측면으로 분화되어 나가고, 동시에 분화된 각 측면들이 통합을 이루어 나가면서 하나의 체제를 형성해 나가는 통합의 과정을 거치게 된다. 따라서 인간의 성장과 발달은 분화와 통합의 연속적 과정이라고 할 수 있다.

7) 환경과의 상호작용성

인간의 발달은 유전적인 요인과 외부로부터 주어지는 환경의 영향에 따라 상호작용을 하며 발달한다. 즉, 인간의 발달은 부모로부터 물려받은 유전적인 영향만으로 또는 물리적 환경의 영향만으로 이루어지지 않는다. 부모로부터 물려받은 유전적인 인자와 환경적인 영향과의 역동적인 상호작용에 의해 이루어진다. 유전적인 인자는 환경의 영향을 받아 잠재능력을 발휘하도록 하는데, 환경적 요인은 유전인자를 확장시키거나 통제할 수 있는 요인이 된다. 즉, 선천적인 유전적 영향과 후천적인 환경적 요인의 상호작용에 의해 발달한다고 볼 수 있다.

4 인간발달의 단계와 주요과업

인간의 발달은 영속성의 원리에 따라 지속적으로 변화하는 양상을 보인다. 그러나 발달의 속도는 일정하지 않으며 때로는 발달적인 변화의 양상이 질적과 양적 부분에서 상당한 차이를 보여줄 수 있다. 이러한 발달의 특성을 고려해서 발달을 보다 효과적으로 잘 이해하고자 하는 이론적인 틀이 바로 '발달단계'이론이다. 즉, 발달이 영속적이지만 특정한 시기를 중심으로 변화의 양상에서 상당한 차이를 보여주고 있으며, 이를 근거로 발달을 몇 가지 단계로 구분하고 그 각각의 단계별로 주요한 발달적인 변화의 양상을 기술한다. 이를 바탕으로 특정한 단계에 해당하는 인간의 행동을 이해하고 혹은 발달적인 변화의 목표를 설정하거나 발달적 변화상의 문제를 진단하는 기준으로 활용하는 등의 인간발달의 변화를 설명하고 이해하는 것이 매우 유용하다.

발달적인 변화의 양상이 두드러진 것을 기준으로 발달의 단계를 나누는 것은 매우 어려운 일이다. 따라서 발달이론가 혹은 국가별 상이한 기준을 사용할 수 있다. 본서에서는 가장 보편적인 발달단계를 나누는 기준에 따라서 발달단계를 나누고 이들 단계에 따라서 발달단계별 행동 특성을 정리하고 사회복지실천과의 관련성을 정리해 보고자 한다.

발달의 단계를 태내기 → 신생아기 → 영아기 → 유아기 → 아동기 → 청소년기 → 청년기 → 성인기 → 중년기 → 노년기로 나누어서 살펴보고자 한다.

발달단계에 따라 발달을 설명하는 것과 함께 반드시 논의해야 할 부분이 바로 발달과업(development task)이다. 즉, 각각의 발달단계에는 그 단계에서 '반드시 발달해야 하는 혹은 발달하는 과업'이 존재한다. 특정한 발달단계에서 발달과업을 이루지 못하게 되면 정상적인 발달에 문제가 발생하는 의미를 갖는다. 물론 각 문화권에 따라서 발달의 과업은 차이가 날 수 있다. 발달의 원리 중 상관성을 고려하더라도 발달단계에 중요한 과업을 이루지 못하게 되면 발달상의 문제가 야기되고 나아가 정상적인 발달의 단계를 거치지 못하게 되므로 발달과업은 정상적인 발달을 이루는 데 매우 중요하다.

발달과업에 관한 가장 대표적인 이론은 헤비거스트(Havigust)의 발달과업이론이다.

표 2-3 헤비거스트의 발달단계별 발달과업

헤비거스트의 발달단계별 발달과업(발달과업과 교육)	
영아기 및 유아기	• 걸음걸이 배우기 • 고체(딱딱한)음식물 먹기 • 말 배우기 • 배설통제의 학습 • 성차 및 성예의 학습 • 사회적 환경에 대한 단순한 개념의 형성 • 부모 · 형제 · 타인과의 정서적 관계의 학습 • 선악을 구별하는 것을 배우고 양심이 발달
아동기	• 일반적 놀이에 필요한 신체적 기능을 습득 • 성장하는 유기체로서 자신에 대한 건전한 태도를 형성 • 친구 사귀기의 학습 • 남성과 여성으로서의 적절한 사회적 역할을 학습 • 읽기 · 쓰기 · 셈하기의 기본적 기술을 학습 • 일상생활에 필요한 개념의 발달 • 양심 · 도덕성 · 가치척도 발달 • 인격적 독립의 성취 • 사회집단 · 제도에 대한 태도의 발달

헤비거스트의 발달단계별 발달과업(발달과업과 교육)	
청소년기	• 남녀 간의 새롭고 보다 성숙한 관계형성 • 남성 또는 여성으로서의 역할 학습 • 경제적 독립의 필요성 인식 • 직업선택 및 준비 • 사회적 책임에 맞는 행동 • 부모와 다른 성인으로부터 정서적 독립 • 결혼과 가정생활 준비
청년・성인초기	• 배우자 선택 • 배우자와의 생활방법 학습 • 가정 형성 • 자녀양육과 가정관리 • 시민으로서의 의무완수 • 친밀한 사회적 집단 형성
중・장년기	• 사회적 의무의 완수 • 경제적 표준 생활 확립과 유지 • 적절한 여가 활동 • 배우자와의 친밀한 관계 유지 • 중년기의 생리적 변화 인정 및 적응 • 노년기 부모에 적응
노년기	• 신체적 건강 쇠퇴에의 적응 • 은퇴와 수입 감소에의 적응 • 배우자의 사망에 대한 적응 • 동년배와의 유대관계 재형성 • 사회적 시민의 의무 수행 • 생활에 적합한 물리적 환경의 조성

5 함께 생각해 볼 문제

〈두뇌학습 이야기〉 성장과 성숙

성장과 성숙은 함께 어우러지는 삶의 과정
성장은 밖에 있는 것을 안으로 받아들이며 자라고,
성숙은 안에 있는 것을 밖으로 나누며 자란다.

대전일보
2017. 1. 24.

성장하는 아이들을 바라보는 것이 어른들에게는 큰 기쁨이다, 성숙한 어른들의 품에 안겨 아이들은 한없이 행복해한다. 이렇듯 성장과 성숙은 함께 어우러지는 삶의 과정이다. 우리는 성숙한 어른과 성장하는 아이들이 함께하는 사회를 꿈꾼다.

아이들은 자라나야 할 때이기에 성장해야 한다. 몸이 성장하기 위해서는 욕구가 있어야 하고 또한 충족되어야 한다. 욕망이 없다면 생존하기가 어렵다. 또한 건강한 자아가 형성되기 위해서는 타인의 지지와 격려가 필요하고 나와 타인을 구분할 수 있는 자아의 경계선도 필요하다. 성장하는 시기에는 무언가에 초연한 것보다는 성장하기 위해 무언가를 욕망하는 것이 더 필요하다. 그런 의미에서 욕망은 이 땅에서 몸과 자아가 성장하기 위한 필수조건이다. 그러나 몸이 자라고 자아가 성장한 후에는 의식이 성숙해 가야 한다. 몸이 성장한 후에도 자신의 욕망만을 좇는 것은 철이 들지 않은 것이다. 때를 분별하지 못한다는 것이다. 철부지라 한다. 성장은 밖에 있는 것을 안으로 받아들이며 자란다. 반면에 성숙은 안에 있는 것을 밖으로 나누며 자란다. 성장을 위해서 욕망이 필요했다면 성숙을 위해서는 나눔과 비움이 필요하다. 때가 되면 성장은 성숙에게 자리를 내주어야 한다. 그래야 그 성숙이 또 다른 성장을 품을 수 있다. 성숙한 의식에 의해 조율되지 않은 욕망은 때로는 흉기가 된다. 때에 알맞으면 아름답고 때에 안 맞으면 추해진다. 익은 과일은 나무에서 떨어져야 한다.

동물은 감각을 통해 받아들이고 운동을 통해 표현한다. 지각이 없지는 않지만 본능적인 행동이 주를 이룬다. 그러나 사람은 주로 지각을 통해 판단하고 행동을 선택하게 된다. 사람은 지각영역, 인지영역이 활성화되어 있다. 감각에 의해 반응하기보다는 지각에 의해 행동한다. 지각영역의 발달이 사람의 성숙도를 결정한다고 할 수 있다. 성장은 본능적인 영역의 기능적 역할이 크고 반면에 성숙은 의식적 영역의 역할이 크다.

- (중략) -

성숙해야 할 때를 놓치고 여전히 반성하지 않는 욕망에 갇힌 채 자아팽창만을 일삼는 미성숙한 성인들의 모습은 추하기 그지없다. 시간은 아이들에게 성장을 주고 어른들에게는 성숙을 선물한다. 선물을 받을지 안 받을지는 우리들 몫이다.

출처 : 대전일보(2017.01.24.). <두뇌학습 이야기> 성장과 성숙.

Chapter 03

태내기 발달과 사회복지실천

1 태내기의 개념

인간의 발달이 이루어지는 전 과정 중에서 임신과 출산이 이루어지는 약 10개월 간의 변화만큼 극적인 시기는 없다. 난자와 정자가 결합하면서 수십억 개의 세포로 폭발적 증가를 이루면서 귀, 팔다리, 뇌, 내장기관 등을 형성해 내면서 인간으로 되어 가는데 이 시기를 태내기(womb)라고 한다.

태내기란 정자와 난자가 결합하여 수정란을 이루면서 태내발달이 시작되고 태아가 수정 후 약 280일(40주) 기간 동안 모체 내에서 자라는 시기를 말한다. 태내발달은 우리가 생각하는 이상으로 빠른 속도로 많은 변화를 보여주는 기간이다. 태내발달이 변화가 큰 시기임을 고려하면 태내 환경이 매우 중요하다. 일찍부터 한국을 포함하는 동양 문화권에서는 태내발달을 매우 중요하게 생각하여 '태교'를 매우 중요시하였다. 그 결과 태어나면 바로 한 살의 나이를 갖는 것으로 나이를 셈하였다. 태내발달의 중요성이 부각되면서 최근에는 서양에서도 태교에 많은 관심을 갖게 되었으며 많은 발전을 이루고 있다.

2 태내기 태아 검사

태내기 태아 검사는 임신검사로부터 시작된다. 임신검사는 임상적 진단과 함께 여성의 신체증상이나 다양한 검사를 통해 진단하게 되는데, 가장 먼저 여성의 생리가 나타나지 않는 것으로부터 임신을 지각하게 된다. 임신을 확인하는 방법으로는 흔히 비용이 저렴하고 간편한 임신테스트기를 사용하는데, 여성의 태반에서 생성되는 호르몬이 소변이나 혈액 속에 존재하는지 여부를 알아보는 융모생식샘자극호르몬 검사를 통해 확인하게 된다. 일반적으로 태내기 태아의 정상적인 발달을 확인하기 위한 검사로는 초음파 검사, 양수 검사, 융모생체표본 검사, 모체혈액 검사 등이 있다.

1) 초음파 검사(Ultrasound / Sonogram)

초음파 검사는 가장 일반적이고 안전한 태내 진단 방법으로 고주파를 사용하여 자궁 내의 태아나 태반의 모습을 시각적으로 확인할 수 있는 검사이다. 이 방법은 임신부의 복부에 초음파를 통하게 함으로써 자궁 내부의 사진을 찍어 태아를 볼 수 있어, 임신부에게 불편을 주지 않고도 자궁내부를 확인할 수 있는 검사이다. 초음파 검사는 임신 14주 이후부터 사용하는 것이 효과적이다. 초음파 검사는 태아의 머리 크기 측정, 태내 연령의 판단, 쌍생아 출산 가능성, 탯줄이나 태반의 위치, 자궁 내 이상이나 태아의 사망여부 등을 판단하는 데 이용된다.

2) 양수 검사(Amniocentesis)

양수 검사는 임신부의 복부에 바늘을 삽입하여 태아를 둘러싸고 있는 양수를 채취하여 분석함으로써 태아의 유전질환 여부를 검사하는 방법이다. 양수 검사는 임신초기에 실시할 경우 자연유산의 위험이 있고 충분한 양의 양수를 얻을 수 있을 때까지 기다려야 하므로 보통 임신 16주 정도 되었을 때 실시한다. 양수 검사를 통해서는 태아의 성별과 다운증후군을 포함하여 태아의 200여 종의 유전적 결함을 판별할 수 있는 검사이다. 혈우병과 같은 질병을 확인하는 데에도 양수 검사가 활용된다. 특히, 고연령의 임신부는 태아의 염색체 이상이 증가 경향이 있으므로 고연령의 임신부는 양수 검사를 받는 것이 바람직하다.

3) 융모생체표본 검사(CVS : Chorionic Villus Sampling)

융모란 자궁 벽면에 나뭇가지 모양으로 자라는 돌기로 배아를 둘러싼 막으로부터 산출된 머리털 같은 모양의 태아세포이다. 이러한 융모 끝에서 조직을 떼어내어 여러 가지 이상상태가 있는지를 검사하는 것이 융모생체표본 검사이다. 그래서 흔히 융모생체표본 검사를 융모검사 또는 융모막 검사라고도 부르며, 보통 임신 9-11주에 실시한다. 융모생체표본 검사는 양수 검사보다 더 빠른 시기에 실시할 수 있다는 장점은 있지만, 양수 검사보다 유산을 유발할 위험이 높고 사지기형을 유발할 위험이 있어 염색체 이상이 의심되거나 고연령의 임신부에게만 제한적으로 실시된다.

4) 모체혈액 검사(AFP : Alpha-fetoprotein)

모체혈액 검사는 모체의 혈액검사를 통해 태아의 이상을 밝혀내는 진단검사로 두뇌나 척추 형성에 결함이 있는 아기를 가질 위험이 있는 여성에게 실시하는 검사이다. 모체의 혈액 내 알파태아단백질(Alpha fotoprotein) 성분이 어느 정도 함유되어 있는지를 분석하는 검사 방법인데, 다른 검사 방법에 비해 상대적으로 오진의 가능성이 높아 다른 검사와 병행하여 사용한다. 모체혈액 검사 결과 이상이 발견되면 초음파 검사와 양수 검사를 받는 것이 일반적이다.

3 태내기 발달의 주요 특징

태내기는 정자와 난자가 만나 수태(conception)가 이루어진 상태에서부터 출산에 이르기까지의 시기를 말한다. 일반적으로 개인차가 있지만 태내기의 기간은 임신 기간과 동일한 10개월, 약 280일이다. 태내기는 발아기, 배아기, 태아기로 구분한다. 발아기(germinal stage)는 수정란이 정착하고 태반이 발달하는 시기로 수정 후 약 2주간의 기간을 말한다. 배아기(embryonic stage)는 착상 후부터 임신 8주까지의 기간을 말하며, 태아기(fetal stage)는 임신 3개월부터 출생까지의 시기를 말한다. 태내발달의 주요 특성을 월단위로 정리해 보면 다음과 같다.

1) 1개월(~4주 미만)

- 수정 후 약 2주간에 해당하는 시기이다.
- 정자와 난자가 수정하여 자궁에 착상하는 기간으로 발아기(배종기)라고 하는데 임신 중 가장 중요한 시기이다.
- 흔히 임신초기로 조심해야 한다고 하는 시기로 전체 발달단계상으로 보면 이 시기가 가장 사망률이 높은 시기에 해당한다.
- 수정란이 세포분열을 통해서 신경계, 혈관계, 순환계의 기본 조직이 거의 완성되며 3주 말에는 심장박동이 시작된다.

2) 2개월(4~8주 미만)

- 가장 성장이 빠른 시기이다. 눈, 귀, 입이 생기고 뇌신경의 급속한 발달로 인해 시신경과 청신경이 발달한다. 머리와 몸통이 구별된다.

3) 3개월(8~12주 미만)

- 남녀 성의 구분이 가능해진다. 즉, 외형적으로 남자와 여자로 구별이 가능해진다.
- 신경망이 구축되면서 온몸의 각 부분과 뇌가 신경으로 연결된다.

4) 4개월(12~16주 미만)

- 태반이 완성된다. 따라서 탯줄을 통해 모든 영양소와 산소가 태아에게 전달된다.

- 성대가 생겨나 소리를 낼 수 있게 되고 대부분의 기관들이 모두 갖추어지는 시기이다. 생식기도 남녀 성별을 구분할 수 있을 정도로 성장한다.
- 청각기관의 발달로 외부의 소리를 약 30% 정도 인식이 가능해진다. 최초의 소리는 어머니의 심장소리이며 약 50~60dB의 세기의 소리에 해당한다. 흔히 말하는 태담이 가능한 시기로 아빠, 엄마의 음색을 구분할 수 있다. 태아가 어머니의 양수 속에 있기 때문에 저음인 아빠의 소리가 잘 전달이 된다. 따라서 이 시기에 태담을 통한 태교, 특히 아빠의 태담이 가능한 시기이다.

5) 5개월(16~20주 미만)

- 기관의 형성보다는 성장이 가속화하는 시기이다.
- 신체 조직이 급격히 발달하고 기능하기 시작하여 운동기능이 점차 분화되고 복잡해진다.
- 태아가 활발한 움직임을 보인다. 머리털이 나기 시작하고 뼈가 만들어지기 시작하며 이 시기에 엄마들은 태동을 느낄 수 있다.
- 양수 속에서 돌아다니기 시작한다. 즉, 손발의 움직임, 전신의 움직임 등이 가능해진다.

6) 6개월(20~24주 미만)

- 청진기를 통해서 태아의 심음(약한 울음소리)을 들을 수 있다.
- 태아의 운동이 활발하게 일어나서 태동을 확실하게 느낄 수 있다.
- 태내에서의 많은 활동은 출생 후 사용될 반사 능력의 기초가 된다.
- 이 시기에 태반은 안정기로 접어든다.

7) 7개월(24~28주 미만)

- 시각의 발달로 인해 외부의 빛에 반응을 보인다. 그러므로 갑작스럽게 밝은 빛에 노출되면 태아가 스트레스를 받을 수도 있다. 눈꺼풀의 경계가 뚜렷해지

고 안구운동이 가능해진다.

- 6개월 정도까지는 자궁 밖으로 나오면 태아가 생존할 가능성이 거의 없지만 7개월이 되면 생존이 가능하다.

8) 8개월(28~32주 미만)

- 대부분의 태아들이 머리가 아래로 향하는 자세를 취한다.
- 청각기관의 발달도 거의 완성되는 시기이다. 따라서 외부 소리에 반응해서 신체적인 움직임을 보여주기도 한다. 태아는 계속 신체적인 크기가 성장하는 반면에 양수의 양은 거의 고정되어 있기 때문에 이 시기에는 태아의 태동을 확실하게 느끼고 때로는 산모의 배를 통해서 움직임을 볼 수가 있다.

9) 9개월(32~36주 미만)

- 주름 잡힌 피부가 매끈해지고 머리와 몸의 비율이 균형을 잡으면서 신생아의 모습을 갖춘다.
- 호흡이 가능하며 젖을 빠는 능력도 갖춘다.
- 태아가 커지면서 산모의 모체도 부담이 커지게 된다. 따라서 임신중독증과 같은 위험한 상황이 발생할 가능성이 높기 때문에 각별한 주의가 필요하다.

10) 10개월(36~40주 미만)

- 머리가 아래로 향한 자세가 정착된다. 머리카락도 자라며 머리는 골반 안으로 들어간다. 이는 출산을 쉽게 해 주기 위한 준비에 해당한다.
- 몸 전체가 균형이 잡혀 4등신의 모습을 갖춘다.
- 태아의 머리가 아래로 내려가 자궁 내에서 가장 많은 공간을 확보하게 되는데, 이는 출산을 용이하게 해 주기 위함이다.

태내기 발달의 주요 내용을 요약정리하면 표 3-1과 같다.

표 3-1 태내기 발달의 주요 내용

기간		내용
발아기	수정 후 1~2주일	• 자궁벽에 착상
배아기	착상 후 3주	• 태반 형성 : 모체와 태아를 연결 탯줄을 통해 수분, 산소, 혈액 등 영양분 공급 및 노폐물 배출
	2개월	• 눈, 귀, 입이 생김 • 뇌가 급속도로 발달 : 시신경 및 청신경 발달
태아기	3개월	• 성별 구분 가능 • 신경망 구축
	4개월	• 태반이 완성 • 외부 생식기 성장 : 남, 여 구분이 가능 • 외부의 소리를 들을 수 있음
	5개월	• 양수 속을 돌아다님 : 손발의 움직임, 전신운동이 가능
	6개월	• 태아의 심음(약한 울음소리) 청진기로 들을 수 있음 • 태동이 느껴짐
	7개월	• 빛에 반응 • 안구운동 • 자궁 밖에서 생존 가능
	8개월	• 머리를 아래로 내리는 자세 • 청각이 완성
	9개월	• 신생아다운 모습을 갖춤 • 폐, 신장 기능이 성숙 : 호흡 가능
	10개월	• 몸 전체 균형이 잡힘 : 4등신 • 머리 부분 : 골반 안으로 들어감

4 태내기 발달에 영향을 미치는 요인

태아가 산모의 배 속에 머무는 기간인 태내기에 엄청난 변화가 일어난다는 사실을 태아의 월령별 변화를 통해서 살펴보았다. 따라서 이 기간 동안 산모의 신체적·정신적·정서적 상태는 매우 중요할 것이며 기타 태아와 관련된 제 환경들이 태내

발달에 영향을 미칠 수가 있다. 따라서 태아교육(태교)에 관한 관심과 연구가 매우 활발하다. 또한 최근 저출산의 영향으로 적은 수의 아이를 출산하면서 더더욱 태교에 관심이 높아지고 있으며 관련 산업도 각광을 받고 있다.

태아의 태내발달은 유전적인 요인에 의해서 그 중요한 방향이나 내용이 정해져서 부모님 혹은 조상을 닮은 인간으로 태어나게 된다. 그러나 태아의 태내발달에는 수많은 변화요인의 영향을 받게 된다. 특히, 태내환경은 출생 이후의 환경보다 태아에게 절대적 영향을 미친다는 점에서 중요한 의미를 가진다(구혜영, 2020). 따라서 임신한 어머니는 건강한 자녀의 출산을 위해서 임신 기간 중 충분한 영양 섭취와 불필요한 약물 복용을 억제해야 한다.

심리사회적 맥락에서도 태아의 성장과 발달에 영향을 미치게 된다. 따라서 태내발달에 영향을 줄 수 있는 모든 요인들을 고려하고 이들의 영향을 살펴봄으로써 정상적인 태내발달 혹은 최적의 태내발달이 가능하도록 하는 환경을 제공하는 것은 매우 중요하다. 이와 관련된 주요 요인들을 살펴보고자 한다.

1) 영 양

임산부의 영양 상태는 태아발달에 지대한 영향을 미친다. 모체의 불충분한 영양 상태는 미숙아 출생의 원인이 될 뿐만 아니라, 조산, 저체중아 출산, 신생아의 사망률과도 관련이 있다는 점에서 임산부의 영양 상태는 매우 중요하다. 태아의 건강을 유지하기 위해서는 평소보다 임산부는 하루에 약 300 칼로리 이상을 더 섭취해야 한다. 특히, 영양이 불충분한 산모에게서 중추신경계에 장애를 보이거나 신체적으로 기형아가 출산될 가능성이 높다는 연구에 주목해야 한다(Santrock, 2004). 또한 임산부에게 비타민이 부족할 경우에는 기형아, 괴혈병, 꼽추, 발육부진이나 정신발달의 지연 등이 나타나게 되므로 충분한 비타민의 섭취도 필요하다.

2) 임산부의 연령

최근 우리 사회의 변화 중 하나가 결혼 연령이 높아지는 것이다. 2015년을 기준으로 평균적 초혼 연령이 여성은 만 30세 남성은 만 32세로 만혼이 대세가 되었다.

초혼이 늦어지면서 늦은 나이에 출산을 하는 산모가 주변에 많아진 것을 쉽게 볼 수 있다. 여기에는 문제가 없을까? 최적의 산모 나이는 다소의 차이가 있지만 공통적인 견해가 20세 이상 35세 미만으로 주장하고 있다. 20세 미만은 산모가 아직 완전하게 발달하지 않았기 때문에 그리고 35세가 넘으면 산모가 고령에 해당하며 의학적으로 노산이라 한다. 따라서 적절한 시기를 벗어난 경우에는 태아 사망률이 상대적으로 높고 저체중아, 미숙아를 출산할 가능성이 높다. 특히 노산의 경우는 자연유산, 미숙아출산, 다운증후군(Down's Syndrome)과 같은 발달상의 문제를 지닌 아이를 출산할 가능성이 크다.

3) 임산부의 건강

건강한 태아가 되기 위해서는 산모의 건강이 가장 중요하다. 태아는 모든 영양분을 산모로부터 공급받기 때문에 산모의 건강이 곧 태아의 건강이 된다. 그러므로 산모가 건강상의 문제를 갖게 되면 유산이나 사산 혹은 가장 영양공급이 중요한 뇌의 발달에 문제를 가져오게 된다. 임신 중에 태아에게 필요한 단백질, 철분, 칼슘, 비타민과 같은 필수적인 영양이 제대로 공급되어야 한다. 대부분의 경우에 일상적인 식생활을 통해서 충분히 공급이 가능하다. 그러나 철분의 경우에는 산모의 체내 저장량이 거의 대부분 부족하기 때문에 철분제는 따로 보충해 주는 것이 좋다.

4) 임산부의 질병

산모의 질병이 태아에게 영향을 미치는 대표적인 질병은 당뇨병, 고혈압, 풍진, 매독 등이 있다. 이들 질병은 모두 태아의 건강을 위협하거나 난산의 위험을 갖는다. 그리고 기생충 감염, 바이러스 감염 등과 같은 전염성 질병이 태내발달의 이상이나 선천성 기형아를 출산할 가능성이 있기 때문에 주의하여야 한다.

5) 임산부의 정서 상태

임산부의 정서 상태는 태아발달에 매우 중요하다. 따라서 모든 문화권에서는 산모의 정서 상태를 중요하게 생각하고 특징적인 태교나 전통으로 이어져 오고 있다. 우리나라의 경우에 처음 수정이 이루어지는 순간부터 산모의 정서 상태를 중요시하여 남, 여가 평온한 상태에서 수태를 하도록 하고 있다. 그리고 임신을 하게 되면 좋은 생각만 하고 좋은 것만 보고 들어야 한다는 관습 등을 이어오고 있다. 이 모든 것이 산모의 정서적 안정성을 중요시하는 데서 시작된 것이다.

실제로 산모의 정서 상태는 태아에게 중요한 영향을 미치고 있다. 많은 연구들을 통해서 유산이나 조산 혹은 저체중, 호흡장애와 같은 문제를 일으키는 것으로 보고되고 있으며, 불안정한 정서 상태를 유지한 산모가 출산한 아이들도 역시 정서적 불안정으로 인한 과잉행동, 지나친 울음 혹은 수면부족 등과 같은 행동의 가능성이 높다. 아이의 이러한 불안정한 행동은 모 혹은 양육자와의 관계에도 나쁜 영향을 미치게 될 가능성도 높아진다. 따라서 임산부는 물론이고 주변의 가족이 임산부가 편안한 정서 상태를 유지할 수 있도록 협조하여야 한다. 건강한 아이를 출산하는 것은 임산부 혼자만의 책임이 아니라 남성도 동일한 책임을 져야 하는 문제이다. 특히 정서적인 안정성 측면에서는 남성의 역할이 매우 중요하다.

6) 임산부의 약물복용

임산부가 복용한 약물이 태아에게 심각한 이상을 가져올 수 있다는 것은 매우 잘 알려져 있는 사실이다. 특히 우리 사회에서는 최근 여성흡연인구(특히 여성 청소년)가 급속히 증가하고 있는 현실은 임산부의 건강과 관련지어 생각하면 심각한 문제이다. 임신 중 흡연은 저체중아 출산 혹은 조산과 같은 문제로 이어질 가능성이 매우 높다. 임신 이전에 흡연을 하는 여성이라 하더라도 최소한 임신 중 그리고 출산 이후 안정적인 시기까지는 반드시 금연을 하여야 하며, 부부가 흡연을 하는 경우 함께 노력해야 할 것이며 아닌 경우에는 가족이 지지하고 협력해서 반드시 금연하도록 하여야 한다.

다음으로 임산부의 알코올 섭취가 태아에게 심각한 문제를 야기할 수 있다. 임산부가 음주를 하게 되면 전혀 걸러지지 않은 상태로 태아에게 그대로 전달이 된다. 임산부의 음주는 태아의 뇌에 알코올을 축적시키게 된다. 알코올이 뇌에 축적된 태아는 신체적 · 정신적 결함을 일으킬 수 있으며, 이를 태아알코올증후군(Fatal Alcohol Syndrome, FAS)이라고 한다. FAS 태아는 몸집이 비정상적으로 작다. 즉, 머리 크기가 너무 작고 얼굴의 모양이 기형인 경우가 가장 많다.

술과 담배와 같은 약물 외에도 태아의 발달에 부정적인 영향을 미치는 약물은 약 20여 가지가 있는 것으로 보고되고 있다. 이중 대표적인 것이 항생제, 신경안정제, 환각제, 마취제, 마약, 피임약 그리고 카페인이 함유된 커피 등 많은 약물들이 태아의 발달에 부정적인 영향을 미치는 약물들이다. 그러므로 임산부는 약물 복용 전에 반드시 부작용을 확인하여야 할 필요가 있다. 특히 임신 초기에 임신 사실을 인식하지 못하고 컨디션이 좋지 않은 것으로 판단하여 카페인 혹은 진통제 등과 같은 약물을 복용할 가능성이 매우 크기 때문에 임신 초기에 특별한 주의가 요구된다.

태내기 발달에 부정적인 영향을 미치는 요인들을 요약 정리하면 표 3-2와 같다.

표 3-2 태내기 발달에 부정적인 영향을 미치는 요인

원 인		부작용
약물	이뇨제, 항생제, 호르몬제, 안정제, 식욕 억제제 등	선천성 기형, 발달지체
	신경안정제	사지결함
	카페인 과다복용	골격이상
	마약, 헤로인	선천성 기형, 지적장애, 수면장애와 신경계 혼란
	피임약	염색체이상
	아스피린	혈관장애
	탈리도마이드	구개파열, 심장이나 비뇨기계의 기형, 사지결함, 청각 손상
알코올		태아알코올증후군(안면기형, 체중미달, 중추신경계의 장애)
흡연		자연유산, 사산, 조산, 저체중아, 태아의 만성 산소부족 증상
방사능, 중금속의 노출, 환경오염		체중미달기형, 뇌신경계 발육장애
심한 정서불안		입덧, 자연유산, 조산, 난산 많이 울고, 잠을 자지 않으며, 젖을 잘 먹지 않는 아기

7) 태내 환경과 아버지의 영향

최근 들어 태내발달에 영향을 줄 수 있는 요인으로 아버지에 대한 관심이 증대되고 있다. 임신 기간 중 아버지의 음주나 흡연, 화학약품에 대한 노출이나 연령변인에 따라 출생 후에 나타나는 다양한 결함에 대해 관심이 증대되고 있다. 아버지의 흡연은 임산부에게 간접적으로 영향을 미치게 되며, 흡연하는 남성의 정자는 비흡연 남성의 정자에 비해 기형이 더 많이 나타난다는 점에도 주목하고 있다. 또한 남성의 음주와 관련해서도 음주는 남성 호르몬인 테스토스테론의 수준을 낮추며, 결과적으로 불임과 관련이 있는 것으로 알려져 있으며, 아버지가 특정한 화학약품에 노출된 직업을 가진 경우에 임산부가 사산이나 조산, 저체중아를 출산할 가능성이 높은 것으로 알려져 있다.

5 태내기 태아의 발달 장애

태아는 태내 발달단계를 거치면서 다양한 요인에 의해 영향을 받는다. 일반적으로 태아의 태내발달은 생물학적 기초에 의해 이루어지지만 유전적 요인에 의해 심각한 영향을 받기도 한다. 유전적 잠재성에 따라 태아의 독특한 특성이 결정되기도 한다. 즉, 유전적 요인에 의해 선천적 이상이나 비정상적 발달이 이루어지기도 한다. 유전적 요인에 의해 나타나는 대표적인 태내기 발달장애를 살펴보면 다음과 같다.

표 3-3 유전적 요인에 의한 주요 발달 장애

발달 장애	유전적 원인과 발달 특성
다운 증후군 (Down Syndrome)	• 염색체 이상에 의한 질환 중 가장 흔한 질환 • 염색체 이상으로 인해서 특징적인 얼굴과 신체 구조가 나타나게 되며 지능 장애를 가지게 됨 • 21번 염색체를 여분으로 1개 더 가지게 되어 생기게 됨(총 염색체 47개) • 지능은 낮지만 매우 다정하고 쾌활함 • 일반인에 비해 수명이 짧으므로 출생 시부터 사망 시까지 폭넓은 의료 및 사회적 지원이 필요함 • 나이가 많은 부모에게서 출생할 확률이 높음
터너 증후군 (Turner Syndrome)	• 여성의 성염색체가 XX 두 개인데 반해, X염색체가 하나밖에 없어 발생하는 증후군 • 외견상 여성으로 보이지만 2차 성징이 나타나지 않고 생식능력이 없음 • 키가 작고 지적 장애를 지님 • 저신장증, 심장질환, 골격계 이상, 자가면역질환 등의 이상이 발생하는 유전 질환을 지님 • 목이 매우 가는 것이 특징임
클라인펠터 증후군 (Klinefelter Syndrome)	• 남성으로서 X염색체를 더 많이 가지고 있어 성염색체가 XXY, XXXY형으로 나타난 증후군 • 남성의 특성이 약하고 사춘기에 가슴과 엉덩이가 커지는 등 여성적인 2차 성징이 출현함 • 정소 발달이 불완전하고 고환이 미성숙하여 정자의 생산이 불가능함 • 여분의 X염색체가 많을수록 특징이 더욱 현저함
혈우병 (Hemophilia)	• 혈액이 혈관 밖으로 나와도 응고되지 않고 계속 출혈하는 증상 • 성염색체인 X염색체의 이상으로 발생함 • X염색체에 있는 유전자의 선천성, 유전성 돌연변이로 인해 혈액 내의 응고인자가 부족하여 발생함 • 남성과 여성 모두 혈우병의 유전인자를 갖고 있지만 여성에게는 발병하지 않고 남성에게만 발병함
거대남성증후군 (Supermale Syndrome)	• 남성으로서 Y염색체를 더 가지고 있는 것 • 남성 성염색체인 쌍 XY 대신에 XYY, XYYY, XYYYY형을 나타냄 • 평균보다 키가 크고, 특히 치아가 큰 것이 특징임 • 전반적으로 낮은 지능을 보임
페닐케톤뇨증 (PKU : Phenyketonuria)	• 필수아미노산의 일종인 페닐알라닌을 분해하지 못해 발생하는 신진대사 장애 • 페닐알라닌이 분해되지 못해 그 독성이 신경조직에 축적되어 결과적으로 지적 장애를 유발하는 장애 • 연한 담갈색 피부와 모발, 경련, 지능장애 등이 발생함

발달 장애	유전적 원인과 발달 특성
	• 금발, 백안, 치아 사이가 많이 벌어져 있고, 굽은 자세, 운동과다, 매너리즘적 손가락 놀림 등이 나타남
갈락토세미아 (Galactosemia)	• 우유의 유당의 일부인 갈락토스(galactose)를 우리 신체에 유용한 포도당인 글루코스(glucose)로 바꾸지 못하는 유전적 질환 • 조기에 발견하여 식이요법을 통해 치료를 하지 않을 경우 정신박약이 됨 • 백내장과 간장 질환을 유발하기도 함 • 황달, 구토, 백내장, 영양실조 등을 일으킴
흑내장성 지진아 (Amaurotic idiocy)	• 대뇌세포의 지방질을 분해하는 효소 결핍으로 신경계조절이 불가능해져 대뇌세포의 사망이 초래되는 질환 • 생후 6개월까지는 정상적으로 보이나 생후 7-8개월경에는 무기력해지고 1년 경과 후에는 대부분 장님이 됨 • 안구진탕, 수정체 혼탁으로 시력이 매우 낮고 전신쇠약 현상을 보임 • 대부분 2-3세에 사망함

6 태내기 발달과 사회복지실천

저출산 고령사회화 현상이 두드러지면서 무엇보다 중요한 복지서비스가 태내발달과 관련된다. 우리 사회의 빠른 고령화는 저출산과 직접적인 관련성을 지니기 때문이다. 보건복지부의 복지시행계획에 따른 태내기 발달과 관련된 복지서비스 내용으로는 다음과 같은 것들이 있다.

① **임신·출산 의료비 대폭경감**(행복출산 패키지) : 초음파, 1인실, 제왕절개 무통주사 건강보험 적용

② **임신·출산 의료비 대폭경감**(여성장애인 대상 임신출산 진료비 지원확대) : 출산(유산·사산 포함) 시 보조금 지원

③ **안전한 분만환경 조성** : 고위험 산모 의료지원 확대, 마더세이프 프로그램 운영

④ **난임 부부 종합지원체계 구축** : 체외수정 시술, 인공수정 시술 지원

⑤ **산모·신생아 지원 확대** : 산모·신생아 건강관리지원 등의 복지서비스가 있으며 지속적으로 확대되고 있음

7 함께 생각해 볼 문제

태아는 언제부터 사람인가?

인간의 생명은 잉태된 때로부터 시작되는 것이고
회임된 태아는 새로운 존재와 인격의 근원으로써 존엄과 가치를 지녀

상생(SANG SAENG) 뉴스
2021.11.30.

간혹 '우리나라 법(法)에서는 태아가 사람이 아닌 것으로 본다'라고 생각하는 사람이 있다. 그렇지 않다. 결론부터 말하면, 우리나라 法은 태아를 사람으로 보고 있다.

법학에서 태아가 사람인가, 아닌가는 최고 상위법인 헌법(憲法)에 의하여 판단되어진다. 헌법은 한 나라의 법질서 중에서 가장 강한 효력을 가지고 있으며, 이에 위반되는 하위 법률은 '위헌법률심사'를 거쳐 그 효력을 상실하게 된다. 물론 우리나라 헌법에서 태아가 사람인가, 아닌가 하는 생명권에 관한 직접적인 명문조항은 없다. 다만, 헌법 제10조에서 "모든 국민은 인간으로서의 존엄과 가치를 가지며, 행복을 추구할 권리를 가진다. 국가는 개인이 가지는 불가침의 기본적 인권을 확인하고 이를 보장할 의무를 가진다." 라는 명문 조항을 두고 있을 뿐이다. 그러므로 태아가 '인간'에 속하는가는 판례와 학설에 따라 판단해야 한다. 결론적으로 우리나라의 판례와 학설은 모두 '태아가 사람이다'라는 데에 일치하고 있다. 대법원 판례(1985.6.11. 84도 1958)는 다음과 같이 판시하고 있다.

"인간의 생명은 잉태된 때로부터 시작되는 것이고 회임된 태아는 새로운 존재와 인격의 근원으로써 존엄과 가치를 지니므로 그 자신이 이를 인식하고 있던지 또 스스로 방어할 수 있는지에 관계없이 침해되지 않도록 보호되어야 함이 헌법(憲法) 아래 국민일반이 지니는 건전한 도의적 감정과 합치되는 바이다."

태아의 생명과 관련한 학설(學說) 또한 태아가 사람이라는 데에 동의하고 있다.

- "생명이 수태(受胎)로써 시작되는 것이라면 태아도 생명권의 주체가 되는 것으로 보아야 한다"(서울대학교 헌법학 권영성 교수).
- "기본권능력은 민법상의 권리능력보다도 광범위하여 사자(死者)와 태아(胎兒)에게도 기본권능력이 인정되는 경우가 있다"(서울대학교 헌법학 김철수 교수).
- "생명권이 보호되는 헌법질서 내에서는 이른바 '보호가치 없는 생명', '생명가치 없는 생명'이라는 개념이 정책결정의 동인(動因)이 되어서는 아니 된다"(연세대학교 헌법학 허영 교수).

이와 같은 내용으로 볼 때 우리나라 헌법적 시각은 '태아가 사람이다'라는 데에 일치하는 것으로 볼 수 있다. 그럼에도 불구하고 왜 '우리나라 법은 태아가 사람이 아닌 것으로 본다' 라고 생각을 하게 되었을까? 여러 가지 이유가 있겠지만 그중에 한 가지는 아마도 헌법을 도외시한 채 하위법인 법률에서 그 해답을 찾으려 했기 때문이 아닌가 생각된다.

먼저, 민법(民法)은 제3조에서 "사람은 생존(生存)한 동안 권리(權利)와 의무(義務)의 주체(主體)가 된다." 라고 규정하고 있다. 이 규정에 의해 사람은 출생(出生)한 때로부터 권리의무능력을 취득하게 된다. 그러므로 '아직 출생하지 않은 태아는 권리와 의무의 주체가 될 수 없고, 따라서 사람으로 취급될 수 없다'라는 결론에 이르게 된다. 민법은 권리(權利)의 주체(主體)가 될 수 있는 지위 또는 자격을 가리켜 「권리능력(權利能力)」 또는 「인격(人格)」이라고 한다. 이 권리능력 또는 인격은 자연인(自然人)이 향유하는 데에는 이론(異論)이 없다.

그런데 민법에는 예외적인 상황들이 있다. 즉, 자연인이라 할지라도 일정한 경우 그 권리능력이 제한되는 경우가 있다. 예를 들면, 미성년자, 한정치산자, 금치산자와 같은 경우이다. 뿐만 아니라, 법인(法人)은 사람이 아님에도 불구하고 자연인과 똑같은 권리능력을 부여하고 있다(법인실재설). 사람임에도 불구하고 금치산자와 같이 권리능력이 상당부분 제한되기도 하고, 사람이 아닌 법인을 사람과 똑같이 취급하는 이유는 민법이 '재산(財產)과 가족(家族)'에 관한 법률이기 때문이다. 즉, '재산과 가족' 관계에 있어서는 비록 사람일지라도 권리능력이 제한되기도 하고, 생명체가 아닌 법인일지라도 사람과 똑같이 취급되기도 한다.

그렇다면 태아의 경우는 어떨까? 태아는 그 법(민법)적 지위가 불안한 상태에 있다. 즉, 자연 유산, 사산(死產)되는 경우가 있을 뿐더러, 쌍생아, 세 쌍생아 등이 출산되는 경우도 있다. 또한 남자 아이가 태어날지, 여자 아이가 태어나게 될지 불확실한 상태에 놓여 있다. 아직 출생하지 않았기 때문에 '재산(財產)과 가족(家族)' 관계에 있어서 일정한 권리능력을 취득하기가 어려운 것이다. 그렇기 때문에 태아는 출생을 완료했을 때(전부노출설)에 비로소 '재산과 가족'에 대한 권리능력을 향유하게 된다. 그렇다고 해서, 태아에게 전혀 권리능력이 없는 것은 아니다. 이 원칙을 관철한다면, 태아에게 불리한 경우가 생긴다. 예컨대, 아버지가 사망한 지 몇 시간 후에 출생한 아들은 상속권이 없는 것이 되고, 태아로 있는 동안에 부가 살해되었다고 하더라도 출생 후에 손해배상청구권이 없다는 결과가 나오게 된다. 본래 출생의 완료로써 권리능력을 인정하는 것은, 그 증명이 용이(容易)하다는 관점에서 그렇게 하고 있는 것이며, 태아는 출생의 완료까지는 보호할 값어치가 없다고 해서 그런 것은 아니다. 여기서 다른 여러 나라의 민법은 태아가 출생한 경우를 생각하여, 그의 이익을 보호하는 규정을 두고 있다. 이에는 일반적 보호주의(一般的 保護主義)와 개별적 보호주의(個別的 保護主義)가 있다. 우리나라는 개별적 보호주의를 취하여, 『불법행위에 기한 손해배상의 청구(民法 762조)』, 『호주상속(988조)』, 『재산상속(1000조 3항)』, 『대습상속(990조, 1001조)』, 『유증(1064조)』, 『사인증여(562조)』 등에서는 그 문제의 사건 시에 태아임에도 불구하고 자연인과 마찬가지의 권리능력이 있는 것으로 간주된다. 그러므로 민법 제3조에서 "사람은 생존한 동안 권리와 의무의 주체가 된다."라고 규정한 것은 '재산과 가족' 관계에 있어서 자연인과 마찬가지의 권리능력을 부여하지 않는다는 것일 뿐, '태아가 사람인가, 아닌가?' 라고 하는 것과는 무관하다.

형법은 흔히 어떤 행위가 범죄(犯罪)이고 이에 대한 법적 효과로서 어떠한 형벌(刑罰)을 과할 것인가를 규정하는 법규범이라고 정의된다. 그렇다면, 형법상 사람으로 되는 시기는 언제일까? 민법에서 태아가 전부 노출되었을 때(전부노출설) 권리능력을 취득하는 것과는 달리, 형법에서는 진통이 시작되면 사람인 것으로 보고 있다(진통설). 즉, 규칙적으로 진통을 수반하고 분만을 개시한 때로부터 태아를 사람으로 보게 된다. 그렇기 때문에 진통 중인 태아를 살해하면 더 이상 낙태죄가 아니라, 살인죄로 처벌을 받게 된다. 환언하면, 출생 여부와 관계없이, 진통이 오기 전에 낙태하면 낙태죄로, 진통 이후에 낙태하면 살인죄로 처벌 받게 된다. 다른 범죄와는 달리 생명을 보호하는 범죄라고 할지라도 낙태죄는 아직 태어나지 않은 태아의 생명을 보호하는 범죄라는 면에서 살인죄와 구별된다. 민법과 형법은 각각 전부노출설과 진통설에 따라 사람으로 간주되는 시기를 달리 하고 있다. 왜 법률 간에 이런 상이한 차이가 나타나는 것일까? 법률(민법과 형법)은 태아가 사람인가 아닌가에 대한 판단은 유보하고, 다만 재산과 가족관계에서 권리능력을 향유할 수 있는가를 평가하거나, 또는 태아의 생명을 보호하기 위함이라고 할 수 있다.

인간의 존엄과 가치를 보장하는 헌법질서 하에서 사람의 생명과 신체는 바로 인간의 존엄가치를 기초 지우는 것으로 가장 중요한 법익이다. 따라서 태아의 생명은 헌법에서 보호하고자 하는 중요한 법익이다. 뿐만 아니라 '태아는 사람이다.' 라는 것은 굳이 헌법이 아니라고 하더라도 자연법상 당연히 인정되고 있다. 즉, 헌법에서 태아가 사람이라고 규정하면 비로소 사람이 되고, 사람이라는 명문규정이 없으면 사람이 아닌 것으로 취급되는 것은 전혀 아니다. 헌법 제37조 1항의 "국민의 자유와 권리는 헌법에 열거되지 아니한 이유로 경시되지 아니한다." 라는 조항에서도 알 수 있듯이 생명권이나 환경권 같은 경우는 비록 헌법에 열거되어 있지는 않지만 당연히 인정되는 기본권이다. 또한 태아의 비인간화에 대한 주장은 1970년대의 상황에 따른 것으로서 이는 의학적으로 태아가 독립적 생명체임이 밝혀진 1980년대 이후에는 더 이상 논란의 가치가 없다. 오래전부터 낙태에 대한 논의가 활발한 서구사회나, 세계적인 낙태찬성론자조차도 '태아는 사람이다.' 라는 데에는 의견이 일치하고 있다. 즉, '태아는 사람이다.' 라는 전제하에 낙태찬성에 대한 나름의 견해를 보이고 있다.

출처 : 상생(SANG SAENG) 뉴스(2021.11.29.). 태아는 사람인가?

Chapter 04 영아기 발달과 사회복지실천

1 영아기의 개념과 발달

영아기는 1개월 후부터 2세 그리고 유아기는 2세 이후부터 7세 미만 아동이 해당한다. 영아기는 생애 단계 중에서 가장 많은 변화를 경험하는 기간이다. 이 시기는 자신의 존재를 인식하지도 못하는 상태에서 자아의 인식이 시작되고 모든 것을 양육자에게 의존하다가 스스로 목적지향적 행동을 할 수 있는 시기이다. 미성숙한 상태로 태어난 인간이 영·유아기를 거치면서 삶에 필요한 기본적인 모든 것을 습득하게 되는데, 신체적, 정신적, 사회적, 기타 인간발달의 행동이 가장 현저하게 발달하는 시기이다. 그러므로 적절한 환경을 통해서 정상적인 발달을 이루도록 하는 것이 가장 중요한 시기이다. 비록 서툴고 둔하지만 시간의 흐름에 따라 점차 정교화되고 분화되는 발달의 모습을 볼 수가 있는 시기이기도 하다.

본서에서는 영·유아기의 발달과 출생초기 1개월에 해당하는 신생아기를 모두 영·유아기 발달에서 다루기로 한다. 먼저 출생 후 짧게는 2주 혹은 1개월 이내를 신생아기라고 한다. 신생아기는 짧은 기간이지만 태내환경과는 다른 새로운 환경에 새롭게 적응해야 한다는 점에서 중요한 의미를 갖는다. 신생아기는 자신에게 필요한 영양이나 보호를 전적으로 어머니에게 의존하는 시기이다. 따라서 이 시기의 행동은 대부분 기본적인 생물학적 반사반응을 통해서 주위환경에 적응해 나가며 생물학적 요구에 따라서 움직이는 것이 특징이다.

신생아기 동안에 나타나는 주요 특성과 주요 반사운동의 내용을 정리하여 제시하면 다음과 같다.

신생아기와 주요 특성

기간은 짧지만 어머니와 독립된 생명체로서 삶을 시작한다는 점에서 매우 중요하다. 다른 동물에 비해 인간은 대단히 미성숙한 상태로 태어나기 때문에 세상에 대한 적응력이 매우 부족하여 사망률도 매우 높은 시기이다. 신생아의 대표적인 특성들은 다음과 같다. 그러므로 양육자의 특별한 관심과 사랑이 필요한 시기이다.

- 신생아의 평균키와 몸무게
  - 남아 : (키) 50.8cm, (몸무게) 3.14kg
  - 여아 : (키) 50.1cm, (몸무게) 3.29kg

  출생 후 며칠간 출생 시 체중의 5~10% 정도 감소
- 신생아의 감각기능 : 냉온감각(피부감각), 미각반응은 출생초기에 반응 능력을 보인다. 다음으로 청각반응이 빠르게 발달한다. 그러나 시각반응은 다른 감각기관에 비해서 상당히 느리게 발달한다.
- 신생아의 수면 : 본능적인 반사 반응에 따라 먹고 배설하는 행동 이외에는 거의 수면으로 시간을 보낸다. 평균적인 수면시간은 16~20시간 정도이다.
- 신생아 반사행동 : 신생아의 반사는 생존과 관련된 빨기반사, 근원(찾기)반사가 있으며 비생존 반응으로는 파악(잡기)반사, 바빈스키반사, 모로반사 등이 있다.

주요 반사운동과 주요 내용을 정리하면 표 4-1과 같다.

표 4-1 신생아기의 주요 반사운동

신생아기 반사운동	주요내용
근원반사 (rooting reflex)	입 주변에 자극을 주면 그 방향으로 고개를 돌려 빨려고 함 입에서 먼 뺨에 자극을 주어도 결사적으로 자극물을 찾아감
빨기반사 (sucking reflex)	입에 닿은 것은 무엇이든 빨려고 함
파악반사 (grasping reflex)	손에 잡히는 것은 꽉 잡고 놓지 않음 생후 8주 정도 되면 의식적 반응으로 변화됨
모로반사 (moro reflex)	갑자기 아래로 내려놓거나 큰 소리와 같은 위험신호가 주어지면 손과 발을 앞으로 내밂
바빈스키반사 (babinski reflex)	발바닥을 간질이면 발바닥을 오므리지 않고 펼침
걷기반사 (stepping reflex)	걸음마 반사라고도 함 겨드랑이를 잡고 살짝 들어 올려 발을 바닥에 닿게 하면 걸어가듯이 무릎을 구부려 발을 바닥에 내려놓음

2 영아기 발달의 주요 특징

영아기는 발달의 여러 영역에서 급속한 성장이 이루어지는 시기이다. 인지발달을 포함하여 모든 영역에서 균형적으로 발날할 수 있도록 새로운 것을 많이 접하고 경험할 수 있도록 하는 것이 중요한 시기이다. 특히, 『내가 아는 모든 것은 유치원에서 배웠다』라는 책의 제목처럼 다양한 분야의 긍정적 경험이 매우 중요한 시기이며, 이 시기의 학습은 거의 가정환경, 즉 가족관계를 통해서 이루어지기 때문에 가족환경이 매우 중요하다. 특히 양육자의 양육태도가 갖는 의미가 아주 크다. 본서에서는 영아기와 유아기로 구분하여 각 발달단계별 주요한 특성을 정리해 보고자 한다.

1) 영아기(1개월~2세 미만) 발달

(1) 신체적 성장

인생에서 두 번의 신체적 성장이 급등하는 시기가 있는데 그중 첫 번째 성장 급등기에 해당한다. 즉, 신체적 성장이 일생 중에서 가장 급속하게 일어나는 시기이다. 보편적으로 몸무게는 출생 시보다 3배 정도 키는 1.5배 이상 성장한다. 그리고 이 시기의 신체발달은 개인차가 크게 나타난다. 그러므로 부모가 지나치게 조급하게 판단하지 말아야 한다. 물론 사회적 환경이 신체적 발달에 영향을 미칠 수 있다. 정상적인 발달을 위해서는 충분한 영양공급이나 사고, 질병과 같은 위험요인으로부터 보호하는 것도 매우 중요하다.

(2) 뇌와 신경계의 발달

인간의 행동과 직접적인 관련성을 갖는 생리적 기제는 신경(nerve)이다. 신경의 중심은 뇌와 척수이고 이를 중추신경이라 한다. 인간의 모든 행동은 중추신경을 통해서 통제되고, 특히 인간이 다른 동물이 지니고 있지 않은 고등정신과정(합리적 · 이성적 사고 등)을 통한 사고를 하고 문제해결 의사결정 등을 하는 것은 뇌의 기능에 의해서 가능하다.

신생아로 태어난 아기는 뇌의 무게가 성인 뇌의 약 20~30% 정도를 갖고 태어난다. 그러나 2세(즉, 영아기 말)가 되면 성인 뇌의 70~75%에 도달한다. 이러한 수치가 갖는 의미는 영아기의 뇌의 성장이 엄청난 속도로 이루어진다는 것을 알 수 있다. 그러므로 이 시기에 뇌의 빠른 성장을 고려한 적절한 환경의 제공이 뇌의 발달에 매우 유익하며 그 방법으로 다양한 환경적 자극을 통해서 뇌의 발달을 자극하는 것이 좋을 것이다.

표 4-2 소아발육표준치(2017년 대한소아청소년과학회)

2017 소아청소년 성장도표 신체발육 표준치

남자 신장 (cm)	남자 체중 (kg)	남자 체질량지수 (kg/m²)	남자 머리둘레 (cm)	만나이 (개월/세)	여자 신장 (cm)	여자 체중 (kg)	여자 체질량지수 (kg/m²)	여자 머리둘레 (cm)
49.9	3.3		34.5	0개월	49.1	3.2		33.9
54.7	4.5		37.3	1개월	53.7	4.2		36.5
58.4	5.6		39.1	2개월	57.1	5.1		38.3
61.4	6.4		40.5	3개월	59.8	5.8		39.5
63.9	7.0		41.6	4개월	62.1	6.4		40.6
65.9	7.5		42.6	5개월	64.0	6.9		41.5
67.6	7.9		43.3	6개월	65.7	7.3		42.2
69.2	8.3		44.0	7개월	67.3	7.6		42.8
70.6	8.6		44.5	8개월	68.7	7.9		43.4
72.0	8.9		45.0	9개월	70.1	8.2		43.8
73.3	9.2		45.4	10개월	71.5	8.5		44.2
74.5	9.4		45.8	11개월	72.8	8.7		44.6
75.7	9.6		46.1	12개월	74.0	8.9		44.9
76.9	9.9		46.3	13개월	75.2	9.2		45.2
78.0	10.1		46.6	14개월	76.4	9.4		45.4
79.1	10.3		46.8	15개월	77.5	9.6		45.7
80.2	10.5		47.0	16개월	78.6	9.8		45.9
81.2	10.7		47.2	17개월	79.7	10.0		46.1
82.3	10.9		47.4	18개월	80.7	10.2		46.2
83.2	11.1		47.5	19개월	81.7	10.4		46.4
84.2	11.3		47.7	20개월	82.7	10.6		46.6
85.1	11.5		47.8	21개월	83.7	10.9		46.7
86.0	11.8		48.0	22개월	84.6	11.1		46.9
86.9	12.0		48.1	23개월	85.5	11.3		47.0
87.1	12.2	16.0	48.3	2세	85.7	11.5	15.7	47.2
91.9	13.3	15.8	48.9	2세 6개월	90.7	12.7	15.5	47.9
96.5	14.7	15.9	49.8	3세	95.4	14.2	15.8	48.8
99.8	15.8	15.9	50.2	3세 6개월	98.6	15.2	15.7	49.3
103.1	16.8	15.9	50.5	4세	101.9	16.3	15.7	49.6
106.3	17.9	15.9	50.8	4세 6개월	105.1	17.3	15.7	49.9
109.6	19.0	15.9	51.1	5세	108.4	18.4	15.7	50.2
112.8	20.1	16.0	51.4	5세 6개월	111.6	19.5	15.8	50.6
115.9	21.3	16.0	51.7	6세	114.7	20.7	15.8	50.9
119.0	22.7	16.2		6세 6개월	117.8	22.0	15.9	
122.1	24.2	16.4		7세	120.8	23.4	16.1	
127.9	27.5	16.9		8세	126.7	26.6	16.6	
133.4	31.3	17.6		9세	132,6	30.2	17.2	
138.8	35.5	18.4		10세	139.1	34.4	17.8	
144.7	40.2	19.1		11세	145.8	39.1	18.5	
151.4	45.4	19.8		12세	151.7	43.7	19.1	
158.6	50.9	20.3		13세	155.9	47.7	19.7	
165.0	56.0	20.8		14세	158.3	50.5	20.3	
169.2	60.1	21.2		15세	159.5	52.6	20.8	
171.4	63.1	21.6		16세	160.0	53.7	21.0	
172.6	65.0	21.9		17세	160.2	54.1	21.1	
173.6	66.7	22.3		18세	160.6	54.0	21.0	

[주] · 표준치는 2017 소아청소년성장도표 50백분위수 값을 의미 · 2세미만(0-23개월)의 신장은 누운 키, 이상의 신장은 선 키로 측정

보건복지부 질병관리본부 대한소아청소년과학회

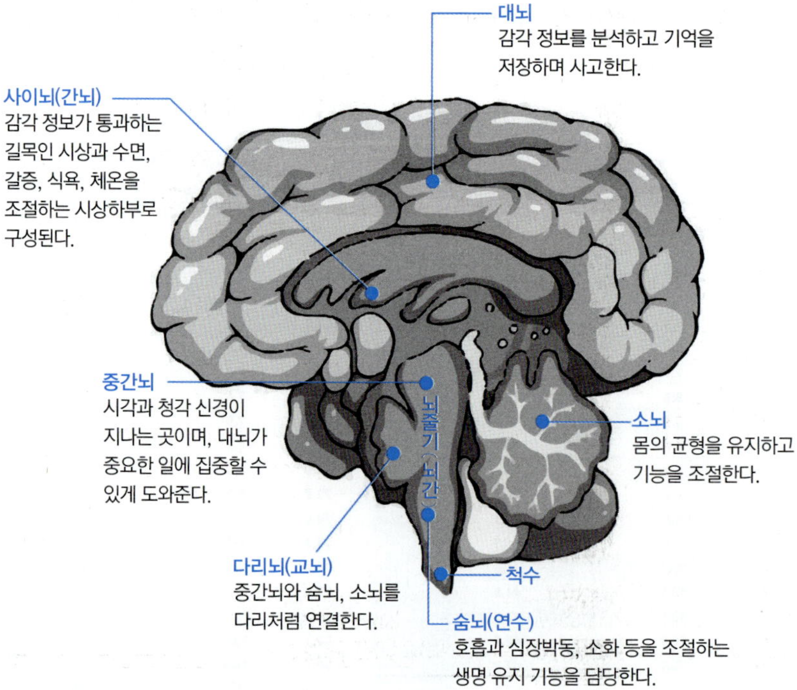

그림 4-1 뇌의 구조와 기능

(3) 운동기능의 발달

초보운동단계

- 자의적으로 움직일 수 있는 능력이 발달
- 유아들이 신체균형을 유지하고 물체를 조작하며 이동하는 능력이 급격히 발달
- 서기와 걷기 등이 나타남

신생아로 태어난 아기가 할 수 있는 것이 매우 미흡하고 부족한 상태에서 운동기능도 발달하기 시작하여 다양한 운동능력을 보여주기 시작한다.

영아의 운동기능은 이동운동, 대근육 운동, 소근육 운동으로 구분해서 살펴보기로 한다. 이동운동은 아이가 팔과 다리를 이용해서 자신의 신체를 공간 내의 한 지점에서 다른 지점으로 이동하는 능력으로서 이 능력은 시간이 지남에 따라서 새로운 형태의 기능적 특징들을 보여주는 형태로 변화를 보여준다. 대근육 운동은 팔, 다리, 몸통과 같은 대근육을 사용해서 달리기, 계단 오르기 같은 운동을 의미하며 소근육 운동은 주로 눈과 손의 협응을 통해서 이루어지는 손놀림과 같은 운동을 의미한다.

먼저, 영아기의 주요한 운동기능의 발달을 보여주는 그림은 그림 4-2와 같다.

그림 4-2 영아의 운동기능의 발달(Shirley. M. M, 1933)

다음으로 대근육 운동의 발달과 소근육 운동의 발달은 다음과 같다.

대근육 운동의 시작은 출생 후 1개월이 되면서 아이가 고개를 들기 시작하면서 시작된다. 다음으로 가슴 들기(2개월), 뒤집기(3~4개월), 앉기(7개월), 서기(12~14개월), 걷기(12개월 전후) 순으로 발달한다. 다음으로 소근육 운동은 전체에서 부분으로 발달하는 발달의 원리에 따라서 팔, 손, 손가락의 순서로 발달한다. 주요 내용을 살펴보면 6개월 정도에서 매달린 물체를 잡을 수 있고, 7개월(28주) 정도면 한 손으로 장난감을 잡을 수 있다. 10개월 이후면 엄지와 집게손가락으로 물건을 잡을 수 있으며, 12개월이 되면 음식 등을 정확히 집어서 먹을 수 있다. 15개월 정도가 되면 크레용이나 연필 등으로 선을 그리는 시늉을 할 수 있다.

이러한 운동능력은 비슷한 순서로 발달하지만 발달시기(운동발달 수준 혹은 능력)에는 상당한 개인차를 보여줄 수 있다. 그러므로 몇 개월 정도의 차이는 정상적인 범주의 발달에 해당하기 때문에 부모나 양육자가 발달상 다소 늦더라도 지나치게 조바심을 내지 않아야 한다. 그리고 부모 혹은 양육자는 혼자서 다양한 운동능력을 나타내는 영아들이 언제 위험에 빠질지 모르기 때문에 항상 안전에 유의하여야 한다. 반대로 위험하다고 운동을 못하게 하거나 지나치게 간섭한다면 운동발달이 지체되고 다른 발달상의 문제도 가져올 수 있기 때문에 적정한 보살핌이 중요한 시기이다.

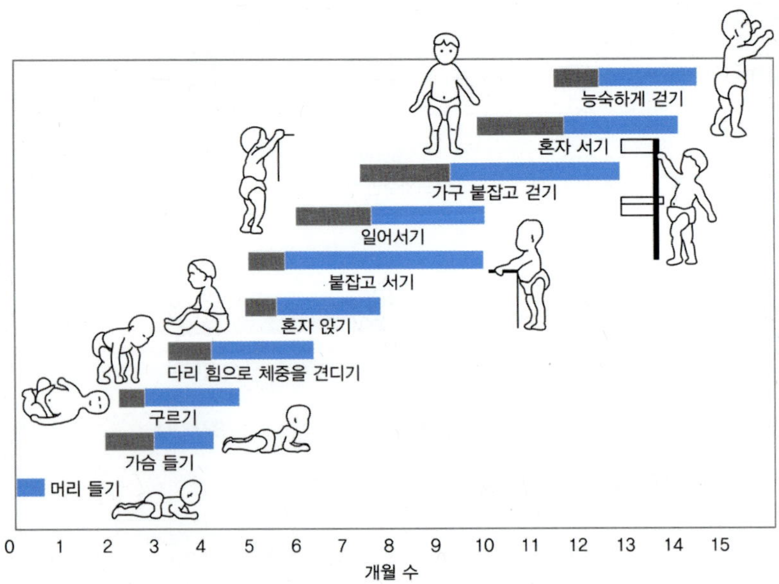

그림 4-3 영아기 운동발달의 기준

(4) 감각과 지각의 발달

인간이 생존하기 위해서는 가장 기본적인 능력이 환경 속의 다양한 자극을 탐지(감각)하고 이를 파악(지각)하여 적절하게 대응할 수 있는 능력이다. 이중 먼저 발달하는 것이 감각능력이다. 즉, 인간이 지닌 감각기관(다섯 가지 감각 기관 : 시각, 청각, 미각, 후각, 피부감각)의 발달이다.

출생 시 감각기관의 발달을 보면 후각, 미각, 피부감각은 태어날 때부터 기본적인 능력을 지니고 태어난다. 이들 감각기관은 생존과 보다 밀접한 관련성을 지니는 원시적인 형태의 감각능력에 해당한다.

보다 구체적으로 감각기관의 발달을 살펴보면 신생아는 이미 청각발달은 목소리의 차이를 변별할 수 있는 정도로 발달되어 있다. 2개월 정도의 영아는 서로 다른 목소리를 구별할 수 있는 발달을 보인다. 그리고 2세경에는 성인 수준의 발달을 보인다.

영아기의 시각발달을 살펴보면 다른 감각기관의 발달에 비해 상당히 늦게 발달한다. 출생 시에는 "안면수동지각" 정도의 시각적 능력을 보인다. 즉, 눈앞에 손을 흔들어 보일 때 인지할 정도의 매우 부족한 능력만을 보인다. 오늘날 문명화된 사회에서는 인간이 받아들이는 정보의 80% 이상이 시각적 자극에 해당하기 때문에 시각적 정보의 처리는 매우 중요하다. 영아들은 약 1개월 정도가 되면 시각 자극을 따라서 눈을 움직여 초점을 맞추는 추적운동이 가능해진다. 4개월에서 8개월 사이에 영아들은 기본색을 구분할 수 있고 물체의 거리에 따라서 수성체들 조절하는 조절능력을 보인다. 그리고 1년 정도가 지나면 정상시력인 1.0 정도의 시각적 능력을 보여준다.

(5) 언어발달

인간의 문명의 발달과 문화의 생성 및 전수는 바로 인간이 언어능력을 갖추었기 때문에 가능하다. 그러므로 영아의 언어발달은 인지발달과 사회성 발달에 매우 중요하다. 영아의 자신의 의사표현과 관련해서 발달시기와 내용을 살펴보면 신생아는 자신의 욕구 혹은 의사를 표현하는 유일한 방법이 울음이다. 이때는 울음을 통해서 배고픔, 신체의 구속과 같은 문제를 표현하게 된다. 다음으로 표현되는 언어의 '옹알이' 형태로 나타난다. 옹알이는 언어와 유사한 최초의 말소리로서 4~5개월부터 나타나기 시작한다. 옹알이는 정서적으로 만족스러울 때 가장 빈번하게 나타나며 주변 사람들의 긍정적인 반응(reaction)에 따라서 강화되고 다양하게 나타난다. 10개월에서 11개월 사이가 되면 한 단어 문장을 사용한다. 한 단어 문장이라는 의미는 한 단어가 전체 문장을 대신한다는 의미이다. 한 단어와 얼굴 표정과 몸짓을 함께 사용해서 자신의 의사표현을 하는 형태를 취한다. 예를 들면, '줘!'라는 한 단어에 자신이 정말 갖고 싶으니 나에게 달라는 의미로 간절한 표정과 손짓을 통해서 의사를 표현하는 형태의 한 단어 문장표현이다. 24개월이 지나면 한 단어에서 두 단어 혹은 두 개 이상의 단어를 연결하여 자신의 의사를 표현한다. 그러나 이때도 완전한 형태의 문장이 아니라 전보문 형태의 표현을 사용한다. 예를 들면, 통신이 발달되기 전에 급한 연락을 취하는 수단으로 사용하였던 전보문은 글자 수에 따라 비용이 증가하기 때문에 의미를 축약한 문장을 사용하였다. 즉, '아내 출산 급귀가'와 같은 단어로 나열된 형태의 문장이다. 그리고 이때의 문장 표현의 특징은 자기중심적 표현의 특징을 지닌다.

(6) 인지발달

인지(cognition)란 쉽게 표현하면 '사고' 혹은 '생각'과 유사한 용어이다. 그러나 정확히 의미를 살펴보면 사고란 범주에는 합리적·객관적 사고도 있지만 비논리적 혹은 직관적 사고의 의미도 동시에 포함된다. 정확한 의미로 인지는 사고 중에서도 "고등정신과정"을 의미하며 합리적·이성적 사고를 말한다.

인지를 하기 위해서는 인지하는 데 필요한 재료를 가지고 있어야 하지만 영아기에는 아직 인지할 재료를 갖고 있지 않다. 그래서 이 시기의 영아들은 머릿속의 재료들을 조작하는 과정을 통한 사고는 불가능한 상태이다. 따라서 영아들은 시각 혹은 청각적으로 보이거나 들리는 자극을 통해 사고가 이루어지나 감각대상인 자극물이 사라지면 동시에 사고가 멈추어 버리는 형태의 "감각운동단계"의 인지발달을 보여준다.

인간의 인지발달에 관한 가장 대표적인 이론이 피아제(Piaget)의 인지발달이론이다. 인지발달이론에 따른 영아의 월령별 인지발달은 표 4-3과 같다.

표 4-3 영아기 순환반응단계

순환반응단계	월 령	주요 내용 및 사고발달의 의미
1단계 반사기능단계	0~ 1개월	• 생득적인 반사기능에 의해 빨고 잡기 • 입에 닿는 것이 무엇이든 빨고(빨기반사) 잡는다(파악반사).
2단계 일차순환반응기	1~ 4개월	• 반복행동을 통해 점차 대상의 특성을 발견하고 그 대상의 요구에 따라 반응 수정(의미 없이 주먹 쥐었다가 펴기) • 자신의 신체에 한정된 순환반응 : 1차 순환반응
3단계 이차순환반응기	4~ 8개월	• 활동 자체보다는 환경 내의 변화에 흥미를 갖고 활동을 반복하며, 자신의 행동과 그 행동에 따라 나타날 수 있는 결과를 예측할 수 있게 됨으로써 자신의 욕구 충족 • 순환반응이 외부환경으로 향함 : 2차 순환반응 • 의도성은 없으며 우연히 발견된 인간관계
4단계 이차도식협응기	8~ 12개월	• 친숙한 행동이나 수단을 사용하여 새로운 결과를 얻으려 하며 따라서 영아의 행동은 의도적이고 목적적 • 협응 : 2개의 도식 연결/최초의 의도적 지적행동에 해당
5단계 삼차순환반응기	12~ 18개월	• 자기가 한 행동을 계속 변화하면서, 실험적인 탐색을 하는 단계이다. 행동을 바꾸면 그 결과가 달라지는 것을 관찰하는 단계로, 상당히 지적이다. 이 단계에서는 시행착오가 일어나기도 하면서, 학습을 하게 되는 것이다. • 실험 그리고 새로운 도식의 형성
6단계 내적표상단계	18~ 24개월	• 사고는 외부의 자극이 없이도 할 수 있는 것인데, 이것은 표상이 가능하기 때문이다. 피아제는 이 단계에서 표상이 생성되기 때문에, 사고(思考)가 시작된다고 보았다. • 사물이나 상태를 정신적 표상을 통해 내재화 : 전조작기로 변화하는 중요한 변화를 보여주는 시기
대상 영속성		• 대상이 지각되지 않을 때에도 그 대상이 여전히 존재한다는 사실을 이해하는 것. 중요한 표상능력 중의 하나

표 4-4 순환반응에 따른 영아의 반응

영아의 월령	주요 행동
0~1	보고 있거나 관심을 보이던 대상이나 물체가 사라지면 아무런 반응을 보이지 않고 다른 것을 봄
1~4	보고 있거나 관심을 보이던 대상이나 물체가 사라지면 잠시 그곳을 응시하며 다시 나타나기를 기대하지만 찾으려고 하지는 않음
4~8	부분적으로 가려진 대상이나 물체는 친숙한 경우 알아본다. 대상의 움직임에 예상한 반응을 보임. 물건이 높은 곳에서 떨어지면 떨어진 지점에서 찾으려 함
8~12	숨기는 것을 보게 되면 숨겨진 위치에서 사물이나 대상을 찾으려고 함 다른 장소로 옮겨도 동일한 장소에서 찾으려고 함
12~18	가장 나중에 사라진 지점에서 찾으려고 한다. 그러나 보이지 않는 이동에 대처하거나 탐색하지 못함. 까꿍놀이에 대해서 매우 신기하게 생각함
18~24	대상영속성 개념이 생기면서 내적표상을 활용해서 눈앞의 사물이 사라지면 어딘가에 있다는 확신을 갖고 계속 찾는 행동을 보여줌

(7) 정서발달

정서(emotion)란 일반적인 감정(feeling)의 범주에 속한 것으로서 감정보다는 좀 더 격렬한 상태로서 생리적 변화를 수반하는 인간의 행동에 속한다. 인간은 신생아시기부터 본능적인 정서적 반응을 보인다. 그 이유는 정서가 인간의 생존에 매우 중요한 수단이기 때문이다. 신생아의 정서는 막연하고 미분화된 상태의 정서표현을 보이며 최초의 정서표현은 '울음'이다. 어떤 의미에서 신생아가 세상과 유일한 소통방식이 울음이라 할 수 있다.

아이의 입장에서는 자신의 문제나 고통을 알릴 수 있게 해 주고 엄마 혹은 양육자의 입장에서는 신생아의 상태에 관한 정보를 제공받아서 필요한 보살핌을 즉각적으로 제공할 수가 있다. 그리고 신생아는 울음을 통한 정서표현의 범위를 확대해서 '미소' 행동을 보인다. 울음을 통해서 불쾌하거나 불편한 정서를 표현하며 미소를 통해서는 친숙한 소리, 좋아하는 음식 등에 관한 유쾌한 정서를 표현할 수 있게 된다.

(8) 사회성 발달

사회성은 사회적 관계를 유지하고 발전시켜 가는 능력을 의미한다. 이러한 사회성의 발달은 영아기에 표현행동이 시작되면서 나타나기 시작한다. 표현행동이란 자신의 욕구나 관심 등을 외부세계로 알리기 위한 의사전달 수단이다. 즉, 영아기부터 아이들은 응시하기, 미소 짓기, 옹알이, 모방하기 등과 같은 표현행동을 보여주기 시작한다.

영아기의 가장 중요하고 의미 있는 사회성 발달이 애착(attachment)형성이다. 영아들은 출생부터 시작해서 전적으로 자신을 돌봐주는 사람 특히 어머니 혹은 주 양육자와 강한 정서적 유대관계를 형성하게 되며 이를 애착이라 한다.

애착이란, 어머니 혹은 양육자와 떨어지지 않으려는 행동을 의미한다. 다시 말해서 친숙한 대상과 강력한 유대감을 형성하게 되며 애착행동은 인간관계의 기초를 형성한다. 그리고 애착은 모든 문화권에서 공통적으로 나타나는 보편적 발달양상이다.

애착은 인관관계의 기초를 이루고 출생해서 1년을 전후해서 형성되지 못하면 이후에는 긍정적인 애착을 형성하기기 어렵다. 즉, 애착형성의 결정적 시기가 1세 전후이다. 출생해서 전적으로 양육자에게 의지해야만 생존이 가능한 상황에서 따뜻한 보살핌을 통해서 아이가 세상을 믿고 좋은 인간관계의 바탕이 되는 사랑을 이 시기에 배워야 하며 이때가 지나면 형성이 불가능하다(애착형성의 결정적 시기).

애착형성과 관련된 주요 연구들을 살펴보면, 먼지 보울비(Bowlby, 1907~1990)의 연구가 있다. 보울비는 애착형성이 양육자가 단순히 먹이를 제공하기 때문에 양육자와 애착관계가 형성되는 것이 아니라 애착형성에 중요한 것은 양육자의 신체적 접촉(skinship)이 중요하다는 사실을 실험을 통해서 증명해 보였다.

실험내용을 간략히 살펴보면 아기 원숭이에게 먹이를 제공하는 철사엄마와 스킨십을 제공하는 천어미와의 관계에서 생활하도록 조건을 만들어 양육한 새끼 원숭이가 애착관계를 형성하는 대상은 먹이를 제공하는 철사엄마가 아니라 스킨십을 제공하는 천어미라는 사실을 증명해 보였다. 따라서 영아기에 인간관계의 기초가 되는 긍정적인 애착형성을 위해서는 양육자와의 스킨십이 중요하다.

메리 에인스워스(Mary Ainsworth, 1913~1990)는 보울비의 이론을 확장해서 애착을 4가지로 유형화하였다. 이들 내용을 간략히 살펴보면 다음과 같다.

- **안정애착** : 65%의 영아들이 여기에 속한다. 어머니 혹은 주 양육자와 긍정적인 애착관계를 형성한 관계로서 영아는 엄마와 함께 있을 때 안정감을 느끼고 환경의 탐색활동도 왕성하게 이루어진다. 양육자가 보이지 않더라도 지나치게 긴장하거나 불안해하지 않으며 양육자가 돌아오면 쉽게 편안해지고 정서적으로 안정감을 갖는다.
- **불안정-저항애착** : 약 10~15%의 영아들이 여기에 속한다. 어머니 혹은 주 양육자와 함께 있으면서도 불안한 정서를 가지고 있어서 엄마와 떨어져 있지 않으려 하고 잠시 엄마가 떨어져 있다가 다시 돌아오면 분노를 표현하거나 거부의사를 보인다.
- **불안정-회피애착** : 20%의 정도의 영아들이 여기에 속한다. 어머니나 혹은 주 양육자에게 회피애착을 보이는 아동들은 엄마에게 떨어지지 않으려는 기본적인 애착행동을 보이기보다는 엄마를 거의 신경을 쓰지 않고 자신의 일에 집중한다. 놀잇감 혹은 놀이에만 전념하면서 엄마나 주 양육자에게 무관심한 행동을 보인다. 회피애착을 보이는 영아는 엄마나 주 양육자에게 거부에 따른 불편함이나 분노 같은 정서를 자신의 감정을 억압함으로써 표현하지 않는 행동을 보인다.
- **불안정-혼란애착** : 약 5~10%의 영아들이 여기에 속한다. 이들 영아는 불안정 애착 중 가장 불안정이 심한 상태로 혼란애착이라 한다. 혼란애착을 보이는 영아들은 저항과 회피애착을 동시에 나타낸다. 즉, 엄마 혹은 주 양육자를 통해서 안정감을 얻지 못하고 엄마에게 무관심 부반응을 보이는 회피애착 반응을 보이거나 엄마가 정서적으로 안정감을 주는 좋은 자극을 제공해도 오히려 공격적인 저항애착 반응을 나타내는 유형의 애착반응이다.

(9) 기질발달

영아들은 생득적으로 정서적 표현양식과 환경의 자극에 대한 반응양상의 차이를 나타낸다. 이러한 반응양상을 '기질'이라 하며 영아들이 생득적으로 지니고 태어난 영아의 성격으로 반응양상을 통해서 차이를 보여주며 지속적인 특징을 지닌다. 기질을 정리하면 표 4-5와 같다.

표 4-5 영아의 기질유형과 반응특성

기질 유형	내 용	애착 유형
순한 기질 : 40% (easy temperament)	• 행복하게 잠에서 깨어남 • 혼자 장난감을 가지고 잘 놂 • 환경 변화에 쉽게 적응하고 좌절에 순응하는 반응을 보임 • 대체로 평온하고 쉽게 당황하지 않음	안정애착
까다로운 기질 : 10% (different temperament)	• 눈을 뜨기 전부터 울고 생물학적 기능이 불규칙함 • 적대적이고 조그만 좌절에도 강하게 반응함 • 새로운 상황이나 환경에 적응하는 데 어려움 • 강한 정서, 부정적 정서가 자주 출현함	저항애착
반응이 느린 기질 : 15% (slow-to-warm-up temperament)	• 까다로운 기질보다 규칙적이나 순한 기질보다는 생활습관이 불규칙적임 • 수동적이며 새로운 환경이나 상황에 움츠러드는 경향을 보임 • 낯선 사람과 사물에 대해 부정적인 반응을 보이지만 다시 기회가 주어지면 흥미를 가짐	회피애착

3 영아기 사회복지실천

영유아 관련 사회복지서비스는 ① 국공립어린이집 확충(매년 150개소), ② 일시보육시비스 및 시간제 보육반 도입, ③ 영유아 교육· 보육 통합, ④ 아이 돌봄서비스 유형 다양화, ⑤ 방과 후 초등 돌봄 교실 등의 서비스가 있다.

특히, 영유아 시기의 복지서비스에 핵심이 되는 사업이 '드림스타트'사업이다. 이 사업은 취약계층 아동에게 맞춤형 통합서비스를 제공하여 아동의 건강한 성장과 발달을 도모하고 공평한 출발기회를 보장함으로써 건강하고 행복한 사회구성원으로 성장할 수 있도록 지원하고자 한다.

드림스타트 사업의 추진배경을 살펴보면 ① 가족해체와 사회양극화 등에 따라 아동빈곤 문제의 심각성 대두, ② 빈곤 아동에 대한 사회투자 가치의 중요성 강조, ③ 아동과 가족에 초점을 둔 통합사례관리를 통해 모든 아동에게 공평한 출발기회 보장과 같은 3가지 요인들에 의해서 추진하게 되었다.

사업운영은 시·군·구 단위로 이루어지며 사업대상은 0세(임산부) ~ 만 12세(초등학생 이하)로 아동 및 가족에 대한 서비스를 제공한다. 그리고 우선지원 대상은 국민기초수급 및 차상위계층 가정, 법정 한부모가정(조손가정 포함), 학대 및 성폭력피해아동 등에 대한 우선 지원 원칙에 따른다.

지원내용은 ① 가정방문을 통해 인적조사, 욕구조사, 양육환경 및 아동발달 사정 실시, ② 사례관리 대상 아동과 그 가족에게 지역자원과 연계한 맞춤형 서비스 지원, 주기적 재사정 및 지속적인 모니터링 등 통합사례관리가 제공되며 인력 구성은 전담공무원 및 아동통합서비스 전문요원으로 구성된다.

드림스타트 사업을 통한 영아기 지원프로그램은 영유아건강검진, 예방접종실시, 올바른 이유식 부모교육, 그림책 이용한 활동, 일상생활 훈련, 애착증진 등의 프로그램이 있다.

4 함께 생각해 볼 문제

영·유아기 조기교육문제

소아과 전문의 85%
영유아 조기교육 정신 건강에 부정적

이데일리
2020. 12. 01.

영유아를 대상으로 한 조기 사교육이 정서발달에 부정적인 영향을 미칠 수 있다는 지적이 제기됐다. 국회의원 ○○○ 의원과 시민단체 <사교육걱정없는세상>은 소아청소년 정신건강의학과 전문의를 대상으로 '조기인지교육이 영유아의 정신건강에 미치는 영향'에 대해 설문조사한 결과, 85.2%가 '부정적인 영향이 더 크다'고 답했다고 밝혔다.

조기인지교육이 영유아 정신건강에 미치는 영향에 대한 전문의 응답

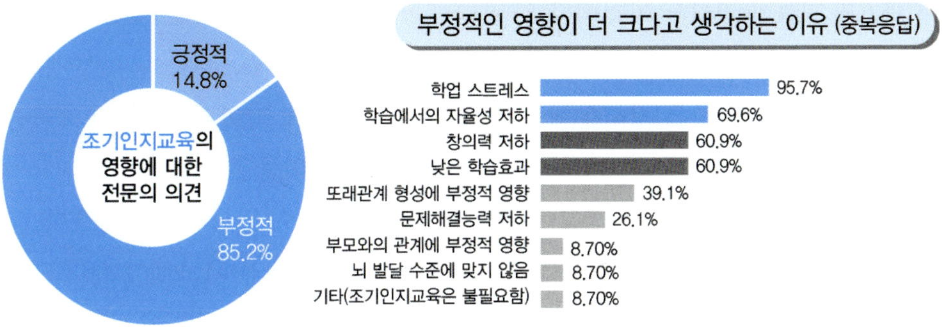

자료: 사교육걱정없는세상, 강득구의원실(2020.11)
대한소아청소년의학회 소속 경력 2년 이상 전문의 대상 조사

부정적인 영향으로는 '학업 스트레스(95.7%)'가 가장 높고, '학습에서의 자율성 저하(69.6%)', '낮은 학습효과', '창의력 저하(60.9%)'가 뒤를 이었다. 조기인지교육이란 영유아를 대상으로 한 조기교육 중 국어·영어·수학 등 교과목 위주의 학습을 의미한다.

특히 전문의 70.4%는 조기영어교육에 대해 영유아의 정신건강에 '부정적인 영향이 더 크다'고 답했다. 그 이유로는 △정서발달에 부정적(89.5%) △낮은 학습 효과(42.1%) 등을 꼽았다. 조기영어교육이 발달의 측면, 학습의 효율성 측면에서 아동에게 부정적인 영향을 끼칠 수 있다고 우려했다.

조기인지교육 교육과정 중 영유아의 발달에 적합하지 않은 활동으로는 '과도한 학습시간(70.4%)'을 가장 많이 꼽았고 '레벨테스트 및 지필평가(33.3%)', '많은 사교육 가짓수(33.3%)' 등이 뒤를 이었다. 사교육 받는 시간과 개수가 많을수록 영유아에 부정적 영향을 미친다는 여러 선행연구 결과와도 일치한다고 사교육걱정은 분석했다.

조기영어교육 교육과정 중 영유아의 발달에 적합하지 않은 활동으로는 △비디오, 스마트폰 등 영어 영상물(48.1%) 시청활동 △이머전 교육(37.0%) △영어 원서 읽기(33.3%) 활동 순으로 부적합하다고 응답했다. 이와 같은 활동들은 유아대상 영어학원에서 흔히 활용되는 수업방식으로 조기영어교육에 대한 사회적 인식이 심각하게 제고될 필요가 있다는 지적이다.

조기인지교육이 영유아에게 끼치는 부작용으로는 '△짜증, 분노, 공격성 등 감정조절의 어려움과 같은 정서문제(51.9%) △부모와의 관계 악화 문제(48.1%) △학습거부와 같은 행동문제(40.7%)' 증상들이 나타난다고 전문의들은 답했다.

전문의 대부분인 92.6%는 '최소 1시간 이상' 놀이시간이 필요하다고 답했다. 그중에서도 가장 많은 40.7%는 '최소 3시간 이상'의 놀이시간을 확보해야 한다고 지적했다.

시민단체 <사교육걱정없는세상>은 "영유아 인권법을 제정해 학원·어린이집·유치원의 과도한 인지학습을 금지하고 영유아의 놀 권리와 쉴 권리를 보장해야 한다"고 강조했다. 이어 "영유아 대상 학원이 발달단계에 적합한 안전시설, 강사, 교육과정 유의점 등을 반드시 고려해 운영할 수 있도록 학원법을 개정해야 한다"면서 또한 "학원정보를 명확하게 파악할 수 있도록 학원정보등록시스템을 개선하고 광고·간판 등에서 학원의 교습과목, 교습대상 등을 명확히 표시할 수 있도록 엄격하게 관리감독해야 한다"고 지적했다.

출처 : 이데일리(2020.12.01.). 소아과 전문의 85% 영유아 조기교육 정신건강에 부정적.

Chapter 05 유아기 발달과 사회복지실천

1 유아기의 개념

유아기는 2～7세 사이의 시기로 신체적 발육이 비교적 안정권에 들어서는 시기이다. 이 시기에는 체중이 현저하게 증가하고, 체격이 눈에 띄게 발달한다. 신체발달은 전체적으로 균형을 잡아가면서 운동기술이 발달하여 독립된 개체로 활동하게 된다. 성인이 할 수 있는 기본 동작은 모두 가능하지만 미세한 손동작과 같은 운동은 아직 미숙한 상태이다. 특히 유아기에는 정신적 발달이 급성장하며 일상생활에서 대소변 가리기 훈련도 가능해지는 시기이다. 유아기에는 달리기, 오르기, 뛰기와 같이 몸 전체를 사용하는 신체의 운동이 발달하고, 언어사용 능력이 급속하게 확산된다.

미성숙한 뇌세포는 계속적인 자극을 통해 성숙이 진행되며, 인지발달이 이루어져 주의집중력과 지각변별력이 발달한다. 하지만 직관적 사고, 자기중심적 사고, 물활론적 사고 등과 같은 특징이 나타나는 시기이기도 하다. 여러 가지 놀이와 환경에 대한 호기심을 통해 지적활동이 확대되고 사고능력이 증대되며 정신 기능의 여러 영역에서 독립성을 지닌 개인으로 발달한다.

2 유아기(2~7세 미만)의 발달

유아기는 영아기와 같은 급속한 성장은 보이지 않고 비교적 완만한 성장을 보이는 시기에 해당한다. 신체적으로 정신적으로 미숙한 상태에서 성장을 통해서 스스로 걷고 달리며 언어를 사용하여 말한다. 이 시기의 언어발달은 성별의 차이와 개인차가 있지만 급속히 성장하고 상징을 사용하여 생각하기 시작한다. 사회적으로도 가정 내에서 가족관계로 한정되었던 사회적 관계가 가정을 벗어나 어린이집 그리고 유치원 생활을 하게 되며 가정 밖의 또래들과 어울리면서 사회적 관계의 범위도 상당히 넓어지는 시기이다.

1) 신체적 성장

이 시기의 신체적 성장은 영아기와 같은 성장급등은 나타나지 않지만 영아기 다음으로 많은 성장을 보이는 시기이다. 대체적으로 6세경의 유아들은 생후 12개월의 영아와 비교해서 체중은 약 2배 그리고 신장은 약 1.5배 정도 성장한다. 출생 시의 신생아와 비교하면 신장은 약 2배 정도가 된다.

이 시기의 신체적 성장은 영아기에 비해서 느리기는 하지만 일정한 정도를 유지하면서 규칙적인 변화를 보여준다. 신체적 성장에서 두드러진 부분은 팔과 다리가 가장 빠르게 변화하며 머리의 성장은 매우 늦다.

신체적 성장을 통해서 스스로 거의 모든 것을 할 수 있는 시기이며, 호기심이 왕성한 시기에 해당하므로 가장 적극적으로 활동하고 활동에 따른 위험성도 높은 시기에 해당한다. 이러한 신체발달의 특성을 고려할 때 과잉활동에 따른 휴식을 갖도록 하는 것과 적절한 영양섭취를 통해서 신체적 성장을 뒷받침해 주어야 하며 왕성한 활동에 무리가 없도록 간식도 제공해 주어야 한다. 이러한 이유로 어린이집이나 유치원의 원아들은 오후 취침시간과 간식을 제공하는 프로그램을 필수적으로 운영하고 있다.

적절한 영양섭취를 위해서는 단백질, 탄수화물, 지방, 비타민, 무기질 등으로 구성된 균형 잡힌 식사를 제공해 주어야 한다. 특히 이 시기의 유아들은 편식하는 경향을 보이는 아동들이 많다. 따라서 영양 불균형 상태가 될 가능성이 크기 때문에 세심한 주의와 관심이 필요하다.

2) 뇌와 신경계의 발달

출생 시에 약 20~30% 정도의 뇌 발달을 보여주던 신생아가 영아기 말에 이르면 성인 뇌의 약 70~75%에 도달한다. 유아기 말, 즉 6세경의 유아들은 뇌의 발달이 성인의 90% 정도에 이른다. 출생해서 성인 뇌의 90%에 도달하는 시기 동안 인간의 뇌는 급속도로 발달한다. 그러므로 이 시기의 영유아들에게 뇌의 발달을 촉진시켜 주는 다양한 자극의 제공을 통해서 뇌를 자극하고 발달시키는 것은 매우 중요하다. 아마도 조기교육 열풍도 이러한 뇌의 발달과 무관하지는 않을 것이다. 그러므로 인간의 뇌 발달의 결정적 시기가 영·유아기에 해당한다. 이 시기가 지나면 뇌의 발달은 매우 느리거나 어렵기 때문이다.

3) 운동기능의 발달

유아기의 신체변화 중 특징적인 하나가 신체비율의 변화이다. 즉, 영아기는 머리가 상대적으로 다른 신체부위보다 커서 신체가 불균형적인 상태이다. 영아기의 아이들이 균형을 잘 잡지 못하고 잘 넘어지는 것은 신체불균형 때문이다. 그러나 유아기가 되면 머리의 신체에서 차지하는 비율이 상대적으로 작아지면서 무게중심이 신체의 아래로 내려가면서 균형이 좋아진다.

유아가 신체 균형을 유지하는 것이 쉬워지면서 유아의 대근육 운동이 급속히 발달하게 된다. 즉, 영아들은 달리기나 공 던지기를 할 때 균형이 무너져서 제대로 달리거나 던지기를 할 수가 없었지만 유아기에는 가능해진다. 자전거를 타거나 롤러블레이드를 타고 온 동네를 누비는 아이들이 이 시기에 해당한다. 넘치는 활동성을 기반으로 해서 잠시 한눈을 파는 사이에 아이들은 저 멀리 도망을 가기도 한다. 이 시기의 아이들은 언제 어디로 튈지 모르는 그래서 흔히 테러리스트라고 부르기도 한다. 물론 섬세한 손놀림과 같은 운동에 해당하는 소근육 운동도 급속도로 발달하는 시기이다. 따라서 색칠하기나 연필로 글씨 쓰기 등이 상당히 정교하게 이루어지는 시기이다.

유아기는 기본운동능력이 갖추어지는 기본운동단계에 해당한다. 이 시기의 주요한 운동발달의 내용을 살펴보면 다음과 같다.

(1) 대근육 운동발달

① 걷기 : 3세경이 되면 계단 오르기가 가능(두 발로 걷는 것이 아니라 한 발씩 이동)하며, 내려오기는 더 어려워서 번갈아 내려오려면 4세가 지나야 한다.

② 달리기 : 3세경이 되면 비교적 자연스럽게 달리기를 하지만 달리면서 방향을 바꾸는 것이 어렵다. 방향을 바꾸기 위해서는 일단 멈춰서 방향을 바꾸고 다시 달려야 한다. 그러므로 이 시기에 반환점을 돌아서 오는 달리기 경주 같은 것은 위험하다. 달리면서 방향을 바꿀 수 있으려면 5세 정도가 되어야 한다.

③ 두 발 뛰기 : 멀리뛰기와 높이뛰기를 할 수 있는 나이는 5세 정도 되어야 한다.

④ 공 던지기 : 공을 던지고 받는 능력은 유아의 눈과 손의 협응능력과 조정능력을 발달시키는 데 중요한 운동능력이다. 몸을 뒤로 젖혀서 앞뒤로 흔드는 탄력을 이용해서 세게 공을 던지는 연령은 5~6세 정도 되어야 한다. 그리고 공을 던지는 능력은 청년기까지도 발달을 계속한다.

⑤ 공받기 : 공을 가슴으로 부둥켜안을 정도의 받기가 가능한 연령은 3세 정도이다. 5세 정도가 되어야 협응능력과 조절능력의 발달을 통해서 손과 손가락으로 공을 잡을 수 있다.

(2) 소근육 운동발달

① 잡기능력 : 손목과 관절을 통한 안정된 잡기능력은 5~6세경에 현저히 발달한다.

② 양측성 운동협응 : 종이접기와 같은 양손 동시 조작이 가능한 양측성 운동협응은 5~6세 정도가 되면 양손과 양발의 협응이 가능해진다.

③ **그림 그리기** : 영아기에 낙서와 같은 그리기에서 그림으로서의 모양을 갖추는 시기가 3세 정도이다. 5~7세 정도가 되면 실제의 사물을 표상하는 단계에 이른다. 즉, 주변의 실제 사물들(나무, 집, 동물, 자동차 등)을 그리기 시작한다.

④ **블록 쌓기** : 5세 정도가 되면 정교한 블록 쌓기가 자연스러워진다.

⑤ **젓가락 사용하기** : 젓가락 사용은 숟가락 사용보다 어려운 운동이기 때문에 4세 정도가 되어야 가능해진다. 숟가락과 젓가락을 문화에서 요구하는 양식대로 자연스럽게 사용할 수 있으려면 6세 정도가 지나야 한다.

⑥ **옷 입고 벗기 및 단추 사용** : 대략적으로 옷을 벗을 수 있는 시기는 3세 정도이며 입기가 부분적으로 가능한 시기가 4세경이다. 혼자서 벗고 입는 것은 5~6세 정도가 되어야 가능하다.

4) 감각과 지각의 발달

감각기관의 발달은 영아기 말에 대부분 성인의 수준까지 발달한다. 따라서 본서에서는 감각기관의 발달보다는 유아기의 지각발달에 관하여 정리해 보고자 한다. 지각(perception)이란 감각기관을 통해서 받아들여진 외부의 자극을 뇌가 이를 인식하고 해석하며 그리고 그 의미를 파악하는 일련의 과정을 의미한다. 예를 들면, 운전을 하다가 교차로에서 신호등 불빛이 초록색에서 노란색으로 바뀐 경우에 노란색 불빛이 '멈춤'의 의미란 것을 인식하고 적절한 반응을 하기 위해서는 먼저 눈을 통해서 노란색으로 바뀐 것을 감시해야 하고 감지한 자극을 인식하고 적절한 행동을 하는 것은 바로 '지각'과정에 의해서 이루어진다. 자극을 인식하고 의미를 파악하는 것은 인간의 생존에 매우 중요하기 때문에 거의 생후 1년 사이에 발달이 완성되는 것으로 최근 연구들에서 보고되고 있다.

유아기의 지각능력은 크게 두 부분으로 구분해서 살펴볼 수 있다. 첫째가 '주의력'이며 둘째가 '지각 변별력'이다. 이중 주의력은 인간의 주의가 한계가 있기 때문에 모든 자극에 주의를 기울이지 못하고 특정한 자극에 주의를 집중하고 다른 자극은 무시하는 능력을 말한다. 유아의 집중력은 지속시간도 짧으며 선택적 주의력이 아직은 부족한 상태이다.

다음으로 유아의 '지각 변별력'은 주어진 자극을 얼마나 정확하게 인식하는 능력을 말한다.

5) 언어발달

유아들의 언어발달은 2세 이후부터 급속도로 빨라진다. 사용하는 어휘 수가 급격히 증가하고 문장의 길이도 길어진다.

유아는 다른 사람과 언어적 상호작용의 기회가 많을수록 언어발달이 촉진된다. 특히 어머니와의 상호작용은 유아의 초기 언어발달과 지속적인 사고 형성에 크게 영향을 미치게 된다. 어머니는 유아가 알아듣기 쉽고 이해할 수 있는 수준의 언어를 사용하므로 언어발달을 더욱 촉진할 뿐만 아니라, 유아가 어떤 대상이나 상황을 언어로 상징화해서 지속적으로 사고를 형상화시키는 언어를 사용할 수 있도록 도와야 한다. 또한 부모와 유아 간의 언어적 상호작용에서 유아의 언어능력, 의도, 의미, 반응 등의 여러 요인을 고려하여 적응시키는 부모의 민감성이 유아의 언어발달을 가속화시킬 수 있다(표갑수 외, 2020). 유아의 언어발달에서 어휘력 증가는 모방에 주로 의존한다.

유아기의 언어유창성은 사고발달과 매우 밀접한 관련성을 갖는다. 그러므로 유아의 언어발달은 매우 중요하다. 이 시기의 언어발달의 주요 내용은 표 5-1과 같다.

표 5-1 유아기 언어발달의 주요 내용

연 령	언어발달 주요 내용
1세	• 감각적 자극에 의해 여러 가지 소리를 낸다. • 구어를 모방하는 소리를 내기 시작한다.
2세	• 언어와 구절을 이해하기 시작한다. • 두 단어로 이루어진 구절을 사용하기 시작한다.
3세	• 구어에 대한 이해가 거의 완성된다. • 과거를 나타내는 시제를 사용한다. • 주어 · 목적어 · 동사가 나타나는 문장을 사용한다. • 관계어(형, 동생, 남자, 여자)를 안다.

연 령	언어발달 주요 내용
3세	• 가족의 이름을 안다. • 다른 사람의 대화에 관심을 갖고 참여하려 한다.
4세	• 접속문장이 나타난다. • 기초적인 문법규칙을 요하는 문장을 구사한다. • 전화를 받고 묻는 말에 대답을 한다. • 자신의 기분, 느낌, 감정을 말로 표현할 수 있다. • 아는 글자를 쓰려고 한다.
5세	• 어른과 유사한 발음의 정확도를 보인다. • 전화를 걸고 대화를 할 수 있다. • 낯선 사람과도 대화를 한다. • 숫자와 글자를 쓸 수 있다.

6) 인지발달

피아제의 인지발달단계 중 유아기의 인지발달단계는 "전조작기"에 해당한다. 영아기의 아동은 감각운동기에 속한 사고로 눈앞에 보이는 대상에 대해서 사고는 가능하지만 대상이 보이지 않으면 보이던 대상에 대한 사고는 멈추게 된다. 즉, 대상영속성(object permanence) 개념이 발달되지 않아서 대상이 사라지면 더 이상 그 대상이 존재하지 않는 것으로 사고하는 형태의 사고이다. 그러다가 1세가 지나면서 대상영속성 개념이 형성된다. 대상영속성 개념이 형성되었다는 것은 대상에 대한 표상(representation)이 뇌에 저장되었다는 의미가 된다. 그러므로 아이들은 머릿속의 대상과 현실의 대상을 비교해서 "낯가림" 혹은 "분리불안"과 같은 행동을 보이게 된다. 어떤 의미에서 보면 이때부터 사고가 시작된다고 볼 수 있다. 머릿속에 저장된 표상을 조작함으로써 사고가 가능해진 것이다. 그러나 머릿속의 저장된 내용을 조작하는 것이 객관적이거나 합리적이지 않기 때문에 피아제는 이 시기의 사고발달을 "전 조작적 사고"로 구분하였다.

유아기의 인지발달은 다시 2개의 단계로 나뉜다. 즉, 전 개념적 사고기(pre-conceptional stage, 2~4세 미만)와 직관적 사고기(intuitive stage, 4~7세 미만)로 구분한다. 이러한 구분은 조작적 사고가 거의 나타나지 않은 전 개념적 사고기와 조작적 사고가 어느 정도 가능한 직관적 사고에 의해서 구분된다. 좀 더 구체적인 예를 들어보면 전 개념적 사고기의 유아들은 자신이 남자인지 여자인지를 알고 있다. 그러나 이때의 아이들에게 남자가 치마를 입으면 남자니 여자니 물으면 흔히 '여자입니다'라고 대답한다. 즉, 남, 여에 대한 개념이 아직 정확하지 않아서 개념적 조작이 되지 못한다. 그러므로 전 개념적 사고라고 한다. 여기에 비해서 직관적 사고기에는 남, 여의 구분이 거의 확실하게 이루어진다. 그러나 객관적으로 조작되는 사고에는 미치지 못한다. 예를 들어서 동일한 숫자의 사탕을 뭉쳐서 보여주는 경우와 펼쳐서 보여주는 경우에 어느 편의 사탕이 많은지 물어보면 거의 틀림없이 직관적으로 많아 보이는 펼쳐 놓은 편의 사탕이 많은 것으로 판단한다.

이들 두 가지 다른 사고 단계의 특징을 좀 더 구체적으로 정리해 보면 다음과 같다.

(1) 전 개념적 사고기(2~4세 미만)

전 개념적 사고기는 개념이 머릿속에 존재하기는 하지만 정확한 개념이 형성되어 있지 못하다. 따라서 모든 판단의 근거는 객관적 개념이 아니라 "자기"가 중심이 되는 "자아중심적 사고(egocentism thinking)"를 하게 된다. 즉, 모든 판단의 기준이 객관화된 개념이 없기 때문에 자기를 중심으로 이루어진다. 이는 이기적인 자기중심성과는 차이가 있다. 모든 것을 자신의 이익에 맞추려는 의미가 아니라 타인의 입장을 전혀 고려하지 못하고 모든 것을 자기중심적으로 판단하며 '자기', '자신의 것' 등등 자기와 관련된 모든 것이 판단의 중심에 있게 된다.

타인의 입장을 고려하는 능력이 부족하고 사건이나 사물 등을 해석하고 판단하는 경우에 일반적인 혹은 객관적인 특성으로 파악하지 못하고 자신과 관련지어서 해석하고 판단하는 것이다. 쉽게 표현하면 유아기의 아이들이 아버지의 생일에 선물로 자신이 좋아하는 자동차 같은 장난감을 주면서 아빠가 좋아할 것으로 믿는 것이다. 이유는 간단하다. 자신이 좋아하면 모든 사람들이 좋아한다고 생각하고 판단하는 것이다.

자기중심적 사고를 바탕으로 나타나는 유아기의 대표적인 사고는 다음과 같다.

① 상징적 사고

특정 단어 또는 대상, 경험을 사고하기 위해(표상하기 위해) 상징(언어, 심상)을 사용하는 사고능력을 의미한다. 즉, 자신의 행동과 직접적인 감각에 의존해서만 사고하는 것이 아니라 내면의 표상(특히 이미지 중심의 표상)을 사용해서 사고가 활발히 일어나며 이러한 상징을 통해서 '지금 여기'의 한계를 벗어난 사고가 가능해진다.

상징적 사고가 가능해지면서 놀이의 상징놀이가 시작된다. 즉, 물건이나 행동 혹은 행위자가 다른 것을 상징하거나 대신하는 놀이가 나타난다. 예를 들어서 자신이 엄마가 되고 친구가 아빠가 되는 놀이 혹은 자신이 엄마가 되어서 인형에게 우유를 먹이는 행동의 놀이가 대표적인 상징놀이이다.

② 물활론적 사고

무생물에 대해서 생명체의 특징을 부여하는 것으로서 모든 사물이 생명이 있는 생명체라 생각하는 것을 말한다. 유아기에 자신이 문에 부딪쳐서 아파할 때 어머니나 할머니가 문을 때리면서 "때지! 나쁜 녀석"이라고 혼내주면 좋아하는 반응을 보이는 것도 물활론적 사고 때문이다. 모든 사물에 생명과 감정이 있는 것으로 사고하며 이들이 인간처럼 숨쉬고, 아파하고, 느끼고 성장한다고 생각한다.

물활론적 사고발달의 4단계

- 1단계(4~6세경) : 모든 사물은 살아 있다고 생각
- 2단계(6~8세경) : 움직이는 것은 살아 있다고 생각
- 3단계(8~12세경) : 스스로 움직이는 것만 생명이 있다고 생각
- 4단계(12세 이후) : 생물학적 생명관에 기초하여 식물과 동물에만 생명이 있다고 생각

③ 자기중심적 사고

모든 판단의 기준으로 자신을 중심으로 하여 이루어지기 때문에 자기중심적 사고라 하며 이는 자신만 알고 자신의 이익만 추구하는 이기심과는 다른 것이다. 즉, 타인을 배려하지 못하는 것이 아니라 타인의 입장을 고려하지 못하는 사고를 의미

한다. 예를 들면, 숨바꼭질을 할 때 자신의 얼굴만 숨기면 자신이 상대를 볼 수 없는 것처럼 상대도 자신을 볼 수 없다고 생각하여 다리나 몸에는 노출하고 숨는 행동이 바로 자기중심적 사고이다. 자기중심적 사고기에 아빠 생일에 자신이 좋아하는 장난감을 아빠에게 주면 아빠도 좋아할 것으로 생각하고 실제로 선물을 주기도 한다.

(2) 직관적 사고기(4~7세)

지각적 특성을 기초로 하여 대상과 사건에 대하여 사고하는 단계이다. 유아들은 어떤 상황에서 지각적으로 가장 현저한 자극에 초점을 맞추고 다른 면들은 무시해 버리는 '중심화' 경향을 보이는 비논리적인 추론을 한다.

중심화 경향에 의해서 유아들은 보존개념이 없다. 즉, 물질의 양, 수, 길이, 면적 등은 위치나 형태를 변화시켜도 본질적인 속성은 변하지 않는다는 보존개념이 형성되지 않았다. 따라서 동일한 양의 두 개의 컵의 물을 유아가 보는 앞에서 한쪽의 물을 더 좁은 컵으로 옮긴 후에 두 컵의 물의 양이 같은가를 물어보면 높아진 좁은 컵의 물의 양이 많다고 판단한다. 즉, 보존개념이 없어서 한 가지 특성인 높이만 고려해서 물의 양이 다르다고 판단한다. 만일 보존개념이 형성되었다면 높이와 넓이를 고려해서 양이 같다라고 판단할 수 있다.

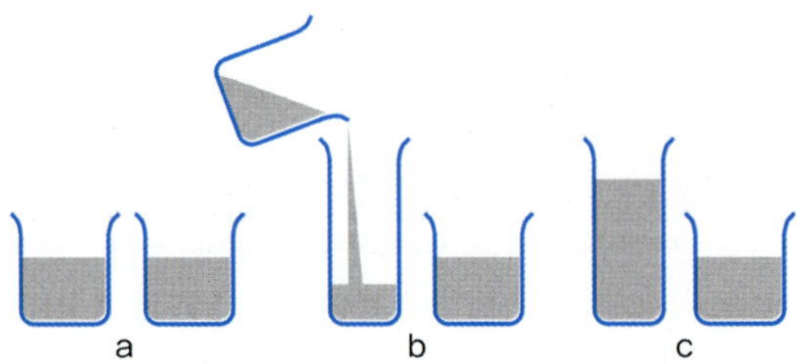

그림 5-1 유아기 보존개념 실험

표 5-2 유아기 보존개념의 발달

조작	제1단계	제2단계	전조작적 사고(오답)	조작획득 연령
수	 두 줄의 점들이 동일한 간격으로 놓여 있다.	 아래 줄의 점들 사이의 간격을 넓힌다.	아래 줄의 점들이 윗줄보다 더 많다.	6세
길이	 두 개의 막대기	 막대기를 엇비슷하게 놓는다.	위(혹은 아래)의 막대기가 더 길다.	6~7세
면적	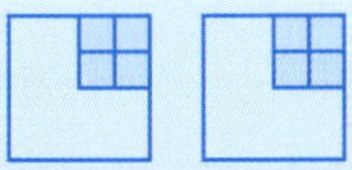 큰 사각형 속에 네 개의 작은 사각형이 있다.	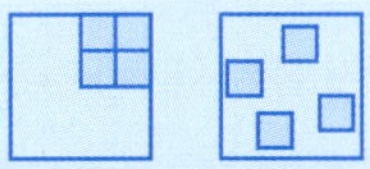 한 개의 큰 사각형 속의 작은 사각형을 흩뜨려 놓는다.	왼쪽 사각형 속에 남아 있는 공간이 더 넓다.	7~8세
액체(양)	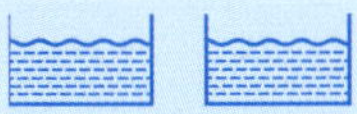 동일한 두 개의 유리컵에 동일한 양의 물이 담겨 있다.	 하나의 컵에 있는 물을 길고 가는 컵에 옮겨 붓는다.	왼쪽(혹은 오른쪽) 물이 더 많다.	7~8세
질량	 공모양의 같은 크기의 찰흙	 한 개를 납작하게 만든다.	왼쪽(혹은 오른쪽)이 더 무겁다.	7~8세
부피	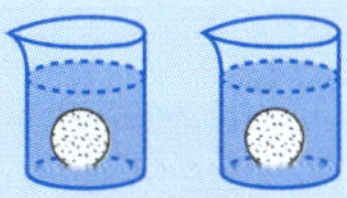 동일한 양의 액체가 들어 있는 컵 속에 동일한 무게의 진흙공이 담겨 있다.	 하나의 진흙공을 물에서 꺼내 이 모양을 변형시킨 다음 다시 물속에 넣는다.	오른쪽 액체의 높이가 더 높아질 것이다.	11~12세

출처 : Sigelman & Shaffer, 1991 인용.

7) 정서발달

유아의 정서표현은 성인과 달리 사랑, 분노, 공포, 좌절감, 애정, 불행, 질투, 부러움, 호기심 등의 정서 상태를 즉각적으로 표현한다. 하지만 정서표현의 지속시간이 짧고, 강하고 폭발적이며 수시로 변하고 돌발적이어서 극단적으로 변하기 쉽다는 특징이 있다.

유아는 정서를 자제하고 통제하려 하지 않고 있는 그대로 나타내기 때문에 강하고 격렬하며 빈번하다. 유아기 정서의 특징을 살펴보면 다음과 같다.

① 유아들은 상황에 대한 이해력이 부족하기 때문에 정서의 표현이 일시적이고 유동적이다. 따라서 울다가 금방 웃기도 하고 화를 내고 있다가 쉽게 웃기도 한다.

② 유아들의 정서반응은 대체로 비슷하게 나타나지만 점차적으로 개별화되어 정서표현의 개인차가 커지기 시작한다.

㉠ 유아들은 자신의 정서를 정확하게 인지하여 표현하는 것이 어렵다. 따라서 유아들의 정서는 그림을 통해서 파악할 수 있다. 즉, 아이들이 그림을 그릴 때 사용하는 색이 주로 밝고 따뜻한 색을 선호하지만 정서적인 억압 상태의 아이들은 검은색을 선호한다.

㉡ **정서규제능력의 발달** : 정서규제능력은 정서표현을 자제하고 통제하는 능력을 의미한다. 이러한 규제능력은 2세경부터 시작되며 유아기 후반기에 급속도로 증가한다. 그리고 좌절에 대한 참을성도 유아기에 극적으로 증가하며 "만족지연" 행동을 할 수 있다.

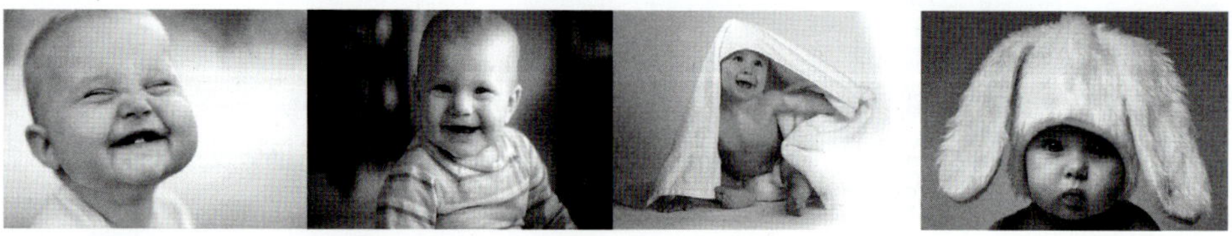

출처 : http://m.blog.naver.com/drbaria/220648782268

그림 5-2 **유아들의 다양한 정서표현**

8) 심리사회적 발달

(1) 성역할 발달

이 시기의 아동들은 성 안정성과 성 항상성을 확립하게 된다. 성 안정성과 관련된 행동으로서 유아들은 자신의 성역할에 대한 인식을 하게 된다. 성인식을 바탕으로 여아는 여자에게 어울리는 행동과 사회적 관계를 만들고 유지하려는 경향을 뚜렷하게 보이며 또한 남자 아동들도 동일하게 자신의 성을 인식하고 성인지에 맞는 행동을 하려고 한다. 성에 맞는 사회적 기대를 의식하고 그에 맞는 행동을 하려는 시기이다. 따라서 어린이집 교사나 유치원 교사가 양성평등적 성역할 기대 혹은 성인지가 유아들의 성인지에 중요한 영향을 미칠 수 있는 시기이다. 그리고 행동이나 겉모습을 변화시켜도 성은 변하지 않는다는 '성 항상성'을 확립하는 시기이다.

(2) 자아개념 형성

사회적 관계가 주로 가정 내 가족관계에만 한정된 생활을 하다가 어린이집이나 유치원으로 등원하게 되면서 가정 밖 사회적 관계를 형성하게 된다. 사회적 관계의 확장을 통해서 유아들은 극단적인 "자아중심성"이 상당히 완화되며 개인의 사회적 역할행동 기대에 대한 이해를 하게 된다. 즉, 자신에게 중요한 타인(친구)의 반응에 따라서 긍정적이고 부정적인 자아개념을 형성하게 된다.

(3) 집단놀이

놀이를 통해서 사회적 관계 형성이 확대되고 사회적 기술을 습득한다. 즉, 자신의 역할, 타인의 역할 수용 그리고 역할 관계의 상호성 등을 학습한다. 놀이의 형태는 영아기보다 좀 더 구조화되고 현실지향적인 놀이의 형태로 변화한다. 성역할의 발달로 인해 놀이도 남자 아이는 남아들과 그리고 여자 아이는 여아들과 더 많이 어울려 노는 경향을 보인다. 그리고 관습적인 성역할을 따르려고 하며 벗어나면 비난받을 거라 생각한다. 예를 들어, 남자 아이가 인형 놀이를 하면 친구들이 놀리고 자신도 창피하게 생각한다.

3 영 · 유아기 발달과 사회복지실천

1) 영유아 관련 사회복지서비스를 발달영역별로 구분해서 정리해 보면 다음과 같다.

(1) 신체발달영역

① 질병예방 및 치료에 관한 자료와 정보제공
② 보육원이나 육아지원시설 등에 거주하는 유아들에 대한 정기적인 건강진단
③ 정기진단을 통한 발달상태 확인 및 발달상의 문제 조기치료

(2) 심리 · 사회적 발달영역

① 영유아보육시설의 확충 및 조기교육 지원
② 건전한 정서발달 지원
③ 영유아를 교육하는 보육교직원 혹은 사회복지사의 양성평등의식 교육을 통한 성에 대한 편견해소

2) 드림스타트 사업을 통한 유아기 아동지원 프로그램을 정리하면 다음과 같다.
① 찾아가는 이동식 도서관 및 장난감 대여
② 아동권리 및 문화체험
③ 아동안전교육 : 안전사고 예방프로그램
④ 전문상담 및 치료 : 아동문제 조기발견 및 놀이치료, 언어치료, 미술치료, 음악치료 등 전문상담 및 치료센터

⑤ 기초학습지도 및 입학준비 : 한글, 숫자 중심의 학습지도 및 학교적응 위한 프로그램
⑥ 경제교육
⑦ 사회성증진프로그램 : "나눔" 의식 확립 및 향상프로그램
⑧ 방과 후 야간보육 : 정규보육시간 외의 아동보육 – 기관연계
⑨ 장애아 통합교육 : 장애아 통합교육 및 반 편견 및 권리교육 등

4 함께 생각해 볼 문제

유아의 스마트폰 과몰입

하루 종일 폰만 보려는 아이들....
스마트폰 과몰입 어떻게 할까?

지디넷(ZD Net) 코리아
2021.08.05.

5세와 7세 아이를 키우는 김 모 씨는 어린이집 휴원으로 아이들의 미디어 중독 상태가 심각해지고 있는 것 같아 걱정이다. 아이들이 아침에 눈을 뜨자마자 스마트폰과 태블릿을 찾으며 게임을 하거나 유튜브를 보겠다고 하기 때문이다. 벌써 2주 휴원으로 미디어 의존도가 높아진 것 같은데, 앞으로 남은 방학 기간을 어찌 보내야 할지 막막하다.

4세 남자아이 엄마인 이 모 씨는 코로나19로 인한 격리 기간 동안 아이의 미디어 중독이 심해졌다고 토로한다. 시설에 머물면서 딱히 할 수 있는 일이 없고, 아이의 재촉에 스마트폰에서 영상을 많이 보여주다 보니 격리 기간 이후에도 스마트폰 없는 생활이 힘들어졌다는 설명이다.

어린이집과 유치원이 오랜 기간 휴원하면서 유아들의 스마트폰 의존도가 심해지고 있기 때문이다. 스마트폰이나 TV 리모컨을 숨기기도 했지만, 언제까지 그렇게 할 수도 없다. 거리두기가 지속될 가능성이 크고, 해마다 스마트폰 이용시간이 늘어나는 만큼 가정뿐 아니라 정부나 국회가 해결책을 마련해야 한다는 의견이 나온다.

유아의 스마트폰 중독 현상은 어제오늘 일은 아니다. 하지만 최근 들어 유아의 스마트폰 중독이 더 심각한 사회 현상으로 떠오르고 있다.

과학기술정보통신부와 한국지능정보사회진흥원(NIA)이 지난해 8월부터 10월까지 스마트폰 과의존 실태조사를 수행한 결과, 만 3세에서 9세 사이 유아동의 스마트폰 과의존 위험도가 지속적으로 높은 상승폭을 유지하는 것으로 나타났다. 전 연령대 중 가장 가파르게 과의존위험군이 증가하고 있는 것이다.

특히 유아 중 남아가 여아보다 과의존 위험에 취약했고, 맞벌이 가정의 유아도 상대적으로 스마트폰 의존도가 높은 것으로 조사됐다.

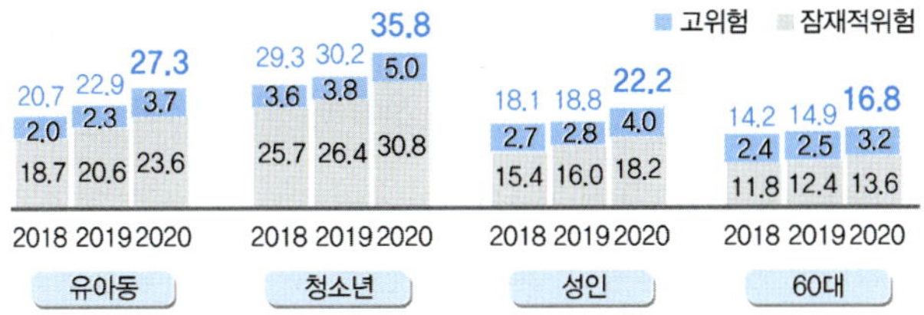

※ 대상별 연령대: 유아동 만 3~9세, 청소년 만 10~19세, 성인 만 20~59세, 60대 만 60~69세

그림 5-3 연도별 · 대상별 스마트폰 과의존위험군 비율(단위: %)

1. 과기정통부-NIA 스마트폰 과의존 실태보고서

조사 결과 스마트폰 과의존 해소를 위해서 문제 해결 주체가 개인이 돼야 한다는 의견이 61%로 가장 높게 나타났고, 기업과 정부가 그 뒤를 이었다.

정부가 해결할 수 있는 방안으로는 법규제를 해야 한다는 응답이 전체 42.5%로 가장 높게 나타났고, 스마트폰 과의존 해소를 위한 교육과 인식제고를 위한 캠페인 진행 등이 뒤를 이었다.

이 조사결과에서 눈에 띄는 점은, 유아동 자녀를 둔 학부모 41.6%가 자녀의 스마트폰 과의존 주요 원인을 '자녀의 스마트폰 이용 훈육 방법을 잘 몰라서'라는 응답을 택한 것이다.

자녀의 스마트폰 바른 사용을 위한 양육 시 가장 어려운 점을 '스마트폰을 대체할 놀이나 콘텐츠의 부재(31.2%)'로 꼽았고, 이어 '이용시간 조절/통제 어려움(24.5%)'을 선택했다. 아이가 떼를 쓸 때 통제가 어렵다는 학부모도 22.6% 있었고, 스마트폰을 대체할 양육의 보조수단 부재(21.3%)를 선택한 학부모도 있었다.

2. 가정에서도 교육 필요…일관성 있는 사용 시간 중요

전문가들은 유아동이 집에 머무는 시간이 늘어나면서 스마트폰 과의존이 지난해보다 심각해졌을 것으로 예상하고 있다. 전주혜 미디어미래연구소 연구위원(언론학 박사)은 유아동의 스마트폰 중독 현상은 시간이 지날수록 심해지고 있고, 이를 인지한 부모들의 스트레스도 커지고 있다고 설명했다.

전 연구위원은 "스마트폰 중독을 단시간에 해결하긴 쉽지 않지만, 아이에게 일관성 있게 스마트폰을 이용할 수 있게 하는 것부터 시작해야 한다"고 조언했다.

먼저 전 연구위원은 등원을 하지 않는다고 해서 아침부터 스마트폰을 보게 하는 것은 막아야 한다고 말했다. 영상을 보는 시간을 정하고, 일상생활에 지장이 없도록 해야 한다는 설명이다.

그는 "아무리 유아동이라도 계획 아래에 영상을 보게 해야 한다"며 "중독을 줄이기 위해서는 부모와 함께 보면서 이야기를 나누는 습관을 가져야 한다"고 말했다.

부모와 함께 영상을 시청하거나 스마트폰을 이용하면, 중독으로 인한 피해를 줄일 수 있고, 자녀가 부모와 함께 하는 시간도 늘릴 수 있다.

육아정책연구소 김은설 선임연구원은 스마트폰 등 미디어기기를 사용하고 소유하기 시작하는 유아기 또는 초등 저학년부터 미디어 기기 과다사용의 위험성에 대한 교육을 실시할 필요가 있다고 강조하기도 했다.

3. 정부와 국회 노력은?

방송통신위원회에서는 아이들의 영상 시청 자체는 막을 수 없지만, 시청하는 영상의 질적 향상을 위해 크리에이터 교육에 힘쓰고 있다.

방통위는 NIA와 함께 올해 크리에이터 대상 맞춤형 교육을 추진하며 윤리의식이나 자정 능력을 키우려는 노력을 진행 중이다. 예를 들어 자극적이고 폭력적인 콘텐츠를 만들기보다는, 크리에이터가 윤리의식을 갖고 콘텐츠를 제작하고 운영하는 것을 돕는 가이드라인을 만드는 것이다.

관련 업무를 진행하고 있는 한 관계자는 "정부에서 가정 내에 이뤄지는 일에 관여하긴 어려우니, 영상을 제작하는 크리에이터에게 윤리 의식을 심어주고, 유해하지 않은 콘텐츠를 만들도록 유도하고 있다"고 말했다.

이렇듯 정부에서도 스마트폰 중독 등 미디어 중독을 해결하기 위해 전방위로 나서고 있지만, 부처 간 진행하는 사업이 다르고 이해관계가 얽혀 있어 통일성 있는 정책이 나오고 있지는 않다는 지적도 있다.

때문에 국회에서는 지금이야말로 이와 관련 부처 간 협업이 필요하다는 생각에 최근 미디어교육 정책의 종합적·체계적 추진을 위한 미디어교육 활성화에 관한 법률안이 발의되기도 했다.

이 법안은 권인숙 더불어민주당 의원이 지난 14일 대표 발의했다. 그동안 정부의 미디어교육 관련 정책이나 사업이 방통위, 문화체육관광부, 교육부 등과 그 산하기관에 산재돼 있어, 종합적인 추진이 어렵다는 지적이 제기돼 이를 해결하기 위해서다.

교육부총리 소속의 미디어교육위원회를 두고 교육부, 방송통신위원회, 문화체육관광부가 미디어교육 정책을 함께 협의하고 진행하도록 규정함으로써 미디어교육이 체계적으로 추진될 수 있도록 하는 게 골자다.

권인숙 위원실 관계자는 "미디어 중독이 심각한 문제로 떠오르고 있고, 각 부처마다 추진하는 정책이 다르고 중복돼 비효율적이라는 지적이 있다"며 "이를 포괄해서 추진하는 체계를 만들어 평가하는 시스템이 필요하다"고 말했다.

출처 : 지디넷(ZD Net) 코리아(2021.08.05.). 하루 종일 폰만 보려는 아이들...스마트폰 과몰입 어떻게 할까.

Chapter 06

아동기 발달과 사회복지실천

1 아동기의 개념

아동기는 7세에서 12세 사이의 초등학생 시기로 학교 교육을 통해 필요한 지식과 기술을 습득하게 되는 시기로 학동기 또는 학령기라고도 한다. 아동기 이전의 시기는 가족관계가 중심이고 어린이집이나 유치원에서 자유롭고 신나게 잘 놀면 되는 시기였다. 하지만 초등학교에 입학하게 되면 주어진 과제를 해결하고 평가를 받기도 하고 다른 아동들과 비교가 되기도 한다. 또한 자신에게 주어진 역할을 수행하여야 하며 기본적인 규칙을 반드시 지켜야 하는 시기이기도 하다.

그 이전 시기인 영·유아기와 뚜렷하게 차이가 나는 부분은 사회적 관계가 다양해진다는 점이다. 아동기에 들어서면 또래집단의 대인관계가 발달하게 되고 적절한 성역할을 학습하게 된다. 이전 단계에서의 가족중심의 제한된 관계 속에서 벗어나 아동기부터는 교우관계, 교사와 학생이라는 관계처럼 다양한 사회적 관계를 형성하고 경험하게 된다. 그리고 이들 관계를 통해서 가족중심의 관계 하에서 자신이 최고라고 생각해 왔던 자아상이 문제가 되기도 하고 나아가 객관적인 자아의 인식이 형성되는 매우 중요한 시기이다.

2 아동기 발달

아동기는 빠른 신체적 성장과 함께 정규 교육과 놀이를 통해 어른의 역할을 학습하는 활동이 이루어지는 시기이다. 따라서 이 시기에는 공식적인 학습활동과 더불어 또래집단에서의 활동이 중요하게 부각된다. 또래집단을 통해서 다양한 사회적 기술을 습득하기 때문이다. 또래집단에서는 일대일 친구관계의 형성이 중요하며, 긍정적인 친구관계를 통해 신뢰감과 친밀감을 형성해 나간다.

아동기 발달의 주요 특징은 다음과 같다.

1) 신체적 성장

아동기의 신체적 성장과 발달은 그 이전의 급속한 발달과는 달리 비교적 완만하게 서서히 진행되는 경향을 보인다. 신체적인 체계(시스템)가 안정되는 시기이기도 하다. 즉, 신체의 불균형적 요소가 안정을 이루면서 운동발달에 필요한 기초적인 신체적 능력이 갖추어지는 시기이다. 신체발달의 특징 중 하나로 아동기 초기에는 남아가 여아에 비해 성장이 빠르지만 아동기 말에는 여아가 남아에 비해 더 빨리 진행된다. 이는 신장과 체중이 급격히 증가하는 두 번째 성장 급등기(첫 번째 급등기는 영아기)인 사춘기가 여아가 먼저 오기 때문이다. 또 다른 특징 중의 하나가 성장통을 경험하는 아동들이 있다는 점이다. 즉, 뼈의 성장이 근육의 성장을 앞지르면서 오는 통증(성장통)이 흔히 발생하기도 한다.

2) 운동발달

신체의 체계가 안정되면서 운동기능이 더 정교해지고 유연성이 높아진다. 그리고 근육의 협응능력도 발달하며 거의 모든 운동기능 수행을 자연스럽게 할 수 있는 운동발달을 보인다. 그 결과 달리기, 줄넘기, 자전거 타기, 수영, 등산과 같은 운동을 배우고 수행하는 데 문제가 없다.

대근육과 소근육의 기본적인 운동기능이 거의 완성되면서 운동의 속도와 강도의 증가하면서 운동신경이 빠르고 정교하게 발달한다. 소근육 운동의 발달로 인해 정교하고 정확한 손놀림이 가능해지며 여아가 남아보다 더 빨리 발달하는 경향을 보인다. 그러나 달리고 던지는 것과 같은 대근육 운동능력은 여아가 남아보다 더 빨리 발달한다. 이러한 신체발달과 운동능력의 향상을 통해서 아동들은 단체 놀이(축구, 야구, 농구 등)를 하게 되고, 이를 통해서 규칙준수, 경쟁, 다툼, 화해, 협동 등을 통해서 우정을 형성하고 중요한 사회적 기술을 학습하게 된다. 그러므로 이 시기의 단체놀이는 아동들의 사회성 발달에 매우 중요한 영향을 미친다. 그리고 아동들은 다른 아이들과 경쟁을 통해서 자신의 능력을 평가하게 되고 그 결과 긍정적 자아개념을 형성하게 된다. 운동능력이 뛰어난 아동들이 긍정적 자아개념을 형성할 가능성이 높은 시기이다.

단체놀이가 아동들의 사회성 발달에 매우 중요하지만 최근의 아동들은 단체놀이보다는 컴퓨터게임이나 스마트폰을 통한 온라인 게임을 즐기는 비율이 매우 높다. 그 결과 사회성 발달에 상당한 문제를 나타내고 있다. 보이지 않는 상대와 어울리게 됨으로써 비인간화되고, 거의 대부분의 게임의 내용이 폭력적이기 때문에 아동이 폭력성을 모방하여 폭력적 아동으로 성장할 가능성이 높아지고 있으며 또한 운동부족으로 비만의 문제가 야기되기도 한다.

3) 인지적 발달

아동기의 시삭은 7세부터이고 이때부터 국가가 제공하는 의무교육을 받게 된다. 이 시기에 공교육을 시작하는 것은 사고발달과 매우 밀접한 관련이 있다. 이 시기의 아동들은 글을 읽는 것에 관심을 갖게 되며 또한 글을 이해하는 능력이 발달한다. 그리고 사고발달은 피아제의 인지발달단계 중 세 번째 단계에 해당하는 "구체적 조작기"에 해당한다. 유아기의 전조작단계의 사고의 특징이 "자아중심성"이며 자아중심적 사고로 인해서 타인의 입장을 고려하지 못한다. 즉, 객관적인 사고능력이 부족한 상태이다. 그러나 아동기가 되면 구체적 조작단계에 이르러서 타인의 입장을 고려하는 객관적 사고, 즉 논리적 사고가 가능해진다. 이러한 사고의 특징을 갖는 시기를 피아제의 인지발달이론에서는 "구체적 조작기"라 하였다. 아동들이 객관적 판단과 논리적 사고가 가능하지만 어디까지나 이는 구체적 사실을 중심으로 가능하다. 다시 말해서 추상적인 개념에 객관적이고 논리적인 사고는 아직 하지 못하는 단계에 해당한다.

구체적 조작기에 해당하는 아동의 사고의 특징을 살펴보면, 아동은 자아중심성에서 탈피하게 되면서 다른 사람의 시각에서 사물을 보는 능력이 발달하게 된다. 그 결과로 다른 사람을 이해하고 공감하는 능력이 향상된다. 그러나 지나치게 객관화된 사고를 중요시하다 보면 규칙과 규정에 얽매이는 강박적인 행동 양상을 보일 수도 있다. 예를 들면, 엄마가 외출을 하면서 약속한 시간에 오지 않으면 어머니의 행동이 잘못되었다고 비난하는 행동을 하기도 한다. 물론 약속을 지키는 것이 중요하지만 지나치게 규칙에 매이는 것도 문제가 있기 때문에 아동들이 때로는 규칙을 지키지 못할 수도 있다는 것도 가르치고 이해하도록 하는 것도 중요하다.

또 다른 사고의 특징은 자기 자신의 객관화된 인식이 가능해진다. 자신을 외부세계의 한 부분으로 존재한다는 사실을 인식할 수 있게 된다. 따라서 주체와 객체 분화를 통한 자신의 인식이 가능해진다. 그리고 복잡한 사고도 가능해진다. 즉, 다양한 변수를 고려하여 상황과 사건들을 파악하거나 조사하는 것도 가능해진다. 따라서 이 시기에 아동들이 체험학습이나 수행과제를 통해서 상황이나 사건을 조사하고 관계성 등을 찾아내는 활동들이 가능하며 이러한 활동은 집중력 향상과 같은 아동의 사고능력 향상에 도움이 된다.

구체적 사실에 근거해서 객관적이고 논리적인 사고가 가능하지만 추상적 사실이나 개념에 대해서는 사고하는 것이 아직은 부족하다. 따라서 아동들이 정치적 이념, 종교적 신념, 철학적 가치 등으로 고민하거나 문제를 제기하는 것과 같은 행동은 보이지 않는다.

4) 정서발달

유아기의 격렬하고 변화가 심했던 정서반응이 아동기에 접어들면 상당히 안정되기 시작한다. 쉽게 흥분하거나 혼란스럽거나 격렬한 정서적 반응은 현저하게 줄어든다. 초등학교에 입학하면서 사회적 관계의 폭이 넓어지게 되고 자신에 대한 인식도 친구들의 평가에 의해서 보다 객관화된다. 이 시기에 정서적 표현이 안정적이지 못하고 쉽게 변하거나 격렬하게 표현되면 친구들의 인정을 못 받고 오히려 비난받을 가능성이 커진다. 따라서 정서표현이 보다 세련되어져서 억제하거나 통제를 하게 된다. 특히 이 시기의 정서표현은 사회적 행동과 밀접한 관련성을 지닌다. 아동기의 빈번한 정서표현에 해당하는 질투심, 투정, 동정과 같은 정서들은 사회적 행동과 매우 밀접한 관련성을 갖는다.

아동기의 대표적인 정서는 분노, 질투이다. 학교생활을 통해서 과제를 수행하고 주어진 역할도 수행해야 하며 여러 분야의 활동을 통해서 다른 친구들과 비교되고 그 결과 꾸중을 듣거나 실패를 통한 좌절감 등으로 인해 분노의 감정이 빈번하게 발생된다. 특히 온라인 게임에 몰두하는 친구들은 게임의 승패를 통해서 혹은 게임 상대가 분노심을 유발하는 경우도 빈번하다. 그러나 아동기에는 정서를 통제하는 능력을 발달시켜서 스스로 조절하고 통제하게 된다. 그래도 지나친 분노심으로 인한 상처를 입지 않도록 보살피는 것도 중요하다.

다음으로 빈번한 정서표현 중의 하나가 질투심이다. 이 시기의 아동들은 가족관계를 멀리하고 친구들과의 관계를 중시하는 관계의 변화를 가져온다. 따라서 무엇보다 친구, 특히 동성의 친구들과의 애정관계를 중요하게 생각한다. 따라서 친구 사이의 우정의 방해꾼에 대한 매우 강한 질투심을 보이는 시기이다.

아동기의 정서표현의 특징을 요약해 보면 정서표현이 스스로 억제되고 조절되는 시기에 해당한다. 그러나 지나친 정서억제는 정신건강에 문제를 가져올 수도 있다. 최근에는 가족관계의 해체 등과 같은 가정문제가 많이 발생하면서 아동 우울증을 경험하는 경우도 흔하게 발생하고 있다. 이 시기의 대표적인 정서장애로는 등교거부증 또는 학교공포증 등이 있다.

5) 사회성 발달

아동기는 사회성 발달에 매우 중요한 시기이다. 가정 혹은 이웃과의 관계 그리고 좀 더 범위를 넓히면 어린이집과 유치원에서 가까이 지내던 소수의 친구들의 관계에서 초등학교에 입학을 하면서 대부분의 사회적 관계가 학교를 중심으로 형성된다. 학교에서도 대부분의 관계가 학급 내 사회적 관계로 형성된다. 이러한 관계의 변화를 통해서 기본적인 사회적 기술과 태도 등을 학습하게 되는 중요한 시기이다.

학교생활을 통해서 형성되는 주요한 사회적 관계의 대상은 교사와 또래 친구들이며 이 시기에 교사의 역할 또한 매우 중요하다. 학교를 통한 사회성 발달에 대해서 살펴보자.

(1) 학 교

학교는 아동의 사회성 발달에 매우 중요한 영향을 미친다. 초등학교 저학년 시기에는 아직 또래관계가 활발하지 못한 상태이므로 교사의 영향력이 상당히 중요하다. 그러다가 고학년으로 올라가면 또래관계가 매우 중요해진다. 특히 4~5학년 시기에 형성되어 중학교 시기로 이어지는 또래집단인 "도당집단"은 아동의 사회성 발달에 매우 중요한 영향을 미친다. 학교는 아동의 생활의 중심이 되기 때문에 아동의 사회성 발달에 매우 중요한 영향을 미친다. 그리고 학교에서 아동들은 사회적 규범을 학습하게 된다. 아이들이 서로 다른 규범과 원리에 지배되는 가정에서 지금까지 생활하다가 학교라는 공간에 오게 되면서 가정과 학교를 연결하는 역할을 학습하고 이를 통해서 사회적 규범을 학습하게 된다.

(2) 교 사

초등학교에서 특히 저학년의 경우는 교사의 영향이 절대적이다. 교사가 아동에 대해 가지는 생각, 판단, 태도, 기대, 행동 등은 아동의 심리적 발달에 결정적인 역할을 하게 된다. 그러므로 교사는 칭찬, 정적 강화, 부적 강화, 처벌 등과 같은 "행동수정기법"을 통해서 아동의 올바른 행동을 학습시켜야 한다. 특히 이때 편애를 하거나 일관성을 잃어버리는 행동수정기법을 사용하게 되면 교사의 권위를 잃어버리는 것은 물론이고 행동수정의 효과도 약해질 수 있다.

특히 교사는 이 시기에 아동들에게 긍정적인 사회적 경험을 할 기회를 많이 제공하여야 한다.

로센탈과 자콥손(1968)의 자기충족적 예언 실험

- **대상** : 초등학교 1학년~6학년 학급에서 무선적(random)으로 선발
- **실험** : 교사에게 아동에 대한 정보를 제공
(대상 아동들이 검사결과 현재 발달이 지체되었으나 잠재력이 큰 아동이며 1년 정도 지나면 학업성적이 크게 향상될 것이란 정보제공)
- **결과** : 1년 후 아동의 지능과 성적이 다른 아동에 비해 크게 높아졌음
- **해석** : 교사의 아동에 대한 긍정적 기대를 보여줌으로써 아동이 스스로 노력하면 많은 성공을 이룰 수 있다는 "자기이행적(충족적) 예언"을 형성하게 하였으며, 그 결과 아동은 자신의 예언을 현실화하기 위해 노력하는 과정에서 성취수준이 높아짐

※ **교사의 기대**(긍정적 기대 혹은 부정적 기대) : 자기충족적 예언으로 작용하여 아동으로 하여금 긍정적 혹은 부정적 행동을 유발할 수 있음

(3) 또 래

아동기의 아동들은 학교에서 많은 시간을 함께하는 동료들과 우정을 나눌 수 있는 기회를 갖게 된다. 그리고 동일한 흥미를 갖거나 자주 접촉하는 또래들과 친구관계를 맺게 된다. 친구관계를 통해서 자신만을 생각하지 않고 상대를 생각하고 배려하는 행동을 통해서 자아중심성에서 벗어나게 되고 타인을 배려하는 마음을 갖게 된다. 또래관계가 아동의 사회성 발달에 미치는 기능을 살펴보면 다음과 같다.

① **역할모델** : 여러 장면에서 또래들의 행동을 관찰하고 이를 통해서 특정 행동을 모방하고 내면화하게 된다. 관찰학습의 모델로서 역할을 또래들이 하게 된다. 학습에 영향을 미치는 요인은 또래들의 행동의 결과이며, 이를 통해서 해야 할 행동과 하지 않아야 할 행동을 구분해서 학습한다.

② **강화자** : 아동은 칭찬이나 비난을 통해서 아동 상호 간에 행동 학습에 영향을 미치게 된다. 이 시기는 친구관계를 중요시하기 때문에 친구의 칭찬이나 비난에 매우 민감하게 반응한다. 특히 학급 내 인기 아동의 칭찬이나 비난은 매우 강한 영향을 미친다.

③ **사회적 비교** : 자아개념의 기초가 형성되는 시기이므로 긍정적인 자아개념의 형성이 매우 주요한 시기에 해당한다. 아동기의 가아개념의 형성은 주로 또래집단과의 비교를 통해서 형성된다. 또래들의 평가를 통해서 긍정적인 자아상을 형성하기도 하고 부정적인 자아상을 형성할 수도 있으며 자아존중감의 중요한 근거가 된다.

(4) 자아개념

모든 심리학자들은 우리의 삶에서 가장 중요한 심리적 기제를 거의 절대적으로 "자아"라고 주장한다. 그렇기 때문에 자아에 대한 올바른 인식과 긍정적으로 자신을 바라보는 자아존중감을 무엇보다 중요시하고 있다. 예를 들면, 청소년 비행의 가장 중요한 심리적 요인은 낮은 자아존중감이라는 것이 가장 일반화된 이론이다.

자아존중감이란 자신에 대한 감정적 측면으로서 자기 자신을 긍정적 견해로서 바라보는 것을 의미한다. 자아존중감이 높은 아동들은 자신의 모든 특성에 대해 긍정적으로 평가한다. 반대로 자아존중감이 낮은 아동은 자신의 모든 것을 부정적으로 평가한다.

자아존중감 발달에 영향을 미치는 주요 요인은 부모, 성취경험, 사회적 비교 등이다. 이들 요인과 자아존중감의 관계를 살펴보면 가장 중요한 것이 부모의 역할이다. 부모의 수용적 태도, 애정 표현, 아동의 문제에 대한 관심을 가지며 설정된 한계 내에서 의견을 자유롭게 표현하고 가족 의사결정에 참여하도록 함으로써 아동은 열성과 강한 호기심을 지니며 자기신뢰, 즉 자아존중감이 높게 나타난다. 아동의 성취경험도 자아존중감 형성에 중요하다. 성공적으로 일상의 과업을 수행하는 경험은 자신의 능력에 대한 신뢰감이 형성되고, 이는 자아존중감의 중요한 기초가 된다. 마지막으로 사회적 비교가 영향을 미친다. 아동들은 또래들과 비교를 통해서 자신이 우수한 결과를 얻게 되면 긍정적인 자아개념이 형성된다. 그러므로 이 시기에 부모의 애정과 사랑을 제대로 받아야 하며 학교생활을 통해서 성공과 성취의 경험을 얻는 것이 자아존중감 형성에 중요한 영향을 미친다.

3 아동기 사회복지실천의 주요 내용

1) 아동 관련 주요 사회복지서비스 내용을 살펴보면 다음과 같다.

① 지역사회 내 돌봄 여건 확충을 위한 지역아동센터 지원강화 : 운영비 지원 4,113개소, 월 443만 원 → 월 458만 원

② 아동이 안전한 사회 : 아동청소년 정신건강관리 강화, 아동 안전교육 강화, 아동 학대예방, 보호체계 강화

③ 아동이 행복한 사회 : 퇴소아동 자립지원 체계화, 아동친화 도시 인증확산, 영양 플러스 지원확대, 드림스타트 사업 활성화

- 입양가족 양육지원 확대 : 입양아동 양육수당 지원 대상 연령확대(15년 만 15세 미만 월 15만 원 → 16년 만 16세 미만 월 15만 원 지원)

2) 드림스타트 사업을 통한 아동기 아동지원 프로그램을 정리하면 다음과 같다.

① 아동정신건강관리 : 정신건강문제 조기발견 및 고위험군은 지역사회 정신건강서비스 체계 내 연계

② 천식 아토피 예방 및 관리 : 교육 및 검사비, 약제비 지원

③ 희귀난치성 질환 지원 : 진료비 지원 및 내용연계

④ 비만관리 및 운동 : 식생활 습관 및 소아비만 위험성 교육

⑤ 보건교육 : 흡연, 음주, 약물중독, 성교육 등에 대한 교육 및 습관화, 예방교육

⑥ 구강건강 '치아홈 메우기' : 충치예방 치아홈 메우기-민간치과 의료기관 연계

⑦ 아동권리 및 문화 : 아동권리 인식증진, 다문화 교육프로그램

4 함께 생각해 볼 문제

심각한 아동학대 문제

전북경찰청, 아동학대 분석, 사회적 관심만이 막을 수 있어
아동을 권리를 지닌 주체로 인정해야

오늘뉴스
2021.11.26.

전북경찰청은 26일 아동학대와 관련하여 분석한 내용을 발표했다. 매년 11월 19일은 세계 아동학대 예방의 날로 아동학대 문제를 조명하고 폭력으로부터 아동을 보호하기 위해 제정된 법정기념일이다. 하지만, 지속되는 사회구조의 변화 속에서 가정 내에서 아동학대 범죄가 빈번하게 발생하고 있다. 특히 전북경찰청은 아동학대는 사회적 민감도가 높은 만큼, 범죄 특성 분석을 통한 맞춤형대응 전략이 필요하다고 강조하였다. 아동학대 분석내용은 다음과 같다.

【 아동학대 분석 】

1. 아동학대특별법 개정

올해 1.26자 아동학대 살해죄가 신설되어 7년 이상 징역형으로 법정형이 일반 살인죄 5년 이상보다 높아졌으며, 특히 주목할 점은 민법 제915조 '친권자가 자녀 보호나 교양을 위해 필요한 징계를 할 수 있다.'는 규정이 삭제됨에 따라 민법상 자녀징계권 폐지는 훈육 목적이라고 하더라도 자녀를 체벌할 수 없는 환경이 되었다.

- 2021년 1~8월 기준 도내 아동학대 1일 신고 건수 : 1.3건 (1日 전국 72건, 전북은 전국의 1.8% 차지)

2. 아동학대 신고현황

올해 8월까지 전년 동기간에 비해 아동학대 신고가 전국적으로 68%(전북 76.7%) 증가했고, 같은 기간 사건 처리건수도 118% 증가했다(경찰청 통계, 2021). 이와 같이 신고가 늘어난 이유는 작년 10월 이후 아동학대 사건들이 이슈가 되면서 국민적 관심이 고조되어 신고 분위기가 확산되었고, 경찰에서도 보다 적극적인 응급조치 등 현장 대응력 강화로 사건처리도 같이 증가하였다.

3. 아동학대 특성

아동학대 가해자로 82%가 부모이며, 가해자 행위로 부적절한 양육이 24%를 차지하고 있고, 학대 유형으로 48%가 중복학대, 28%가 정서학대, 신체학대 순으로 나타났다(보건복지부 통계, 2021).

① **아동**(18세 미만) **인구** : 전국 인구 대비 아동 분포 비율은 14.5%, 전북은 14.3%로 전국과 비슷한 분포를 보이고 있다.

② **아동 인구수 대비 아동학대 신고율** : 전국 평균이 0.23%이며, 전북은 0.12%로 평균보다 낮은 수준이며, 아동학대 신고건수대비 검거율은 전국 평균이 42%인 데 반해, 전북은 69%로 적극적인 대응 등의 효과로 분석된다.

③ **합계 출산율**(가임 여성 1명당 출생아 수) : 2020년 전국 평균 0.84명으로, 전북은 0.91명이었다. OECD38개 회원국 중 2019년 합계 출산율 평균이 1.61명으로, 출산율이 1명도 안 되는 나라는 한국이 유일하며, 고용불안, 주거비와 양육비 부담 등은 출산을 기피하는 주된 이유로 분석된다.

④ **조혼인율**(인구 천 명당 혼인건수) : 전국 평균 3.6건으로 감소세가 지속되었다. 결혼을 연기 · 취소해 올해 8월까지 전년 동기간 대비 11.4% 감소했으며, 전북은 2.9건으로 평균보다 낮았다.

⑤ **유배우 이혼율**(유배우 천 명당 이혼건수) : 외출자제, 법정 휴정권고 등으로 전년 대비 2.2% 감소했으며, 전북은 4.3건으로 전국 평균과 동일했다. 이혼율이 높은 일부 지역에서 아동학대 신고율도 상위권에 분포되는 경향을 보였다.

⑥ 2021.10.15.기준 인구 만 명당 코로나 확진자수는 전국 평균 64명으로, 전북은 27명으로 적은 편이었고, 수도권 인구 밀집지역에 코로나 확산이 증가하고, 학대 신고도 비교적 많은 편이었다.

⑦ 코로나와 아동학대 영향에 대한 해외 37개국을 조사한 보고서 <세이브 더 칠드런>에 따르면, 코로나19 확산기인 2020년 3월 이후 개학연기 등 가정 내 시간이 늘어나면서 부모의 양육부담 스트레스가 증가되어 가정 내 약자인 자녀에게 공격적 학대행동으로 이어져 아동학대 신고비율이 8%에서 17%로 2배 상승한 것으로 분석되었다.

아동학대와 가정폭력 예방을 위해서는 '아동학대와 가정 내 폭력은 범죄행위다!'라는 사회적 인식의 전환이 필요하다. 주로 범죄 발생 이후 개입해 조치를 취하는 경찰로서는 역할에 한계가 있는데, 사건이 재발하지 않도록 범죄예방을 하고 경각심을 제고하기 위해서 행위자 80% 이상을 차지하는 부모에 대한 사전 교육 등이 중요하다고 볼 수 있다.

범정부차원에서 지자체, 교육청, 전문기관, 경찰의 유기적 협의를 통해 부모교육과 가족 상담을 통한 생애주기별 올바른 훈육방법을 정립하도록 인식 전환의 기회를 제공해야 한다. 또한, 재발방지를 위해 알코올 중독, 정신질환자에 대한 적극적인 의료지원을 지속해 나가고, 음주운전자의 재범을 막기 위해 교통 캠페인에 참여하게 하듯이 가해자에게 의무적으로 상담 교육을 이수하게 하는 시스템 구축 등이 필요하다.

특히, 특별법 개정이나 관련 법령 폐지와 관련해서는 대중매체 등을 통해 국민의 관심을 유도하고 일상에서도 체감할 수 있도록 집중적인 홍보 강화가 선행되어야 하며, 설문조사나 모니터링 등을 통해 인식 여부, 개선점 등을 찾아 지속 보완해야 할 필요가 있다.

전북경찰청 청장(이형세)은 "일상에서 가정 내 폭력과 학대 범죄를 예방하기 위해서는 도민들의 지속적인 관심과 주의가 필요하다." 며 "경찰에서도 개정된 법령의 지속적 홍보와 범죄의 특성에 맞는 범죄예방과 검거 활동 등을 통해 사회적 약자가 보다 안전하고 평온한 일상을 영위할 수 있도록 총력을 다할 예정이다."라고 밝혔다.

출처 : 오늘뉴스(2021.11.26.). 전북경찰청, 아동학대 분석.

Chapter 07

청소년기와 청년기 발달과 사회복지실천

1 청소년기의 개념

청소년기는 인간의 일생에서 가장 아름다운 시기이며 동시에 갈등과 방황의 시기이기도 하다. '질풍노도의 시기'라고 불리는 청소년기는 정서적으로 변화가 심한 불안정한 시기이지만, 부모로부터 독립된 인격체로 인정받기를 바라며 정서적으로 독립하고자 하는 시기이다. 하지만 청소년의 개념은 매우 모호하다. 가장 보편적인 청소년기의 정의는 13~18세 사이의 중·고등학교에 재학 중인 시기에 해당한다. 이 시기에 청소년이 모두 학교를 다니는 것은 아니기 때문에 학생중심의 혜택을 학교 밖 청소년에게도 확대하기 위해서 2016년부터 청소년증을 발급하고 있다.

현재 우리나라의 경우 청소년과 관련된 법규상의 연령은 매우 복잡하고 혼란스럽다. 「청소년기본법」에는 9~24세로 되어 있으나 다양한 기준으로 청소년이 정의되고 있다. 우리나라의 관련 법령을 보면 청소년기본법(1991), 청소년복지지원법(2003), 청소년활동진흥법(2004) 등 다양한 청소년관련법이 제정되어 있는데, 각 법마다 청소년의 호칭과 적용 연령에 차이가 있다. 그것은 일반적인 청소년의 발달 특성뿐만 아니라 발달 영역별 특성을 고려했기 때문이다. 청소년기본법에서는 9세 이상 24세 이하인 자, 청소년보호법에서는 19세 미만인 자를 '청소년'으로 규정하고 있고, 민법에서는 만 20세 미만인 자를 '미성년자'로 규정하고 있다. 그리고 소년법에서는 20세 미만인 자를 '소년'으로 규정하고 있으며, 근로기준법에서는 "18세 미만의 자는 도덕상 또는 보건상 위험한 사업에 사용치 못한다."라고 규정하고 있다. 이처럼 청소년의 연령은 아동과 청소년을 혼재하여 사용함으로써 아동과 청소년의 구분마저 모호하게 하고 있으며 그 개념도 일관된 정의 없이 다양하게 부르고 있다(도미향 외, 2019).

청소년기에는 자아정체감이 형성되고 이성과의 새로운 관계가 형성되는 등 스스로 다양한 결정과 선택의 책임이 따르는 중요한 시기이다.

2 청소년기 발달과 사회복지실천

1) 청소년기의 발달

청소년기는 사춘기의 출현으로 성적인 성숙이 이루어지는 시기이다. 법규상으로는 청소년의 정확한 연령은 9~24세이며, 전체 인구의 18.5%이고, 이중 학령인구는 16.9%를 차지한다. 최근 다문화 가정이 급증하면서 2016년 기준으로 다문화 가정 학생 수는 8만 3천 명으로 전년보다 21.7% 증가하였다.

본서에서는 13세에서 18세 사이의 중·고등학교 시기의 아동들을 청소년으로 규정하여 청소년의 발달을 논의하고자 한다.

(1) 신체적 발달

① 신체적 성숙

신체적 발달이 급등하는 시기로 제2 성장급등기에 해당한다. 첫 번째는 영아기의 성장급등이 해당된다. 신체적 성장비율이 2배 정도 빨라지며, 특히 신장과 체중이 증가한다. 이때 일시적인 신체불균형 상태를 경험하기도 한다. 여성청소년이 남성청소년보다 2~3년 정도 먼저 성장급등이 시작되지만(여아 11세, 남아 13세경 시작) 끝날 무렵에는 남성청소년의 발달이 소녀보다 우세해진다. 그리고 신체내부 기관의 내분비선의 발달이 급증함으로써 성인의 모습으로 변해 가는 모습을 보인다. 뇌하수체 전엽에서 성호르몬의 생성과 유출이 자극되며 생식선을 통해 남성은 안드로겐(남성호르몬), 여성은 에스트로겐(여성호르몬)의 분비가 촉진된다. 가장 눈에 띄는 변화는 여아의 경우 엉덩이가 넓어지고 남아의 경우 어깨가 넓어지는 것이다. 이마가 앞으로 나오며 코와 턱이 더욱 돌출되고 입술이 커짐으로써 얼굴 형태도 어른의 모양새를 갖게 된다.

신체적 발달은 청소년의 자신과 타인에 대한 지각의 변화에 영향을 미친다. 조숙한 소년의 경우는 다른 친구들로부터 동료들보다 더 인정을 받고 이를 바탕으로 지도력을 발휘하고 학교생활을 안정적으로 하거나 사회적 기술이 발달하는 데 긍정적인 영향을 미치는 경우가 많다. 그러나 부정적인 영향을 미친다는 보고도 있다. 흡연, 음주, 우울증, 이른 이성교제, 성 경험 등의 문제에 노출되기 쉽다. 그 이유는 신체는 조기 성숙하였지만 사회적 혹은 인지적으로는 아직 미성숙한 상태로 행동을 자제할 능력이 부족하기 때문이다. 반면에 조숙한 소녀의 경우는 흔히 자신감의 결여 혹은 부정적 자아상을 형성하는 경우가 많으며 따라서 친구들과 잘 어울리지 못하는 경우가 흔하다. 상대적으로 성에 대해 일찍 관심을 갖는 경우가 많다. 결론적으로 청소년의 신체발달은 청소년의 자아개념에 긍정적 혹은 부정적 영향을 미칠 수가 있다.

② 성적 성숙

청소년의 가장 큰 변화 중 하나가 성호르몬 분비의 증가와 생식기관의 발달이다. 이를 통해서 청소년의 성에 관한 관심이 고조되고 많은 청소년이 이성교제를 경험하게 되는 시기이다. 청소년의 성적 발달에 관심을 두고 청소년을 바라볼 때 청소년기를 '사춘기(思春期)'라 한다.

생식기관의 성숙은 청소년 성장급등 시기와 거의 같은 시기에 발생하며 남성청소년과 여성청소년에 대해 정해진 순서를 따라 발달한다. 여성청소년의 성적 발달은 성장 급등이 시작될 때 유방은 빠르게 성장하며 성 기관이 성숙하기 시작한다. 질 내부가 커지고 자궁벽의 강한 근육이 발달하는데 이 근육들은 임신 기간 동안 태아를 돌보고 분만 시 자궁 경부와 질을 통해서 아이를 밀어내는 데 사용된다. 외부적으로 치구, 음순, 음핵 모두가 커지고 접촉에 더욱 민감해지게 된다.

남성청소년의 성적 발달의 특성을 보면 고환이 커지면서(11~12세경) 성적 성숙이 시작된다. 고환 성장은 종종 착색되지 않은 음모의 출현을 수반한다. 음경이 완전히 발달하는 14.5세에서 15세경에 대부분의 소년들은 사춘기에 이르게 되며 아버지가 될 수 있다. 남성청소년의 성적 성숙의 또 다른 특징은 목소리의 변화이다. 음성 코드가 길어지면서 목소리가 낮아지게 된다. 남, 여 모두 신체적 성숙과 성적 성숙의 시기에는 상당한 개인차가 있다.

성적 조숙화 혹은 가속화 현상이 전 세대보다 빠른 속도로 일어나고 있는 것이 전 세계의 공통적인 현상이 되고 있다. 따라서 보다 이른 나이에 어른의 신체구조를 갖는 현상이 두드러지고 있다. 초등학교 고학년이면 상당수의 아동들이 사춘기가 시작되고 여자 아이들의 초경이 시작된다. 이성교제가 시작되는 시기도 초등학교 고학년으로 빠르게 이동하고 있다.

③ 운동발달

아동기에 운동능력의 기본을 모두 갖춘 후 청소년기에 도달한 아동들은 운동능력이 급격히 발달한다. 청소년기 운동발달의 주요 내용들을 살펴보면 다음과 같다.

㉠ 근육조직이 현저하게 증가하고 근육의 힘도 강해져 체력이 좋아진다.

㉡ 사춘기까지는 성별에 무관한 힘의 증가를 보이지만, 사춘기 이후에는 남자의 발달이 훨씬 빠르고 강하다.

㉢ 운동신경이 발달한다. 그리고 운동신경의 발달은 성격발달과도 밀접한 관련성을 갖는다.

㉣ 운동발달이 잘 이루어진 청소년의 경우에는 긍정적인 정서의 발달로 활발한 성격이 형성될 가능성이 높지만, 반대로 운동발달이 늦거나 부족한 청소년의 경우에는 부정적 정서의 발달로 부적응 행동이 나타날 가능성이 높다.

(2) 정서발달

청소년의 정서가 혼란스럽고 극단적 정서경험의 빈도가 높은 경향을 보여 청소년의 정서적 특성을 반영하여 이 시기를 질풍노도의 시기로 표현하기도 한다. 청소년의 극단적인 정서 변화는 성적 성숙과 많은 관련성을 갖는다. 즉, 성적 충동으로 인한 성적 색채가 강한 정서를 경험하게 되며 이때의 정서가 극단적인 경향을 지닌다. 성적 의식이 고조되면서 성적 수치심이나 이성에 대한 강렬한 호기심 등이 정서 변화에 중요한 영향을 미친다.

정서적 불안정으로 인한 고민이 증가하는 시기이다. 불안, 고독, 열등감, 공허감 등의 부정적 감정을 경험하는 빈도가 많은 경향성을 보인다. 특히 높은 사회계층의 청소년, 소가족의 맏자녀, 부모의 학업성취에 관한 지나친 관심 등이 부정적 정서 경험과 높은 관련성을 갖는다. 그리고 청소년기의 아동들이 자신에 대한 확신 부족, 신체적 이미지에 대한 자신감의 결여, 장래에 대한 확신 부족 등을 통해서 작은 일에도 지나친 불안을 경험하는 경우가 많으므로 세심한 주의와 관찰이 필요한 시기이다.

정서적 문제를 극복하기 위해서는 자신의 정서변화에 대한 인내심을 길러야 한다. 그리고 타인반응에 지나치게 민감하게 반응하는 것을 자제하는 능력을 키워야 한다.

(3) 인지발달

청소년기 동안에 사고는 인지발달단계의 마지막 단계인 "형식적 조작기"에 해당한다. 성인과 유사한 추상적 개념의 사고가 가능해지면서 아동기와는 전혀 다른 유형의 사고를 한다. 아동기에는 관심을 보이지 않던 철학적 문제, 종교적 신념, 혹은 정치적 이념 등에 관심을 갖기 시작한다. 그리고 이러한 사고를 통해서 자신이 믿어왔던 종교를 부정하거나 우리 사회의 정치 혹은 이념의 문제를 과대평가하여 지나친 불만을 보이거나 잘 다니던 종교기관에 나가기를 거부하는 등의 행동을 보이기도 한다. 피아제는 청소년기의 이러한 인지능력 발달을 형식적 조작단계라 하였다(Piaget & Inhaler, 1958).

형식적 조작단계에 이른 청소년들은 추상적 사고, 가설연역적 사고, 이상적 사고 등의 사고의 특성을 보인다.

- 추상적 사고 : 추상적인 개념을 이해하고 논리적 추론이 가능하다.
- 가설연역적 사고 : 문제를 해결하기 위해서 잠정적인 해답으로 일련의 가설들을 수립한다.
- 이상주의적 사고 : 자신과 타인에게 이상적이었으면 하는 특성에 대해서 사고하기 시작한다.

형식적 사고의 발달로 인하여 청소년들은 자신의 사고를 비판적으로 검토할 수 있고 자신과 세계에 대해서 상대론적 관점에서 이해할 수 있게 된다. 이와 같은 형식적 사고능력의 발달로 인한 부정적 영향을 감소시키고 형식적 사고의 질적 발달을 도모하기 위해서는 다양한 사고능력 향상을 위한 훈련들이 필요하다.

(4) 자아정체감의 발달(자기탐색의 시기)

청소년기에 "자아정체감"이 본격적으로 발달하기 시작한다. 에릭슨(Erickson)은 이 시기의 과업이 자아정체성의 확립이라고 하였다. 이 시기에 가장 중요한 발달의 과제가 바로 자기 자신의 존재를 확실하게 인식하는 자기정체성을 확립하는 것이다. 자신이 다른 사람과 다르다는 사실을 인식하고 다른 사람과 다른 것, 즉 차별성을 발견하는 것이다. 나는 다른 사람과 무엇이 다른 존재로서 나만의 독특성이 무엇인지를 발견함으로써 자신의 정체성을 확립한다. 직업, 정치, 종교, 관계, 성취지향, 성별, 민족, 성격, 신체 등에서 자신의 존재가 어떤 의미 혹은 관계성을 갖는지를 확인하고 이를 종합한 것이 "자아정체성"이다.

자신의 독특성에 대한 비교적 안정된 느낌을 갖게 됨으로써 행동이나 사고 혹은 정서의 변화에도 불구하고 변화하지 않는 부분이 무엇이며 자신이 누구인가를 아는 것으로서 몇 가지 차원으로 구분해 볼 수 있다. 즉, 인간성 차원, 성별 차원, 독특성 차원, 개별성 차원, 계속성 차원으로 구분된다.

안정된 자아정체감 형성을 이루어야 정서적 안정성을 확보하고 부모나 또래집단으로부터 자율성을 확보할 수가 있다. 그러지 못한 경우에는 자신이 중심이 되는 삶을 살지 못하고 주변사람이나 혹은 주어지는 역할에 따라서 행동하게 됨으로써 역할 갈등 혹은 역할마다 자신이 혼동되고 다르게 행동하게 되는 혼미를 경험하게 된다.

표 7-1 마샤(James Marcia)의 자아정체감 발달상태 4단계

정체감 발달상태	주요 특징
정체감유실 (identity foreclosure)	• 부모나 사회의 가치관을 자신의 것으로 그대로 선택(위기도 경험하지 않고 쉽게 의사결정을 내림) • 독립적 의사결정을 하지 못함 예 부정적 정체감 – 비행청소년
유예 (moratorium)	• 정체감 위기상태에 처해 정체감을 확립하기 위하여 다양한 역할 실험을 수행하고 있는 상태(정체감 성취 또는 정체감 혼란 중 어느 방향으로도 나아갈 수 있는 가능성이 있는 상태) • 고교 시절의 갈등 – 심리사회적 유예기간
정체감혼란 (identity diffusion)	정체감을 확립하기 위한 노력도 없고 기존의 가치관에 대한 의문도 제기하지 않는 상태
정체감 성취 (identity achievement)	위기를 극복하고 정치적 또는 개인적 이념체계를 확립(자신의 의사에 따라 자율적 의사결정/직업적 역할을 성공적으로 수행)

(5) 사회성 발달

① 사회적 발달

청소년기의 아동들의 사회적 발달의 특성은 '심리적 이유기'로 표현된다. 즉, 신체적 성장 급등으로 인해 자신이 성인이 된 것 같은 자아인식을 갖지만 실제적으로는 심리적 이유상태에 있다는 의미로서 심리적으로 어머니와 이유를 하는 시기에 해당한다는 의미이다. 어머니가 이유를 시작하는 시기는 영아기에 아이가 겨우 자아인식이 시작되고 스스로 걷고 말하는 등의 발달상의 많은 변화를 가져오지만 아직 스스로 무엇을 하기에는 많이 부족하고 미숙한 존재에 머물러 있다. 그러나 청소년기의 아동들은 성장을 거듭하면서 신체적으로는 거의 성인의 발달을 보이지만 심리적으로는 영아기의 부족한 존재와 같은 상태라는 의미가 된다.

이 시기의 청소년들은 부모와의 거리는 멀리하고 친구와의 관계를 매우 중요시하는 특징을 보인다. 그래서 부모의 인정보다는 또래의 인정을 더 중요하게 생각

하고 더 원하는 경향을 보인다. 또래의 압력이나 의견이 청소년의 행동에 강력한 영향을 미치는 시기이다. 많은 부모들이 친구를 잘 사귀어야 한다고 친구의 중요성을 강조한다. 친구의 영향이 가장 중요한 시기가 바로 이때이다.

친구관계가 중요해지면서 한편으로는 부모 혹은 가족과의 갈등이 첨예한 경우가 빈번하게 일어나는 시기에 해당한다. 부모 혹은 가족과의 관계가 대립되는 주요 이유들을 정리해 보면 다음과 같다.

㉠ **청소년과 부모의 인식 차이** : 청소년은 자신을 성인이라 인식하지만 부모는 경제적 자립을 하지 못한 아동으로 간주한다.

㉡ **부모의 통제곤란** : 청소년이 신체적 성장을 성인의 수준으로 이루게 되므로 더 이상 부모가 물리적 통제나 처벌이 어렵게 된다.

㉢ **자아중심성** : 청소년의 인지발달단계는 형식적 조작단계로 최고 수준에 이르지만 아직도 미성숙한 인지로 인해 "자아중심성"을 일부 갖는다. "개인적 우화" 같은 인지특성으로 인해 자기중심적으로 사고하는 경향을 지니고 있으며 최근 인터넷 사용이 빈번해지면서 어른을 무시하는 행동 경향성이 높아지고 있다.

㉣ **인지발달에 따른 자기주장** : 사고의 발달로 인해 부모가 제시하는 가치기준이나 규칙의 논리적 모순이나 부당성을 거부하거나 해명하도록 요구함으로써 갈등이 야기된다. 부모에게도 자녀와의 관계를 재정립해야 할 필요성이 요구되는 시기이다.

② 친구관계(우정관계)

우리의 청소년 세대는 매우 불행한 환경에서 생활한다. 세계 어느 나라에서도 볼 수 없는 경쟁적인 입시공부에만 매달려 중·고등학교 시기를 보내기 때문이다. 최근에 중학교 2학년 한 학기를 '자율학기제'를 시행하게 함으로써 입시지옥에서 잠시 벗어나도록 하는 제도를 만들었지만 그 기간조차도 학원을 등록해서 특정과목을 집중 공부하는 시기로 생각하는 부모들이 많다는 것이 현실이다. 이러한 암울한 현실에서 청소년들이 가장 집중하는 관계가 바로 교우관계이다.

이 시기의 좋은 교우관계는 정상적인 사회성 발달의 기초가 된다. 좋은 교우관계를 가졌던 청소년들은 이후 중년기의 정신건강과 정적 상관을 갖는다. 청소년기의 친구들은 긍정적인 영향과 부정적인 영향을 미칠 수가 있다. 긍정적인 측면은 친구와 상호작용을 통해서 인간관계의 '상호성'을 배운다(Sullivan, 1953). 의견충돌이 생겼을 때 이를 해결하는 과정을 통해서 정의와 공평성을 배우게 된다. 이러한 사회적 관계의 원리가 이성관계와 부부관계의 기초가 된다. 그리고 부정적인 측면으로서는 또래관계를 통해서 술, 약물 등을 함께하게 되고, 이를 통해서 서로 유대감을 형성하는 과정을 통해서 문제행동을 쉽게 학습하게 되거나 또래로부터 거부나 무시를 당해서 적대감을 갖게 되거나 정신건강에 문제를 야기하기도 한다. 소위 말하는 '왕따'와 같은 관계의 단절을 통해서 문제가 야기되기도 한다.

청소년기의 우정발달의 특성을 살펴보면 정서적으로 매우 강렬하며 관계중심적이다. 그리고 이 시기에 자신의 속마음을 털어놓을 수 있을 정도의 진심어린 친구 관계를 유지하려고 하며 친구와 헤어지거나 배신당하는 것에 대단히 민감하다. 특히 여성청소년의 친밀감 욕구가 강하며 동성친구뿐만 아니라 이성 친구에게도 강한 친밀감 욕구를 가진다. 따라서 친구관계에서 긴장, 갈등, 질투 등의 행동이 빈번하며 이러한 정서로 인해 여성청소년이 다투는 경우는 흔하게 볼 수 있다. 이에 비해 남성청소년은 여성청소년보다 자기노출이 덜하며 함께 운동을 하거나 경기를 관람하는 행동을 하면서 친밀감을 형성하는 경우가 일반적이다.

③ 이성교제

청소년기의 이성교제는 여러 가지 다양한 기능을 갖는다. 이 시기에 이성관계를 통해서 얻게 되는 대표적인 순기능들은 다음과 같다.

- 서로 기쁘고 즐거운 시간을 보낼 수 있다.
- 데이트 상대의 근사한 용모나 인기를 통해서 성취감을 얻을 수 있다.
- 사회화 과정의 일부로서 타인과 상호작용하는 방식을 배우고 예의범절을 익힌다.
- 중요한 발달과업인 자아정체성 확립에 매우 중요한 역할을 한다.
- 이성교제를 통해서 친밀감 형성에 대해서 배운다.

또한 이성교제를 통해서 성적 접촉을 갖는 경우가 증가하고 있으며 그 결과 십대의 임신이 증가하고 있다. 그 이유는 우리 사회의 성의식의 변화가 매우 빠르게 진행된 결과, 성에 대해 매우 개방적인 의식을 갖게 되었고 성경험 연령이 낮아지고 있기 때문이다. 이러한 청소년의 성경험이 증가하는 현실에 필요한 것이 올바른 성교육이다. 이전까지는 성경험을 방지하는 방향의 성교육이었다면 이제는 성경험을 인정하는 바탕 위에서 성교육이 이루어져야 한다. 청소년의 성교육은 주로 지역사회 내 청소년 성문화센터를 통해서 이루어지고 있지만 인력과 예산부족, 교육기관의 관심부족, 그리고 부모의 관심 및 교육부족 등의 이유로 매우 미흡한 현실이다.

청소년의 이성교제에 대한 인식과 실태조사 결과

Q 청소년의 이성교제 경험 시기는?

교육콘텐츠 회사 스쿨잼이 10대 청소년들의 이성 교제 실태를 알아보기 위해 총 422명의 청소년을 대상으로 온라인 설문조사를 실시한 결과 청소년의 5명 중 1명은 연애 경험이 있으며, 처음 이성교제를 해 본 시기는 초등학생 때가 가장 많은 것으로 나타났다. 처음 이성교제를 해 본 시기는 초등학생(35%) 때가 가장 많았고, 이후로는 중학생(10%), 고등학생(6%) 순이었다.

Q 청소년들의 이성교제 대상자 숫자는?

'지금까지 사귄 사람은 모두 몇 명인가요?'라는 질문에 평균적으로 1.1명을 사귀었다고 응답했다. 연령별로 고등학생은 2.5명, 중학생은 2.2명, 초등학교 고학년생은 1.1명을 사귄 것으로 나타났다.

Q 이성교제 친구를 만나게 된 계기는?

이성교제 친구를 만나게 된 계기와 관련된 조사에서는 학교 친구로 만나 연애로 이어지는 경우가 가장 많았다. '이성 교제를 하게 된 친구와 어떻게 만나게 되었나요?'라는 질문에 76%의 응답자가 '학교'라고 대답했다. 뒤이어 학원(10%), 동네 친구(5%), 소개(4%) 순이었다. 기타 의견으로는 어학연수나 게임 랜선 친구 등의 대답도 있었다.

Q 이성교제를 하면서 선택한 고백 방법은?

이성교제를 하면서 10대들이 선택한 고백 방법도 눈에 띈다. 63%의 청소년이 고백 수단으로 '메시지, SNS'를 꼽았고, 그 뒤를 이어 얼굴 보고 직접 말한다(24%), 편지(7%), 선물이나 이벤트를 준비해서 고백한다(4%)의 순이었다.

Q 이성교제 사실을 부모에게 알릴 것인가?

'이성교제 사실을 부모님께 말씀드릴 건가요?'라는 질문에는 45%의 청소년이 '말하지 않는다'고 대답했다. 이유로는 이성교제를 반대할 것 같아서(27%)가 가장 많았다. 이성 교제를 좋지 않은 시선으로 바라볼 가능성에 대한 우려 때문에 말씀드리지 않는다고 응답했다. 이 외의 응답으로는 쑥스러워서(22%), 굳이 말할 필요를 느끼지 못해서(14%), 과한 간섭과 참견(10%) 등이 있었다. 반대로 55%의 청소년은 '이성교제 사실을 부모님께 말한다'고 대답했다. 이유로는 '숨길 이유가 없어서'가 가장 많았다. 말하지 않는 경우 거짓말이 늘어나게 되고, 추후 필요시 도움을 요청하기 어렵기 때문에 교제 사실을 밝히는 것을 선호한다고 대답했다. 실제로 이성교제 사실을 고백한 청소년들에 따르면 부모님이 궁금해 하며 자꾸 물어봤다(32%)는 반응이 가장 많았다. 이성교제에 관해 조언했다는 응답도 19%를 차지했다. 심한 꾸중을 들었다는 응답은 3%밖에 되지 않았다.

Q 이성교제가 공부에 방해가 된다고 생각하는가?

'이성교제가 공부에 방해가 된다고 생각하나요?'라는 질문에는 56%의 청소년이 방해되지 않는다고 대답했다. 오히려 같이 공부를 하면서 시너지 효과를 낼 수 있다는 의견이 가장 많았다.

Q 이성교제의 장점은 무엇이라고 생각하는가?

청소년들이 생각하는 이성교제의 장점은 '든든한 내편이 생긴다'(43%), '타인을 이해할 수 있는 경험이 생긴다'(33%), '감정 표현이 풍부해진다'(10%), '심심하지 않다'(9%) 순이었다. 반면에 청소년들이 생각하는 이성교제의 단점으로는 '감정 소모가 심하다'(32%)는 응답이 가장 많았다. '학업에 소홀해진다'(24%), '(부모님이나 친구들에게) 거짓말이 늘어난다'(21%), '친구들과 멀어진다'(12%)의 순으로 나타났다.

출처 : 에듀동아(2020.08.25.). http://edu donga.com

2) 청소년 발달과 사회복지실천

(1) 성적 성숙에 따른 사회문제 예방 및 대처를 위한 서비스

성적 성숙과 성의식의 개방을 통해 성적 청소년기의 성관계의 가능성이 높아지고 이에 따라 미혼부·모가 급증하고 있는 현실이다. 따라서 성교육, 성상담, 임신/출산, 미혼부모 대상의 복지서비스, 성폭력예방, 성매매 등에 관한 교육과 서비스가 필요하다.

시·군·구에는 청소년성문화센터를 설치하고 성교육을 실시하고 있다. 그러나 아직 예산과 인력이 많이 부족하며 성교육의 방법이나 시간 등의 제약이 많아서 청소년의 성문제에 대처가 미흡한 현실이다.

청소년의 임신과 출산을 위한 지원은 쉼터를 통해서 생활지원과 학업지원이 동시에 이루어지고 있다. 주요 대도시에서는 임신과 출산의 과정 속에서도 쉼터에서 정규과정의 학업 지원이 이루어져서 학업중단을 방지하고 있다.

(2) 신체발달

청소년들의 신체적 성장은 자신의 이미지와 매우 관련성이 높다. 그리고 비만 청소년이 많아지면서 비만에 따른 건강의 문제와 비만에 따른 차별의 문제가 발생하고 있다. 따라서 청소년의 신체발달과 관련된 상담이나 지원프로그램이 필요하다. 청소년의 건전한 여가와 신체발달에 관련된 사회복지서비스는 청소년수련원 등을 통해서 지원되고 있다.

(3) 학업성취와 학교 밖 청소년 지원

청소년의 학업 및 생활에 관련된 상담을 지원하고 학교 밖 청소년의 건전한 육성을 위한 지원은 시·군·구의 청소년상담복지센터를 통해서 이루어진다. 가출청소년의 경우는 청소년 쉼터를 통해서 지원된다. 쉼터는 일시보호, 단기보호, 중장기보호를 위한 쉼터로 운영되고 있다. 그 외에도 비행과 관련된 보호관찰소를 통한 상담 및 선도가 이루어지고 있으며 성폭력 원조교제 예방 등의 사업도 있다.

3) 함께 생각해 볼 문제

청소년의 성

디지털 성범죄 증가, '위장수사' 제도 도입되어
10대를 위한 성교육은?

여성신문
2021.12.05.

1. 디지털 성범죄 '위장수사' 제도 도입

디지털 성범죄의 증가에 따라 우리나라에도 '위장수사'라는 제도가 도입되었다. 경찰청에 다르면 위장수사가 시작된 지 두 달여 만에 70여 명을 검거하고 2건을 구속한 것으로 밝혀졌다.

'디지털 성범죄 위장수사'는 아동·청소년 성착취물 판매자 등에 접근해 증거를 확보하는 수사 기법이다. 피해지원 현장에서는 위장수사제도의 존재만으로도 범죄 예방 효과가 있다는 긍정적 평가가 나온다. 메타버스 등 새로운 플랫폼을 타고 진화하는 성범죄에 대응하려면 더욱 신속하고 적극적인 대응이 필요하다. 암호화·익명화된 '다크넷'에서 은밀하게 벌어지는 디지털 성범죄를 추적하려면 일반적인 수사 기법으론 부족하고, '온라인 수색' 같은 적극적인 수사 도입을 검토하자는 목소리도 있다. 위장수사를 맡은 경찰이 가짜 신분을 이용해 성착취물을 사고 팔 수 있다는 점에서 일탈·오남용 우려도 존재한다. 수사관의 인권 감수성 향상, 아동·청소년 지원체계 강화도 중요하다는 지적이 나온다.

경찰은 지난 9월 24일부터 온라인상 아동·청소년 대상 디지털 성범죄를 위장수사 중이다. 위장수사는 크게 '신분비공개수사'와 '신분위장수사'로 나뉜다. 경찰은 신분을 밝히지 않고 범죄자에게 접근해 범죄 관련 증거·자료 등을 수집할 수 있다. 범죄 혐의점이 충분하고 수사 목적을 달성하기 위해 부득이한 경우, 법원의 허가를 받아 가짜 신분을 만들어 수사할 수 있다.

경찰청은 위장수사로 지난 두 달간 아동·청소년 성착취물을 제작하거나 판매한 70여 명을 검거했다고 30일 밝혔다. 이 중 2명이 구속됐다. 신분비공개수사로 덜미가 잡힌 대학생 A(23)씨는 10대 공범 5명과 함께 올해 1~11월 텔레그램 'n번방', '박사방' 등에서 유포됐던 아동·청소년 성착취물 7만 5000개를 텔레그램으로 판매한 혐의를 받고 있다. 아동·청소년 5~6명에게 접근해 성착취물 제작을 지시한 혐의도 받는다. 경찰은 SNS 모니터링으로 A씨 등이 올린 성착취물 판매 게시글을 확인하고, 구매자를 가장해 이들을 검거했다. 경찰은 구체적 수사 기법 노출 등을 우려해 더 자세한 내용을 공개하지는 않았으나 "성과가 있다"고 말했다. 성착취물 판매자는 대부분 해외에 서버를 두고 있다. 경찰은 외국과 공조수사로 범죄자들을 적발하는 방식도 동원하고 있다. 올해 안에 경찰청 사이버수사국 내에 위장수사 업무를 전담하는 사이버성폭력수사계도 신설할 계획이다.

피해지원 현장에서는 위장수사 제도의 존재만으로도 디지털 성범죄 예방 효과가 있다고 보고 있다. 경찰 내부에서도 긍정적인 평가가 나왔다. 홍영선 대전경찰청 사이버범죄수사대장은 지난 6월 '치안정책연구 제35권'에 게재한 '디지털 성범죄의 위장수사 쟁점과 과제' 논문에서 "그동안의 디지털 성범죄 수사는 범죄 사후 신고나 웹 모니터링을 통해 수사에 착수함으로써 범행 증거를 쉽게 유실하는데, 위장수사는 범죄 포착 동시에 중요한 범행 증거를 사전에 즉시 수집할 기회를 줌으로써 범죄 예방은 물론 공소 유지에 필요한 결정적 증거를 보다 다양하고 완전하게 확보할 수 있다"고 설명했다. 다만 수사 대상이 디지털 성범죄 전체가 아니라 '아동·청소년 성착취'에 한정된 점은 아쉽다. 홍정민 더불어민주당 의원은 지난 18일 디지털 성범죄 위장수사 대상을 확대하는 성폭력범죄의 처벌 등에 관한 특례법 개정안을 대표 발의했다. 홍 의원은 "개정안 통과로 아동·청소년뿐만 아니라 전 연령대를 대상으로 한 디지털 성범죄 포착과 증거 확보가 가능해져 피의자 검거가 더욱 신속해질 것"이라고 밝혔다.

디지털성범죄 위장수사가 악용될 가능성도 배제할 순 없다. 경찰관이 주민등록증, 운전면허증 등 가짜 신분증을 활용해 성착취물 광고나 판매를 할 수 있기 때문이다. 경찰이 위장수사 요건을 엄격하게 관리하는 이유다. 신분비공개수사를 하려면 내부(상급 경찰관서 수사부서장의 승인)와 외부(국가경찰위원회에 보고)의 승인을 모두 받아야 한다. 신분위장수사는 법원의 허가를 받아야 한다. '제도 남용을 지나치게 우려해 위장수사의 실효성을 떨어뜨려선 안 된다'는 지적도 있다. 강 변호사는 "정당한 법 집행을 수행한 수사관을 보호하면서도 수사의 대원칙이 소홀해지지 않도록 조문을 정비할 필요가 있다"고 말했다.

수사관의 인권감수성을 더 높여야 한다는 지적도 나왔다. 강 변호사는 "수사기관의 디지털 성범죄에 대한 낮은 인식 수준이 문제로 지적됐다. 가해자를 잡기 어렵다거나 피해 신고를 귀찮아하는 느낌을 받았다는 아동·청소년이 많았다"며 "아동·청소년 피해자 보호·지원 체계 강화도 중요하다. 가해자도 아동·청소년인 경우, 단순 처벌보다 재범 예방과 사회 복귀를 위한 지원 정책이 필요하다"고 강조했다(여성신문, 2021).

2. 10대를 위한 성교육

겨울방학은 자녀들과 마주 앉아 차분하게 성교육하기 좋은 시기다. 성에 대해 구체적이고 진솔하게 알고 싶은 10대 자녀들을 위해 부모가 알려줘야 할 성 지식과 정체성을 심어주는 법, 올바른 피임법, 성문화와 성 의식 등과 관련된 정보를 짚어 봤다.

우리나라 청소년들의 첫 성경험 평균 나이가 점점 낮아지고 있다. 2014년 7월 교육부와 보건복지부, 질병관리본부가 발표한 '2013년 청소년건강행태조사'에 따르면 10대 청소년들 중 성경험이 있는 학생들의 평균연령은 12.8세인 것으로 나타났다. 남학생은 12.7세, 여학생은 13.0세다. 한국 청소년들의 첫 성경험이 평균 초등 5~6학년 때 이뤄진다는 이야기다.

청소년들의 80%는 인터넷을 통해 음란물을 접해 본 경험이 있고, 초등학생들 중에서도 음란물을 보는 아이들의 비율이 늘고 있는 것으로 나타났다. 어른들은 모르지만 아이들의 성생활이 생각보다 일찍 시작되고 있는 것이다. 아이들은 빠르면 초등학교 5~6학년, 늦으면 중학교 2학년 사이에 서서히, 때로는 갑작스러운 몸의 변화를 느낀다. 특히 중학생이 되면 대부분 이차성징이 나타난다.

• 시대가 달라졌다!

성교육을 할 때 부모들이 알아야 할 것이 있다. 40대 이상의 부모가 살았던 시절과 지금 10대들이 사는 시대적 배경이 너무 다르다는 점이다. 마음만 먹으면 부모의 주민등록번호와 전화번호를 가지고 무한대의 성인 동영상을 볼 수 있다. 인터넷 사이트에서 월 정액제로 성인 동영상을 보는 가격은 고작 3천 원에서 5천 원으로 굉장히 저렴하다.

랜덤채팅 등 다양한 방식으로 성적인 유혹을 하는 어른들과 손쉽게 통화할 수 있다. 그리고 아이들은 부모 세대에 비해 엄청난 양의 성적 자극을 받으며 살고 있다. 사회가 변했고 방송이 변했고 인터넷과 핸드폰이 등장했다. 성적 자극을 주는 매체가 점점 늘어났고 접근하기도 훨씬 쉬워졌다. 이런 상황에서 아이들의 성경험은 더 일찍 시작되고 있다.

사회가 더 자극적으로 변했기 때문에 아이들이 자신의 성적 충동과 성생활을 다룰 수 있도록 도와주는 장치가 있어야 한다. 눈높이에 맞춘 다양한 성교육, 이성교제를 시작한 아이들을 위한 데이트 교육, 성적 충동을 해소시킬 수 있는 다양한 신체활동과 예술활동이 필요하다. 아울러 방송이나 인터넷을 다루는 요령과 성 정보에 대한 바람직한 태도에 관한 지침도 필수다.

학교에서 이루어지는 성교육은 성관계를 맺은 경험이 한 번도 없다는 것을 전제로 이루어지고 있다. 그런데 현실적으로 성관계를 맺는 학생들이 많다. 안전한 성관계를 맺는 법 등 현실적인 대안을 들려주어야 한다. 실제로 성상담을 받는 아이들의 질문을 보면 '남자친구가 콘돔 쓰기를 싫어할 때 어쩌죠?', '구강성교로도 성병에 걸릴 수 있나요?' 등 실제 성관계에서 일어나는 상황을 가정한 경우가 많다. 전문가들은 성교육은 빨리 할수록 좋다고 한다. 10대가 되기 전에 성교육을 시작해서 이차성징을 맞는 청소년기에는 실제 성생활과 관련된 성교육을 하는 것이 현명하다.

• 외국의 성교육 실태는?

우리나라의 경우 청소년이 성에 눈을 뜨는 시기인 중·고등학교에서 성교육이 이루어지고 있기는 하다. 그러나 현실과 동떨어진 교육으로 제자리걸음만 하고 있다는 지적이 있다. 실제로 청소년들의 피임 실천율이 떨어져 사후 피임약을 많이 찾고 있다는 사실이 알려졌는데, 이는 피임을 비롯한 성 관련 지식을 제대로 습득하지 않았기 때문이다.

대부분의 청소년이 성교육을 이수하지만, 정작 실제로 적용할 수 있는 성 지식이 부족한 이유는 그 내용이 지나치게 현실성이 없고 피상적인 데 그치기 때문이다. 성교육 프로그램을 전문적으로 운영하는 기관에서는 데이트 성폭력이나 성관계로 인한 갈등 사례를 통해 자기를 돌아보게 한다. 일상생활에서 경험하는 또래 사이의 음담패설이나 야한 성행동 묘사, 엉덩이나 가슴, 성기 치기 등의 문제 상황을 목격했을 때 내가 어떻게 개입하고 행동해야 하는지 생각해 보게 한다.

2009년 발간한 유네스코 <국제 성교육 지침서>는 5세부터 성교육을 받을 것을 권하고 있다. 5~8세, 8~12세, 12~15세, 15~19세 등 각 연령대에 따른 성교육

지침서가 있다.

스웨덴은 세계 최초로 성교육을 의무화한 나라다. 만 4세부터 성교육, 15세부터는 피임을 교육한다. 핀란드는 1970년부터 성교육을 필수 교과로 채택하고 있다. 미국 역시 유치원 때부터 성교육을 하는 등 이른 나이부터 체계적인 성교육을 실시한다.

캐나다는 역할극을 통해 위험 상황 대처법을 익히고 위생적인 자위 방법을 가르치는 등 적극적인 성교육을 실시한 결과 10대의 임신율을 낮췄다고 알려져 있다.

• 꼭 알려줘야 할 것은?

아이들에게 필요한 것은 몸의 소중함에 대해 아는 것이다. 몸을 소중하게 생각하도록 가르치고 몸의 변화로 인해 불안해하지 않도록 해 주는 것이 중요하다. 몸의 성장도 하나의 성취라는 사실을 강조하면서, 성장하고 있다는 것을 기쁨으로 느낄 수 있도록 해 준다.

본격적으로 성교육을 하기 전에 부모의 태도가 중요하다. 이차성징이 이루어진 아이들의 모습을 인정하고, 스킨십도 조금은 신중해져야 한다. 어린아이 다루듯 만지는 것을 삼가고 아이들 앞에서 벌거벗고 다니는 등의 행동을 하지 않는다.

아이들의 사생활을 존중하는 마인드도 중요하다. 아이의 방에 들어갈 때는 노크하는 습관을 들이고, 야동을 보거나 자극적인 영상을 보고 있는 것을 발견하면 너무 걱정하지 말고 적당히 하라고 넌지시 말해 주는 여유가 필요하다. 이런 태도는 아이에게 '너의 통제력을 믿는다'는 무언의 메시지를 전하는 것이다.

• 성에 대한 가치관

단순히 임신을 피하는 것이 아니라, 성에 대한 가치관을 바로잡아 주는 것이 중요하다. 부끄러워서 이야기를 꺼내지 못하게 만들면 안 된다. 성은 자연스럽고 건강한 것이라는 사실을 잘 설명해서 아이가 바른 성 가치관을 가질 수 있도록 인도한다.

• 피임법

피임법을 알려주면 성관계를 해도 된다고 용인하게 될까 봐 고민하는 부모들이 많지만, 그것은 지나친 기우다. 그런 학생들은 없다. 현실적으로 가장 쉬운 피임법인 콘돔 착용법을 알려주고, 어디에서 어떻게 살 수 있는지 알려주는 식의 실제적인 교육이 도움이 된다. 직접 콘돔을 보여주면서 사용법을 알려주는 것도 도움이 된다. 월경, 배란 등 실질적인 도움이 되는 성 지식도 정확하게 알려준다.

• 데이트 교육

이성교제를 시작한 아이라면 데이트 교육이 중요하다. 이차성징이 나타난 이성친구와의 관계에서는 아이가 생길 수 있다는 것을 반드시 인식하게 한다. 피임법에 대해서 보다 상세히 알려주는 것이 좋다. 데이트를 할 때의 예절에 대해서도 말해 줘야 한다. 데이트 폭력 등 왜곡된 행동이나 의식을 갖지 않도록 많은 대화를 나누는 것이 필요하다.

• 성적 충동을 해소하는 법

사실 많은 아이들이 가장 궁금해하는 것은 성적인 충동을 어떻게 건강하게 해소하느냐는 것이다. 자위를 하는 것은 나쁜 것이 아니라 자연스러운 것이고, 중요한 것은 청결하게 하는 것이라고 알려줘야 한다. 야동 등을 많이 보기보다는 운동이나 예술 등 다양한 방법으로 성적인 충동을 해소할 수 있다고 알려준다.

출처 : 여성신문(2021.12.05.). 디지털 성범죄 증가, '위장수사' 제도 도입되어.
여성조선(2017.01.27.). 10대를 위한 성교육은?

3 청년기의 개념

청년기는 만 18세에서 29세 전후(결혼 전 시기)의 시기에 해당하는 기간이다. 주로 대학생으로 인생의 준비단계로서는 마지막 단계에 해당한다. 주로 대학생활을 통해서 취업준비를 하고 결혼준비를 해서 취업과 결혼을 하는 시기까지가 해당 시기이다. 그러나 최근의 사회 변화가 '사회적 시계'의 기준을 모호하게 만들어서 청년기의 시기도 구분하기가 매우 어렵게 되었다. 대학을 졸업하는 시기도 취업준비와 연계되어 길어지고 있으며, 취업 후 직업적 안정성을 얻고 결혼을 하는 시기 또한 상당히 늦어지면서 초혼 평균연령이 30대로 진입하여 18세부터 30세 이상의 긴 범위에 걸쳐서 청년의 시기를 경험하는 경향이 뚜렷해지고 있다.

청년기는 부모로부터 완전히 독립하여 직업을 갖고 결혼을 통해 자신의 가정을 이루는 시기에 해당되므로, 결혼을 통해 청년기는 완료된다 할 것이다.

4 청년기 발달과 사회복지실천

1) 청년기의 발달

청년기는 청소년기와는 달리 사회·문화적 관계에서 활발한 활동이 이루어지는 시기로 다양한 역할을 위한 선택이 요구되는 시기이다. 직업과 배우자를 선택하고 도덕적 가치관과 정치적 이념 등을 정립해 나가는 시기이다. 청년기는 무한한 가능성과 도적인인 인생을 살아갈 수 있는 아름다운 시기이지만, 한편으로는 방황과 갈등의 시기이기도 하다. 청년기에는 갈등과 혼돈을 통해 자신의 정체성을 확립하고 미래를 준비하는 등 자신과의 싸움이 빈번하게 이루어지는 시기이다. 레빈슨(Levinson, 1978)에 따르면 청년기의 주요 과업은 다음과 같다.

- 현실성이 떨어지고 이상적인 혹은 과장된 목표로 구성된 희망을 명확하게 재정리하여 구체화해야 한다.
- 목표를 인정해 주고 필요한 기술이나 지혜를 가르쳐 주며 목표달성을 위해 앞으로 나아가도록 지지해 주고 이끌어 주는 영향력 있는 지도자를 발견해야 한다.
- 직업과 관련된 다양한 경험과 능력을 만들어 나가야 한다. 즉, 스펙을 쌓아야 한다.
- 친밀한 관계(특히 이성과의 관계)를 형성하는 것이다.

(1) 청년의 정의

청년에 대한 정의는 국가에 따라 다양하며 우리나라에서는 아직 명확한 정의가 없이 청소년의 범주(「청소년기본법」 9~24세)에 속하기도 한다. 주로 청년이라 하면 대학생활을 마치고 사회생활을 영위해 나가는 시기로 만 18세에서부터 29세를 전후로 하는 결혼 전의 시기에 해당하는 젊은이를 말한다.

UN에서는 15~24세 사이의 젊은이를 청년으로 정의한다. 그리고 국제적으로 인정되는 통상적인 청소년의 나이는 주로 15세 이상 29세 미만이 해당한다.

(2) 신체적 발달

인간의 신체적 성숙은 청년기에 완성된다. 따라서 신체적 활기, 힘, 건강에서 최고 수준의 능력을 갖는 시기이다. 근육과 내부기관의 기능도 청년기에 최고 수준에 달한다(Turner & Helms, 1983). 대부분의 남성들은 20세에 완전한 성인의 체격에 이르며 여성의 경우는 17세경에 성인의 체격에 도달한다. 물론 개인차가 존재하기도 한다. 남성의 발달이 늦은 경우는 25세, 여성은 20세 정도에 체격이 완성되기도 한다.

신체적 발달이 가장 정점에 있는 시기이므로 그 이전 단계나 이후 단계와 비교해서 만성질병의 유병률이 낮다. 신체기능이 정점에 있고 자기중심적 사고의 경향으로 인해 건강을 지나치게 과신하여 음주, 흡연, 그 외 신체적 혹사 등을 통해서 건강을 악화시키는 경우가 흔하다. 이 시기의 생활양식이 중년기, 노년기의 건강상태를 결정하기 때문에 건강관리에 관심을 갖도록 해야 한다.

(3) 인지적 발달

신체적 발달과 마찬가지로 청년기의 인지발달도 정점에 도달한다. 청소년기에 형식적 사고기에 도달하였으나 아직은 사고의 자아중심성이 남아 있어서 '개인적 우화', '상상 속의 청중'과 같은 형태의 사고를 하였다. 그러나 청년기가 되면 인지적 기능이 고도화되고 성장하는 시기이다. 따라서 청소년기의 자유스럽고 이상주의적인 사고는 현격히 줄어들고 현실적인 실용적 사고능력을 바탕으로 한 실재적 문제해결능력과 관련된 사고력이 향상된다.

(4) 정서적 발달

청년기는 아동기에서 경험하기 못했던 다양한 사건들을 경험하는 시기이기 때문에 청년들의 정서 경험의 범위는 확대되고 감정의 깊이도 깊어지는 특징을 나타낸다. 청년기의 정서 변화를 가져오는 중요한 사건들을 청년 초기의 급속한 신체발달과 호르몬, 인지적 변화로서 형식적 조작능력의 획득, 자아의 발달, 사회적 역할의 확대와 그에 따른 복잡한 적응문제로 볼 수 있다.

이 시기의 가장 두드러진 정서발달의 특징은 '정서조절능력'의 발달이다. 단지 나이가 들어서 정서조절 능력이 발달하는 것은 아니고 인지발달과 관련되어 있다. 인지적으로 성숙한 사람이 정서조절능력도 잘 발달되고 타인의 정서를 이해하는 능력도 발달이 잘 이루어진다. 청년기에 정상적인 발달을 통해서 인지능력이 향상되면 정서조절 및 정서이해능력이 이전 단계보다 더 높아진다.

정서적 안정성이 높아지기도 하지만 다양한 경험을 통해서 그리고 현재 우리 사회의 청년실업 문제와 같은 어려운 문제를 경험하게 되면서 부정적인 정서도 경험할 가능성이 높다.

청년기에 경험하는 다양한 정서반응들은 다음과 같다.

① 화·분노 : 아동기보다 훨씬 더 오래 지속되는 경향을 보이며 내면에는

화가 나 있지만 외부적으로는 표현을 자제하여 조용한 정서상태로 보이기도 한다.

② **공포와 불안** : 실패나 자신의 능력 부족, 용모, 옷, 가족, 경제적 가난 등에 특히 예민하게 반응하여 나타나는 부정적 정서이다.

③ **사랑** : 받는 사랑(부모 등)에서 박애주의로 발전하는 시기이다.

④ **권태** : 학업, 일 등과 같은 주위의 모든 것에 흥미가 없을 때의 부정적인 정서 '인기가 없는 청년'

⑤ **희열·기쁨** : 물질의 소유가 아닌 타인이 나에게 보여주는 마음이나 언어를 통해서 느끼게 되는 긍정적인 정서

⑥ **죄책감** : 이성 친구를 속임, 부모의 기대에 부응하지 못함, 혹은 가치관 혼란 등으로 인해 행동과 생각이 일치하지 못할 때의 부정적인 정서

⑦ **우울** : 혼자서 생활하는 외로움, 이성이 없는 외로움, 자신에 대한 실망감 등에서 오는 부정적 정서

(5) 청년의 사회성 발달

청년기의 사회적 관계의 특징은 청소년기의 친밀한 관계에 비해 보다 공식적이고 상호호혜적인 관계로 발전해 나가며 가족관계의 의존성에서 탈피하고 독립적인 홀로서기의 능력을 키워 나가야 할 때이다. 그리고 이성과의 교제를 통해서 친밀감을 형성하고 나아가 배우자를 선택하고 결혼을 준비하는 인간관계의 특성을 지닌다. 주요한 사회적 관계의 특성들을 살펴보기로 한다.

① **가족관계**(부모)

청년은 신체적·정신적·정서적 모든 면에서 독자적인 생존이 가능한 성장을 이루었다. 그리고 미래를 대비하는 능력과 문제해결능력과 같은 인지능력도 거의 완성이 되었고 개인적 가치관의 내면화와 동료집단에의 참여 등을 통한 사회적 발달도 자주성을 갖는 정도의 성숙을 이루었다. 따라서 이제는 부모에 대한 의존을 매듭지어야 할 시기가 왔다고 할 수 있다.

부모에 대한 의존관계를 매듭짓고 혼자서 독립적으로 살아갈 수 있는 준비가 필

요하다. 단지 부모와 정서적 의존관계 나아가 금전적 의존관계를 벗어나는 것이지 부모에 대한 거부나 소외, 또는 부모로부터의 분리와는 다른 독립의 의미이다. 즉, 부모와 자녀가 서로 상대방의 고유성을 받아들이는 자주적인 심리상태이다. 성인기에 이르기까지 부모와 자녀 간의 친근하고 지지적인 관계는 지속되어야 한다. 동시에 청년의 자율성을 발달시키는 것이 무엇보다 중요한 시기이다.

② 친구(동성)

이 시기에 청년들은 자신들의 인생문제나 고민을 함께 나눌 수 있는 친한 친구를 원하고 필요로 한다. 청년기의 우정 변화는 나이가 들어가면서 같은 친구를 계속해서 사귀는 경향이 있으며, 여성들의 우정이 남성들의 우정보다 더 오래 지속된다. 그 이유는 남성들의 우정은 개방적인 반면에, 여성들의 우정은 오직 한 사람의 단짝 친구를 사귀는 경향이 많기 때문이다.

③ 이성 친구

청년기의 가장 중요한 사회적 관계는 '이성관계'이다. 물론 최근 발달의 가속화와 성에 대한 개방적 문화의 영향으로 중학교 정도의 시기에 많은 학생들이 연애를 시작하고 성 관계 경험도 많아지고 있지만 기성세대로부터 '자연스러운' 행동으로 인정을 받고 성숙한 사랑을 나눌 수 있는 시기가 청년기일 것이다.

이성과 사귀게 되면 당사자 두 사람은 서로 만나 대화하고, 데이트하고, 때로는 여행도 같이 하면서 한 대상에게만 열중하게 된다. 그리고 감정적 유대가 깊어지면 결혼도 가능하다.

배우자 선택에 관한 여러 이론들 중에서 여과이론을 살펴보면, 케르코프와 데이비스(Kerkoff & Davis, 1962)에 의해 제시된 이론으로 교환에 근거하여 동시에 상호작용의 기회, 배경과 관심의 유사성, 욕구의 상보성, 비용과 보상 등의 다양한 요인들이 여과이론에 포함되며 잠재적 배우자의 범위를 단계적으로 좁혀가는 발달적 모형 이론에 의해 배우자 선택과정을 제시하고 있다. 중요한 요인을 보면 유사성과 일치성이 높은 사람이 배우자로 선택될 가능성이 높다.

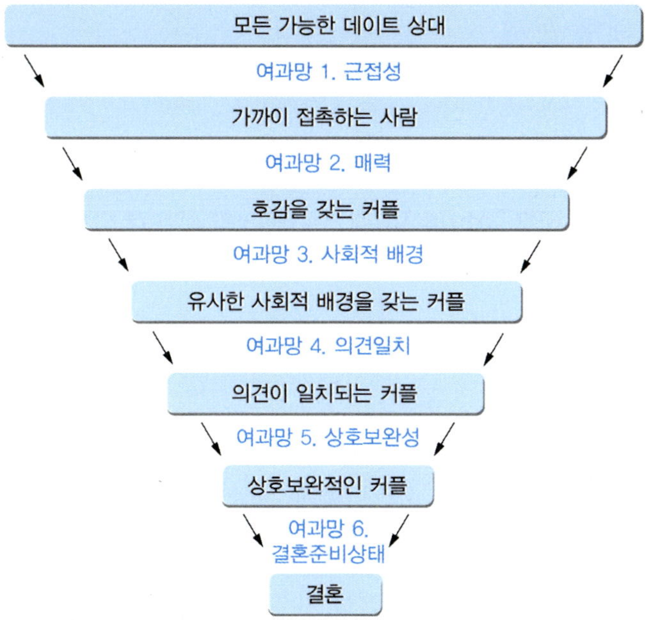

그림 7-2 케르코프와 데이비스의 배우자 선택의 여과이론

2) 청년기 사회복지실천 분야와 내용

청년기의 사회복지서비스의 주요 분야는 취업지원과 관계된다. 그리고 군에 입대한 청년들의 군 생활 적응을 위한 다양한 프로그램들이 있다.

① **소득 연계형 국가장학금** : 한국장학재단을 통해 학생들의 소득을 기준으로 소득분위 8분위까지 국가장학 혜택을 주고 있다. 그리고 셋째 이상의 다자녀의 경우 셋째 자녀등록금의 대부분을 학기 동안 지원하고 있다.
② 청년기 발달특성 이해를 위한 부모상담
③ **군대와 연계한 군 복지지원** : 군 사회복지사를 통한 군대 생활 적응을 위한 상담프로그램 제대 후 사회적응을 위한 프로그램 등이 운영되고 있다.
④ 대학생 기숙사 혹은 집단 거주지역과 연계한 자율성 성취를 위한 서비스
⑤ 올바른 이성관과 결혼관 확립을 위한 지원서비스
⑥ 올바른 직업선택과 준비를 위한 서비스

3) 함께 생각해 볼 문제

청년실업, 지역별 고용 격차와 불균형

국토연구원 "청년 고용 지역 간 격차 완화 위한 균형발전 정책 필요"

EBN 산업경제신문
2021.12.07.

청년고용과 연구개발인력 격차에 대한 균형발전 정책의 필요성이 제기됐다. 국토연구원의 연구결과에 의하면 비수도권과 광역시의 저조한 경제활동참가율, 높은 실업률이 사회문제화 되면서 이에 대한 정책적 관심을 요구하기에 이르렀다.

국토연구원은 7일 균형발전 모니터링 이후 브리핑 제 8호를 발간했다. 이 자료에는 우리사회의 경제활동참가율, 고용률(청년 고용률 포함) 정상화를 위한 정책적 노력과 지역별 격차가 증가하는 비정규직 부문과 연구개발인력에 대한 균형발전정책이 필요하다는 내용이 담겨졌다. 이번 호에서는 '지역별 고용 격차와 불균형'을 주제로, 수도권 대 비수도권 고용 현황 및 변화, 지역별 고용 격차와 불균형, 청년 고용의 지역 간 격차 그리고 지역에서의 새로운 고용창출로 구성됐다.

전국 취업자 수와 실업자 수는 꾸준히 증가했다. 2000년부터 2020년까지 취업자 수가 꾸준히 증가하였으나, 2020년에 소폭 하락하였으며, 실업자 수 또한 전반적으로 증가하는 경향이 나타났다. 취업자 수는 2019년에 2712만 명을 정점으로 꾸준히 증가하는 추세였으나, 2020년에는 2690만 명으로 소폭 하락했다.

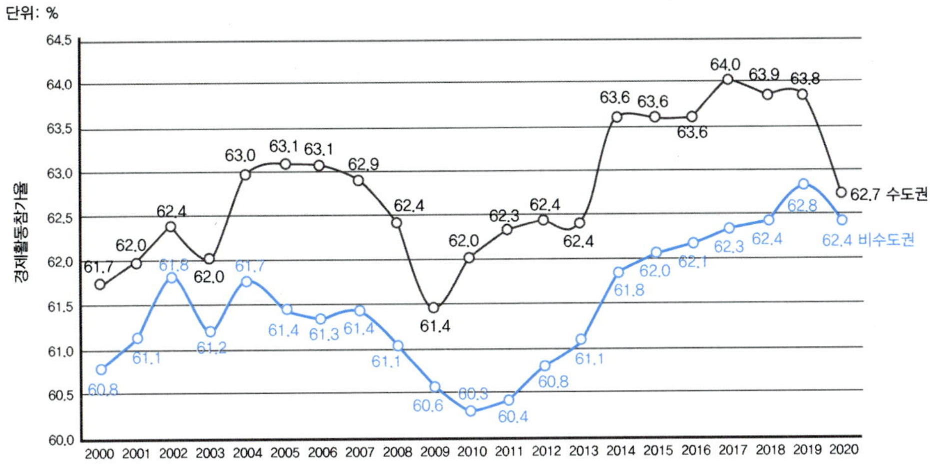

*(주) 경제활동참가율(%)=(경제활동인구÷15세 이상 인구)×100

*(자료) 국가통계포털(KOSIS) 경제활동인구조사를 토대로 연구진 작성

그림 7-3 2000~2020년 수도권과 비수도권 경제활동참가율

수도권의 높은 경제활동참가율은 지속됐다. 2004년을 기점으로 수도권과 비수도권 간 경제활동참가율 격차가 증가했으나 2020년 수도권 경제활동참가율이 대폭 하락하면서 비수도권과의 격차는 최소치를 기록했다.

국토연구원은 "2020년 경제활동참가율이 감소한 것은 코로나19의 영향으로 보인다"며 "그 영향력은 수도권에서 더욱 두드러졌다"고 말했다.

수도권은 비수도권 대비 고용률은 유사하지만 높은 실업률을 보였다. 2013년부터 2019년까지 고용률은 증가하는 추세였으나 2020년에 급감했고, 비수도권보다 수도권의 고용률 감소폭이 상대적으로 큰 것으로 나타났다. 수도권의 실업률은 점차 상승하다가 소폭 하락하는 추세였으나 2020년에 다시 상승했다. 비수도권의 실업률은 꾸준히 상승 후 일정 수준에서 유지했다.

상용근로자 비중은 점진적으로 증가하고 있으며 수도권과 비수도권 간 격차가 크지 않은 것으로 나타났다. 2000년 비수도권의 상용직 비중이 수도권보다 높았으나 수도권과 비수도권 간 상용직 비중 격차는 점차 줄어들고 있으며, 2020년에는 수도권 71.6%, 비수도권 71.2%로 비슷한 수준을 유지하고 있다.

지난 20년간 수도권 경제활동인구 1000명당 연구개발인력의 상승 추세가 비수도권보다 더 빨랐다. 2000~2019년 동안 수도권 증감률은 142.0%, 비수도권은 122.8%로 19.2%포인트 차이를 보였다.

청년 고용의 지역 간 격차는 심화되고 있다. 2018년 기준 비수도권 대학졸업자의 수도권 취업 비중(31.6%)은 수도권 대학졸업자의 비수도권 취업 비중(10.1%)의 3배 수준으로 수도권 대학졸업자의 대부분(89.9%)은 수도권으로 취업했다. 2013~2018년 수도권 소재 대학졸업자의 비수도권 취업비중은 7.4~10.5% 수준으로 나타났으며, 비수도권 소재 대학졸업자의 수도권 취업비중은 27.2~31.6% 수준으로 나타났다.

청년실업률 증가는 수도권과 비수도권 모두의 문제다. 2000년~2020년 동안 청년실업률은 증가하는 양상을 보이며, 최근 비수도권의 청년실업률이 수도권을 추월했다. 2000년 비수도권의 청년실업률은 8.8%로 수도권(7.4%)보다 높았으나 2002년을 기점으로 수도권 청년실업률이 비수도권을 추월했다. 2008년 이후 수도권과 비수도권 간 청년실업률 격차가 크게 벌어졌으며, 2019년 비수도권 청년실업률이 수도권을 추월했다. 다행인 부분은 지역에서의 새로운 고용창출이 이뤄지고 있다는 점이다. 2011~2019년 동안 수도권과 비수도권의 기업 신생률의 격차는 미미하나, 최근 5년 동안에는 다소 격차가 확대되고 있다. 시·도별 기업 신생률은 2012~2019년 동안 세종특별자치시가 지속적인 우위를 나타내고 있으나 최근에는 하락하는 경향이며 인천광역시가 증가하는 추세다. 2012년 이후 세종특별자치시의 우위가 지속되고 있으나 2015년 27.3%로 최고치를 나타낸 이후 하락하는 경향이다. 인천광역시는 2013년 이후 전반적인 상승세를 이어 오면서 2018년 16.3%에서 2019년 19.0%로 급격히 증가했다.

활동기업 종사자 수는 지속적으로 증가하는 추세이며 수도권지역과 비수도권지역의 격차 또한 커지고 있다. 2011~2019년 동안 비수도권의 가젤기업 수는 지속적으로 하락 추세로 나타났으나 2019년에 다소 반등했고 수도권은 2015년 이후 성장 추세로 전환됐다. 2015년 이후 수도권의 가젤기업 수 증가에 따라 비수도권과의 격차가 확대되는 추세다.

2019년 수도권의 혁신기업체 비중은 전국의 약 57.4%로 비수도권의 약 1.4배 수준이었다. 시·도별 혁신형 기업체수의 분포는 세종특별자치시에 265개로 가장 적게, 경기도에 22,587개로 가장 많게 수가 분포하고 있어 시·도 간 격차가 크게 나타났다.

국토연구원은 "청년고용의 수도권 쏠림현상, 청년고용률의 시도 간 격차 확대, 특히 지방 광역시 수준에서의 심각한 청년실업률 등 청년고용의 지역 간 격차 해소를 위한 정책적인 처방이 마련돼야 한다."며 "활동기업 종사자 수, 가젤기업, 혁신형 기업 등의 수도권 우위가 지속됨에 따라 지역 간 고용기회 격차 해소를 위한 정책적 관심도 필요하다"고 말했다.

출처 : EBN 산업경제신문(2021.12.07.). 국토연구원 "청년고용 지역간 격차 완화 위한 균형발전 정책 필요".

Chapter 08

성인기 발달과 사회복지실천

1 성인기의 개념

성인기는 청년기 다음의 단계로서 정확하게 시작 연령을 정의하기는 쉽지 않다. 끝나는 시기는 노년기가 시작되는 65세까지로 정의하면 된다. 이전의 청년기를 결혼을 하고 직업을 가지면서 부모로부터 정서적·경제적으로 독립하는 시기로 규정을 하였지만 그 시기가 매우 부정확하게 나타나고 있다. 결혼을 하는 시기가 30세를 넘어서고 취업을 하는 시기도 늦어지기 때문이다. 그러나 남학생이 대학생활을 마치는 시기를 기준으로 하면 20대 후반이 될 것이다. 20대 후반에서 60세 중반까지를 성인기로 본다면 기간이 매우 긴 발달단계에 해당한다. 따라서 이 시기를 다시 초기 성인기와 후기 성인기(중년기)로 구분하기도 한다.

2 성인기 발달

성인기는 가정에서나 직장에서 중요한 위치를 차지하고 있고 그에 따른 책임을 수행하는 시기이다. 이 시기에는 경제적으로 비교적 안정이 되고 신체적으로나 심리적으로 건강하고 여유 있는 생활을 영위하게 된다. 하지만 성인기 후반에는 퇴행이 시작되면서 신체적인 변화와 함께 심리적 위축 문제, 변화에 따른 적응 문제 등에 직면하게 된다. 성인기는 초기 성인기와 후기 성인기로 구분하게 되는데, 초기 성인기에는 어른으로서의 역할을 수행하는 시기로 경제적인 독립과 가족을 책임져야 하는 시기이다. 후기 성인기는 경제적인 안정과 다양한 경험을 통해 체득한 지혜를 바탕으로 주요한 역할을 수행하는 시기이다. 특히 후기 성인기에는 쇠퇴의 징후가 나타나기 시작하면서 심리적으로나 신체적으로 삶이 위축되고 다음 세대로의 전수를 고민하는 시기이다.

1) 초기 성인기

일반적으로 초기 성인기는 부모로부터 독립을 하는 20대 후반부터 시작하여 40세 전후(중년기의 시작)의 시기를 말한다.

초기 성인기의 특성은 다음과 같다.

(1) 신체적 발달

이 시기의 신체상태(신체수행능력, 체력, 정력, 지구력 등)는 절정에 도달한다. 구체적으로 살펴보면 근력은 25세에서 30세 사이가 절정기이며 30세에서 60세 사이에 10% 정도가 감퇴한다. 그리고 신체의 기민성은 30대 중반 이후부터 감퇴하기 시작한다. 정리해 보면 25세에서 30세 사이가 가장 신체적으로 강한 절정기에 해당한다. 30세 이후가 되면 신체 기능이 서서히 감퇴하기 시작한다. 그리고 40세 이후가 되면 신체적 기능이 감퇴하기 시작한다. 다시 말해서 발달을 획득과 상실의 과정으로 볼 때 40세 이후부터는 그 이전과 달리 상실이 많아지는 시기가 된다. 흔히 우리가 늙는다고 표현하는 시기에 해당한다.

신체적 조건이 가장 양호한 상태인 성인 초기는 건강상태가 최상이므로 질병에 걸려도 회복이 빠른 시기이다. 그러나 생활양식에 따라서 건강이 잘 유지될 수도 있고 건강에 문제가 발생할 수도 있는 시기이다. 그러므로 건강한 생활습관이 매우 중요하다. 올바른 식습관을 통한 비만 혹은 질병 발병률을 낮추어야 하며 특히 운동을 통해 삶의 질을 개선해야 한다. 운동은 규칙적으로 하되 유산소 운동을 하는 것이 좋다.

(2) 친밀감과 자아정체감

에릭슨의 초기 성인기의 과제를 친밀감 대 소외감으로 규정하였다. 친밀감이란 상대방과 가깝게 되는 과정에서 자신의 정체감을 잃지 않고 상대와 개방적이고 지지적이며 다정한 관계를 맺는 능력이며 서로의 욕구에 대한 인식뿐 아니라 공감할 수 있는 능력을 말한다.

(3) 결혼과 성

인간이 지닌 욕구 중 가장 기본적이고 강력한 욕구에 해당하는 것이 성적 욕구이다. 이러한 욕구와 관련된 제도가 결혼이다. 따라서 사회적 시계에 따르면 당연히 결혼해야 한다. 그러나 우리 사회의 변화는 성의 개방 등과 같은 여러 가지 변화를 통해서 사회적 시계에 따른 정형화된 삶의 기준이 많은 변화를 가져왔다. 그 결과 결혼을 하지 않고 혼자 사는 성인이 급속히 늘어나는 추세이다. 관련된 용어로 '혼술', '혼밥'이 일상화되어 가고 있다. 이전의 성적인 관계와 달리 이 시기에는 무엇보다 정서적 유대감이 내포된 성적인 관계를 선호하게 된다.

(4) 부모역할

성인 초기는 어떤 방식으로 성인으로서의 삶을 살아갈 것인지가 결정되는 시기이기도 한다. 원 가족(origin family)을 떠나 가정을 이루는 것이다. 그리고 첫 아이가 태어나면서 부모역할(parenting role)을 시작하는 것과 같은 삶의 변화가 새로운 경험과 발전의 기회인 동시에 부담감으로 작용하여 결혼생활의 위기를 경험하기도 한다. 예를 들어, 아이가 태어나면 부부는 기존의 역할에서 각자의 역할을 변화시켜야 한다. 그리고 서로에게 적응하는 새로운 행동 유형을 학습하고 생활에 적용하여야 한다.

(5) 직업의 선택과 유지

성인기에 가장 중요한 과업 중 하나가 직업의 선택이다. 현재 우리 사회는 청년 실업이 급증하여 전체인구의 10%에 해당하는 실업률에 접근하고 있다. 성인으로서 독립하기 위해서는 직업이 반드시 필요하다. 그리고 직업은 그것이 어떤 일이든 직업에 필요한 행동과 기술뿐 아니라 사회가 기대하는 사회적 역할 또한 내포되어 있다. 그러므로 직업을 선택하고 직무수행을 통해서 능력을 평가받고 이를 통해서 성장하고 발전하는 것은 매우 중요한 일이다. 그러므로 현재 우리나라는 청년일자리 사업이 매우 중요한 국가적 과제이다.

직업선택에서 중요한 요인은 자신이 원하는 직업, 즉 자신의 적성에 맞는 직업을 선택하는 것이다. 따라서 자신의 흥미나 적성, 지능과 신체적 조건, 능력과 지식, 성격과 가치관 등 다양한 요소를 고려하여 직업을 결정하여야 한다. 자신의 능력과 적성에 맞는 직업 선택을 통해 직업생활이 안정되어야 결혼을 하고 새로운 상황에 적응하여 만족스러운 결혼생활을 하는 바탕이 된다.

2) 후기 성인기

일반적으로 성인 중기는 40세 이후부터 노년기가 시작되는 65세 이전의 기간에 해당한다. 에릭슨의 심리사회적 발달단계 이론에 따르면 생산성 대 정체감의 시기에 해당한다. 생산성이란 한 세대가 다음 세대에 물려줄 문화와 사회질서를 발전시키며 살아갈 기초를 구축하는 것을 의미한다. 성인 중기의 성인들은 직업생활에 능동적으로 대처하여 열정과 에너지를 집중하여 성취를 이루는 시기이고 자녀를 보호하고 자녀의 성장과 발전을 통해서 보람을 느끼고 나아가 사회의 발전에 관심을 갖고 지역사회에 봉사하는 등의 인류애를 발휘하는 시기에 해당하기도 한다.

특히 이 시기의 성인들은 자녀와 자신의 부모로부터 상당한 부담을 느끼며 나아가 자신의 삶에 대한 반성과 회의가 밀려오는 시기이기도 한다. 즉, 중년의 위기에 해당하는 시기이다. 자녀들이 사춘기에 접어들고 성장하면서 부모와 충돌이 발생하기 쉽고 자신의 부모는 나이가 들어서 경제활동이 어려워 자신에게 보다 많이 의존하려 한다. 그리고 자신은 사회적 성공을 위해서만 달려온 그 이전의 삶과 달리 자신의 내면의 욕구에 관심을 기울이게 되면서 많은 부담과 갈등이 야기되는 위기가 도래할 수 있는 시기에 해당한다.

성인 중기의 특성은 다음과 같다.

(1) 신체외부의 변화

신체적인 능력과 건강이 점차로 감소되기 시작한다. 발달은 획득과 상실의 과정이며 그 이전 단계는 획득이 많은 시기에 해당하지만 성인 중기가 시작되면서 상실이 많아지게 된다. 즉, 노화가 시작되며 흔히 늙어간다고 표현하는 시기에 접어들게 된다.

주요 신체 변화를 살펴보면 다음과 같다.

① **피부의 탄력성 감소** : 정상적인 노화와 자외선의 영향으로 피부의 탄력성이 줄어든다. 따라서 피하지방층이 감소하고 주름이 생기고 피부가 아래로 처지게 된다. 눈가의 주름, 목주름, 턱 처짐 등의 변화가 일어난다.

② **모발의 변화** : 흰머리가 나기 시작하고 모발이 가늘어진다. 그리고 모발의 성장도 느려진다. 이러한 모발의 변화와 함께 탈모 현상도 나타난다. 흰머리, 탈모와 같은 변화는 유전적 영향을 많이 받는다.

(2) 신체내부의 변화

외부적인 신체 변화뿐만 아니라 내부적인 신체 변화도 동반된다. 그 주요 내용은 다음과 같다.

① **심장혈관계통** : 심장조직이 경화(딱딱해짐)되어서 탄력성이 줄어들고 그 결과 심박률이 떨어지면서 혈액량이 줄어들게 된다. 심장혈관 기능이 감소되면서 혈압이 증가하여 동맥경화가 시작될 수 있다. 따라서 심장혈관 기능의 손상을 줄이기 위해서는 반드시 규칙적인 운동을 하여야 한다.

② **호흡기계통** : 폐의 탄력이 떨어지고 흉곽이 작아지기 시작한다. 따라서 호흡의 효율성이 저하되기 시작한다. 나이가 들면서 쉽게 숨이 차고 헐떡거리는

현상이 일어나는 이유이다. 호흡기계통의 건강을 위해서도 규칙적인 운동이 필수이다.

③ **신경계통** : 신경자극의 전달속도가 감소된다. 즉, 자극에 대한 반응의 민감성이 떨어지게 된다. 신경세포의 손상이 많은 곳이 대뇌피질의 전두엽 부분이다. 전두엽이 인간의 의사결정, 행동의 자제력과 같은 고등정신과정의 중추라는 점에서 이 부분의 신경손상이 치매의 주요 원인이 된다.

(3) 감각기능의 변화

① **시각** : 수정체가 탄력성을 잃게 됨으로써 거리에 따른 조절작용에 문제가 생긴다. 특히 가까운 거리에 따라서 수정체가 팽창하기 어려워진다. 즉, 노안이 시작된다. 그리고 동공이 작아지고 암순응(어두운 곳에 눈이 적응하는 것)이 어려워진다. 야간에는 빛의 양이 적어서 동공이 확대되어야 하고 어두워지면 눈이 암 적응을 잘해야 하지만 이런 능력이 떨어지면서 야간 운전이 상당히 어려워지며 사고의 가능성이 높아진다. 특히 노인은 야간 운전을 가급적 하지 않는 것이 좋다.

② **청각** : 서서히 청각적인 예민성이 떨어지기 시작한다. 특히 높은 진동수의 소리에 대한 민감성이 떨어지며 이를 노인성 난청이라 한다. 대부분의 경우에 남성의 청력손상이 여성에 비해 상대적으로 두드러진다.

③ **기타 감각** : 미각(맛을 느끼는 반응) 예민성도 50세 정도에서 떨어지기 시작한다. 따라서 요리를 잘하던 사람이 음식이 지나치게 달거나 짜게 요리하는 경우가 생기며 이는 미각 능력의 손상에 기인한다. 후각은 가장 늦게 손상이 일어나는 감각기관이다.

(4) 성적 변화

50세 전후가 되면 호르몬의 불균형이 발생한다. 남성호르몬과 여성호르몬이 줄어들게 된다. 이때 갱년기의 심리적 증상이 나타나게 되며 성적 기능의 감퇴도 일어난다. 여성은 폐경이 오게 되고 갱년기 증상을 보인다. 대표적인 증상이 번열증이다. 여성의 2/3 정도가 경험하는 것으로서 갑자기 열 반응이 나타나서 얼굴이 홍조를 띠고 땀이 나는 현상을 보인다. 특정 부위의 신체온도가 1도에서 7도 정도까지 상승하기도 한다. 여성의 또 다른 갱년기 신체 변화 중 하나가 골다공증이다. 폐경기 여성의 1/4 정도가 경험하며 뼈가 약해져서 부서지기 쉬운 상태로 변하는 것이다. 노년기 여성의 골절의 주요원인이 되며 여성 노인은 골절로 인해 일상생활의 문제가 발생하는 빈도가 아주 높다.

남성은 테스토스테론의 생산이 점차로 감소하면서 여성화되어 가는 행동을 보이게 된다. 남성적인 활동성이 줄어들고 근력감소, 심장질환의 위험성 증가, 성적 발기불능 발생빈도의 증가 현상이 두드러지며 전립선이 비대해지면서 소변보기가 힘들어지기도 한다. 일반적으로 남성 갱년기는 여성보다 10년 정도 늦게 시작된다.

갱년기에 부부간의 이해 부족은 부부갈등을 유발하거나 갱년기에 겪을 수 있는 고통을 더욱 심각하게 만들 수 있으므로 부부 상호 간에 배우자로서의 중요성을 재인식하고 부부의 역할 재조정이 필요하다.

(5) 인지적 변화

인지적 능력의 변화는 지적 능력의 유형에 따라서 다른 양상을 보여준다. 즉, 연령이 증가하면서 유동성 지능(단순 기억력, 기본적인 학습능력 등)과 비언어적 능력(동작을 포함하는 반응의 기민성 등과 같은 능력)은 감소하게 된다. 하지만, 연령이 증가할수록 결정성 지능(학습된 지식과 기술을 활용하는 통합된 사고 혹은 축척된 지식을 기반으로 하는 창조적 생산성), 정보의 이해, 어휘력 등과 같은 인지능력은 오히려 발달한다.

(6) 성격과 사회성의 발달

중년기가 되면 외적으로 팽창을 추구하고 사회적 성공과 명성을 위해서 에너지를 가정 밖 사회를 위해서 집중해 오다가 40세 이후 중년의 나이가 되면 외부세계를 향하던 에너지가 자기 자신의 내면을 향하게 된다. 그리하여 갑자기 지금까지 헌신해 오던 일을 그만두고 새로운 도전을 시도하려고 하기도 하고 남성과 여성은 각기 반대의 성적 측면을 보이게 된다. 즉, 남성은 여성적으로, 여성은 남성적으로 변화하여 남성은 일찍 귀가하여 드라마를 보려고 하고 여성은 가정 밖으로 나아가 사회적 활동에 집중하려는 변화를 보이게 된다. 이런 반대적인 현상으로 인해 부부간의 역할 재조정과 상호이해가 필요하다. 이런 이해와 역할 조정이 잘 이루어지지 못하는 경우에 갈등이 야기되고 이혼을 하게 되기도 한다. 최근 우리나라도 결혼 초기의 이혼율은 낮아지고 소위 말하는 '황혼이혼율'이 높아지는 것도 남성과 여성은 간의 이런 변화가 원인이 되기도 한다.

(7) 부부관계의 유지와 가정운영

뉴만과 뉴만(Newman & Newman)은 중년의 위기에 잘 적응하고 건강한 결혼관계를 유지하기 위한 조건으로 다음의 세 가지 요인을 제시하고 있다.

① 부부는 각자 개인적인 성장과 부부로서의 성장을 위하여 헌신해야 한다.
② 부부는 효과적인 대화체계를 개발해야 한다.
③ 갈등을 창의적으로 활용해야 한다.

즉, 개인 각자의 정서적 안정감이 높아야 하며 부부 서로에 대한 신뢰감 그리고 지속적인 관심과 이해를 통해서 좋은 부부관계를 유지할 수 있다.

3 성인기 사회복지실천

성인기 중장년층(40~64세)을 위한 사회복지서비스 실천의 주요 분야는 다음과 같다.

1) 건강문제

① 국민건강보험공단 : 정기검진을 통한 질병의 조기 발견
② 성인병 예방을 위한 건강상담 프로그램

③ 갱년기 장애 극복 상담 : 개인상담, 집단상담, 부부상담

2) 소득과 일자리 문제

① 소득보장 : 국민연금 내실화, 사적연금 가입활성화, 국민행복기금 설립
② 돌봄 · 교육 · 문화분야 : 가족여가문화 활성화, 평생학습/노후준비교육
③ 일자리 : 정년연장, 경력단절여성 취업지원, 중 · 장년 취 · 창업지원
④ 주거지원 : 렌트푸어 지원, 하우스푸어 지원
⑤ 중년기 위기의 상담과 지원프로그램

3) 성위기와 부부갈등

① 부부갈등, 이혼 등으로 인한 심리적 고통 문제
② 성적 무능력으로 고통을 받는 중년 남성
③ 활력 없는 관계로 권태와 냉담 : 성치료 전문기관에 의뢰

4) 여가 생활

① 휴식, 기분전환, 사회적 성취 및 개인적인 발전 도모
② 여가에 대한 사회교육 프로그램
③ 여가 선용 프로그램 참여

4 함께 생각해 볼 문제

성인 후기 중년의 문제

중장년층 우울증 주의보
숨기기보다는 적극적인 치료와 활발한 신체활동
영국 정부에는 '외로움부'가 있어

뉴스포스트
2021.10.06.

중견기업 임원인 55세 김 모 씨는 한때 아무런 의욕이 없었다. 회사에 출근을 해도 업무에 집중할 수 없었다. 협력업체 관리를 핑계로 출근하자마자 외근을 나가도 사람을 대하기가 두려울 때가 많았다. 혹시 다른 사람들이 이상한 낌새를 느낄까 봐 사람을 더욱 피하게 됐다.

김씨의 이런 증상은 수면 이상으로부터 시작됐다. 어느 날부터인가 잠들기 어렵고 잠들었다가도 쉽게 깬다. 시계를 보면 새벽 한 시나 두 시경이다. 그때부터는 잠이 달아난다. 잠이 깬 채로 혹은 선잠이 든 채로 창밖이 밝아오는 걸 느끼는 날이 계속됐다. 잠을 제대로 자지 못하니 생활에 영향을 끼쳤다. 집에서나 직장에서나 매사에 집중할 수가 없다. 매일 하던 일이 하기가 싫어졌고 실수도 잦아졌다. 급기야는 중요한 외부 미팅이 두려워 펑크를 내고 말았다. 동료가 나서 잘 수습했지만 반복되면 안 될 실수였다.

김씨는 이런 사정을 가족에게 이야기하지는 못했다. 다만 친구와 술자리에서 털어놓았다. 김씨의 친구는 자기도 그랬다며 그에게 정신건강의학과 상담을 권했다. 김씨는 우울증을 앓고 있었다.

1. 남성 갱년기와 우울증

남성들은 50세를 넘기며 우울감을 느낄 때가 많다. 이 변화는 어쩌면 갱년기에 접어드는 것을 의미하기도 한다. 여성뿐 아니라 남성도 갱년기를 겪는다. 다만 여성과 달리 잘 드러나지 않을 뿐이다. 남성 갱년기는 40대 이후부터 서서히 남성호르몬인 테스토스테론이 떨어지면서 주로 50~65세쯤 여러 징후를 보이며 나타난다. 여러 증상 중 하나가 우울감이다. 누구나 느낄 수 있는 감정이기도 하다. 하지만 신경전달물질인 세로토닌 분비가 감소하면 우울증이 유발될 수 있다. 이러한 신체 변화뿐 아니라 외부 환경 변화도 우울증을 일으키는 원인이 되기도 한다. 우울증은 일상의 감정이 아닌 치료가 필요한 병이다.

경제 활동을 하는 남성들이 50대로 접어들면 은퇴라는 화두가 눈앞에 다가온다. 가족 부양은 물론 노후 대책이 걱정되기 시작한다. 이렇게 시작한 경제 문제에 대한 고민은 심리적 압박으로 다가온다. 위에서 언급한 김씨도 이러한 압박들을 혼자 견디다 우울증까지 발병했다.

2015년 한국보건사회연구원 조사에서 50대 남성에게는 노후생활과 자녀교육, 일자리 등의 걱정거리가 있다고 분석했다. 지금의 일자리 유지는 물론 노후 대책까지 걱정해야 하는 현실을 담았다. 그 속에는 높은 주거비, 자녀교육과 부모부양 등을 우려하는 모습도 담겼다. 이들 50대는 취업난으로 갈수록 독립이 늦어지는 20~30대를 부양하는 부모 세대라는 점, 그리고 의료 시스템의 발달로 수명이 늘어 부모까지 부양해야 하는 늙은 자녀 세대라는 점을 고려하면 이들이 느끼는 압박감은 앞으로 더 커질 것이 분명하다. 우울증의 잠재적 위험이 더욱 커지는 것이다.

2. 우울증과 자살

보건복지부와 한국생명존중희망재단은 '2021 자살예방백서'를 지난 7월 발간했다. 자살예방에 대한 통합적 정보를 제공하려는 목적에서다. 백서에 따르면 2019년 우리나라 자살률은 연령대가 높을수록 증가해 80세 이상이 가장 높았다.

하지만 자살사망자 수는 50대가 2837명으로 가장 많았다. 성별로는 남성이 70.5%로 여성 29.5%보다 2배 이상 높았다. 우리나라 자살률은 2017년 기준 10만 명당 23.0명으로 OECD 회원국 중 가장 높았고, OECD 평균인 11.2명보다 2.1배 높았다. 남성들의 자살률이 여성보다 두 배 이상 높은 이유는 무엇일까. 백서에서는 50대 중년 남성의 우울증을 꼽는다. 중년 남성 우울증은 2008년 이후 꾸준히 증가했다. 2017년 발표된 건강보험심사평가원 자료에 따르면 50대 남성 우울증 환자는 2008년 이후 2016년까지 꾸준히 증가했고, 연간 우울증으로 진료를 받은 남성 환자 중 50~60대 환자가 전체에서 34%를 차지했다. 백서는 특히 코로나19로 인한 경제적, 사회적 영향이 본격화되는 2~3년 이후 자살 증가 가능성을 예측했다.

3. 우울증을 극복하기 위해

"저는 다행히 초기에 치료를 받을 수 있어서 지금은 많이 좋아졌습니다. 무엇보다 잠을 편히 잘 수 있어서 좋습니다. 병원에서는 조만간 약을 줄여나가자고 했어요."

위에서 언급한 김씨의 말이다. 그도 처음에는 병원에 가는 것을 머뭇거렸지만 친한 친구의 우울증 치료 경험을 듣고 용기를 내 병원 문을 열었다. 전문가들은 우울증이 생기면 초기에 상담과 치료를 받는 게 무척 중요하다고 강조한다.

"의사 선생님은 감기처럼 생각하라고 하셨어요. 마음의 감기, 그러니까 누구나 걸릴 수 있는 흔한 병이요. 하지만 제때 치료하지 않으면 부작용으로 큰 병으로 커질 수 있는 병이요. 병원 대기실에 사람이 많더라고요. 우울증을 앓는 사람이 많아서 놀라기도 했지만 다른 한편 누구에게나 찾아올 수 있다는 사실에 위안을 얻기도 했어요."

김씨는 발병 후 한동안 회사 가기가 두려웠지만 지금은 많이 좋아졌다고 한다. 주말에 즐겼던 등산도 더욱 열심히 하고 있다고. 전문가들 또한 평소와 같은 생활을 유지하고 신체 활동을 늘리는 게 중요하다고 조언한다. 김씨의 주치의는 다음과 같이 조언했다.

"우울증은 약물치료로 좋은 효과를 얻을 수 있습니다. 스스로 해결하려기보다는 약물치료, 정신치료, 인지치료 등 적극적인 치료를 통해 일상생활에 적응하도록 노력하는 것이 중요합니다."

우울증 경험자들도 걷기나 조깅, 수영이나 등산 등 자신이 즐길 수 있는 운동이나 활발한 신체 활동을 권했다. 그리고 햇볕을 많이 쬐는 것도 우울증상을 줄이는 것에 큰 도움이 된다고.

그래도 우울감이 2주 이상 지속된다면 혼자 견디려 하지 말고 전문가에게 도움을 요청하는 것이 좋다(뉴스포스트, 2021).

4. 영국정부에 설치된 '외로움부'

외로움은 새로운 현상은 아니지만, 최근 많은 국가에서 외로움을 공공보건의 중요한 의제로 다루면서 사회적 대책을 마련하는 데 고심하고 있다. 이런 차원에서 영국은 범정부적으로 고독과 맞서는 일에 최첨단에 서 있는 국가임이 분명해 보인다.

영국이 고독을 얼마나 중요한 의제로 다루느냐는 2018년 1월 설립된 '외로움부'(Ministry of Loneliness)를 통해 확인할 수 있다. 테리사 메이 보수당 정부가 신설한 이 부처는 우울증, 고독, 분노 같은 마음의 질병을 개인 문제가 아닌 사회적 이슈로 인식하겠다는 의지의 표상이다. 이는 곧 개인의 고독과 고립 문제를 정부와 지역사회가 함께 책임지고 해결해 가겠다는 것이다. 외로움부 설립에는 노동당 국회의원이던 조 콕스의 희생이 자리하고 있다. 평소 소외계층을 위한 법률안 마련에 힘쓰면서 '외로움 협회'까지 만든 콕스 전 의원은, 2016년 지역구민들과 면담한 뒤 수차례 칼에 찔리는 테러로 희생됐다. 그의 사후 영국은 범정부적 차원에서 콕스위원회를 설립하고 13개 시민단체와 함께 영국 사회의 고독과 사회적 고립을 조사했는데, 이것은 콕스 전 의원의 유지를 이어가는 활동이었다.

콕스위원회는 2017년 말 생애주기에 따른 사회적 고독을 다룬 '조 콕스 고독문제대책위 보고서' 발표를 시작으로, 2018년 10월 '연결된 사회를 위한 전략'이라는 제목의 범정부 종합계획을 발표한다. 이러한 발표를 기반으로 영국 정부는 2018년 사회적 고독을 담당하는 외로움부 장관직을 신설했으며 차관급에 해당하는 자살예방담당관직도 만들었다.

고독과 관련해 사회적 관심이 꾸준했던 영국에서 50대 이상의 고독 문제는 2002년 이후 매년 1천 명을 대상으로 하는 시계열 조사에 주요 문항으로 포함돼 자료를 축적해 가고 있다. 2017년 발표된 '조 콕스 고독문제대책위 보고서'는 여기에 중년과 청년 인구 1천 명의 심층 인터뷰를 더해 새로운 조사를 했다. 이에 따르면 영국 인구의 약 14%에 해당하는 900만 명이 고독을 경험하는 것으로 추정되며, 고독을 경험하는 인구 가운데 3분의 2가량은 이를 하소연할 곳조차 없는 것으로 보인다. 취약계층이 겪는 외로움은 더욱 심했다. 심층 인터뷰에서 17~25살 청년층 가운데 거의 절반인 43%, 장애인의 50%, 아이를 양육하는 부모 가운데 절반 이상(52%)이 '고립감을 경험한다'고 응답했다. 360만 명에 이르는 노인이 외로움을 이겨내는 유일한 수단은 티브이(TV)라고 대답했다.

고립감과 외로움의 경험이 개인의 정신적·육체적 고통으로 쉽사리 전이되리라는 점은 자명하다. 앞의 보고서에 따르면 고독감을 느낀 사람 가운데 38%는 불면증에 시달린 경험이 있으며, 약 3분의 1에 해당하는 사람은 참기 힘들 정도로 외로움을 느낀 적이 있다. 또한 이민자 가운데 58%는 '고독이 새로운 사회에 정착하는 데 가장 큰 시련'이라고 응답했다. 이러한 외로움은 흡연 또는 비만 같은 수준으로 개인 건강에 심각한 영향을 끼칠 수 있으며, 실제로 사망위험과 심혈관질환, 우울감, 인지능력 저하, 치매와도 관련 있는 것으로 나타났다. 고독이 개인 수준의 건강에 미치는 영향은 하루에 담배 15개비를 피우는 것과 같으며, 영국 전체로 따졌을 경우 매년 320억 파운드(약 49조4천억 원)에 달하는 사회적 비용을 초래하는 결과와 같다고 한다.

2020년 3~5월 런던에서만 고독사로 발견된 노인이 700명에 이른다는 보도가 있었다. 만성적인 외로움을 경험하는 이들이 애초에 기저질환이나 장애를 경험할 가능성이 더 크다. 영국 통계청은, 외로움을 경험하는 50대 이상 인구가 2016~2017년 140만 명에서 2026년 200만 명에 이를 것으로 예측한다. 독거 인구 비율이 각각 59%와 38%(2017년 기준)에 달하는 85살 이상, 75~84살 인구도 큰 폭으로 증가할 것으로 전망한다. 이와 같은 흐름은 영국 사회가 외로움을 단순히 개인 차원의 감정적 문제를 넘어선 사회문제로 바라보게 된 배경이다. 영국 정부는 외로움이라는 문제에 적극 개입하면서, 여러 부처의 협업체계를 형성하고, 외로움을 측정·분류하는 기준을 제정하는 데 힘쓰고 있다. 종합대책에 따르면, 사회적 고립에 대처하는 가장 큰 방향은 개개인 사이의 사회관계망을 강화하는 것이다. 특히 생애주기에 따른 외로움을 포착해 고립의 위험이 극대화되는 취약계층을 포용하고 지지할 수 있는 지역사회 건설에 힘을 쏟는다는 비전을 제시하고 있다.

종합대책은 변화하는 사회적 맥락에 따라 통합적이고 연결된 사회관계망을 형성하는 일이 중앙정부 단일 차원에서는 불가능하고, 공공과 민간, 비영리 시민단체 같은 다양한 행위자들의 참여가 필수적이라고 말한다. 종합대책은 '보다 연결된 사회'를 건설하기 위해 행위자별 역할도 명시하고 있다. 중앙정부는 외로움과 관련한 대책 마련에 책임지며 평가지표를 마련하는 데 역량을 집중한다. 지방정부는 구체적이고 실용적인 계획을 마련한다. 이런 영국의 사회적 노력에 한국 정부는 주목해야 한다. 빠르게 변화하는 인구구조와 사회상에 따른 개인의 고립과 외로움 문제는 어쩌면 영국보다 한국에 더 시급한 문제이기 때문이다(한겨레21, 2021).

출처 : 뉴스포스트(2021.10.06.). 중장년층 우울증 주의보.
한겨레21(제1386호, 2021.11.03.). 영국 정부에는 '외로움부'가 있어.

Chapter 09

노년기 발달과 사회복지실천

1 노년기의 개념

노년기에 대한 정의는 관점에 따라 차이가 있다. 생물학을 비롯하여 인구학, 사회학 등 다양한 분야에서 노년기에 대한 상이한 기준을 제시하고 있는데, 일반적으로 노년기라고 함은 60세 이후 또는 65세 이후의 연령층을 말한다.

노년기는 두 가지의 개념적 특성을 지니고 있다. 하나는 개인의 인생과정에서 마지막에 해당하는 발달단계라는 점이고, 또 다른 하나는 전체인구 중에서 연령층이 가장 높은 나이의 연령집단 또는 세대라는 점이다. 하지만, 한 사회집단에서 노년층의 연령기준을 몇 살부터로 할 것인가 하는 문제는 하나의 기준으로 규정되어 있지 않다. 노년의 기준을 몇 살로 할 것인가의 문제는 사회의 노년사회복지제도와도 무관하지 않다. 현재 유럽 대부분의 국가에서는 60세 또는 65세 이상의 인구를 노년층으로 규정하고 있으며, 이들을 노년사회복지제도의 대상으로 삼아 적용하고 있다.

노년기는 보상의 시기, 결실의 시기이다. 노년기에는 젊은 시절을 어떻게 생활하였는지에 따라 노년기 삶이 달라진다. 노년기에 들어서면 성인기에서의 생활로부터 급격한 삶의 변화가 온다. 아울러 임종을 포함하여 죽음을 맞이하는 어르신들은 본인뿐만 아니라 가족을 포함한 주변인들에게 적지 않은 영향을 미친다. 노년기는 취업활동을 포함한 제반 사회생활이 하향곡선을 그리면서 생활환경이 바뀌고 노화로 제반활동이 줄어들고 결국 가족이나 노인복지시설에 의지하는 경향이 강하다. 최근 평균수명의 연장과 출산율의 감소로 인하여 노인인구가 증가하고 있다. 또한, 표 9-1에서 보는 바와 같이 우리 사회는 2000년에 이미 고령화 사회로 진입하였으며, 2025년에는 초고령 사회를 초월할 것으로 전망되고 있다.

표 9-1 65세 이상 노인 인구의 추이

구분 \ 연도	2010	2016	2020	2030	2040	2050	2060	2070
전 인구 (인구성장률)	49,554 (0.50)	51,218 (0.40)	51,836 (0.14)	51,199 (-0.10)	50,193 (−0.35)	47,359 (−0.80)	42,617 (−1.21)	37,656 (−1.24)
65세 이상 (구성비)	5,366 (10.8)	6,763 (13.2)	8,152 (15.7)	13,056 (25.5)	17,245 (34.4)	19,004 (40.1)	18,683 (43.8)	17,473 (46.4)

자료 : 통계청(2021), 장래인구추계: 2020~2070년.

2 노년기의 발달

1) 신체적 발달

인간은 연령이 증가함에 따라 노화과정을 경험할 수 있다. 노화는 노령을 수반하는 정상적인 신체 변화과정으로 노화는 사람마다 상이한 정도로 진행되며 신체 각 부분도 상이한 영향을 받는다. 노년기는 신체 각 기관의 능력은 쇠퇴하고 신체가 외적으로 자극에 민첩하게 대처하지 못하며, 신체의 면역체계 약화, 치아결손과 소화효소 분비량의 감소, 위 근육의 약화 등으로 소화기능이 감소한다. 현대사회는 의학기술의 발달과, 국민소득의 향상, 사회·문화수준의 향상으로 인해 인간의 수명이 점차 연장되고 있다. 이러한 질적 향상에도 불구하고 인간의 신체는 노년기에는 급격한 건강의 쇠퇴가 일반적이며(김동배 외, 2003) 노화의 절정기이다.

노년기의 생물학적 측면을 포함한 신체적 측면의 특성은 노화로 집중된다. 어르신들의 외모는 척추 디스크 감퇴로 인해 키가 줄어들고 허리가 구부정해지며, 팔, 다리, 얼굴 상부의 지방이 감소하고 흰머리, 나이 반점 등 외적 신체 노화현상이 일어난다. 노년기는 피하조직의 손실과 피부의 신경세포 수 감소 등으로 인해 노인은 체온을 일정하게 유지할 수 있는 능력이 감퇴되어 추위를 더 심하게 탄다. 또한 시각적 예민성이 감소되고 색깔 변별능력이 떨어지게 되며, 말초혈관의 동맥경화에 의한 심장비대와 지방분의 증가로 심박출량과 심장박동능력이 감소한다. 이를 요약정리하면 다음과 같다.

첫째, 신체 외모의 변화이다.

노년기의 신체 외모의 변화는 주름이 늘고, 기민성과 민첩성이 떨어지고, 구부정한 어깨, 손발이 떨려 움직이기가 어려워지고, 가늘어진 머리카락과 흰머리가 늘어난다. 정맥혈관은 두드러지게 드러나며 피부의 조직은 탄력이 줄어들고, 연령이 증가함에 따라 체중은 감소하고, 대뇌신경원의 수도 점점 감소한다.

둘째, 감각기능의 변화이다.

노년기의 감각기능의 예민함은 대체로 외모의 변화 이후에 악화된다. 피부가 건조하고 주름이 늘어나면서 촉감은 떨어진다. 어르신들의 피부는 체온의 변화에 민감하며, 청각, 시각, 미각 등의 감각기능의 쇠퇴로 활동에 지장을 초래한다. 특히 원시 현상이 나타나고 청력의 민감성은 성인 초기부터 감소한다. 또한 이 시기에는 호르몬 기능도 변화한다.

셋째, 지적능력의 변화이다.

지적능력은 지능검사에서 어르신들은 젊은이에 비해 낮은 점수를 보이고 나이가 늘어날수록 점수가 낮아지는 것이 사실이다. 노년기에 들어서면 지능은 생물학적 노화 현상과 환경 자극으로부터 격리, 박탈에 의해 능력의 탈분화 현상을 보인다. 하지만 그렇다고 해서 노년기에는 지능이 반드시 쇠퇴한다고 단정하기는 어려운 일이다. 유동성 지능과 같은 지능의 한 부분은 쇠퇴하지만 결정성 지능과 같은 지능의 다른 부분은 속도가 느릴 수는 있어도 계속적으로 증가하기 때문이다. 결정성 지능이란 인생의 연륜과 경험에서 비롯되는 것이다.

넷째, 항상성 능률이 떨어진다.

인간의 몸 전체를 유지하는 강화기제들의 활동이 둔해지고 신체적 적응성이 떨어진다. 즉, 운동이나 스트레스로 노출되는 동안 심장은 재빠르게 반응하지 못하고 자극이 되면 정상적인 박동수로 되돌아오는 데 시간이 걸리며, 상처가 아무는 데도 시간이 오래 걸린다.

다섯째, 신경계의 기능 쇠퇴이다.

노화과정에 들어서면 신경계의 변화가 거의 없다고는 하나 일부 신경조직이 섬유질 세포로 대체되면서 어르신들의 반사작용과 반작용이 늦어진다. 한편 뇌세포의 총수는 줄어들지만 혈액순환에 장애가 없는 한 뇌의 정상기능은 지속된다.

여섯째, 성에 관한 인식은 바뀌어야 한다.

노인의 성적기능은 신체적으로 건강하다면 70대나 그 이상까지도 성에 대해 적극적이다. 노인의 성생활은 빈도나 유형면에서 연령에 따라 변화하지만 대체로 성생활은 계속하고 있음이 보고되고 있다(조흥식 외, 2011).

일곱째, 정신운동기술의 변화이다.

노인도 젊은이가 할 수 있는 것은 거의 다 할 수 있지만 중앙신경계에 의한 정보처리 속도가 늦기 때문에 모든 행동이 더딜 뿐 아니라 사고를 유발하기도 한다.

2) 심리적 발달

(1) 인지발달

노년기의 발달과제와 관련한 주요 내용은 "자아통합감 대 절망감"이라는 개념으로 사용하고 있다. "자아통합"은 노인이 자신의 과거와 현재의 생애를 의미 있게 살았다고 받아들이고, 만족스럽게 생각하며 다가올 죽음에 대해 긍정적인 태도를 갖는 것을 말하며, "절망감"은 자신의 과거에 대해 현재의 삶에 후회스럽게 생각하고 자신 앞에 놓여 있는 죽음에 대해 불안하고 두려워하는 심리적 특성을 의미한다.

노년기는 노인들이 자신들의 삶에서 이룬 것이 무엇인가를 뒤돌아보고 회상하면서 자신의 죽음과 직면하게 되는 시기이다.

노년기는 모든 영역에서 지적능력의 감퇴가 일어나며 정보처리 역량이 감퇴되고 주의력, 작업 기억 역량 또한 감소된다. 일반적으로 기억능력은 노화에 따라 서서히 감퇴된다고 믿고 있으나 아직 지지할 만한 연구결과가 제시되지 못하고 있다. 다만 노화에 따라 최근 기억력보다 더 감퇴되며, 논리적인 기억능력이 기계적인 기억능력보다 더 크게 감퇴되고, 들은 기억력보다는 본 기억력이 더 감퇴된다고 보고하고 있다. 또한 노화에 따라 단어의 회상이나 재인에 있어서의 능력이 감퇴한다. 이는 노화하면서 뇌의 신경원과 신경조직이 퇴화함에 따라 감각기관을 통하여 유입된 정보의 해석과 추리과정, 정보에 대한 반응속도상의 퇴보가 일어난다. 노인들은 빠르게 지나가는 자극을 처리하는 역동적 시지각 능력이 감퇴하는데 자극지속이론에 의하면 한번 지각된 정보의 흔적이 오래 남아 다음 자극 처리에 방해가 되기 때문이라고 하였다(신종우 외, 2012).

노년기의 기억력 변화는 감각기관을 통하여 받아들여진 정보입력 → 저장 → 인출과정을 거친다. 기억구조는 감각기억 → 단기기업 → 장기기억으로 이루어지며, 노화에 따라 감각기억의 과정에 과도한 정보나 방해되는 정보가 부여되면 부호화에 문제가 발생하여 정보처리가 순조롭지 못하여 체계적으로 정보가 저장되지 못해 정보인출 시에 문제가 발생하고 이는 곧 기억력이 약화된다.

노인성 치매, 특히 알츠하이머 증후는 치매에서 제일 흔히 나타나는 증후인데 신경원에 퇴화가 일어나서 수상돌기가 얽히거나 경색되는 뇌의 장애, 뇌질량 감소, 뇌혈관 장애, 알코올이 원인으로 인지기능과 고등정신기능이 감퇴되는 대표적인 기질성 정신장에, 기억장애, 추상적 사고장애, 판단장애, 고위내뇌피질장애, 성격변화들이 수반 일상적 사회활동 또는 대인관계에 지장을 받게 되는 복합적 임상증후군을 보인다. 반응속도 또한 둔화되는데 뇌의 신경자극전달세포의 감소, 연령증가에 다른 조심성, 심사숙고의 증가에 기인하는 것으로 성인 초기부터 시작된다.

케리메러(Kleemerir, 1961)는 사망 직전에 극적인 인지기능 감퇴가 이루어지는 종말적 저하현상이 일어난다고 보았다. 충분한 시간을 갖고 수행할 수 있는 구체적이고 의미 있는 학습과제를 부여하고 학습결과에 대한 적극적인 환류가 이루어져야 하며 오랜 삶의 경험을 통해 삶에 대한 지혜를 사용하여 인지적 감퇴를 보완할 필요가 있다.

노년기의 성공적인 노화는 주위를 돌아보면 인간으로서의 지적인 과제를 잘 해결할 수 있는지와 교육이나 훈련, 과제의 친숙성과 신체의 건강정도, 개인의 지능과 밀접한 관련이 있으며, 사람들은 생활주기의 마지막 단계인 노년기를 맞으면서 죽음을 긍정적으로 수용함으로써 자아통합을 이루고자 한다.

(2) 성격 발달

노년기의 성격의 변화는 새로운 역할을 취득하고, 그에 따른 새로운 경험을 하게 됨에 따라 이전의 습관적인 반응양식이 변화되어 성격이 변화되는 것이다. 성격은 그 사람의 사람됨을 가장 적절히 나타내는 개인적인 측면에서 다른 사람과 구별되는 독특하고 일관성 있는 감정, 사고, 행동을 의미한다(정종현, 2012).

따라서 노인들을 대상으로 한 사회복지실천에서는 노인의 이러한 심리사회적 위기와 특성을 충분히 이해하여 노인들의 심리사회적 위기를 성공적으로 잘 극복할 수 있는 실천방안을 모색하는 것이 중요하다. 노인의 일반적인 성격 특징은 다음과 같다.

표 9-2 노인의 성격 특성

성 격	주요 특성
내향성 및 수동성의 증가	내적 측면에 관심과 주의를 기울이며 자신의 사고나 감정에 따라 사물을 판단하고 능동적이기보다는 타인에 대한 의존성이 증가함
조심성의 증가	노인이 되면 젊은이에 비해 모든 사물에의 판단과 행동수행에 있어 조심성이 증가하여, 감각능력이 감퇴하고 결정에 대한 자신감 결여가 나타남
경직성의 증가	융통성과 반대되는 경직성은 어떤 문제를 해결하는 데 있어서 그 방법이나 행동이 옳지 않거나 이득도 없는데도 자기에게 익숙한 습관적 태도나 방법을 고수하려는 행동의 경향을 의미하는데 자신에게 익숙한 습관적 태도와 방법을 고수하며, 이로 인해 학습능력과 문제해결능력이 저하됨
우울성향의 증가	신체의 질병, 배우자의 사망, 경제사정 악화, 사회로부터의 고립, 일상생활에 대한 통제능력 약화, 과거에 대한 회상의 증가로 인하여 우울 성향이 증가, 이로 인해 불면증, 무감각, 강박관념, 증오심, 체중감소 현상이 나타남
생애 대한 회상의 경향	과거를 회상하고 남은 시간에 지금까지 해결하지 못한 것을 찾아서 새로운 해결을 시도하고 인생의 의미를 발견하려 함

성 격	주요 특성
친근한 사물에 대한 애착증가	사용해 온 물건에 대한 애착이 증가하며, 이를 통해 과거의 인생을 회상하고 마음의 평온을 추구함
성역할 지각의 변화	남성은 친밀성, 의존성, 관계지향성이 증가하는 반면, 여성은 공격성, 자기주장, 자기중심성, 권위주의 성향이 상대적으로 높아짐
의존성의 증가	노인의 신체적 · 경제적 능력의 쇠퇴로 인하여 신체적 · 경제적 · 정서적 · 사회적 의존성이 증가하는 경향이 있음. 이러한 의존성은 정상적인 노화현상이며 노화가 진행됨에 따라 신체적인 건강이 좋지 않을수록 정서적 의존성과 심리적 의존성이 증가할 수 있음
시간전망의 변화	시간이 얼마 남지 않았다는 사실을 회피하기 위하여 과거에 대한 회상에 집중하거나 과도하게 미래지향적임
유산을 남기려는 경향	죽기 전에 자손, 예술작품, 기술, 지식, 재산 등을 남기려는 경향이 있음

3) 사회적 발달

(1) 역할 변화에 대한 적응

노년기의 사회적 발달 측면에서 가장 큰 변화는 지위와 역할의 변화이다. 노년에는 사회적으로 직장에서 물러나 그 직위에 관련된 역할수행을 중단하게 되는 은퇴로 인해 소득의 격감이나 상실, 자아정체감과 자아존중감의 저하, 사회 참여의 저하, 여가시간의 증가 등과 같은 삶의 변화를 경험하게 된다.

노년기는 새로운 지위 획득보다는 기존의 지위와 역할이 줄어든다. 지위란 개인의 사회적 신분에 따르는 위치나 자리로서 개인이 사회에 참여할 수 있는 유용한 사회적 존재로 자신이 속한 집단이나 사회 내에서 사회화에 적합한 기술, 지식, 가치, 역할 등을 학습하는 과정이다.

노년기에는 사회화가 점차 어려워지는데 그 이유는 다음과 같다.

첫째, 새로운 지식이나 기술을 습득할 수 있는 기회가 제한되어 있으며, 따라서 사회에 불리할 수 있다.

둘째, 노인 스스로도 노화에 따른 새로운 기술의 학습에 어려움을 겪으며 따라서 사회적으로 고립된다.

셋째, 현대사회는 노년기의 사회적 역할이나 지위가 명확히 확립되어 있지 않기 때문에 이전의 발달단계에서 노년기에 대한 예비적 사회화 기회를 갖지 못한다.

역할은 지위의 동적인 표현으로서 자기가 마땅히 하여야 할 맡은바 직책이나 임무, 구실, 소임, 할 일로 순화된다. 어떤 지위에 있는 개인에게 기대되는 행동을 의미하는데 노년기의 역할은 사회적 관계의 매개체가 되고 자아정체감 유지의 기반이 된다.

노년기에는 희박한 역할이 증가, 수단적 역할과 비공식적 역할은 감소하며, 2차 집단에서의 역할보다는 1차 집단 내에서의 역할, 즉 피부양자, 독신, 조부모의 역할로서 전환이 더 중요해지며 1차 집단 내에서도 의존적 지위로 전락하게 된다. 이 시기의 역할 수행의 방해요인으로는 퇴직, 지식과 기술의 낙후, 경제력 약화, 노년기로의 전환에 대한 부정적 인식 등이 있다.

① 미망인의 역할

노년기 원만한 부부관계를 유지하기 위해서는 건강 및 경제적 자립, 생활범위 조정 등이 이루어져야 한다. 그러나 노년기 삶의 만족도를 유지하는 데 필수적인 요인으로 배우자의 사망은 정서적 지지의 상실을 의미한다. 노년기 임종자의 가족들은 일반적으로 죽음이라는 사건이 일어나기 훨씬 이전부터 죽음으로 인해 일상적인 삶이 파괴 · 변형되고, 이로 인해 상당한 심리적 · 경제적 갈등과 생활위기를 겪게 된다. 이때 보수적인 성 도덕관과 자녀의 반대, 경제적 자립생활 능력의 결여, 노인전문 결혼상담기관의 부족 등으로 실제 재혼에 이르는 경우는 드물다. 평균수명의 연장과 출산 자녀수의 감소로 자녀양육기간은 줄어들고 배우자 사망 이후 독신으로 생활하는 기간이 늘어난다.

그러나 배우자와의 사별에 따르는 극도의 고통과 슬픔에도 불구하고 대부분의 노인들은 그것에 잘 대처해 나간다. 자녀들과 친구들에게서 지지를 발견하고 의미 있는 활동에 참여하는 데서 즐거움을 찾게 된다.

② 조부모의 역할

노년기에 조부모가 되는 경험은 매우 경이로운 인생사건이다. 조부모라는 새로운 사회적 역할을 부여받은 사람의 노년기는 단지 사회의 보호를 받으면서 죽음을 기다리는 상실의 시기가 아니라 새로 태어난 손·자녀를 가족의 일원으로 받아들임으로써 삶의 의미와 기쁨을 되찾는 시기이다.

이 시기의 조부모는 전통문화를 전달하는 교량적 역할을 담당하고 손·자녀의 출산, 양육 등의 사회화 과정에 참여하고 훈육을 담당하면서 정서적 안정감을 제공하며 부모의 역할을 보충하면서 신체적·지적·정서적인 조력자로서 손·자녀의 원만한 성장에 도움을 주는 중요한 역할을 한다. 또한 손·자녀에게 일생 동안 쌓아 온 지혜와 경험을 제공함으로써 생의 의미를 찾게 되고 자신이 무언가 생산적인 일을 하고 있다는 성취감을 갖게 되며, 손·자녀 관계를 통해서 노년기의 고독이나 소외 대신 생의 만족을 얻는다(홍승우, 2012). 성공적인 조손관계를 만들기 위해서는 조부모들이 손·자녀를 알고 있다는 느낌을 주고 손·자녀 자신들이 조부모를 잘 알고 있다는 느낌의 상호교환이 상당히 중요하며 이를 바탕으로 상호 간의 높은 친밀감의 유지가 반드시 필요하다. 뉴우가르텐과 외인스타인(Neugarten & Weinstein, 1984)은 조부모됨이 노인들의 만족감에 크게 기여하고 있다고 지적하면서 조부모의 역할 유형을 표 9-3과 같이 분류하였다.

표 9-3 뉴우가르텐과 외인스타인(Neugarten & Weinstein, 1984)의 조부모 역할 유형 분류

역할 구분	역할 구분의 특성
공식형	부모역할과 조부모역할 사이에 명확하게 경계선 유지, 손·자녀에게 조부모로서의 역할로 열중하지만 부모의 역할을 침해하지 않는 것
재미추구형	손·자녀를 여가활동의 원천으로 보며, 격식에 얽매이지 않고 손·자녀와 유쾌하게 허물없이 지냄
대리부모형	부모를 대신하여 손·자녀의 실질적인 양육을 책임
가족지혜 원천형	대를 이어 집안의 특별한 기술이나 자원을 전수하며 젊은 부모와 권위적이고 가부장적인 관계를 유지
원거리형	크리스마스와 생일 같은 명절과 특별한 날에만 나타나는 조부모들

(2) 은퇴

은퇴는 개인의 삶의 양식을 바꾸어 놓는 중요한 변화이다. 사회적 지위에서 물러나 그 지위에 관련된 역할 수행을 중단하게 된 현상을 의미하는데, 노년기 삶의

질에 매우 중요한 영향을 미친다. 노년기의 은퇴는 소득이 줄어들어 상실을 초래하고 이로 인해 자아정체감과 자아존중감이 극도로 저하되기도 한다. 또한 사회적 참여가 제한되거나 저하되는 반면 여가 활동이 증가하는 등 삶의 변화를 경험하게 된다.

아처리(Atchley, 1998)의 은퇴에 적응하는 퇴직생활의 7단계(최성재 외, 2006, 재인용)는 다음과 같다.

① **1단계－퇴직 전 단계** : "곧 그만둘 사람의 태도"를 보이거나 퇴직 후 생활에 대한 환상에 빠진다.

② **2단계－허니문 단계** : 퇴직 후 그동안 하고 싶어도 시간이 없어서 못했던 여가활동을 적극적으로 하면서, 상당한 경제적 지출을 하게 된다. 이 단계는 경제적 사정에 따라 몇 주일에서 몇 년간 지속될 수 있으나 대부분의 사람들은 바로 6단계로 넘어간다.

③ **3단계－휴식과 이완 단계** : 어떤 사람은 허니문 단계 대신 활동을 줄이고 조용하고 차분하게 휴식을 취하는 경우가 있다.

④ **4단계－환멸단계** : 허니문 단계를 벗어난 상당수의 사람들은 안정적으로 생활에 적응하지 못하고 환멸을 느끼며 우울해진다.

⑤ **5단계－재지향 단계** : 비교적 정확히 현실을 인식하고 멀어졌던 인간관계를 새로이 하고 자신의 정체성을 정립하기 시작한다.

⑥ **6단계－일상적 퇴직생활 단계** : 퇴직자의 생활이 예측 가능해지고 일상적이 되어서 변화를 편리하게 처리할 수 있다. 가장 오래 지속되는 단계이다.

⑦ **7단계－퇴직생활 종결단계** : 재취업을 하거나 질병, 장애 등으로 퇴직자의 역할이 중단되는 단계이다.

또한 삶의 변화를 초래하게 되는 은퇴의 의미는 다음과 같이 구분된다.

① **사건으로서의 은퇴** : 은퇴의식, 은퇴선물의 증정, 연금이나 사회보장급여를 받기 위한 서류제출, 업무의 한계, 은퇴여행 등을 의미

② **과정으로서의 은퇴** : 은퇴준비, 은퇴결정, 실질적인 은퇴사건, 밀월단계, 분리

단계, 재지향 단계, 종결단계 등의 단계적 절차를 의미함

③ **역할로서의 은퇴** : 은퇴자 또는 퇴직자라고 불리는 지위에 따르는 권리·의무와 관련된 사회적 규범으로서의 의미

④ **생활단계로서의 은퇴** : 생활 주기상의 마지막 단계, 막내 자녀가 분가한 이후를 의미

(3) 죽음에 대한 수용

노년기는 죽음에 대해 심각하고 두려운 공포에 시달리게 된다. 노년기 죽음에 대한 불안은 죽음이라는 사건과 죽어가는 과정에 대해 인간이 느끼는 공포, 혐오감, 파멸감, 거부, 부정 등의 부정적 감정을 유발하는 심리적 과정을 말한다. 죽음불안은 일상적인 삶 가운데 경험하는 마지막 단계나 순간에 대한 두려운 정서와 생각 등을 말하고 그 정서는 불안뿐만 아니라 공포, 걱정, 불편함 등을 포함한다. 죽음은 임종과 죽음이 혼용된 개념이며 오늘날에도 이렇게 혼용되어 널리 사용되고 있는 현실이다. 임종은 죽어가는 과정, 죽음은 생명이 정지된 상태, 전통적으로 심장박동과 호흡이 멎는 상태, 동공의 고정, 건반사가 없어진 상태를 말하며, 근래에는 뇌사를 그 기준으로 하고 최근에는 이러한 죽음의 기준이 엄격하므로 대뇌피질부의 기능정지와 함께 오는 인지적 죽음을 기준으로 해야 한다는 의견도 있다.

큐블러-로스(Kubler-Ross, 1969)의 죽음에 대한 수용 모델을 살펴보면 다음과 같다(김지현 외, 2008 재인용).

① 1단계 : 부정 또는 부인

② 2단계 : 격노와 분노

③ 3단계 : 타협 또는 협상

④ 4단계 : 우울

⑤ 5단계 : 수용

이 다섯 단계를 거쳐 죽음에 적응해 나간다고 하였다.

표 9-4 큐블러-로스의 죽음에 대한 단계

단 계	특 성
부 정	자신에게 죽음이 임박한 사실에 대한 충격을 받고 이를 부정함 (예 불치병을 인정하지 않고 의사가 잘못 오진한 것으로 생각함)
분 노	"왜 하필 나여야만 하는가" 하고 분노의 적개심을 표현함 (예 "나만 왜 죽어야 해"라고 생각하며 주변인에게 화를 냄)
타 협	상실의 일부 혹은 전부를 다시 회복하기, 죽음을 연기하고자 시도하는 단계 (예 내가 이루지 못한 어떤 일을 할 때까지만 살 수 있도록 타협함)
우 울	상실과 이별의 아픔을 극복하기 위한 필수과정으로 우울이 나타남 다시 마음이 가라앉는 단계 (예 주변사람과 헤어져야 함에 우울감을 느낌)
수 용	자신의 죽음에 동의하고 죽음 자체를 수용함, 사실을 받아들이는 단계 (예 죽음을 마음으로 받아들여 수용함)

대부분의 사람들은 죽음을 자신과 무관한 것으로 생각하거나 두려워할 뿐만 아니라 불행한 일이라고 금기시한다. 노인들이 죽음과 임종에 대한 두려움을 극복하기 위해서는 노년기의 발달과업 중 하나인 행복하고 존엄한 죽음을 받아들이기 위한 준비를 하는 것이다.

3 노년기 사회복지실천

노년기의 사회복지실천은 노인의 삶의 질을 향상시키기 위하여 정부와 사회의 주도하에 이루어지는 공적 및 사회제반활동이다.

1) 신체적 발달영역

노년기의 노인욕구는 건강한 육체적 보호를 위한 질병관리이다. 노년기는 신체 기능의 손상과 만성질환의 고통을 받을 위험성이 높아짐에 따라 장기간의 보호를 필요로 하는 특성을 지니고 있다. 노인장기요양보험제도는 지속적인 의료비부담과 수발 및 간호에 대한 불안이 높아져 꼭 필요한 사회복지제도이다. 또한 건강유지와 증진을 위한 건강상담, 건강교육 및 각종 프로그램을 개발하여 노년기의 신체기능을 유지·증진하도록 하여야 한다.

2) 심리적 발달영역

노년기의 주요 심리적 문제는 노인의 전형적인 고통, 즉 고독과 소외의 문제이다. 이 문제를 극복하기 위하여 효과적인 여가활용을 도모할 배우자와 친구의 죽음에 의한 정서적인 고독문제 등의 프로그램을 집중적으로 개발할 필요가 있다.

노년기 치매환자를 위한 프로그램 개발, 치매가 의심되는 노인에 대한 정확한 진단을 받을 수 있도록 전문 의료기관의 체계를 갖추고 치매노인 가족들을 위한 치매노인 부양가족을 지원할 수 있는 각종 상담 및 교육사업, 가정봉사원파견사업 등의 실시가 필요하다.

3) 사회적 발달영역

노년기의 노인 역할 수행 중 자기개발을 위한 기회 증진이다. 노년기의 고통 중 역할상실의 사회문제는 노인들에게 큰 문제로 대두되고 있다. 국가적 차원에서 사회보험체계의 완비와 공적 부조제도의 확충을 통하여 안정적 소득기반을 보장하여야 하며, 정년연장 및 고령자고용촉진법의 엄격한 시행, 일자리 창출 등 고용기회를 확충하여야 한다. 이를 위해서는 고용정책으로서 정부위탁직업학교 등에서 운영하는 재취업훈련사업이 필요하다.

또한 노년기의 여가활용을 가능하게 하는 교육정책으로 평생교육에 관한 지적 학습, 문화 활동 등의 기회를 확대해 나갈 필요가 있으며, 소득과 역할 수행을 위하여 노인취업알선, 공동작업장 등을 통한 경제활동 참여의 기회를 부여하고, 역할 회복을 위한 노인결연사업을 실시하고 국가의 각종 사회복지대책에 대한 정보를 제고하여 노인들의 직·간접소득보장에 기여하여야 한다.

사회복지실천에서 노년기는 노인이 되는 인생의 한 과정으로 65세가 된다고 해서 그 사람의 과거, 현재, 미래의 연속선이 깨어지는 것은 아니다. 이 사실을 인정하게 될 때만이 늙는다는 것에 두려움을 줄일 수 있다. 경제적으로는 안정되어 있고 건강상태도 좋으며, 노년기를 사려 깊게 준비하여 즐거움과 편안함을 가지고 노년기를 맞이할 수 있어야 한다.

4 함께 생각해 볼 문제

노인문제 : 고독사 위험이 큰 독거노인

인공지능 돌봄서비스를 확대
고령자 맞춤형 스마트돌봄 등장

광주드림
2021.11.24.

정부는 고독사 위험이 큰 독거노인 등 위기가구에 인공지능 돌봄서비스 시범 사업을 확대해 나갈 방침이다. 그 실천 방안으로 구체적인 내용을 몇 가지 제시하고 있다.

1. 인공지능 돌봄서비스를 시범사업으로 추진한다.

1인 가구는 올해 10월 940만 가구로 전체의 40.2%이다. 과거에 1인 가구는 독거노인이 많았지만, 지금은 청년, 중년, 노년 등 다양한 인구층에서 늘었다. 1인 가구는 사회적 단절로 외로움을 느끼는 경우가 많고, 경제적 빈곤, 질병과 노령으로 인한 돌봄의 필요성이 크지만 마땅한 대안을 찾기 어렵다. 고독사 위험이 큰 독거노인의 문제는 사회문제로 인식되고 있다. 이에 정부는 인공지능을 활용하여 돌봄서비스를 시범사업으로 시행한다. 대표적인 사업으로 광주광역시 서구는 지난 6월부터 '인공지능(AI) 스피커를 활용한 돌봄서비스'를 농성1동 사회보장 특별지원구역 내 100가구에서 시작했다.

2. 인공지능 스피커와 사물인터넷이 활용된다.

인공지능 돌봄서비스는 약을 먹을 시간 알림, 음악 감상, 말벗 대화 등의 기능이 탑재된 인공지능 스피커와 사물인터넷 연동 문 열림 센서·스마트스위치 등을 활용하여 거주인의 고독사를 예방하려는 것이다. 특히 위급상황 발생 시에는 특정 문장(예, 살려주세요!)을 이야기하면 365일 24시간 AI스피커-사설경호업체-119연동 체계를 통해 즉각적으로 조치할 수 있는 통합관제시스템을 운영한다. 통합관제시스템의 구축은 곧 다가오는 초고령사회에서 필수적인 대책이다. 또한, 인공지능 돌봄서비스는 거주인의 기저질환을 기준으로 복약시간이나 돌봄 방문일정 등을 개인 맞춤형 음성안내도 해준다. 치매환자 등이 외출할 때에는 돌봄대상자의 동선과 위치를 파악한 뒤 위급상황이 발생하면 관계기관이나 보호자에게 알려준다.

3. 고령자 맞춤형 스마트돌봄도 함께 추진한다.

시범 사업은 좋은 평가를 받으면서 광주광역시로부터 자치구 조정 특별교부금 3억 원을 추가로 받아 확대된다. 올해 11월까지 상무2동과 금호1동의 홀로 사는 장애인, 노인, 기저질환자 등 취약계층에게 AI스피커, 사물인터넷 기반 센서를 활용한 인공지능 돌봄서비스를 확대한다. 즉, 인공지능(AI)·사물인터넷(IoT) 기술을 활용해 어르신 등의 건강과 안전을 돌보는 각종 지원 서비스를 실시한다. 말동무 AI로봇을 보급해 치매 예방에 선제적으로 나선 데 이어 입주자가 살기 편리한 '고령자 맞춤형 스마트돌봄 사업'을 추진한다. 이 사업은 국토교통부, 한국토지주택공사, 광주광역시 서구청, 복지마을 등이 협력하여 수행한다. 국토교통부와 한국토지주택공사는 서구 쌍촌동 영구임대주택에서 해당 사업을 수행하고, 서구청이 돌봄서비스 운영을 책임진다. 이 사업은 집에 AI나 사물인터넷 등을 설치해 거동이 불편하고, 자칫 위급상황에 처하기 쉬운 고령자들을 24시간 밀착 관리하는 게 핵심이다. 사단법인 복지마을은 스마트돌봄 기기를 개발했다. 이 사업은 영구임대아파트에 사는 노인과 장애인을 대상으로 6가지 스마트 서비스를 24시간 동안 제공한다. 6가지 서비스는 24시간 응급관제, 응급벨 대응, 외출 시 위치 확인, 쌍방향 의사소통, 개인 맞춤형 건강관리, 일상생활 패턴 예측·대응 등이다. 이를 통해 긴급 상황 발생 시 신속 대응이 가능하며, 더 나아가 활동, 건강, 수면 등 개인별 생활 패턴 데이터를 분석해 위기상황에 사전 대응도 가능할 것이다.

4. 돌봄로봇은 감성적인 대화가 가능하다.

치매 유병률이 높아지면서 치매선별검사를 통해 조기에 발견할 뿐만 아니라 대화나 놀이를 통해 치매의 진행을 늦추어야 한다. 이에 서구는 관내 어르신을 대상으로 치매 예방을 위한 AI 돌봄로봇을 보급한다. '해온이'는 치매사업 분야 최초로 AI 기능을 접목한 돌봄로봇이다. '해온이'는 인공지능 자연어 처리기술을 접목해 120만 건의 회화 전개가 가능하고 보호자, 관리자 애플리케이션을 통해 돌봄 인형의 목소리로 어르신과 대화도 할 수 있다. AI 돌봄로봇은 기존 AI 스피커와는 달리 친구처럼 감성적인 대화가 가능하다는 점에서 인기를 끌고 있다. 돌봄로봇은 무미건조한 명령어 위주가 아닌 감정이 담긴 대화를 주고받을 수 있다. 대화에서 습득한 정보를 기반으로 어르신의 감정을 분석함으로써 치매와 우울증, 자살, 고독사를 예방하는 데 기여할 수 있을 것이다. 또한 퀴즈나 인지카드 등을 활용한 1대1 개인별 맞춤형 인지훈련을 제공해 치매예방 효과를 강화한다. 서구는 치매환자와 더불어 인지장애 고위험군, 일상에서 돌봄서비스가 필요한 독거노인 가구를 대상으로 서비스를 실시한다. 돌봄로봇은 고령자에게 알맞은 주거환경을 조성하고 보건·의료, 일상생활을 지원하는 돌봄서비스사업과 연계될 때 효과가 커질 수 있다.

5. 일상 활동이 멈추면 위기 상황으로 감지한다.

고령자 맞춤형 스마트돌봄은 거주인의 생활양식에 바탕을 두고 도움이 필요한 상황에 맞춤형 서비스를 제공하려는 것이다. 예컨대 매일 아침 텔레비전을 보면서 아침식사를 즐기던 홀몸 어르신이 몸이 불편해 움직임이 없는 경우 모니터링으로 이를 감지하고 돌봄관리사 등에게 필요한 정보를 제공하는 식이다. 돌봄관리사는 가정을 방문해 문제를 확인한 뒤 보호자에게 연락을 취하고, 병원으로 노인을 이송하는 등 위급 상황에 대비할 수 있게 된다. 특히 활동, 외출, 수면 등 개인별 생활 패턴 데이터를 미리 분석한 뒤 돌봄 대상자의 생활에 특이 패턴이 나타나는 경우 관리자에게 알려 위험 요인이 있는지 점검한다. 치매 등으로 외출 시 주의가 필요한 입주민의 경우 사전 동의를 거쳐 외출 시 위치와 동선을 파악할 수 있도록 해 위급상황에 신속히 대응할 수 있도록 한다.

6. 시범 사업을 평가하여 전국으로 확대한다.

인공지능 돌봄서비스는 시범사업을 넘어 전국화 시킬 수 있다. 국토교통부가 총괄적인 지원을 맡고, 한국토지주택공사와 지방자치단체 그리고 한국통신과 인공지능 생산업체가 협력하면 된다. 전국에 한국토지주택공사 등이 건립한 영구임대아파트를 포함하여 다양한 공공임대주택이 있다. 오래된 영구임대아파트는 좁고 불편한 구조이므로 거주인이 생활하기에 편리하게 개조하면 된다. 입주자에게 가장 큰 장애물인 문턱을 제거하고 화장실 미끄럼 방지 타일 시공과 높낮이 조절 세면대를 설치해 낙상 예방과 편리성을 높일 수 있다. 이곳에는 노인과 장애인 등 사회적 돌봄이 필요한 거주인이 많기에 토지주택공사와 인공지능 생산업체가 스마트기기를 설치하며, 해당 자치단체가 돌봄서비스를 운영하면 입주자의 삶의 질을 획기적으로 높일 수 있다. 광주광역시 서구는 대상자를 500세대로 확대하고, '서구형 인공지능 돌봄시스템'을 전국으로 확산시킬 계획이다. 인공지능 돌봄서비스는 고령사회, 포스트코로나 시대에 사회문제로 대두되는 고독사 문제에 선제적으로 대응할 수 있다.

국토교통부와 한국토지주택공사는 전국 지자체와 협의를 통해 스마트돌봄서비스 적용 임대주택을 확대하고, 고령자복지주택을 2025년까지 1만 가구를 공급할 계획이다. 인공지능 돌봄서비스 확대로 노인의 삶이 높아지길 기대한다.

출처 : 광주드림(2021.11.24.). 인공지능 돌봄서비스를 확대.

Part 02

인간행동과 사회환경

심리학 관점에서 인간행동이해

Chapter 10

정신분석(역동)적 관점

1 프로이트의 정신분석이론

1) 서 론

(1) 정신분석이론의 배경

인간의 성격 전반을 설명하는 거대이론(grand theory) 중 가장 대표적인 것이 바로 정신분석이론이다. '심리학의 아버지'라고 불리는 지그문트 프로이트(Sigmund Freud, 1856~1939)에 의해서 제시된 정신분석이론은 개인의 성격뿐만 아니라 정신병리, 심리치료, 사회문화현상까지 설명하는 방대하고 깊이가 있고 심오한 심리이론이다. 또한 임상적 연구전통에서 생겨난 성격이론이기도 하다. 프로이트는 다양한 성격 및 정신장애를 지닌 환자들을 상담하고 치료하는 과정에서 무의식과 성적인 욕구의 중요성을 깨달았다. 따라서 그는 성에 대한 이야기가 금기시되던 당시 풍토 속에서 과감하게 인간의 성, 특히 성에 대한 본능적 충동을 어떻게 조절하는가에 따라 개인의 성격이 다양하게 형성된다고 주장하였다. 또한, 현실 속에 보이지 않는 무의식적인 힘이 현실에서 인간의 실제행동을 좌우한다고 주장하였다. 자기분석의 경험에 근거하여 인간의 무의식적인 내면세계를 설명하는 성격이론을 제시함으로써 인간행동이해의 새로운 장을 열었다. 그러므로 정신분석이론은 인간의 심리적 문제가 발생되는 원인을 근본적으로 이해할 수 있는 훌륭한 이론으로서, 그 후 많은 후발 심리이론에 크든 작든 엄청난 영향을 끼친 20세기 최대의 이론이다.

정신분석이론은 여러 단계의 발전과정을 통해 진전되었으나 기본적으로 다음과 같은 몇 가지의 가정을 기초로 하고 있다.

첫째, 인간에 대한 심리적 결정론(psychic determinism)으로서 인간의 모든 행동은 원인 없이 일어나지 않는다. 아무리 사소하고 이해하기 어려운 행동이라 하더라도 우연하게 일어나지 않으며 심리적 원인에 의해 결정된다는 것이다. 엉뚱한 말실수, 개꿈, 사이코패스 같은 행동증상을 포함하여 인간의 모든 심리적 현상은 그 어떤 원인에 의해 일어나고 결정된다는 것이다. 하지만 그 내용은 일부만 의식에 있을 뿐 거의 대부분은 자각하지 못하고 있다.

둘째, 무의식(unconsciousness)이라는 기본 가정으로 설명하고 있다. 즉, 인간의 심리적 행동에는 개인에게 자각되지 않는 무의식적 정신현상이 존재하며, 인간의 행동은 의식적 요인보다 무의식적 요인에 의해서 훨씬 더 강한 영향을 받는다는 것이다. 또한, 초기 아동기 때 어떤 경험을 했는지에 따라 대부분의 성격이 결정된다고 보았다. 또한 인간의 마음은 마치 물속에 잠긴 빙산처럼 무의식에 뿌리를 두고 있으며 이 무의식에 의해 인간의 행동이 결정된다고 하였다. 정신분석이론은 인간행동에 영향을 미치는 무의식적인 과정을 탐구하는 심층심리학이라 할 수 있다.

셋째, 성적 충동(sexual drive)이 인간의 가장 기본적인 욕구이며 무의식의 주요 내용을 구성한다. 프로이트는 인간의 신체, 특히 성감대의 접촉을 통해 육체적 쾌감을 추구하는 모든 행위를 성적인 것으로 보았고 성에 대한 본능을 리비도(libido)로 표현하였다. 어린아이들도 성적인 충동은 가지고 있으며 어머니와의 관계에서 다양하게 표출된다고 하였다. 다만, 아동의 성욕구는 도덕적 기준과 위배되기 때문에 억압되어 무의식 속에 자리잡고 있다가 현실세계의 인간의 행동에 많은 영향을 미치게 된다. 프로이트는 나중에는 성적욕구와 함께 공격적 욕구도 인간의 기본적인 욕구로 인정하였다. 그 당시 엄격한 도덕과 종교적 가치가 중시되는 당시의 유럽인들로부터 혹독한 비판의 대상이 되었던 것도 성적욕구에 대한 연구가 당시에는 (성 그 자체 연구가) 파격적이었고 용납할 수 없는 사회분위기였다. 개인의 행동을 이해하기 위해서는 어린 시절의 경험과 기억을 잘 탐색해야 한다는 것이 정신분석이론의 기본적 입장이라고 할 수 있다.

(2) 프로이트의 생애

프로이트(1856~1939)

프로이트(S. Freud, 1856~1939)는 체코의 모라비아에서 유대인 집안의 아들로 태어났다. 그는 4세 때 비엔나로 이주하여 생애 대부분을 그곳에서 보냈다. 1873년 비엔나 대학의 의학부에 입학한 후 1881년에 의학박사학위를 받았고 신경과 의사로 활동하였다.

1885년에는 신경의학자인 샤르꼬(Charcot)와 함께 최면을 연구하면서 최면적 암시에 의해 히스테리 신경증의 증상을 유발하거나 제거할 수 있다는 것을 알게 되었다. 프로이트는 정신환자의 증상과 원인은 항상 어린 시절에 받은 마음의 상처와 부모와의 관계에서 찾을 수 있다고 하였으며, 무의식 세계에 관심을 갖고 행동을 유발하는 과정을 설명하려고 했다. 그는 오스트리아 비엔나에서 개업한 가난한 신경과 의사였다. 그는 신체마비 증상을 호소하는 히스테리 환자를 치료하면서 심리적인 무의식적 갈등에 의해서 그러한 증상이 유발될 수 있다는 것을 발견했다. 다양한 환자들을 치료하는 동시에 연구를 병행하면서 프로이트는 정신장애뿐만 아니라 인간의 정신세계를 설명하는 방대한 이론을 구축하려는 뜻을 품게 되었다. 그러한 활동 중, 환자들이 고통의 요소가 된다고 믿었던 유년 시절 마음의 상처와 부모와의 관계를 치유하기 위한 자유연상법과 꿈의 해석기술 등을 발전시켰다. 프로이트는 1900년에 자신의 꿈을 분석하여 『꿈의 분석』을 출간하였다. 이 책은 인쇄 초기에는 정신병리학회에서 별로 인정을 받지 못하다가 점차 의료계와 일반인 사이에 알려지며 인정을 받게 되었으며, 그 다음 해에 정신분석학회가 창립되었다.

초기에 프로이트의 영향을 많이 받은 아들러(Adler), 융(Jung), 랭크(Rank) 등은 후에 프로이트의 이론을 발판으로 독자적인 이론 등을 연구하면서 스스로 독립하여 자신의 이론을 각각 발전시키게 된다. 프로이트는 1919~1939년까지 약 20여 년간 최고의 명성을 누렸고, 생의 마지막은 암과의 사투를 벌이는 힘겨운 시기를 맞게 되었으며 1939년 영국 런던에서 사망했다(이훈구 역, 2003). 프로이트 사망 이후에는 정신분석은 크게 두 가지의 흐름으로 발전했다. 하나는 프로이트가 주장한 정신분석의 기본적인 주장을 계속적으로 고수하며 더욱 정교하게 발전시키고 보완한 이론으로 자아심리학, 대상관계이론, 자기심리학이론, 관계정신분석 등이 이에 속하는 이론들이다. 다른 하나는 무의식을 인정하되 프로이트의 정신분석이론을 비판하고 독자적인 이론적 체계를 발전시킨 정신역동이론으로서 융(Jung)의 분석심리학, 아들러(Adler)의 개인심리학, 설리반(Sullivan)의 사회심리, 프롬(Fromm)의 사랑심리 등과 같은 신프로이트학파들이다. 프로이트의 정신분석이론은 인간행동의 이해와 정신치료의 새 지평을 열었을 뿐만 아니라 20세기의 정치, 사회, 경제, 교육 등 거의 대부분의 현대생활에 지대한 영향을 끼쳤으며 지금도 여러 분야에서 그 이론을 연구하며 일상생활에 많이 적용되고 있다.

2) 주요 개념

(1) 인간관

프로이트는 인간을 비합리적이고 결정론적인 존재로 보고 있다. 인간을 비합리적 존재로 본 것은 개인이 현재보다 오히려 과거의 생활경험들에 의해 더 큰 영향을 받아 자신의 행위를 결정하고, 그에 따른 책임을 질 수 있는 주체자로서 행동하지 못한다고 보았기 때문이다. 결정론은 인간이 태어난 이후 5~6세 사이의 어린 시절에 경험한 무의식 속에 잠재해 있는 심리성적(心理性的)인 사건들에 의하여 결정되어 있는 존재로 보기 때문이다. 즉, 인간의 모든 사고, 감정, 행동은 무의식적인 성적 본능과 공격적 본능에 의해 결정된다고 보며, 인간은 이런 본능적 긴장을 해소하기 위해 행동을 한다고 보고 있다. 프로이트에 따르면, 인간에게 나타나는 대부분의 행동은 근원적으로 성적인 충동에 의한 것이며, 그러한 충동이 사회적으로 수용될 수 있는 형태로 변형되어 나타난 것이다. 그는 인간의 마음을 움직이는 가장 중요한 동기를 성욕이라고 보았다.

정신분석이론에서는 인간은 두 개의 상반된 본능(instinct)을 강조한다. 삶의 본능(life instinct)과 죽음의 본능(death instinct)이 그것이다. 삶의 본능은 에로스(eros)라고도 하며, 배고픔과 같이 삶을 유지시켜 주는 것, 종족을 번식시키는 성과 같은 것 등을 말한다. 성에 대한 본능은 개인의 정신구조에서 상당히 중요한 역할을 하므로 프로이트는 이것이 영향력이 가장 큰 삶의 본능이라 생각했다. 성 본능에 내재된 힘은 리비도(libido, 라틴어의 '소망', '욕구'에서 유래)라는 것인데, 이는 생존본능의 힘을 일컫는 것이 되었다. 그리고 다른 하나는 타나토스(thanatos)라고 하는 죽음의 본능이다. 이것은 인간 모두가 가지고 있는 죽음과 파괴에 대한 경향을 말한다. 타나토스는 소리를 지르거나 욕을 함으로써, 또는 영화 관람이나 운동경기를 관람하면서 평상시에 조금씩 밖으로 내보내야 한다고 프로이트는 말한다. 만약 그렇게 하지 않으면 댐 둑이 한방에 무너지듯, 한꺼번에 감정이 폭발하게 되어 폭력, 살인, 방화 등을 하게 되거나 사이코패스 같은 정신분열병에 걸리게 된다는 것이다.

삶과 죽음의 본능은 서로 영향을 미치며, 서로 융합되어 있기도 하다. 예를 들어, 음식을 먹는 것은 배고픔을 해결하고자 하는 삶의 본능적 표현이지만, 음식물을 파괴하여 섭취한다는 점에서 죽음의 본능이다(이인정 · 최해경, 2004). 그리고 삶의 본능과 죽음의 본능이 병적으로 혼합되면 인간은 강간 또는 피학적 성행위, 수간 등 변태적 성행위를 하기도 하고, 성행위를 몰래 훔쳐보기 등과 같은 행동들을 하게 된다(이나미, 1995).

(2) 주요 의식

초기 성격구조이론의 중심이 되었던 개념은 무의식적 정신과정이다. 프로이트는 인간의 정신을 일종의 지도로 제시하였는데, 이를 가리켜 지형학적 모형이라 한다. 지형학적 모형에서는 다음 그림 10-1에서와 같이 인간의 정신이 의식(consciousness), 전의식(preconsciousness), 무의식(unconsciousness)으로 구성되어 있다고 보았다. 이것들은 곧 잘 빙산으로 비유된다. 즉, 수면 위에 튀어나온 작은 부분이 의식, 수면 바로 아래의 부분이 전의식, 그리고 그 아래에서 빙산의 대부분을 차지하는 것이 무의식이다.

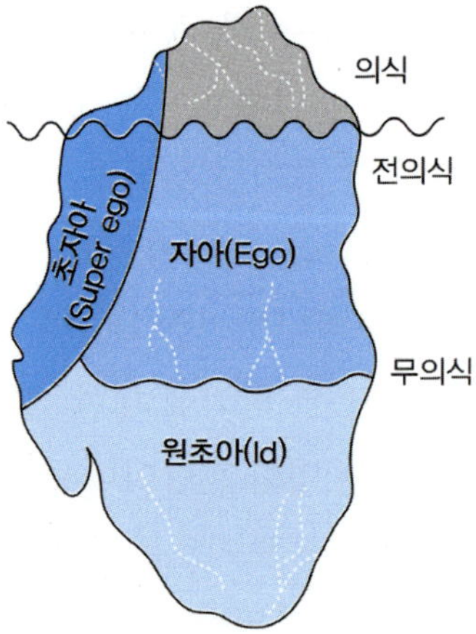

그림 10-1 의식수준과 성격구조와의 관계

프로이트가 제시하고 있는 의식의 세 수준, 즉 의식(consciousness), 전의식(preconsciousness), 무의식(unconsciousness)에 대한 특성을 요약하면 다음과 같다.

① **의식**(consciousness)

의식은 우리가 깨달을 수 있고 기억할 수 있는 것을 말한다. 항상 자각하고 있는 지각, 사고, 정서 경험을 포함한다. 이러한 의식적 경험은 인간의 정신적 세계에 있어서 극히 일부분에 해당한다. 개인이 어느 순간에 알거나 느낄 수 있는 모든 감각, 지각, 경험, 기억을 포함한다. 이 의식의 경험은 잠시 동안 의식될 뿐 우리가 다른 쪽으로 주의를 돌리면 전의식이나 무의식 속으로 사라져 버린다. 의식은 위에서 말한 대로 수면 위에 떠오른 아주 작은 부분이기 때문이다. 의식은 정신세계의 중심이 아니며, 무의식적 사고의 내용이나 동기를 의식적인 것으로 나타내기 위한 방법연구가 정신분석의 중요한 과제이다.

② **전의식**(preconsciousness)

전의식은 의식의 바로 아래에 있으며 우리가 평소 깨닫지 못하나 약간의 노력을 기울이면 의식으로 떠올릴 수 있는 기억과 경험을 말한다. '이용 가능한 기억'이라 할 수 있다. 즉, 대중목욕탕 옷장의 열쇠번호, 어제 저녁에 먹었던 음식의 종류 등과 같이 잠시 잊고 있었지만 조금만 생각하면 바로 의식될 수 있는 경험을 말한다.

전의식은 비록 의식 속에는 없지만 기억, 회상 등을 통해 의식으로 상기할 수 있는 정신세계의 일부분이다. 무의식의 강력한 영향력 아래 놓여 있어서 의식과 무의식 사이에 격렬한 전투가 벌어지는 곳이기도 하다. 이와 같이 전의식은 마음속에서 무의식과 의식을 연결해 주는 교량역할을 한다.

③ **무의식**(unconsciousness)

무의식은 수용되기 어려운 성적 욕구, 폭력적 동기, 부도덕한 충동, 비합리적 소망, 수치스러운 경험과 같이 의식에 떠오르면 위협적인 것으로 느껴지기 때문에 억압된 욕구, 감정, 기억의 보관소라고 볼 수 있다. 무의식은 사람의 정신에 있어서 가장 중요하고 큰 부분이며 우리가 깨닫기를 강하게 거부하는 부분이다. 평소에는 전혀 인식되지 않지만, 사람들의 행동을 주로 결정한다. 무의식적 내용은 사회에 의해 용납될 수 없는 감정이나 생각 혹은 충동들이 억압되어 있다. 억압된 무의식의 내용들은 개인으로 하여금 내적 갈등을 경험하게 하며, 본래의 모습과는 달리 위장되고 왜곡되며, 상징화된 형태로 나타난다. 프로이트(Freud)는 말실수, 망각, 꿈의 존재 등이 무의식의 증거라고 하였다. 즉, 사람들이 말하거나 행동할 때 무의식은 실수를 통해서 나타나는데, 프로이트는 이것이야말로 그의 진짜 생각이고 본모습이라고 하였다. 예를 들어, 사회자가 큰 행사에서 개회사를 시작할 때 "지금부터 개회사를 마치겠습니다."라고 말하였다면, 그는 빨리 행사를 끝내고 싶다는 무의식이 표출된 것이라고 보는 것이다. 따라서 무의식을 연구하는 수단으로 환상과 꿈의 해석을 들 수 있다. 인간의 무의식의 세계는 매우 복잡하고 다층적이어서 이해하기가 쉽지 않다. 무의식의 세계에는 개인의 심리적 경험 중에서 자각될 경우 불쾌하거나 고통스럽게 느껴지는 것들이 억압되어 저장된다. 과거 경험은 의식되지 않는다고 해서 영원히 사라지지 않는 것이 아니라 무의식 속에 남아 지속적인 영향을 미친다.

(3) 성격 구조

프로이트는 인간의 다양한 행동을 설명할 수 있는 좀 더 정교한 성격이론을 개발하기 위해 끊임없이 노력했다. 그는 1923년에 발표한 「자아와 원초아」에서 마음의 지형학적 모델을 성격의 삼원구조이론으로 발전시켰다. 그는 원초아, 자아, 초자아라는 세 가지 심리적 구조를 제안했으며, 특히 자아의 기능을 중요하게 여겼다. 인간의 정신세계는 매우 충동적이고 비합리적인 마음, 현실을 인식하는 합리적인 마음, 도덕과 양심을 중시하는 마음 서로 충돌하고 타협하면서 외부세계와 상호작용한다고 하였다. 프로이트는 인간의 성격을 설명하기 위해 이런 세 가지 마음을 원초아(id), 자아(ego), 초자아(superego)로 명명한 것이다.

① **원초아**(id)

원초아는 충동적 행동을 유발하는 원초적 욕구와 이를 충족시키려는 심리적 과정을 의미하며 성격의 원형적인 체계로서 본능을 포함하고 있다. 원초아는 태어날 때부터 지닌 것으로 정신에너지의 창고 역할을 하며 성욕이나 공격성과 같은 본능적 욕구를 관장하는 곳이다. 비현실적이고 생물적인 쾌락과 충동에 따라 행동하려 하며 비논리적 · 원시적 사고과정을 나타내게 되는데, 이를 일차과정(primary process)이라 한다.

원초아는 두 가지 특성이 있으며 그 첫째는 쾌락원칙(pleasure principle)을 따르는 것이다. 이것은 고통을 피하고 쾌락을 추구하는 속성으로 참을성 없이 즉각적으로 긴장을 감소하려는 특성을 의미한다. 원초아는 긴장해소를 통해 쾌감의 추구라는 목적달성을 위해서 긴장을 경감시키는 데 필요한 대상을 생각나게 만드는 작업을 하게 된다. 두 번째는 일차적 사고과정이다. 이는 성욕과 공격성과 같은 충동에 의해 나타나는 정신적 힘을 즉각적으로 방출하는 과정이다. 예를 들면, 배가 고플 때 밥을 먹는 상상이나 꿈을 꾸는 것을 의미한다. 이러한 일차적 사고과정은 일시적인 만족은 줄 수 있지만, 근본적인 긴장을 감소시킬 수는 없으므로 자아의 이차적 사고과정이 필요하게 된다.

② **자아**(ego)

자아는 환경에 대한 현실적인 적응을 담당하는 심리적 구조와 기능을 의미한다. 자아는 원초아에 비해 조직적이고 구체적인 정신구조이며, 이성 혹은 합리적이다. 원초아로 하여금 충동을 지연시키고 현실을 고려하도록 하는 역할을 한다. 즉, 배고플 때 단순히 밥 먹는 환상을 할 것이 아니라 현실적으로 밥을 먹는 방법을 찾기 위해 객관적인 실제 세계와 타협하는 것이다. 자아는 감각과 운동, 지각, 추론, 판단, 만족지연, 좌절인내와 같은 다양한 적응적 기능을 담당한다.

자아는 두 가지 특성을 지니는데, 첫째, 현실원칙(reality principle)에 따르는 것이다. 현실의 여건을 고려하여 판단하고 욕구충족을 지연하며 행동을 통제하는 것이다. 이는 본능적 욕구를 충족시킬 수 있는 현실적이고 바람직한 대상을 찾을 현실 대상이 발견될 때까지 에너지를 맹목으로 발산하지 않고 지연시킨다. 이는 현실원칙으로 인해서 쾌감의 원칙이 잠시 보류되는 것이지 포기되는 것은 아니다. 이것이 자아의 둘째 특성인 이차적 사고과정(secondary process)이다. 예를 들면, 배가 고프더라도 현실적으로 먹을 것을 구할 수 있을 때까지 기다린다는 것이다. 이차적 사고과정은 긴장 감소를 위해 세운 행동계획의 실현 가능성을 판단하는 것인데, 이를 현실검증(reality test)이라 한다. 만약 정신적 현실검증 결과, 가능성이 낮으면 자아는 계속해서 다른 해결책을 찾게 된다.

이러한 자아는 생후 6~8개월경부터 발달하기 시작하여 2~3세가 되어야 자아의 기능을 제대로 수행하게 된다.

따라서 자아는 원초아, 자아, 초자아의 세 체계를 통괄할 뿐만이 아니라 원초아의 쾌락원리와 초자아의 도덕원리 사이에 조화로운 관계를 유지하기 위해 노력하기도 한다.

③ **초자아**(superego)

아동의 마음속에 내재회된 사회직 규범과 부보의 가치관을 초자아라고 부른다. 구조적 모형 세 가지 중 가장 늦게 나타나는 초자아(superego)는 정신구조의 최고단계로서 흔히 양심, 도덕이라고 말하고 있다. 이것은 아이가 부모의 사회적 가치와 이상을 동일시함으로써 발달한다. 초자아는 자아로부터 발달하며 쾌락이나 현실보다는 이상과 완전함을 추구하며 사회적 원칙(social principle)에 따른다. 초자아는 성격의 도덕적인 부분이며 심판자로서 자아와 함께 작용하여 개인이 스스로 자신의 행동을 조절할 수 있게 해 준다.

초자아에는 양심과 자아이상의 두 측면이 있다. 양심은 어린 시절에 영향을 주었던 부모나 양육자가 그들의 언행에 대해 비난이나 벌을 주었던 일들이 토대가 되어 그와 같은 행동이나 생각을 할 때 죄책감을 느끼는 것이다. 즉, 마음의 도덕적 가르침이다. 아동이 부모가 자신에게 원하는 가치를 내면화한 자아이상(ego ideal)도 초자아의 일부를 구성하게 된다. 자아이상은 긍정적 이상형을 뜻하는 것으로서 부모나 타인으로부터 받은 칭찬이 토대가 된다.

초자아는 5~6세 사이에 형성되기 시작하여 10~12세가 되어야 제대로 기능한다고 보았으며, 행동의 선악을 판단하는 도덕적 규범이나 가치관으로서 도덕원리에 따라 기능한다.

(4) 성격발달단계

프로이트는 환자들의 무의식에 존재하는 어린 시절의 경험이 중요한 영향을 미친다는 사실을 깨닫게 되었다. 따라서 자연스럽게 유아의 발달에 관심을 가지게 되었고, 특히 가장 근원적인 성적 충동이 유아의 성장과정에서 어떻게 나타나는지 밝히고자 하였다. 여기서 말하는 성욕은 넓은 의미로서 타인과의 접촉을 통해 쾌락과 애정을 얻고자 하는 욕구를 말한다. 프로이트는 개인의 성 본능에 내재하는 에너지인 리비도를 매우 중요시 여겼다. 그는 삶의 힘이자 기본 심적 에너지인 리비도가 개인의 쾌락에 어떻게 사용되느냐에 따라 각 개인의 성격발달이 다르게 나타난다고 보았다. 리비도의 방향에 따라 성격형성에 많은 영향을 미친다고 보고, 이런 점에 착안하여 신체부위에 초점을 맞춘 심리성적 발달이론(theory of psychosexual development)을 제시하였다. 특히 인간의 성격발달은 태어나서 5세까지 부모와의 경험 및 관계에 따라 많은 영향을 받는 것으로 보고, 프로이트는 이에 따라 성적 에너지(리비도)가 집중되는 성감대의 변화에 따라 성격발달의 5단계의 특성을 제시하였다. 특정한 심리성적 발달단계에서 욕구가 과도하게 좌절되거나 과도하게 충족되면, 성적에너지가 그 단계에 고착이 되어 성인이 된 후에도 그 단계의 만족을 추구하는 성격특성을 나타나게 된다. 개인은 어떤 발달단계에도 고착될 수 있으며 고착의 정도는 다양하게 나타날 수 있다.

① 구강기(oral stage, 출생~18개월) **: 낙천성 대 소유욕**

출생 후 1세 반경의 젖을 빠는 행동과 관계되는 것으로, 이때 성적 쾌감은 주로 입과 관련이 되어 나타난다. 성욕이란 유아에 있어서 음식물의 섭취와 관련된 흥분상태로 젖을 빠는 것과 음식물을 삼키는 것은 나중에 성적 만족의 원형(prototype)이 된다. 따라서 젖을 빨지 않은 어린이나 젖을 무리하게 떼는 경우에는 성적 불만족으로 엄지손가락을 빤다든가, 손톱을 물어뜯는다든가 등의 행동을 하여 성격이나 행동의 이상으로 발전하게 된다. 이와 같은 성적 행동을 하게 되는 근원적인 힘을 리비도라고 하며, 구강은 일생을 통해서 중요한 성감대로 존재한다고 하였다. 프로이트는 유아에게 욕구가 너무 과도하게 충족이 되면 구강기 수용 성격이 형성되어 명랑, 낙관, 다른 사람을 잘 믿고 의존적이며 요구가 많은 성격특성을 나타낼 수 있다고 하였다. 구강기 욕구의 과도한 좌절은 입으로 씹고 깨물고 내뱉는 행동을 유발함으로써 구강기 공격 성격을 형성하여 공격적이고, 비관적이며, 냉소적이고, 탐욕스러우며, 논쟁적인 행동을 나타낼 수 있다. 구강기에 고착된 성격의 소유자는 엄지손가락 빨기, 손톱 물어뜯기, 연필 물기, 음주와 흡연, 수다 떨기 등과 같이 구강기와 관련된 습관성 행동을 나타낸다. 하지만 이 시기에 욕구가 잘 충족이 되면 자신감이 넘치고 관대하며 외부세계에 신뢰감을 지니는 안정된 성격을 형성하게 된다(권석만, 2015).

② **항문기**(anal stage, 18개월~3세) **: 창의성 · 생산성 대 인색성 · 잔인성**

쾌락을 추구하는 신체부위가 입에서 항문으로 옮겨지는 과정이다. 이 시기에 아동은 배변을 참거나 배설하면서 긴장감과 배설의 쾌감을 경험한다. 프로이트는 부모가 유아를 배변훈련 시 강압적이거나 엄격하게 다루면 억압이 심해져 이런 성향이 다른 행동에까지 일반화되어 항문기 보유(anal-retentive)의 성격이 된다고 하였다. 항문기에 욕구가 지나치게 좌절되면, 완벽주의적이고 청결과 질서에 집착하며 인색한 항문기 보유성격이 나타날 수 있다. 이는 후에 지나치게 청결한 경향을 갖게 된다고 하였다. 반면에 욕구가 좌절한 경험도 없이 과도하게 충족되면 감정적이고 분노를 잘 느끼며 무질서한 항문기 배출 성격(anal expulsive personality)이 나타날 수 있다. 이는 반동형성을 통해서 고집이 세고 인색하며 지나치게 통제된 행동 형태로 발전한다고 하였다. 이와는 달리 어머니가 유아에게 배변을 간청한 후 칭찬하면 나중에 그는 남을 위해서 즐겁게 해 주기 위해 어떤 일을 하도록 동기가 주어지는 데, 자선 또는 박애활동은 이에서 비롯된다. 적절한 욕구만족 경험을 하게 되면, 독립적이고, 자기주장적이며 협동적인 성격을 형성하게 된다.

③ **남근기**(phallic stage, 3~6세) **: 오이디푸스 콤플렉스와 엘렉트라 콤플렉스**

남근기는 만 3세에서 6세 사이의 시기로서 쾌락을 추구하는 신체부위가 항문에서 성기로 바뀌게 되는 시기이다. 본능적 에너지가 성기에 초점이 맞춰지는 시기로, 어린이들은 성기에 관심이 많아지며 부모의 사랑과 증오로 갈등을 경험한다. 남성 아동이 엄마에 대한 연모의 감정으로 아버지와 경쟁을 하게 되는데 이것이 '오이디푸스 콤플렉스'이다. 남성 아동은 어머니를 독점하려 하지만 경쟁자인 강력한 아버지에 의해 남근이 잘릴지도 모른다는 상상 속에 거세불안(castration anxiety)을 경험한다. 거세에 대한 두려움을 갖게 되어 자신보다 더 강한 아버지의 가치와 태도, 행동과 습관을 수용하고 초자아의 결과를 보이는 타협의 행동으로 나타난다. 여성 아동의 경우에는 아버지의 애정을 독점하려 하면서 어머니를 경쟁자로 인식하게 되는 유사한 현상이 나타나는데 이를 '엘렉트라 콤플렉스'라고 한다. 어린 소녀의 경우는 아버지의 남성의 힘의 상징인 성기에 대한 부러움을 갖게 되는 '남근선망(penis envy)'을 가지지만, 자신이 남성의 성기를 가질 수 없다는 것을 인지하는 과정에서 정체성을 깨닫는다. 남근기에 고착된 성인 남성은 경솔하고 과장되고 야심적이다. 프로이트는 여성이 남근기에 고착된 경우 성관계에 있어서는 순진하고 결백해 보이지만 유혹적이며 다소 경박한 기질을 갖는다고 언급했다(Hjelle & Ziegler, 1976). 프로이트는 오이디푸스 콤플렉스와 관련된 고통스러운 경험들이 나중에 성인기의 신경증을 유발하는 주요 원인이라고 보았다.

④ **잠복기**(latency stage, 6~사춘기 이전) **: 사회성 발달**

만 6~13세(사춘기 이전까지)까지의 시기로서 학업과 친구에 대한 관심이 증가하면서 성적인 욕망의 표출이 뚜렷하게 나타나지 않는 시기이다. 성적욕구 대신에 학교생활, 친구교제, 운동, 취미활동 등에 관심을 갖게 되는 시기이다. 학교에 다니면서 아이들이 문화적으로 가치 있는 기술과 사회 속에서 자기의 역할을 배우고 운동능력을 배양하고 논리적으로 사고하는 것을 배우며 다른 사람의 관점도 알게 되는 활동적인 시기이다. 이에 따라 성적 에너지도 특별히 한정된 곳이 없으며 성적인 욕구가 억압되어 심리적으로 비교적 평온하고 잠잠하다. 그러나 아무런 변화가 없다는 뜻은 아니며 성적으로 잠시 침체된 시기이다. 그러나 이 시기에 좌절을 경험하게 되면, 열등감이 형성되고 소극적이고 회피적인 성격특성을 나타낼 수 있다.

⑤ **성기기**(genital stage, 사춘기~성인기 이전) **: 부모로부터 독립성**

사춘기 또는 청소년기 이후의 시기로서 육체적인 성숙과 더불어 성적인 측면에서 성인으로 발전하는 시기이다. 사춘기에 접어들면서 호르몬과 생리적 요인들로 인해 그동안 억압되었던 성적 욕구들이 다시 일어나게 된다. 구강, 항문, 성기 등 자기 신체의 자극을 통해 얻던 단순한 쾌감을 실제적인 사랑의 대상을 찾아 만족을 얻고자 하는 시기이다. 또한 정서적으로 이성의 부모에게 지나친 애착을 갖는 것이 불가능하다는 것을 알게 되면서 부모로부터 독립하려는 의지가 생기고 사랑의 대상자로 이성을 찾는 일이 나타난다. 프로이트는 성기기를 통해 성격형성이 완결된다고 보았다.

(5) 방어기제

자아는 환경의 요구와 더불어 원초아와 초자아를 조절하고 중재하는 성격의 중심에 있다. 따라서 이들을 잘 조절하고 중재하는 데 많은 힘이 들 수가 있다. 원초아와 초자아의 눈치를 보다 보면 자아 스스로 지칠 수가 있다. 그러다가 자아의 기능이 약해지거나 다른 세력의 힘이 강해지면, 결국 자아는 스스로 불안을 느끼게 된다.

불안은 인간의 성격발달에 있어서 매우 중요한 것으로 프로이트는 몸의 내부기관에서의 흥분으로 생기는 고통스러운 감정의 체험이다. 그래서 그는 초기에는 불안을 완전히 해소하지 못한 성본능에너지의 결과라고 생각하였다. 그러다가 많은 신경증환자를 치료하면서 얻은 임상 결과, 불안은 각 개인에게 피해야만 하는 절박한 위험의 원천을 알려주는 자아의 기능이라고 말하고 있다(Freud, 1922). 즉, 불안의 기능은 자아에게 위험신호를 보내서 미리 대책을 세우게 하는데, 만약 자아가 위험을 피할 수 없게 되면 불안은 축적되어 신경장애를 일으키게 된다.

자아를 위협하는 불안의 근원이 외적 환경인지, 원초아인지, 초자아인지, 이 중 어느 쪽이 불안의 원인인지에 따라 현실 불안(reality anxiety), 신경증적 불안(neurotic anxiety), 도덕적 불안(moral anxiety) 등 이렇게 세 가지로 나누고 있다. 현실 불안은 실제로 외부세계에 있는 위험을 지각하는 데서 오는 고통스런 심리적 체험을 말하는 것으로, 시험을 앞둔 학생들의 심리상태가 그 좋은 예라 할 수 있다. 신경증적 불안은 원초아인 본능에서 오는 위험을 지각하는 데서 일어나는 것으로서, 원초아의 충동이 의식화될 것이라는 것 때문에 위협감을 느껴 발생한 정서적 반응을 말한다. 자아가 원초아의 세력을 조절하지 못함으로써 강렬한 욕망과 감정을 통제할 수 없을 것 같은 두려움을 느끼게 되는데, 이를 신경증적 불안이라고 한다. 신경증적 불안의 예로는 공포증(phobia) 환자같이 어떤 객관적 대상이 가지고 있는 속성에 전혀 맞지 않을 정도로 그 대상에 대하여 지나치게 불안해하며, 때로는 심한 정신적 혼란과 긴장을 느껴 폭발하는 경우라 할 수 있다. 마지막으로, 자아는 초자아와의 갈등으로 인하여 도덕적 규범이나 부모가 소중하게 여기는 가치를 위배하는 것에 대한 두려움을 느낄 수 있는 것이 도덕적 불안이다. 이 불안은 자아가 초자아로부터 위협을 느낄 때, 즉 양심에서 위험을 지각하는 것으로부터 일어나며 부모로부터 벌을 받으리라는 객관적인 두려움이 내면화된 것이라고 볼 수 있다.

프로이트의 딸인 안나 프로이트는 인간의 성격형성에 있어서 역동적인 방어기제(defence mechanism)의 역할을 규명하고 체계화하였는데, 자아를 인간에게 끊임없이 주어지는 불안 요소를 처리하는 역할로 보았다. 이러한 자아가 합리적인 문제해결 방법을 찾지 못하였을 때에 현실을 부정하고 왜곡하여 불안을 감소하려는 자아의 방어기제를 사용한다고 하였다. 프로이트는 사람들은 불안으로부터 자신을 보호하는데 한 가지 방어기제에 의존하지 않고 여러 가지를 사용한다고 주장하고 있다.

① **억압**(repression)

억압은 수용하기 힘든 원천적 욕구나 불쾌한 경험이 의식에 떠오르지 못하도록 무의식 속에 눌러두는 것을 말한다. 가장 일반적인 방어기제라고 볼 수 있다. 5세 이전에 발생한 성적 학대와 같은 외상 경험은 억압을 통해서 무의식 속에 저장되며 외상기억의 과도한 억압은 결국 히스테리 반응을 일으키게 된다. 이 억압의 기제는 불안을 직접적인 방법으로 회피하기 때문에 우리 인간 모두에게 흔히 사용되고 있는 방어기제이다. 예를 들어, 유교적 전통문화인 한국의 가족문화에서 시어머니의 말씀이 무리가 되고 억지스러워도 대결하지 않고 조용히 참고 그 시간을 견디는 것은 만약 그렇지 않았을 때 오는 가족 질서의 붕괴에 대한 두려움 때문에 '이것이 시집살이구나' 하고 참고 견디는 한국의 며느리들의 행위를 들 수 있다.

② **투사**(projection)

투사는 용납할 수 없는 자신의 감정이나 욕구를 다른 사람의 것으로 돌리는 것을 말한다. 시험 준비를 제대로 하지 않아 성적이 나쁜 학생이 시험문제가 잘못되었다든가, 교수가 잘 가르치지 못해 얻은 결과라고 탓하는 현상을 들 수 있다. 직장상사에게 적개심을 지닌 후배직원은 자신의 적개심을 상사에게 투사하여 그가 자신을 미워한다고 인식한다.

③ **반동형성**(reaction formation)

받아들이기 어려운 심리상태와 반대되는 행동을 함으로써 불안을 피하려는 것이다. 사랑했던 파트너가 다른 사람에게 마음이 간 것을 알았을 때 죽이고 싶은 증오감이 생기지만 그 증오감을 보인 이후 혼자 있게 되는 이별이 두려워 그 마음을 숨기고 "당신만을 사랑한다."라고 고백하는 경우를 들 수 있다. 남편에 대한 증오심을 지닌 한 여성은 반대로 사랑과 헌신의 행동을 나타내면서 매일의 불쾌감을 피하는 동시에 결혼생활의 파탄을 방지하는 결과를 얻을 수 있게 된다.

④ **부인**(denial)

자신의 감정이나 사고 또는 감정을 심하게 왜곡하거나 인식하지 못함으로써 고통스러운 현실을 부정하는 것을 말한다. 가령 암환자가 말기에 자신의 병을 인정하지 못하고 부정하려는 현상과 이미 1년 전에 죽은 아들의 존재를 인정하지 않고 밥상을 차리며 기다리는 어머니의 태도도 이에 속한다.

⑤ **고착**(fixation)

정신적 성장의 여러 단계 중 다음 단계로의 진전이 가져올지 모르는 실패 및 처벌의 불안감을 피하기 위하여 현 단계에 머물러 버리는 것을 의미한다. 이 방어기제는 연속적 발달을 하는 인간의 발달 측면에서 보면 중단의 개념으로 회피의 기능으로도 작용할 수 있다.

⑥ **보상**(compensation)

자신의 열등감을 해소하기 위하여 생리적인 보상이나 신체적인 보상을 통해 행동하는 것을 말한다. 체구가 작아 열등감이 있을 때 공격적이고 지배적인 속성을 보일 수 있으며 신경증적 욕구에 의한 보상작용이 사회적으로 훌륭한 성격의 소유자로 보이게 하기도 하는 현상이다.

⑦ **합리화**(rationalization)

빈약한 성과나 실패와 같이 불쾌한 상황을 그럴듯한 이유로 정당화함으로써 다가오는 불안을 피하려는 것을 말한다. 포도를 따 먹으려고 했지만 실패한 여우가 돌아서면서 "저건 신포도다"라고 말하며 스스로를 위안하는 이솝이야기에 나오는 이야기가 그 좋은 사례이다. 또한 여자 친구에게 사랑을 고백했으나 거절당했을 때 그 남학생은 그녀의 단점을 들춰내며 차라리 잘된 일이라 결론을 내며 자신을 위로하는 경우를 들 수 있다.

⑧ **퇴행**(regression)

이전의 발달단계로 되돌아감으로써 현재의 불안이나 책임감을 회피하는 것을 말한다. 즉, 적정수준의 발달단계에 도달하였음에도 불구하고 공포와 불안으로 말미암아 초기 수준으로 후퇴하는 것을 말한다. 집안의 귀염을 독차지하고 살았던 어린이가 동생이 태어나면서 자신의 사랑을 빼앗겼다는 불안감에 싸여 그 이전의 행동으로 돌아가 아기와 같이 행동하는 경우이다. 우유병에다 물을 달라고 하며 기저귀를 차려고 하는 등의 행위, 결혼한 여자가 남편과 싸운 후 친정으로 돌아가 투정하는 행동도 프로이트는 엄마의 뱃속(자궁)의 안락함으로 돌아가려는 인간의 회귀본능으로 퇴행을 설명했다.

⑨ **승화**(sublimation)

성적이거나 공격적인 욕구를 사회적으로 수용될 수 있는 건설적인 행동으로 변환하는 것을 말한다. 즉, 성적 에너지에 집중하던 것을 사회적으로 용납이 되는 보다 고상한 사회적 목표로 전환시켜 행동하는 것을 말한다. 성적인 욕구를 아름다운 그림으로 표현하거나 공격적인 욕구를 스포츠 활동으로 표현하는 경우를 말한다. 성 충동이 왕성한 청소년기에 스포츠나 이웃돕기 동아리에 가입해서 그 에너지로 개인의 자질을 향상시킬 수 있는 기회를 만들거나 사회에 기여할 수 있는 행위를 하는 경우를 볼 수 있다.

⑩ **지성화**(intellectualization)

정서적인 주제를 이성적인 주제로 전환하여 추상적으로 다룸으로써 불안을 피하는 것을 말한다. 여자로부터 거부당한 남자가 현대여성의 심리와 이성관계에 대해서 지적인 문제를 분석하면서 자신의 고통과 상처를 아물게 한다.

⑪ **동일시**(identification)

다른 사람의 특징을 자신의 것으로 여기면서 불안과 같은 부정적인 감정을 감소시키는 것을 말한다. 강한 힘을 지닌 아버지의 행동을 일부 따라 하면서 마치 자신이 아버지처럼 강력한 힘을 지닌 것으로 느끼는 아이의 경우, 잘 나가는 친구를 애기하면서 자기를 그와 동일선상에 있다고 느끼는 경우 등이다.

⑫ **대치**(displacement)

자신의 감정이나 욕구를 위험한 사람이나 대상에게 표출하지 않고 안전한 것으로 돌려 대리적으로 충족하는 것을 말한다. 종로에서 뺨 맞고 한강에서 화풀이한다는 말이 있듯이, 직장상사에게 야단을 맞은 직원이 그 상사에게는 대들지 못하고 부하직원에게 짜증을 내는 경우가 이에 해당된다.

2 에릭슨의 심리사회이론

1) 서 론

(1) 심리사회이론의 배경

에릭슨(1902~1994)

프로이트의 정신분석이론이 발표된 이후, 그의 이론에 기초하여 많은 이론들이 수정되고 발전되었다. 그러나 기존의 정신분석이론이 인간의 본능과 리비도(libido) 등 인간의 성적인 요소에 지나치게 집중했던 것을 비판하여 새롭게 이론을 정립한 세력이 등장하였다. 그들은 개인의 자아(ego)와 사회환경 간의 상호작용을 강조하였는데, 이들을 가리켜 우리는 심리사회이론 혹은 신(新) 정신분석이론이라 부른다.

심리사회이론에는 에릭슨(Erikson), 융(Jung), 아들러(Adler), 프롬(Fromm), 설리반(Sullivan) 등의 학자들이 있다. 에릭슨은 심리사회이론에서 인간발달단계를 전 생애로 확대하여 자아와 사회환경 간의 상호작용에 심리적 위기에 따른 발달과업을 설명하였다. 분석심리학으로 대표되는 융은 모든 억압의 원인을 성적 외상(trauma)에 의한 것이라는 프로이트이론에 반대를 하며 무의식을 긍정적인 것으로 보고 인간은 '집단적 무의식'을 통하여 인간의 정신을 통합하고 창조성과 가능성의 원천이 된다고 보았다(Zastrow & Kirst Ashman, 2001). 또한 아들러는 자신의 이론을 '개인 심리학(individual psychology)'이라 부르며 개인과 사회와의 상호작용을 강조하였으며, 인간을 창조적이고 스스로 삶을 결정할 힘이 있고, 목표를 향해 노력하는 과정을 통하여 각자의 생활양식을 만들어 간다고 보았다. 이후 아들러의 영향을 받은 프롬, 설리반 등도 신 정신분석이론에 속하는데 이들은 인간 사이의 상호작용을 강조하며 이러한 상호작용을 통하여 개인의 성격이 형성된다고 보았다. 신 정신분석이론이 인간을 심리치료적 관점과 철학적 관점에 의하여 이해하려는 관점은 많은 이들에게 설득력 있게 전개 발전되었으나, 그들의 가설을 과학적으로 검증할 수 있는 연구를 하지 못했다는 단점이 있다.

(2) 에릭슨의 생애

에릭슨(Erik H. Erikson, 1902~1994)은 1902년 독일 프랑크프루트에서 덴마크인 아버지와 유대인 어머니에게서 태어났다. 그러나 에릭슨이 출생하기 몇 달 전에 이혼을 하였으며, 그가 3세 때 그의 어머니는 유대인 소아과 의사와 재혼했다. 어린 시절 에릭슨은 덴마크인 외모 때문에 유대인 친구들로부터 놀림을 받아 학교생활에 제대로 적응하지 못했다. 이러한 경험이 후에 그의 정체성 위기와 혼미에 관한 연구의 기초가 된 것으로 알려지고 있다.

소년 시절 에릭슨은 고대사와 미술에서는 뛰어난 능력을 보였지만 형식적인 학교 분위기를 싫어하였고, 고등학교를 졸업한 후에는 진로를 결정하지 못하였다. 그래서 1년 동안 유럽을 돌아다니며 여행을 하였고, 미술 공부를 위해 잠시 집으로 돌아왔다가 다시 여행을 하였다. 에릭슨은 후에 이러한 시기를 자신의 유예기라 불렀다.

에릭슨(Erikson)은 1927년 지크문트 프로이트의 딸인 안나 프로이트(Anna Freud)가 설립한 비엔나의 어린이 연구소에서 아동들을 가르치기 시작하면서 방황기를 끝냈다. 그곳에서 안나 프로이트의 지도하에 아동정신분석에 대한 수련을 받았다. 에릭슨은 27세 때 결혼을 하였지만 히틀러의 출현으로 가정이 깨져서 미국으로 건너갔다. 1933년 보스턴에 정착해 그 도시 최초의 아동정신분석가가 되었다. 1936년부터 1939까지는 예일 대학교에서 문화인류학에 관심을 갖고 자유롭게 연구하였으며, 1939년부터 버클리에 있는 캘리포니아 대학교에서 아동정신분석을 연구하였다. 1961년 하버드 대학교 교수로 임명되었고, 은퇴할 때까지 그곳에서 연구했으며, 1994년 92세로 사망하였다.

에릭슨의 대표 저서로는 『아동기와 사회』(1963)가 있으며, 이 책에서 인간의 전 생애를 8단계로 나누고, 각 단계의 심리사회적 위기에 따른 발달적 과업을 통해 인간이 발달하는 것으로 보고 있다. 에릭슨은 이와 같은 발달과정에서 인간을 어떤 반응에 의해 결정되는 수동적인 존재로 보는 것이 아니라, 위기의 극복을 통해 자신의 삶을 스스로 만들어 가는 적극적인 존재로 보고 있다.

2) 주요 개념

(1) 인간관

에릭슨(Erikson)은 인간을 창의적이며 합리적 존재로 보고 있으며, 인간행동이 의식수준에서 통제가 가능한 자아에 의해 동기화된다고 보았다. 그래서 에릭슨은 인간을 바른 판단력과 내적 통합성, 그리고 성취할 수 있는 능력을 보유하고 있는 이성적이고 합리적인 존재로 규정하고 있다. 또한 그는 인간을 통합적 존재로 생각하고 환경 속의 존재(person in environment)로 본다. 에릭슨은 인간을 제대로 파악하기 위해서는 생리, 심리, 사회적 총체로 보아야 한다고 하였다(Hjelle & Ziegler, 1976).

에릭슨은 인간을 가변성을 지닌 존재로 보았다. 각 개인은 끊임없이 새로운 발달과업과 투쟁하고 인생의 전환점에 직면하면 새롭고 더 나은 자아를 획득하기 위해 노력한다. 그런 가운데 변화와 성장을 거듭하는 존재라고 하였다. 그는 모든 인간은 개인 심리적 질서, 신체적 질서, 사회적 질서를 따르고 있다고 한다. 각 개인의 심리적 발달은 타고난 유전적 요소와 부모의 양육태도, 학교에서의 경험, 또래집단과의 경험, 그리고 사회적 힘(social forces), 즉 사회적 관계들 간의 상호작용에 의해 이루어진다고 보았다. 따라서 에릭슨은 모든 인간을 유전적 요소에 토대하여 환경적 요구에 적응하고 환경적 어려움에 직면하고 극복하며 생의 의미를 추구해 갈 수 있는 통합적인 존재로 규정하였다.

(2) 자아정체감(ego identity)

에릭슨은 프로이트와 달리 자아의 사회와의 관계에 초점을 두었다. 에릭슨은 자아의 사회와의 상호작용을 강조하였는데, 자아는 인간이 사회 속에서 적극적인 자세로 자신만의 자율성을 갖고 활동을 조절하는 것을 말한다. 하지만 자아는 개인의 집합적 과거(collective past)가 자아로 작용하며, 자아의 뿌리는 개인에게 있는 것이 아니라 사회조직에 뿌리내리고 있다고 강조하고 있다(Erikson, 1963). 에릭슨이 프로이트의 입장에 비판을 가하면서 자아에 관심을 갖게 된 것은 그의 견해에 대한 전적인 부정이 아니라, 인간의 성격발달에 있어서 자아의 환경 또는 사회와의 관계를 성격형성에 있어서 중요한 요소로 고려하고 있다는 것이다. 이것은 그의 견해를 충분히 수용하면서도 인간의 성격형성은 어린 시절의 초기 경험에 의해 결정되어 버리는 것이 아니라 일평생을 두고 지속적으로 형성되며, 비록 초기 경험에 대한 상처가 있는 사람일지라도 후에 좋은 환경과 사회적 관계를 맺게 된다면 수정이 가능하다는 점을 피력한 것이다.

에릭슨은 정체감의 형성을 전 생애를 통해 발달한다고 보고 정체감을 심리사회적 정체감(psychosocial identity)과 개별적 정체감(individual identity)으로 나누어 생각했다. 심리사회적 정체감이란 개인이 속하고 있는 집단에 대한 구속감 내지는 일체감을 말한다. 개별적 정체감이란 개인이 어떤 집단에 속해 있지만 그 집단 속에서 타인과는 독립되고 고유한 존재로서 갖게 되는 정체의식으로 이것은 다시 개인정체감(personal identity)과 자아정체감(ego identity)으로 구분할 수 있다. 에릭슨의 핵심적 개념인 자아정체감을 포함하여 주요 개념들은 8단계의 심리사회적 발달에 포함되어 있다. 따라서 여기에서는 이러한 심리사회적 발달의 개념을 이해하는 데 필요한 자아에 대하여 알아보기로 한다.

① 자아는 개인의 적응능력을 결정하며, 자아기능은 타고난 것이지만, 생리·심리·사회적 요인 간의 상호작용을 통하여 발달한다.
② 자아는 기본적 욕구의 충족, 타인과의 동일시 학습, 발달과업의 성취, 효과적 문제해결, 내적 욕구와 환경적 조건, 기대, 스트레스 및 위기에 대처하는 과정에서 지속적으로 발달하게 된다.
③ 자아는 자율적으로 기능할 수 있는 능력을 지니고 있지만, 내적 충동과 내면화된 타인의 기대, 규범들과 관련지어 이해해야 한다.
④ 자아는 개인과 환경 간의 관계를 중재할 뿐 아니라 성격의 다양한 요인들 사이의 내적 갈등을 중재한다.
⑤ 사회환경은 성격을 형성하며, 성공적인 대처능력을 고양시키거나 방해하는 조건을 제공해 준다.
⑥ 자아의 대처능력 결여와 개인의 욕구와 능력이 환경적 조건이나 자원과 합

치되지 않을 때, 사회적 기능문제가 발생한다.

개인정체감은 어떤 상황의 변화에도 근본적으로 변함없이 갖고 있는 자신에 대한 동질성과 연속성을 의미한다. 자아정체감은 개인적 정체감보다 포괄적인 의미로 볼 수 있는데, 그것은 개인의 자아가 그의 인격체를 통합하는 방식에 있어서 동질성과 연속성이 유지되고 있다는 사실을 아는 동시에 자기 존재의 동일성과 독특성을 지속하고 고양시켜 나가는 자아의 자질(ego－quality)을 의미한다(Erikson, 1956). 이와 같이 자아정체감이 완전히 확립된 사람의 경우 비록 다른 사람과 같은 동기, 흥미, 가치 등을 공유하고 있더라도 자기를 어디까지나 다른 사람과 분리된 독특한 개인으로 자각하여 자기일관성 내지는 전체감(feeling of wholeness)을 이룩하고자 하며, 여러 가지 개인적 특성에 있어서 다른 사람들과 차이가 있으면서 그러한 특성들을 전체와 조화를 이루고자 하는 의지와 능력을 가지고 있다.

(3) 단계별 위기에 따른 심리사회적 발달단계

심리사회이론에서는 삶의 단계를 심리사회적 위기에 따른 발달적 활동을 통하여 단계를 나누었는데 지금부터 그 단계들에 대하여 자세히 살펴보면 표 10－1과 같다.

표 10-1 에릭슨의 심리사회적 발달 8단계

단 계	시 기	연 령	심리사회적 위기	기본적 쟁점	주요 사건	주요 관계	주요 병리	심리성적 단계
1	영아기	출생~2세	신뢰감 대 불신감	희망	스스로 먹기	어머니	철퇴	구순기
2	유아기	2~4세	자율성 대 수치/의심	의지	스스로 용변보기	부모	강박	항문기
3	학령 전기	4~6세	솔선성 대 죄의식	목적	운동	핵가족	억제	남근기
4	아동기	6~12세	근면성 대 열등감	유능성	취학	이웃, 학교	비활성	잠재기

단 계	시 기	연 령	심리사회적 위기	기본적 쟁점	주요 사건	주요 관계	주요 병리	심리성적 단계
5	청소년기	12~22세	자아정체감 대 역할혼란	성실	또래관계	또래집단	거절	생식기
6	성인기	22~34세	친밀감 대 고립감	사랑	애정관계	우정, 애정경쟁, 협동	배타성	
7	중·장년기	35~65세	생산성 대 침체	보호	부모 역할과 창조	직장, 확대가족	거부	
8	노년기	65~사망	자아통합 대 절망	지혜	인생회고와 수용	인류, 동족	경멸	

① 심리사회적 위기 : 신뢰감 대 불신감 - 희망

심리사회적 발달의 첫 번째 단계인 기본적 신뢰감 대 불신감(basic trust vs. mistrust)이라는 위기는 출생 후 18개월까지의 시기이다. 이 단계에서 유아는 입으로 빠는 활동을 통하여 삶을 시작하고 세계를 탐색하기 시작한다. 이 단계에서 유아의 신뢰는 자신을 돌봐주는 사람이 배고프거나 추울 때, 또는 젖어 있을 때 자신의 욕구를 충족시켜 줄 것이라는 확신에서 비롯된다. 이 시기의 발달은 절대적 양육자인 어머니와의 관계의 질이 결정하는데, 어머니가 일관성 있고 스스로 확신 있는 양육태도를 보일 때 유아는 내적 확실성과 외적 예언력을 갖게 되어 자신이 배고프거나 힘들 때 누군가 자신을 돌봐줄 것이고, 지금 당장은 아니라 하여도 조금 기다리면 해결될 것을 믿게 된다. 이처럼 신뢰가 형성된 유아는 어머니와 떨어져 있어도 불안이나 분노를 표현하지 않고 자신의 욕구가 즉시 만족되지 않아도 보채지 않고 기다릴 수 있게 된다.

반대로 유아의 욕구에 민감하게 반응하지 못하며, 자신감 없고 일관적이지 못한 어머니의 양육방식은 유아로 하여금 불신감을 형성하게 하는데, 이렇게 불신감을 형성한 유아는 자신에 대한 신뢰감을 형성하지 못하고, 사회적 관계에서도 신뢰감을 형성하는 데 어려움을 겪는다. 에릭슨은 신뢰감의 중요성을 말하면서도 불신도 경험하여야 한다고 하였다. 즉, 건강한 성장을 위해서는 이 둘의 적절한 비율이 필요하다고 보았다. 이 비율에 있어서 신뢰감을 더 많이 획득한 유아가 자아형성에 더 유리하다고 보았다.

이러한 위기를 잘 극복하게 되면 자아는 희망이라는 특성을 얻게 되지만 위기를 적절히 극복하지 못하면 사회적 관계의 위축이 나타나 나머지 생애 동안 낮은 자존감, 우울증을 보이게 된다고 주장하였다.

② 심리사회적 위기 : 자율성 대 수치심과 의심 – 의지

프로이트의 항문기에 해당하는 두 번째 심리사회적 발달단계는 자율성 대 수치심과 의심(autonomy vs. shame and doubt)이다. 이 단계에 속하는 18개월에서 3세경의 유아는 신체 및 인지적 발달이 빠르게 나타난다. 이 단계의 유아는 괄약근을 통제하게 되면서 변의 배설과 보유를 조절할 수 있고 걷거나 움직임이 자유로워지면서 모든 것을 스스로 하겠다고 한다. 이것은 변을 배설하거나 보유하는 능력이기도 하지만 사회적인 생활양식이기도 하다. 보유는 파괴적이거나 유지시키거나 구속시키는 것이 되고 배설은 상대방에 대한 적대감을 보여주거나 절제된 후의 분노를 표현하는 것을 말한다. 또한 이 시기 아동은 두 발로 서는 것이 가능하며 말을 시작한다. 그래서 유아는 외부의 통제를 강하게 거부하면서 "내가 할 거야" 혹은 "아니야" 등 무엇이든 스스로 하려고 하며 무엇이든지 자신이 소유하려고 한다. 부모들은 이런 유아의 행동을 통제할 수밖에 없는데 그 통제가 어느 정도인가에 따라 수치 혹은 의심이 발달하게 된다. 하지만 아동의 자율성에 대하여 지나친 통제를 하면 아동은 수치심을 갖게 되는데, 수치심이란 옷을 제대로 입지 않은 상태에서 타인이 자신을 보고 있는 것과 같이 남의 눈에 비친 자신을 부끄러워하는 것으로 자신의 얼굴을 파묻고, 바로 그 자리에서 땅속으로 가라앉고 싶은 충동을 말한다.

에릭슨은 이 수치심에 대하여 '자아에 대항하는 분노'라 말하며 '뒤에 숨겨진' 것으로 자율성을 거부당하면 통제당한 일에 대하여 거부하고, 자신과 타인에 대하여 의심하게 된다. 이 위기를 잘 극복하면 의지라는 긍정적 자아특질을 얻게 되지만, 적절히 극복하지 못하면 수치심이 내면화되어 자신의 결정을 믿지 못하고 불안해하는 강박증, 결벽증, 혹은 피해의식 등이 생길 수 있고 지나친 수치감으로 유아가 뻔뻔해지거나 교활해질 수 있다(Schriver, 1995).

③ 심리사회적 위기 : 솔선성 대 죄책감 - 목적

프로이트의 남근기에 상응하는 에릭슨의 세 번째 발달단계는 3세에서 6세 사이의 시기로, 솔선성 대 죄책감(initiative vs. guilt)이다. 에릭슨은 이 단계에 대하여 성적인 호기심을 넘어 보다 광범위한 구조를 찾는데, 그것은 아동들은 기저귀를 차고 있지 않아 기동적이 되어 자신의 동작을 더욱 잘 통제할 수 있게 되고, 이러한 점은 아동으로 하여금 자신의 능력에는 한계가 없다고 느끼게 한다. 또한 계획을 세우고 목표를 설정하며 그것을 달성하고자 노력하는 솔선성을 보이게 된다. 예를 들면, 아동들은 블록 쌓기를 목표한 만큼 높이 쌓으려 하고, 더 멀고 더 빨리 행동하려고 한다. 이런 행동에 대해 격려 받으면 솔선성이 강화되지만, 이런 활동이 매우 공격적이므로 심한 제재를 받게 된다. 이 시기의 아동들은 성적인 호기심을 보이게 되는데, 예를 들어 병원놀이를 통해 이성 또래의 성기를 보고 싶어 하거나 남자 아이의 경우, 소변줄기가 멀리 가는 것을 자랑스럽게 생각한다.

하지만 이런 신체와 성에 대한 호기심이 부모로부터 강한 제재를 받으면 아동들은 죄책감을 갖게 되는데, 죄의식이 심한 아동은 체념과 무가치감에 사로잡혀 목적의식이나 용기가 부족하게 된다. 어느 정도의 죄책감은 사회화 과정에서 필수적이지만 아동들의 대담한 솔선성을 위축시킬 수 있으므로 주의하여야 한다. 지나친 솔선성은 형제들로 하여금 질투의 분노를 느끼게 하고 기존의 영역에 있던 사람들로 하여금 경쟁의식을 느끼게 한다. 가장 대표적인 것이 이성 부모에 대한 사랑을 차지하려고 하는 것인데, 이러한 경쟁에서 실패한 아동들은 체념, 죄의식, 불안을 갖게 된다. 이러한 상황에서 아동의 행동에 대한 주위 사람들의 과도한 체벌은 아동들로 하여금 더욱 강한 죄의식을 갖게 한다. 죄의식은 아동들로 하여금 자신의 생각에 의한 실행하는 능력을 떨어뜨리고 인생에서 자신의 삶을 주도해 가는 시작점에서 그러한 에너지를 정지하게 하고 자신에 대한 무가치함, 소극적 성격, 불감증으로 발전될 수 있다.

이 시기의 심리사회적 위기를 잘 극복하면 자아는 목적이라는 자아특질을 얻게 되지만, 위기를 적절히 극복하지 못하면 좌절되어 자유로운 사고와 표현을 제한하는 억제의 감정을 갖게 되고, 원초적이며 잔인하고 완고해질 수 있게 된다.

④ 심리사회적 위기 : 근면성 대 열등감 - 능력

프로이트의 잠재기에 해당되는 에릭슨의 네 번째 심리사회적 위기인 근면성 대 열등감은 6세에서 12세의 아동들에게 나타난다. 이 단계는 아동들에게 인지적·사회적 기술이 숙달되는 자아성장의 가장 결정적인 시기로, 학교에서 지적인 학업을 진행하는 과정에 몰두하면서 근면성을 발달시킨다. 근면성은 혼자서 열심히 하는 것도 포함되지만 또래와 협동하고 어울릴 수 있는 능력과 연역적 추리, 자기통제 등의 능력도 포함된다. 기술을 쌓고 의미 있는 일을 성취하기 위하여 열정적으로 참여하고 그 과업을 완수하게 될 때, 주변 사람들로부터 강화가 뒤따르게 되며, 결국 근면성이 발달된다. 이 시기의 위기는 열등감인데 아동들이 자신의 능력이나 기술 혹은 지위가 또래에 비하여 열등하다고 느끼면 학습추구에 대한 용기를 잃게 된다. 또한 부모나 교사가 요구하는 과업을 성취할 수 있는 능력이 없다고 느낄 때 자신을 '어설프고 서투른 사람' 혹은 '부적절한 사람'으로 여기며 열등감을 경험하게 된다.

이 시기에는 학교 과제를 준비시키는 가정의 역할도 중요하지만 무엇보다 교사의 태도가 중요하다. 아동들이 자신의 능력 이외의 다른 요소, 즉 집의 경제력, 외모 때문에 무능력하게 평가하거나 학교 성적만을 평가 기준으로 삼지 않도록 개인의 특수한 재능을 찾아내어 격려하는 것이 필요하다. 이때의 자신에 대한 가치결정은 나중에 자아정체감에 매우 중요한 영향을 끼치게 된다.

근면성 대 열등감의 위기는 긍정적으로 해결될 경우 유능성을 획득하게 되지만, 부정적으로 해결될 경우에는 생산적 일을 하지 못하는 사고와 무력감이라는 결과를 낳는다.

⑤ 심리사회적 위기 : 자아정체감 대 역할 혼란 - 성실

심리사회적 발달단계의 다섯 번째 단계는 12세에서 20세 사이의 청소년기이다. 이때에는 자아정체감 대 역할 혼란(identity vs. identity confusion)을 경험하게 된다. 자아정체감이란 자기 자신의 독특성에 대한 비교적 안정된 느낌으로 내가 누구인가를 아는 것이며, 이는 타인이 나를 보는 방식과 일관성이 있어야 한다. 즉, 청소년기에는 근면성의 발달 후 신체적인 급성장과 성적 성숙으로 인해 여성과 남성의 성 특징을 나타내고, 이러한 급작스런 변화 속에서 자신에 대한 동일성과 연속성의 의문이 생기게 된다. 그리고 타인에게 자신이 어떻게 보이는지, 자신이 자신에 대해 어떻게 생각하는지를 생각하게 되면서 자아정체감을 형성해 간다.

이 단계에서 청소년들은 무엇보다 내가 누구인가에 대답할 수 있어야 하는데, 그 대답은 점차 각 개인에게 미래의 직업관, 이성관, 국가관의 확립에 많은 영향을 미치게 된다. 에릭슨은 8단계의 발달단계 중에서도 이 청소년기의 발달을 가장 중시했는데, 그 이유는 이 단계에서의 심리사회적 위기의 해결이 성인기의 성격 형성에 결정적 의미를 가진다고 보기 때문이다.

청소년기에는 사랑과 성적인 요소에 관심을 두는 시기이다. 에릭슨은 청소년의 사랑이란 자신에 대한 정체감의 혼란을 다른 사람에게 투사하고, 그 대상을 통하여 자신의 자아상을 확인하여 자신의 정체감을 정의하려는 시도로 보고 있다. 그래서 청소년기의 사랑의 많은 부분은 성적인 부분보다 상대방과의 상호적 정체감을 고려하게 된다. 이 단계의 청소년들은 대부분 심리적 유예기간(psychosocial moratorium)을 갖게 되는데, 심리적 유예기간은 성인이 되기 전, 이 시기의 결정으로 인해 자신의 미래가 결정된다는 생각으로 인해 결정을 유보하고 스스로를 찾기 위한 시간을 갖는 것을 뜻한다. 이때 자신의 존재에 대한 확신과 미래에 대한 확신을 가질 때까지 휴학을 하거나 여행을 다니거나 수도원에 가기도 한다(고병인, 1995). 이 시기의 위기를 잘 극복하면 자아는 성실이라는 특질과 함께 긍정적 정체감을 얻게 되지만 위기를 적절히 극복하지 못하면 익숙하지 못한 역할과 가치를 거부하게 되며, 정체감 혼란을 갖게 된다.

⑥ 심리사회적 위기 : 친밀감 대 고립감 – 사랑

에릭슨이론의 큰 특징 중의 하나는 성인기 단계를 구분했다는 점이다. 이러한 특징은 정신분석이론과 차이점으로 인간은 생애 동안 계속적으로 발달한다는 점에서 그 차이를 분명히 하고 있다.

여섯 번째 발달단계인 친밀감 대 고립감(intimacy vs. isolation)은 20세에서 35세로서 가정, 성, 사회를 통하여 친밀감이 형성되는 시기이다. 이 시기의 가장 중요한 과업은 친밀감이며 이는 성적 사랑을 통해 확고해진다고 보았다. 그렇다고 성직자나

독신자들의 친밀감 발달이 불가능한 것은 아니다. 에릭슨에게 친밀감은 성적인 것 이상의 우정, 인류애적인 사랑을 모두 다 포함한다. 에릭슨은 친밀감을 어떤 관계 속에서 자신을 설정하는 능력이라고 말하고, 타인과의 관계를 맺기 위해서는 개인의 정체성이 형성되어 있어야 한다고 말한다(Norlin & Chess, 1997). 사랑은 자신의 정체감을 상실하지 않으면서 자신을 맡기는 것을 의미하며, 또한 일에 있어서도 자신의 정체감을 상실하지 않으면서 일에 자신을 맡길 수 있어야 한다고 말하고 있다.

이 단계의 위기를 만족스럽게 극복하지 못하게 되면 고립(isolation)감이 발생한다. 고립되면 그 자신은 다른 사람과의 친밀한 관계가 오히려 자신의 정체감 형성을 방해한다고 보고 친밀한 대인관계를 회피하며 융통성 없는 삶을 살게 된다. 예를 들면, 연애하는 것이 자신의 성공에 방해가 된다고 생각해서 이성교제를 피하는 것과 같다. 이렇게 고립감에 빠지게 되면 자신을 제외한 나머지 사회에 대하여 관심을 갖지 못하고, 다음 단계의 진입에 어려움을 겪게 된다. 그와 반대로 이 단계의 위기를 잘 극복하면 자아는 상호 헌신하는 사랑이라는 자아의 특질을 획득하게 된다.

⑦ 심리사회적 위기 : 생산성 대 침체 – 배려

에릭슨의 일곱 번째 심리사회적 발달단계는 생산성 대 침체(generativity vs. self-stagnation)로, 35세에서 65세까지의 가장 긴 연령대를 포함하고 있다. 성인 중기가 되면 사람들은 자신의 세대를 넘어 다음 세대를 양육하는 것에 관심을 갖게 되는데 이것이 생산성이다. 에릭슨은 생산성에 대하여 다음 세대를 낳고 이들을 지도하는 데 갖는 배려라고 하였지만, 또한 생산성의 개념을 자신의 자녀를 양육하는 것에 국한하지 않고 다음 세대의 삶의 개선을 위한 한 세대의 노력을 말하고 있다. 이렇게 생산성을 획득함으로써 우리의 세계를 사람들이 보다 살기 좋은 곳으로 사는 방법을 모색하게 되며, 다음 단계로의 발달이 이루어진다. 따라서 이러한 생산성은 사회를 존속시키는 원동력이 된다. 반대로 생산성을 획득하지 못하면 성격이 침체(stagnation)되어 자신의 에너지와 기술을 오로지 자기확대와 자기만족을 위해 사용하게 된다. 이렇게 되면 사람들은 결국 젊은 시절의 목표를 달성하지 못했다는 무능력감과 사회에 의미 있는 기여를 못했다는 회의로 인해 침체를 경험하고 자신의 삶이 잘못된 것이라고 인식하여 소위 '중년의 위기'를 겪게 된다.

이 단계의 위기를 잘 극복하면 자아는 타인을 돌보는 능력, 즉 배려라는 특질을 획득하게 된다. 그렇지 못하면 타인에게 타인의 욕구를 무시하게 되어 타인을 거부하거나 권위주의자가 되며 생산적 기능을 다하지 못하고 자신의 욕구만 추구하게 된다.

⑧ 심리사회적 위기 : 자아통합 대 절망 - 지혜

심리사회적 발달단계의 마지막 단계를 에릭슨은 자아통합 대 절망(integrity vs. despair)이라고 하였다. 이것은 노년기에 일어나며 60세부터 시작하여 삶을 마감할 때까지 지속된다. 노년기에는 자신이 일생 동안 한 과업에 대하여 잘한 것과 실망하고 실패한 것까지 자신을 적응시키는 시기로 이 모든 것을 통합한다. 즉, 노년기에는 자신의 과거를 돌아보며 자신이 한 모든 것에 대하여, 이를 테면 자신이 이룩해 놓은 훌륭한 과업에서부터 자신이 수치스러울 정도로 큰 실수까지 포함한 자기 자신을 인정하고 수용하는 것이다. 이렇게 수용을 하게 되면 인간은 성숙해지고 자아가 발달하게 되는 기쁨을 느낄 수 있다. 하지만 에릭슨은 자아통합이 쉽게 달성되지 않는 것을 말하면서 후회가 별로 없고 생산적인 삶을 살았고, 성공뿐만 아니라 실패에도 잘 대처한 개인이 통합을 성취할 수 있다고 했다. 이것이 이루어져야 죽음을 두려움 없이 맞이할 수 있게 된다.

그러나 자아통합 달성에 실패하면 '이제 시간이 얼마 남지 않았고 다시 시작하거나 다른 방법을 찾기에는 너무 늦었다'는 느낌을 갖게 되면서 지나온 인생을 후회하거나 절망하게 된다. 절망감을 강하게 느끼는 개인은 세계 질서와 영적 통합감을 거의 느끼지 못한다. 이러한 절망감을 감추기 위해 다른 사람의 잘못을 참지 못하고 사소한 일에도 쉽게 혐오를 느끼게 되는데, 사실 이러한 혐오는 스스로에 대한 경멸의 의미이다.

이 단계의 위기를 잘 극복하면 삶의 지혜라는 특질을 얻게 되어 죽음이 다가와도 삶에 더욱 적극적으로 관심을 갖게 된다. 반대로 위기를 극복하지 못하면 죽음에 대한 공포와 자신에 대한 경멸을 경험하며, 자신의 결함을 외부세계로 투사하는 등의 노인성 정신병, 우울증, 과대망상에 빠질 수도 있다.

3) 에릭슨의 치료기법

에릭슨은 인간의 성격발달이 전 생애에 걸쳐 이루어진다는 것을 밝히려고 노력하였다. 또한 에릭슨은 인간의 성격형성에 미치는 영향을 한 개인의 내적 요인뿐만 아니라 문화, 사회, 역사 등의 사회적인 상황에까지 확장하였다.

에릭슨이 기여한 중요 기법은 클라이언트의 발달상의 왜곡에 대한 해석이다. 클라이언트가 속한 발달단계에 대한 이해, 즉 통찰이 에릭슨의 주요 치료 목적이다. 에릭슨은 클라이언트가 발달단계상에서 초래된 긴장과 갈등을 극복하지 못할 때 치료가 필요하다고 믿었다.

에릭슨은 자아분석에 의한 자기인식을 통해 환경과 긍정적으로 상호작용할 수 있고, 자아기능을 회복하며, 왜곡이나 망상, 방어기제, 행동화 문제로부터 자유로울 수 있다고 믿었다.

에릭슨의 이론에 따라 상담에 있어 주요 지침을 요약하면 다음과 같다(Green, 1991).

① 클라이언트 자신이 일생에 걸친 성격발달에 깊이 관여되어 있음을 이해하도록 한다.

② 클라이언트로 하여금 자신의 발달상의 역사를 되돌아보게 하는 자기분석을 하도록 한다.

③ 클라이언트가 심리사회적 위기를 해결하는 데 있어 상대적으로 어느 것이 더 성공적이었고 더 어려웠는지를 구분하도록 한다.

④ 현실에 대한 왜곡과 자아기능을 축소시키도록 이끈 발달영역을 파악하도록 한다.

⑤ 클라이언트의 발달상의 왜곡이나 문제를 해석하고 치료자의 해석이 맞는지를 물어본다.

⑥ 클라이언트로 하여금 해결 안 된 위기와 그것이 현재에 미치는 함의에 대한 통찰과 이해를 개발하도록 한다.

⑦ 클라이언트가 자신의 환경을 효과적으로 다루어 나갈 수 있도록 자아의 강점을 활용할 수 있는 방법을 모색한다.

⑧ 다양한 사회제도가 클라이언트의 심리사회적 안녕에 어떻게 영향을 주고 있

는지를 분명히 한다.

⑨ 클라이언트의 사회적 지지를 향상시키는 수단을 찾는다.

⑩ 클라이언트가 자신의 환경 속에서의 자신의 위치에 대한 새로운 인식을 하도록 도와준다.

3 아들러의 개인심리이론

1) 서 론

(1) 개인심리학의 배경

아들러(Adler)가 활동하던 시기는 세계대전을 두 번이나 겪은 혼란스러운 시기였다. 아들러는 군의관으로 근무하면서 인간이 가지고 있는 공격성에 대해서 생각을 많이 하게 되었다. 이후 이러한 공격성을 토대로 '힘에 대한 의지', '우월성의 추구' 등으로 개념을 정립하며 연구하기 시작하였다.

개인심리학의 창시자인 아들러는 비엔나에서 병약한 아동기를 보냈다. 따라서 열등감을 극복하기 위해 많은 노력을 기울여야 했다. 이러한 배경을 가지고 있기에 그는 우월을 향한 노력을 강조했다. 아들러는 또한 인간이 사회와 밀접하게 연결되어 있다고 간주하고 인간은 사회적 선(善)을 위해 무엇인가를 함으로써 성취감을 얻을 수 있다고 보았다. 그는 구스타프 융처럼 목적을 향해 일하는 것의 중요성을 강조했고 인본주의적 요소를 많이 제시하였다. 따라서 개인심리 치료의 목적을 클라이언트가 자신의 사고, 감정, 행동에 대한 책임을 질 수 있도록 원조하는 데 둔다. 또한 삶의 창조자로서 과거보다 미래를 전망하는 목표와 목적을 성취하기 위한 노력을 경주할 수 있도록 원조한다. 또한 개인의 사회적 관심을 증진시키고, 잘못된 사회적 가치를 바꾸는 데 초점을 둔다(권중돈, 2005).

(2) 아들러의 생애

아들러는 1870년 2월 7일 비엔나의 유복한 유태인 가정에서 4남 2녀 중 둘째로 태어났다. 아들러는 생의 초기부터 심각한 건강상의 문제를 겪는 병약한 아이였다. 병으로 4세까지는 걷지도 못했으며 5세 때에는 폐렴진단을 받아 죽을 수 있다는 진단까지 받았다. 이러한 병에 의한 충격으로 아들러는 의사가 되기로 결심하고 동생의 죽음으로 인해 의사가 되는 그의 꿈을 관철시켰다. 생의 후반에는 강연활동을 통하여 유렵과 미국 등지에 개인심리학을 보급하며 심리치료의 예방적 활동을 강조하기도 하였다. 여러 지역에 아동지도클리닉을 개설하였으며 아동교육에도 깊은 관심을 보이며 활발한 사회활동을 펼쳤다. 저서에도 왕성한 활동을 벌여 1927년에 발간한 「개인심리학의 실제와 이론」과 「인간성의 이해」는 많은 사람으로부터 주목을 받은 위대한 저서이다. 이러한 저술과 강연을 통해서 열등감 콤플렉스, 출생순서, 공동체의식과 같은 개인심리학의 주요한 개념들이 세상에 널리 알려지게 되었다.

2) 주요 개념

(1) 인간관

개인 심리이론에서 인간을 바라보는 관점은 낙관론적인 인간관, 유전과 환경을 뛰어넘는 자유론적인 인간관, 총체론적인 인간관이라고 할 수 있다. 아들러는 인간의 본성을 긍정적으로 보았다. 그는 인간이 알 수 없는 어떤 힘에 의해 움직이는 수동적인 존재가 아니라 스스로 자신을 개발하고 운명을 개척해 나가는 능력이 있는 존재라고 주장해 왔다. 이를 그는 창조적 자아라고 부르고 있다. 이러한 창조적 자아(creative self)의 개념도 심리학에 지대한 공헌을 하였다. 이 개념은 한마디로 인간이 그 자신의 성격을 만든다는 주장이다. 개인은 유전과 경험이라는 원료를 가지고 개인적으로 독특한 양식을 지닌 성격을 만들어 나간다고 본다. 창조적 자아는 인생에 의미를 부여하고 목표를 창조해 나간다. 이러한 관점에서 아들러 심리학의 특징은 성격의 독자성에 초점을 두었다는 점이다. 사람은 제각기 독특한 동기, 특질, 관심 및 가치를 가진 구성체이므로 개인은 그 자신의 독특한 생활양식을 지닌다고 생각하였다(이상로 외, 1980). 또한 인간은 유전적인 요인보다 환경적인 요인의 영향을 더 많이 받는 존재라고 주장하였다. 인간은 선천적으로 사회적인 관심과 우월성을 추구하는 욕구, 즉 인정을 받고 싶은 욕구를 가지고 태어난다고 보았다.

인간의 행동이 선천적 본능에 의해 이루어진다는 프로이트의 가정과는 달리, 인간은 선천적으로 사회적 존재이고 사회적 자극에 의해 동기가 유발된다고 가정하였다. 프로이트나 융이 간과했거나 경시했던 사회적 결정요인이 인간행동에 영향을 준다고 하는 것은 아들러의 커다란 공헌이라 할 수 있다(이상로 외, 1980)

(2) 주요 내용

① 생활양식의 형성

아들러는 어린이에게 잘못된 생활양식을 형성케 하는 상황에 대해 특히 관심을 가졌는데, 바로 열등감을 갖게 되는 아동의 상황, 버릇없는(응석받이) 아동이 되는 상황, 방임된 아동의 상황이다. 신체적이나 정신적으로 결핍된 아동은 자신이 실패할 것이라 생각하고 사회에 부적합감을 갖게 된다. 이해심 있고 용기를 주는 부모가 있다면 열등감을 보상받고 약점을 강점으로 전환시켜 줄 수 있다. 한편, 아동을 과보호하는 것은 아동에게 커다란 해를 가져다준다. 과보호 속에서 응석받이로 자란 아동은 사회적 감정을 발달시키지 못해 사회가 자신의 자기중심적 욕구에 따르기만을 기대하는 폭군이 될 수 있다. 아들러는 이들이 잠재적으로 사회에서 가장 위험한 계급이 될 것이라 생각했다. 또한 어린이를 방임하거나 거절하는 것도 불행한 결과를 초래한다. 어려서 거부당한 어린이는 복수심으로 지배되는 생활양식을 갖게 되어 사회의 적이 될 수 있다(이상로 외, 1980). 이러한 세 요소들은 자존감과 사회적 관심의 발달을 위협하는데 아들러는 이에 대한 개선의 가능성은 인생에 대해 보다 협동적이며 용기 있는 대처방식을 훈련하는 데 달려 있다고 보았다. 다시 말해 인생에서 모든 문제는 그 해결을 위해 협동을 필요로 하므로 자신이 다른 사람들에게 기여해야 한다는 것을 이해하는 사람만이 역경에 용기를 갖고 대처하며 성공의 기회를 얻게 된다는 것이다. 이처럼 아들러는 열등감이 집단을 통해 효과적으로 도전받고 극복될 수 있다는 점과 잘못된 생활양식을 집단 경험을 통해 변화시킬 수 있다는 가능성을 보여주기에 아들러의 개념이 집단사회사업에도 유용하게 활용될 수 있음을 알 수 있다(이인정 외, 2000).

아들러는 클라이언트로 하여금 비논리적이고 잘못된 신념과 기대를 수정하도록 도와주었는데, 좋은 감정과 행동을 수행하기 위해서는 먼저 합리적으로 생각해야 한다고 주장하였다. 이는 후에 인지행동 치료의 발전에 도움을 주었다. 또한 아들러의 성장, 문제예방, 사회개발에 대한 관심은 아동지도센터(child guidance centers)와 부모교육의 발전에 영향을 주었다. 아들러는 출생순위와 성격을 연구한 것으로 유명하다(Davison & Neale, 1990).

아들러는 생활양식을 사회적 관심과 활동수준이라는 두 가지 차원을 중심으로 다음과 같은 유형으로 구분하였다.

㉠ **지배형** : 사회적 관심이 거의 없으면서 활동수준이 높은 유형으로서 자기주장적이고, 공격적이며, 적극적인 태도를 보이는 경향이 많다. 부모가 힘을 통해 막무가내로 자녀를 지배할 때, 자녀의 생활양식은 지배형으로 형성된다. 다른 사람보다 자기를 위하고 공격하는 경향이 높아 반사회적인 태도를 보일 수도 있다.

㉡ **기생형** : 사회적 관심도 적고 활동수준이 적은 유형이다. 다른 사람에게 의존하며 자기의 욕구를 충족시킨다. 주요 특징은 의존적이고 기대는 성격이다. 자녀를 지나치게 과잉보호하면 나타나는 유형으로 부모의 재산을 물려받은 자식이 빈둥거리며 놀고 있는 유형이라고 볼 수 있다.

㉢ **회피형** : 사회적 관심과 활동수준이 적은 편이다. 매사에 소극적이고 부정적이다. 자신감이 결여되어 있다 보니 적극성이 부족하고 선뜻 나서지를 못한다. 부모가 자녀를 양육할 때 자녀의 기를 꺾어 버리는 것이 이러한 유형의 생활양식을 갖게 한다.

㉣ **사회형** : 사회적 관심과 활동수준이 높아서 자신과 다른 사람의 욕구충족은 물론, 인생과제에 대하여 다른 사람과 협력하고 도움을 주고받으려는 의지

가 강한 유형이다. 성숙하고 긍정적이며 심리적으로 건강한 사람의 표본이다. 봉사활동을 자주하고 주위사람들과 도움을 주고받으면서 일을 하는 모습을 보일 때, 자녀들은 이러한 양식을 배우고 가지게 된다.

② 가족구도와 출생순위

가족구도(family constellation)란 가족의 심리사회적 형태를 의미하며, 아들러는 가족구도가 개인의 성격형성이나 발달에 영향을 준다고 주장한다. 가족의 크기, 출생순위, 형제자매의 성별, 형제자매간 연령차이, 가족 간의 심리적 거리 등으로 파악을 하며, 그 중 특히 가족의 출생순위가 미치는 영향이 가장 크다고 본다.

㉠ 첫째아이 : 첫째 아이는 둘째아이가 태어나기 전까지는 무소불위의 부모의 사랑을 독차지하다가 동생이 태어나면 황제와 같은 자신의 위치에서 내려오게 된다. 그리고 부모의 사랑을 나누어 가지게 되는 것이다. 이러한 박탈감이나 상실감으로 무관심 황제, 폐위된 황제라는 소리를 듣게 되고 이러한 영향으로 사람을 싫어하게 되고 갑작스런 변화로 인해 자신을 보호하는 방어기제를 구사하거나 불안을 느끼는 등의 여러 방향으로 영향을 줄 수 있다.

㉡ 둘째 또는 중간아이 : 손위 형제나 손아래 사이에 끼여 관심과 사랑의 대상이 되지 못하는 경우가 있다. 둘째나 중간아이는 큰애와 막내와 달리 부모의 관심과 인정을 받기 위해 스스로 알아서 잘하는 편이다. 따라서 독립심이나 자립심이 강하다. 이런 이유로 둘째아이나 중간아이들이 실제로 성공하는 확률이 가장 높은 유형이라고 볼 수 있다. 유대인 학살 정책을 펼친 히틀러가 유대인을 학살할 때 가장 먼저 없애라고 지시한 사람이 둘째아이들부터였다는 이야기도 있을 정도로 둘째나 중간아이가 독립심이 강하다.

㉢ 막내아이 : 자신보다 나이가 많고 신체적으로 우위에 있는 형들에게 둘러싸여 자라다보니 이들을 이겨보자고 하는 자극을 받으며, 경쟁심이 있으며, 야망이 강한 편이다. 또한 자신만의 독특한 진로를 찾아가는 경우도 많다. 음악가 집안에서 다들 음악관련 일을 하는데 혼자서 사업을 한다든지 하는 경우가 더러 있다. 막내는 둘째아이 다음으로 사회에서 성공할 확률이 높은 유형이기도 하다.

㉣ **외동아이** : 자신이 항상 중심이 되고 관심의 초점이 되어야 한다는 비현실적인 기대를 많이 가진다. 특권의식이나 자기애적 성향을 많이 가지며 소심하고 의존적이다. 가정에서는 지극히 정상이지만 학교에 들어가거나, 관심을 다른 사람과 나누어야 할 상황에 처하게 되면 사회적 관심이 부족한 모습을 드러내는 경우도 있다.

또한 아들러의 개인심리학 핵심 개념은 열등감과 보상, 열등 콤플렉스, 우월성 추구, 가상적 목표, 창조적 자아, 사회적 관심, 인생과제 등이 있다.

3) 아들러의 치료기법

아들러의 치료는 한마디로 치료자와 클라이언트가 협력을 바탕으로 참여하는 교육과 훈련을 중시한다. 궁극적인 치료의 목표는 클라이언트의 사회성을 발달시키는 것이다. 이를 달성하기 위해서는 치료를 통해 클라이언트의 잘못된 사회적 가치를 올바로 수립하는 것이다.

아들러의 치료과정은 다음의 4가지 요소들 내지 목표들로 구성되어 있다. 즉, ① 클라이언트와의 좋은 관계를 형성하고 유지하는 것, ② 클라이언트의 역동, 즉 그의 생활스타일, 그의 목표들 그리고 이들이 그의 생활 행동들에 어떻게 영향을 주는가 등을 발견하는 것, ③ 클라이언트의 통찰력을 배양하기 위한 해석, ④ 재적용 등이다. 이들 과정을 보다 구체적으로 설명해 보면 다음과 같다.

(1) 관 계

모든 치료적 관계는 상호신뢰, 협력, 사랑, 희망이라는 요소들이 치료의 효과를 위해서도 필수불가결하다.

(2) 분 석

클라이언트의 역동에 대한 조사 작업은 두 가지 부분으로 나뉜다. 첫째, 클라이언트의 생활스타일을 파악하는 것, 둘째, 그의 생활스타일이 그의 생활과업들과 관련된 현재의 기능에 어떻게 영향을 주는가를 밝히는 것이다.

이러한 조사 작업은 치료자와 클라이언트의 첫 번째 접촉에서부터 시작된다. 걸음걸이, 클라이언트의 겉모습, 심지어 악수하는 모습에서도 커다란 함의를 얻을 수 있다.

모든 사람들은 각자의 움직임의 법칙에 따라서 자신을 나타낸다. 그래서 치료자는 클라이언트의 사회성을 단번에 알아볼 수도 있다. 사실상 클라이언트이 이야기에 주의를 집중하기보다는 그의 모습과 움직임에서 나오는 보다 심층적인 의도를 읽어 보는 것이 더욱 의미가 있을 수 있다. 이렇게 함으로써 눈으로 본 표현과 귀로 듣는 표현 사이의 뚜렷한 차이 내지 상반되는 의미를 감지할 수 있다.

다음은 생활스타일의 조사 작업으로서 첫째, 가족구성의 탐색을 통해서 클라이언트가 유아기에 생활스타일의 신념들을 형성할 시점의 조건들을 확실히 한다. 즉, 가족 내에서 자신이 어떤 위치에 처해 있다고 생각하며, 보다 나은 위치(가정, 학교, 또래집단 등에서)를 확보하기 위해 어떻게 노력했는가를 보는 것이다. 둘째, 어릴 때 기억분석을 통해서 클라이언트 자신의 인생 이야기를 투사적으로 점검하고 클라이언트의 선택에 의해 결정된 기본적 실수를 확인한다. 여기에서 기본적 실수는 인생에 대한 극단적인 일반화, 가상적이고 불가능한 목표의 설정, 인생 내지 인생의 요구에 대한 잘못된 지각, 자신의 가치에 대한 극소화 또는 부정적 견해 그리고 잘못된 사회적 가치관 등이다.

(3) 통찰력과 해석

대부분 치료이론들은 클라이언트의 행동변화 이전에 통찰이 있어야 하며 이러한 통찰을 촉진시키는 데는 조심스러운 해석이 있어야 한다고 주장하고 있다. 클라이언트와의 대화를 통해서 클라이언트 자신이 어릴 때 형성한 꿈의 세계 그리고 인생 계획에 대한 통찰력을 갖게 하는 것은 치료의 중심 과제인 것이다. 이때의 해석 및 설명은 가장 직접적이고도 단순한 방법을 써야 하나 우호적이고 자유로운 분위기에서 이루어져야 하며, 클라이언트가 주도적 입장을 취하는 가운데 행해져야 한다. 따라서 치료자는 우선 경청하고 이해하려는 노력을 보여야 한다.

(4) 재교육

모든 치료에서의 재교육은 변화가 클라이언트 자신에게 최대의 이익을 줄 것이라는 점을 설득하는 노력을 통해 진행되어야 한다. 클라이언트의 현재의 생활방법은 안전을 제공할지 몰라도 행복을 주지 못하는 것이다. 따라서 클라이언트가 보다 큰 행복과 자아실현의 가능성을 위해 안전을 걸고 모험할 수 있는 동기를 부여해야 한다.

아들러는 자신의 이론 구성에 있어 사회의 중요성 내지 사회적 관점을 통합한 최초의 성격이론가들 중 한 사람이다. 아들러의 치료체계에서는 인간을 전인적 관점에서 창의적이고 발전지향적인 존재로 조명하고 있으며, 개체는 그의 현상학적인 장 내에서 나름대로의 가상적 목표를 지향해서 살아가고 있는 개인으로 보고 있다. 따라서 각 개인이 자신이 택한 목표를 추구하는 과정에서 주관적인 열등감을 형성할 수 있으며, 이 때문에 그의 생활방법 내지 생활스타일이 실패를 자초하는 방향으로 흐를 수 있다는 것이다. 아들러는 정신병리적 문제를 질병이라기보다는 생활에 있어서의 좌절이라고 보았다. 그러므로 치료자의 역할은 클라이언트를 격려하고, 사회성을 활성화하도록 돕는 것으로서, 이는 협력적인 치료 관계, 분석활동, 그리고 재교육이라는 치료과정을 통해 새로운 생활스타일을 확립하는 노력을 통해 이루어질 수 있다고 주장하고 있다(조휘일 · 이윤로, 1999 재인용).

4 융의 심리분석이론

1) 서 론

(1) 분석심리학의 배경

융(Gustav Jung, 1887~1961)은 스위스의 한 마을에서 태어났는데, 스위스는 다원주의 종교국가이다. 융이 태어날 시기의 스위스 전체 인구는 가톨릭, 기독교, 이슬람교, 불교, 유태교 순으로 종교인이 분포되어 있었으며, 모든 국민이 하나의 종교를 가지고 있었다. 따라서 영적인 부분에 관심이 많았으며 이는 융의 분석심리이론에도 적지 않은 영향을 준 것으로 알 수 있다. 스위스가 사용하는 언어도 독일어, 이탈리아어 등 다양한데 이러한 정치적, 문화적인 배경이 다양성을 인정하면서도 조화와 균형을 추구하려는 분석심리이론과 관계가 없지는 않을 것이라고 전망된다.

분석심리학은 융에 의해서 제시된 심층심리이론이자 성격이론이다. 융은 정신과 의사이며 프로이트와 함께 정신분석운동에 참여했으나 성적인 욕구를 지나치게 강조하는 것에 반대하여 결별하고 1913년에 독자적인 이론을 제시하였다. 융은 프로이트와 매우 다른 개념을 제시하며, 프로이트이론과 인본주의 심리학을 혼합한 분석심리학(analytical psychology)을 창설하였다.

(2) 융의 생애

융은 인간의 정신세계를 가장 넓고 깊게 탐구한 심리학자로서 불교를 비롯한 동양의 종교와 문화에도 깊은 이해를 지녔으며, 동서의 지혜를 모아 그것을 통섭하여 인간의 마음을 설명하고자 했던 위대한 인물이다. 1875년 7월 26일 스위스 동북부의 작은 마을 케스위에서 넷째 아들로 태어났다. 융의 아버지는 개신교 목자였으며 신도들에게는 자상한 목사로, 가정에서는 화를 잘 내고 자기감정노출이 심한 성격으로 표현되었다. 이는 나중에 융이 프로이트에게 투사되어 두 사람의 관계에 영향을 미친 것으로 전해지고 있다. 1906년에 융은 프로이트의 「꿈의 해석」을 읽고 자신이 한 단어연상검사의 연구결과와 관련성이 있음을 깨닫고 자신의 논문을 프로이트에게 보내 서신을 통해 서로의 의견을 교환하였다. 1912년에 융은 「리비도의 변환과 여러 상징」이라는 책을 통해서 자신의 의견을 피력했다. 그는 리비도의 성적인 성격을 강조하기보다는 그 개념을 넓혀 생물학적·사회적·문화적·창조적인 모든 활동을 가능케 하는 생활에너지로 간주하였다. 무의식에는 억압된 성적인 욕구뿐만 아니라 종교적 심성과 같은 다양한 창조적 가능성이 내재해 있으며 이러한 것들은 모두 인류에게 내재하는 원형이라고 주장을 하였다. 이로 인해 프로이트의 성욕설에 대해 인정할 수 없었고 두 사람의 사제 같은 우정은 금이 가기 시작하였고 결국 결별하였다. 1913년도에 융은 자기의 이론을 분석심리학이라고 명명하였다. 그리고 프로이트와 결별을 하고 충격을 받은 융은 정신적인 위기를 겪으면서 세상에서 철수하여 자신의 무의식을 깊이 탐구하게 된다.

융은 많은 저술과 논문을 남겼으며 사회적 인정과 명예를 얻었으며 심리치료와 강연활동을 열정적으로 해 나갔다. 말년에는 뇌졸중으로 언어기능이 떨어지기도 했으며 1961년에 86세의 나이로 영면에 들었다.

2) 주요 개념

(1) 인간관

분석심리이론에서 인간을 바라보는 관점은 낙관론적 · 유전론적 · 결정론적 · 총체론적인 관점이라고 할 수 있다. 융은 인간이란 평생을 무의식에 억압된 과거 경험의 지배를 받는 비관적인 존재가 아니라 평생에 걸쳐 무의식 속에 숨겨져 있는 자신의 잠재력인 자기를 찾아 이를 실천하고자 노력하는 미래지향적인 존재인 것을 강조하였다. 융은 인간의 정신구조에 집단무의식을 중시하였는데 집단무의식이란 인류의 선조들의 경험이 축적된 것으로 인간은 출생할 때부터 유전인자 속에 이러한 집단 무의식을 구성하는 원형을 가지고 태어난다고 보았다. 예를 들어, 어린아이들이 뱀을 전혀 본 적이 없고 무서워해야 할 아무런 경험도 하지 않았는데 무서워한다는 것이다. 이는 그들의 조상이 뱀에게 물려죽기도 하고 상처를 입기도 한 경험이 유전되었기 때문이라고 보고 있는 것이다. 또한 융의 이론에서는 인간의 성격이 과거의 경험뿐만 아니라 미래에 무엇을 하기를 바라는지와 같은 목적과 의미에 따라 달라질 수 있다고 하였다. 융은 인간의 본질을 전체성의 관점에서 봄으로써 인간을 개성 있는 전체로 파악하고자 하였다. 융은 무의식과 의식, 자기와 자아가 통합되어 전체성을 이룬다고 보고 있기 때문에 융의 인간관은 전체적 관점으로 이해할 수 있다.

(2) 성격의 구조

융이 제시하는 성격의 핵심은 전체성이다. 인간의 성격 전체를 융은 영혼이라고 불렀다. 영혼은 모든 사고, 감정, 행동, 의식, 무의식을 포함한다. 융은 인간은 여러 부분의 집합이 아니라 하나의 통합적 전체이다. 인간은 전체성을 가지고 태어나고, 분화와 통합을 반복하며, 전체성을 발현해 나간다. 전체성이 제대로 분화되지 아니하고 여러 체계로 분열된 성격은 결국은 건강하지 못한 성격이라고 볼 수 있다. 또한 융의 이론에서 성격의 구조는 자아와 콤플렉스 그리고 원형들로 볼 수 있다. 다시 말하면, 의식에는 자아가 존재하고, 개인 무의식에는 그림자와 여러 콤플렉스가 있다는 것이다. 집단 무의식에는 자기를 비롯하여 아니마와 아니무스 그리고 그림자 등의 다양한 원형이 존재하는데, 이들이 한 개인의 성격을 이루게 되는 구성요소가 되는 것이다. 결국 융의 분석심리학은 집단무의식을 중심으로 확립되었다고 볼 수 있다.

① 집단 무의식과 원형

그는 개인적 무의식에 덧붙여 집단적 무의식(collective unconscious)을 강조하였는데, 인류에게 집단 무의식이 공통으로 유전된다고 보았다. 잠재적 무의식은 조상대대의 과거로부터 물려받은 잠재적 기억의 저장소로서, 인류가 수세기 동안 걸쳐 오면서 겪었던 경험의 결과가 정신 속에 축적된 것이며, 긍정적이고 창조적인 힘을 포함하고 있다. 잠재적 무의식은 인간의 진화발달의 정신적 잔재이다. 집단적 무의식은 '원형(archetype)'으로 표현되기도 하는데, 원형은 무의식적이고 선험적인 이미지로서 각 세대에서 같은 경험들을 반복하고 발전시키도록 경향 짓게 하는, 에너지가 고도로 충만된 이미지요 행동양식이다. 신에 대한 관념과 같이 어떤 관념은 쉽게 형성되고 또한 어떤 경험에 대해서는 보다 민감하게 반응하게 되는 것은 그러한 경향이 뇌에 확고하게 새겨져 있기 때문인데, 이러한 잠재적 기억은 인류의 축적된 경험의 결과로서 뇌에 새겨진 소질 때문이다. 한마디로 이러한 현상은 선조의 과거 경험들에 의해서 인간의 뇌에 형성된 유전적인 잠재력의 실현이라 할 수 있다. 융은 이러한 원형의 활동을 왕성하게 돕기 위해서는 문화의 역할, 교육과 학습의 기회가 중요하다고 보고 이를 통한 다양한 경험을 풍부하게 할 것을 강조하였다.

융은 또한 인간 각각은 남성성과 여성성을 가지고 있어 이것이 혼재되어 창조적인 성격을 만들어 낸다고 주장하였다. 무의식에 존재하는 남성의 여성적 원형을 아니마(anima), 여성 속의 남성적 원형을 아니무스(animus)라 하였다. 융은 또한 인간은 기본적으로 영적이고 종교적인 욕구를 가지고 있다고 믿었다. 융은 또한 다양한 성격 유형을 분류하였는데 가장 대표적인 것이 내향성과 외향성이다. 모든 사람은 이 두 성향을 다 가지고 있으나 어느 한쪽이 상대적으로 우세하다. 인본주의 창시자인 로저스처럼 자기실현에 대해서도 언급하였는데, 자기실현(self-realization)은 자신의 성격의 모든 양상을 균형 있게 조화를 이루어 표현하는 것을 의미한다. 이는 또한 자기(self)를 발전시키는 것을 의미한다. 이를 위해서는 개인의 의식의 분화, 즉 개성화(individuation)를 통해 자기가 드러날 수 있어야 하는데, 결과적으로 자신에 대한 정확한 인식(자기인식)이 선행되어야 한다.

프로이트는 과거로부터 현재와 미래의 행동이 결정된다고 본 반면, 융은 목적성과 결단을 강조하였다. 개인을 이해하기 위해서는 단지 과거 경험의 영향만이 아니라 그들의 꿈과 열망을 이해해야 한다고 보았다(Davison & Neale, 1990).

결국 융은 기본적인 가정에서 이 세 가지를 중요한 원칙으로 생각한다.

첫째, 무의식의 존재와 영향력을 중시한다. 이 부분은 정신분석과 공통점을 이룬다. 무의식을 의식화하는 과정이 인간의 성숙에 중요하다는 것을 강조한다.

둘째, 프로이트는 무의식의 실체를 성욕구와 같은 미숙하고 비합리적인 것으로 본 반면, 융은 무의식을 개인의 삶에 방향을 제시하는 지혜로운 것으로 여긴다. 환자가 나타나는 증상의 의미에 대해서는 프로이트는 과거에 경험한 상처의 결과라고 보는 반면에 융은 미래에 나아가야 할 방향을 보여주는 신호탄이라고 보았다.

셋째, 프로이트는 인간을 성욕과 같은 본능적 욕구에 의해 전전긍긍하며 떠밀려가는 존재라고 보면, 융은 무의식의 발현을 향해 나아가는 존재라고 보았다. 즉, 인간은 과거의 원인, "~ 때문에" 행동하는 것이 아니라 미래의 목적, 즉 "~을 위해서" 행동하는 존재이다.

② **대표적 원형의 개념**

㉠ **페르소나**(persona) : 페르소나는 라틴어로 가면이라는 뜻이며 개인이 다른 사람에게 자신을 드러내는 방식을 말한다. 개인은 부모로서, 친구로서, 직장인으로서 다양한 역할을 하게 된다. 의식수준에서 주된 역할을 하는 자아가 외부세계인 세상과 관계를 맺고 적응하는 데 필요한 행동양식이라고 볼 수 있다. 사회의 인습과 전통의 요구 혹은 자신의 원형의 요구에 부응하여 채택한 공적인 얼굴이다. ~인 척하는, ~체하는 행동 등이 이에 해당된다. 융이 "페르소나는 가상이다"라고 한 것처럼 진정한 참모습의 인간이 아니다. 있는 그대로 자기를 숨기는 가면이다. 페르소나를 너무 중요하게 여기면 진짜 자신으로부터 유리되어 형식적이고 피상적으로 살아갈 뿐만 아니라 진짜 자기를 잊고 거짓 자기를 살 가능성이 많아진다.

㉡ **아니마**(anima)**와 아니무스**(animus) : 인간이 가지고 있는 양성적인 특성을 의미한다. 인간은 태어날 때부터 남성과 여성의 두 가지 성향을 같이 가지고 태어난다고 하였다. 페르소나가 외부로 드러난 모습이라면 아니마와 아니무스는 무의식 속에 지니고 있는 이성의 속성을 뜻한다. 아니마는 남성이 가지고 있는 다정함이나 감성적 정서와 같은 여성적인 부분을 말한다. 아니무스는 여성에게 있어서 논리성이나 합리성과 같은 특징을 지니는 남성적인 부분을 말한다.

남성이 가진 대표적인 특성이 이성(logos)이고 여성의 대표적인 특성은 감성(eros)이다. 따라서 융은 조화로운 인간의 성격을 지닐 수 있도록 남자는 아니마를, 여자는 아니무스를 무의식 속에서 이끌어 낼 수 있도록 해야 한다고 하였다. 그렇지 않으면 고정관념과 틀에 박힌 사고에 갇힌 남성상이나 여성상으로 전락할 우려가 있다고 하였다. 아니마와 아니무스는 성이 다른 남녀가 한 가정을 이루거나 지역사회에서 더불어 살아갈 때, 서로를 이해하고 조화롭고 화합하며 살아가는 데 도움이 되어 긍정적으로 기능한다. 하지만 지나치게 두 원형이 강하게 나타나면 자신의 성 정체성을 바꾸어 생활하는 경우도 있다. 인간이 내적 세계와 관계를 맺고 적응하면서 형성되는 것을 내적 인격이라고 하였다. 이를 우리는 마음이라고 부르기도 한다. 따라서 아니마와 아니무스는 자아와 무의식의 교량적 역할을 한다고 보고 있다.

㉢ 그림자(shadow) : 개인이 자신의 성격이라고 의식적으로 인식하는 것과 반대되는 특성을 말한다. 등하불명(燈下不明)이라는 말이 있듯이 그림자는 자아의 어두운 부분, 즉 의식되지 않는 자아의 분신을 의미한다. 어떤 면에서는 프로이트가 말하고 있는 원초아, 본능과 비슷하다. 우리가 의식적으로 받아들이기 어려운 공격적이고 성적이고 동물적인 충동을 포함하고 있다. 그림자는 개인무의식의 수준에서는 의식의 뒷면인 무의식에 자리 잡고 있는 심리적 내용으로, 미분화된 심리적 특성이라고 볼 수 있다. 격투기 시합을 보면서 좋아하는 심리나 다른 사람이 싸우는 것을 지켜보는 것, 운전 중에 사고가 난 차량을 하차해서 구경하는 것 등의 심리에는 이러한 그림자의 특성이 자리 잡고 있을 수 있다.

㉣ 자기(self) : 의식과 무의식을 포함한 성격 전체의 중심이다. 자기는 성격을 구성하고 통합하는 에너지를 제공하는 일을 한다. 성격의 상반된 측면을 통합하여 조화와 균형을 이루는 조정자라고 볼 수 있다. 인간은 균형을 이루고자 하는 기본 본능이 있기 때문에 무의식 속에 있는 선천적으로 타고난 자기는 잠재력을 추구하는 힘이 있다. 이러한 자기가 상징으로 나타난 것이 만다라(mandala)이다. 신비한 원이라고 부르는 만다라는 불교의 승려들이 수도할 때 도구로 사용하는 그림이다. 융은 어릴 때 아무것도 모르고 그렸던 원그림이 후에 만다라 형상이라는 것을 알았다고 한다(이부영, 2012). 인간의 마음은 의식, 개인무의식, 집단무의식의 세 가지 층으로 구분될 수 있다. 자아는 의식의 중심을 이루며, 자아에 의해 억압된 개인의 경험들이 바로 그 아래 개인무의식에 그림자로 존재한다. 페르소나는 자아가 사회적 장면에서 겉으로 드러난 모습이라면 아니마와 아니무스는 좀 더 깊은 집단 무의식에 존재하며 자기는 마음의 중심이자 마음 전체를 포함하는 것이다.

3) 융의 성격 유형과 치료기법

(1) 성격유형

융은 다양한 성격적 특성을 태도와 기능의 차이로 설명하고 있다. 개인이 내면의 세계 또는 외부의 세계에 대해서 관심을 어디로 가지느냐에 따라 외향성(extraversion)과 내향성(introversion)의 두 가지 태도로 구분하였다. 외향성은 외부세계에 관심을 두고 있는 객관적 태도이며, 내향성은 내면세계에 관심을 두는 주관적 태도이다. 어떤 사람이 그림 전시회에 가서 특정한 그림을 훌륭하다고 평가를 내렸을 때, 인터넷이나 신문지상에서 그 그림을 유명한 화가들이 객관적으로 좋다고 평가를 내렸기 때문이라면 그의 태도는 외향적이다. 왜냐하면 그의 태도가 외부의 대상으로 향했기 때문이다. 하지만 아무리 평이 좋고 세상에 알려진 화가가 그린 그림이더라도 자기가 보기에는 별로라고 생각하면 그의 태도는 내향적이라고 할 수 있다. 그의 태도가 내부로 향하고 있기 때문이다. 에너지가 밖에서 사교모임이나 활동을 하면서 충전이 되는지 집안에 혼자 있으면서 음악을 들어도 충전이 되는지에 따라 외향적, 내향적인 태도로 나타난다. 융에 따르면 외향적인 사람은 꿈에서 내향적인 모습을 나타낼 수 있으며 내향적인 사람은 그 반대로 나타날 수 있다.

(2) 성격의 기능

성격을 구성하는 기능에는 사고, 감정, 감각, 직관 등 네 가지가 있다. 사고(thinking)는 사물을 이해하고자 하는 지적인 기능이다.

감정(feeling)은 평가의 기능을 말한다. 어떤 관념이 긍정적 감정 또는 부정적 감정을 일으키는지에 따라 그 관념을 받아들일 것인가 말 것인가를 결정한다.

감각(sensing)은 감각기관의 자극에 의해 생기는 모든 의식적 경험을 포함하고 있다. 직관(intuition)은 직접적으로 주어지는 경험이라는 점에서 감각과 비슷하지만 감각은 자극의 근원이 분명하고 직관은 그 근원을 알 수가 없고 갑작스럽다. 감각과 직관은 이성적 판단을 필요로 하지 않기 때문에 비합리적 기능이라고 설명한다. 즉, 무이성적, 무비판적이라는 의미이다. 이 두 가지 태도와 네 가지 기능을 결합하면 8가지의 성격유형으로 나타낼 수가 있다. 이러한 융의 성격유형은 MBTI성격유형검사의 심리적 이론 기반이 되었다.

(3) 치료기법

분석적 심리치료는 내담자로 하여금 무의식을 의식화함으로서 분열된 마음을 통합하고 전체성을 회복하여 자기를 실현하도록 돕는다. 치료기법에는 다음과 같은 종류들이 있다.

① 단어연상 기법

단어연상검사는 개인에게 자극 단어를 제시하면서 즉시 마음에 떠오르는 어떤 단어를 말하도록 하는 투사검사이다.

② 회화분석 치료

융은 내담자에게 자신의 무의식을 인지적으로 설명하기 전에 그림으로 표현하는 방법인 만다라를 그리도록 하였다. 그림을 통해서 내담자의 무의식 속에 내용이 나타나게 한다. 또한 미술작업을 통해 내담자의 감정기능을 살리고 무의식의 창조적 기능을 자극하여 이 기능을 발휘할 수 있게 한다. 회화분석은 오늘날 미술치료로 발전되어 상담 및 심리치료 장면에서 많이 활용되고 있다.

③ 적극적 명상

개인이 무의식 속에서 일어나는 환상, 강박관념, 백일몽, 감정 등의 내용을 경계하거나 비판하지 않고, 오히려 그러한 생각과 감정을 적극적으로 의식수준으로 떠오르게 하여 마치 자기밖에 있는 객체처럼 이것들과 대화하는 방법이다. 적극적 명상이란 자신과 무의식과의 대화를 통해 무의식의 내용을 알아내고 이해하는 방법라고 볼 수 있다.

④ 꿈의 분석

프로이트는 꿈 분석을 통해서 억압된 성욕과 무의식적 갈등을 발견하고자 한 반면에 융은 꿈을 통해서 마음 깊은 곳으로부터 들려오는 지혜로운 영혼의 음성이자 메시지를 발견하고자 하였다. 융은 꿈에서 원형의 역할을 강조하였으며, 이러한 원형들은 일차적으로 꿈의 해석을 통하여 알 수 있다. 꿈을 꾼 사람은 꿈에 대해 특수한 개인적 연상을 가지지만 개인적인 수준을 넘어 집단무의식에서 나오는 꿈의 의미가 있다. 융에 있어서는 꿈은 지극히 내면적인 정신세계를 보여 주는 것으로 상징과 심상을 통해 무의식의 상태와 변화를 보여준다.

융은 꿈속에 담겨진 집단무의식의 내용을 알기 위해 세 가지의 꿈의 해석 방법을 사용하였다.

첫째, 꿈의 계열(dream series)법이다. 개별적인 꿈을 따로 따로 해석하지 않고 몇 가지의 꿈을 통합하여 해석하는 방법이다.

둘째, 확충법이다(method of amplification). 꿈의 이미지를 중심으로 그 이미지에 대한 보편적 연상을 집중적으로 모으는 방법이다. 결국 꿈에 대한 공통된 내용을 찾는 방법을 말하고 있다.

셋째, 동시성(synchronicity)의 원리이다. 융은 꿈이 미래에 일어날 일들을 예견해 준다고 하였다. 친구를 꿈속에서 보았는데 다음 날 그 친구가 이민을 갔다가 돌아왔다던지, 서로 관련이 없어 보이지만 밀접하게 관련된 어떤 의미를 가지는 현상을 말한다.

4) 분석심리학의 평가

(1) 공 헌

첫째, 융의 분석심리학은 인간의 정신, 특히 무의식 세계에 대한 보다 심층적인 접근과 이해를 가능하게 했다는 점에서 커다란 의의를 갖는다. 특히 융은 자신만의 독특한 경험과 통찰력을 통해 발견한 사실들에 근거하여 무의식의 구조와 내용을 더욱 풍부하게 제시하였다. 무의식의 개념을 확대하여 인류의 조상들의 경험의 축적물인 집단무의식을 제안함으로써 인간의 본성에 대한 이해를 넓혔다.

둘째, 융은 개인화 또는 자기실현이라는 개념을 통해서 치료의 목표뿐만 아니라 인생의 의미와 목적을 새로운 관점에서 바라볼 수 있는 기틀을 제공하였다. 치료자에게 환자를 병적인 문제를 지닌 존재가 아니라 스스로 전체성을 실현하고자 하는 하나의 온전한 존재로 보도록 촉구하였다.

셋째, 융은 심리학의 대상을 신화, 종교, 철학, 역사, 심령현상에까지 확대하여 인간 정신의 전체성을 이해하려 하였다. 따라서 그의 이론은 정신의학, 신학, 민족학, 철학, 역사, 문화, 예술 등 다양한 영역에 많은 영향을 주었다.

넷째, 프로이트나 아들러가 소홀히 여기고 관심을 그리 많이 두지 않은 중년의 성격변화에 주목하여 중년의 심리학을 이해하려고 노력한 최초의 성격심리학자이기도 하다.

다섯째, 분석심리이론에서 사용한 심리유형론은 심리검사의 발달에 큰 공헌을 하였다. MBTI라는 거대 심리유형검사 개발의 기초가 되었고 이 검사는 지금까지도 학교, 기관, 기업 등에서 많이 활용되고 있다.

또한 회화분석은 미술치료의 시조가 되었으며, 융은 개인의 무의식을 의식화하는 기법으로 그림을 그리는 작업을 활용하였다.

(2) 한계점

융의 분석심리학은 이론적인 주장일 뿐 객관적이고 과학적인 검증이 어렵다는 많은 비판을 받았다. 핵심개념인 집단무의식과 원형 등은 자신의 주관적 경험과 산물이고 이를 해석하는 데 비술(연금술, 점성술 등), 종교, 신화, 민족학 등을 활용하였다. 또한 집단무의식을 찾아 문제를 해결해 나가는 데에는 시간과 비용, 그리고 많은 노력이 필요하다. 따라서 단기상담이나 위기상담에 적용하기가 쉽지 않다.

융이 주장하는 개념들(원형, 합일 무의식 등)이 구체적이지 않고 추상적이라 이해하기가 어렵다. 또한 치료효과가 실증적으로 검증되지도 않았다는 한계도 가지고 있으며 치료대상 제한이 있다는 것이 지적되고 있다.

대부분의 내담자는 지적인 경향이 있고 어느 정도의 성취를 이루었으며 문제해결보다 자신의 삶에 대한 이해를 심화시키려는 동기를 지닌 경향이 있다. 분석적 심리치료는 현실적인 문제와 증상의 해결을 넘어서 자신의 정신세계와 인생에 대한 깊은 성찰을 원하는 사람들에게 적합한 접근법이라고 할 수 있다.

요약

정신역동이론에는 정신분석이론, 심리사회이론, 분석심리이론, 개인심리이론 등이 있으나, 여기에서는 정신분석이론과 심리사회이론, 개인심리학, 분석심리학 등을 다루기로 한다. 정신분석이론은 프로이트에 의해 연구된 이론으로서 인간의 심리적 문제가 발생되는 원인을 이해할 수 있는 이론으로서 인간에 대해 결정론과 무의식이라는 기본 개념으로 설명하고 있다. 프로이트의 인간관은 인간을 비합리적이고 결정론적인 존재로 보았으며, 또한 인간에게는 삶의 본능과 죽음의 본능이 있는데, 이 둘은 서로 영향을 미친다고 보았다.

인간의 의식은 의식, 전의식, 무의식의 세 가지 수준으로 구성되어 있다. 의식은 우리가 깨달을 수 있고 기억할 수 있는 상태를 뜻하며, 전의식은 우리가 즉시 깨닫지 못하나 조금만 노력하면 쉽게 기억해 낼 수 있는 부분이다. 무의식은 사회에 의해 용납될 수 없는 감정이나 생각 혹은 충동들이 억압된 부분으로 평상시에는 잘 인식되지 않는다.

성격은 원초아(id) · 자아(ego) · 초자아(superego)로 구성되며, 이들이 상호작용하여 인간의 행동을 설명한다고 하였다. 원초아는 성욕이나 공격성과 같은 본능적 욕구를 관장하는 곳으로, 현실을 고려하지 않고 생물적인 쾌락과 충동에 따라 행동하려 한다. 자아는 원초아에 비해 조직적이고 구체적인 정신구조이며, 이성 혹은 상식이라고 불리는 것들을 포함한다. 초자아는 성격의 도덕적인 부분이며 심판자로서 자아와 함께 작용하여 개인이 스스로 자신의 행동을 조절할 수 있게 하는 부분이다.

개인의 성격발달은 생후 5세까지 부모의 영향을 많이 받는 것으로 보고, 기본 심적 에너지인 리비도가 개인의 쾌락에 어떻게 사용되느냐에 따라 구강기, 항문기, 남근기, 잠복기, 생식기의 성격발달 5단계 이론을 구축하였다.

방어기제는 개인이 불안을 처리할 때 무의식적 수준에서 일어나는 자아기능의 한 대처방안이다. 즉, 자아가 합리적인 문제해결방법을 찾지 못하였을 때 현실을 부정하고 왜곡하여 불안을 감소하려는 자아의 방어기제를 사용한다. 방어기제에는 억압(repression), 투사, 반동형성, 부정, 고착, 보상, 합리화, 퇴행, 승화 등이 있다.

이와 같이 정신분석이론은 일반주의 사회복지실천의 발달을 야기하였고, 지금까지도 일반주의 실천과의 논쟁 속에서 전문주의 사회복지실천을 발달시켜 사회복지 전문화의 긍정적인 영향을 미치기도 하였다. 그렇지만 정신분석이론은 사회복지의 핵심 관심사인 인간과 환경 중에서 인간의 정신 내적인 면에 너무 치중할 뿐 아니라, 지나치게 기계론적이고 결정론적인 인간관이라는 비판을 받고 있다. 또한 현대 사회복지실천에서 중요하게 논의되는 사회에 대한 이해가 부족하기 때문에 이론과 실천의 불균형을 발생시킬 가능성을 가지고 있다는 지적이 있다.

한편, 심리사회이론은 정신분석이론이 인간의 성적인 요소에 집중했던 것을 비판하고 수정하여 나타난 이론이다. 이들은 개인의 자아와 사회환경 간의 상호작용을 강조하여 신(新)정신분석이론이라고도 한다. 대표학자로는 에릭슨, 융, 아들러 등이 있으며, 여기서는 에릭슨의 견해를 살펴본다.

에릭슨은 인간을 창의적이며 통합적 존재로 생각하고, 환경 속의 존재로 보았다. 또한 개인은 끊임없이 새로운 발달과업과 투쟁하고 더 나은 자아를 획득하려 하기 위해 변화와 성장을 거듭하는 존재로 보고 있다.

그는 인간의 발달을 출생부터 사망까지 8단계로 나누고, 각 단계에서 겪어야 할 발달의 위기를 경험한다고 하였다. 발달적 위기는 단계마다 서로 대립되는 양극의 개념으로 제시되며, 각 단계에서 특정 발달과업을 성취하느냐 못하느냐에 따라 그 위기의 극복 여부가 결정된다. 1단계의 심리사회적 위기는 신뢰감 대 불신감의 단계이며, 2단계는 자율성 대 수치심의 단계, 3단계는 솔선성 대 죄책감의 단계, 4단계는 근면성 대 열등감의 단계, 5단계는 자아정체감 대 역할 혼란의 단계, 6단계는 친밀감 대 고립감의 단계, 7단계는 생산성 대 침체의 단계, 마지막 8단계는 자아통합 대 절망의 단계이다.

에릭슨은 정신분석이론의 경험적 기초를 발전시켜 정신분석이론의 신뢰도와 적용 가능성을 증대시켰다. 이러한 사회심리이론은 다른 이론들에 비해 사회복지실천현장에서 프로그램 개발의 이론적 뒷받침이 더 많이 되고 있다. 특히, 청소년기에 있어서 자아정체성이나 노년기에 있어서 자아통합감을 어떻게 구축할 수 있을까 하는 문제는 사회복지 연구 분야에서도 매우 관심 있는 분야이다.

이와 같이 사회심리이론은 인간을 심리치료적 관점과 철학적 관점으로 이해하려는 이론으로서 설득력 있게 발전되고 있으나 과학적 검증부분이 미흡하다는 지적이 있다.

개인심리학은 아들러에 의해서 제시된 성격이론으로서 열등감의 보상과 공동체의식의 중요성을 강조한다. 아들러에 따르면 인간행동의 가장 기본적인 동기는 열등감을 극복하고 우월성을 추구하는 것이다.

분석심리학은 칼 융에 의해서 제시된 심층심리학적 성격이론이다. 프로이트와 달리 융은 무의식을 개인의 삶에 방향을 제시하는 지혜로운 것으로 미래에 나아갈 방향을 보여주는 신호라고 하였다.

Chapter 11

행동주의적 관점

1 학습(조건)이론

1) 서 론

(1) 행동주의이론의 배경

> 나에게 12명의 건강한 아이들과 나 자신이 그들을 키울 수 있는 적절한 환경을 제공해 준다면, 나는 그들 중 아무나 골라 훈련시켜서 어떤 유형의 전문가든지 되게 할 것이다. 아동의 재능, 취미, 활동, 직업, 조상의 인종과 상관없이 어떤 전문가, 예컨대 의사, 법관, 예술가, 사업가, 심지어 거지나 도둑까지도 되게 할 수 있다(Watson, 1930).

위의 글은 인간을 마치 서커스단의 코끼리처럼 길들일 수 있는 존재라고 강조한 왓슨(Watson)의 선언적 주장이다. 즉, 인간행동은 어떤 환경과 조건형성의 원리에 의하여 습득시킬 수 있다는 것이다. 왓슨은 파블로프(Pavlov)나 스키너(Skinner)가 동물을 대상으로 실시한 조건형성 실험에서 자신을 얻어 인간의 어떤 행동도 환경자극의 조작으로 습득할 수 있다는 행동주의이론(behavioral theory)을 주창하였다. 행동주의라는 용어는 왓슨이 1913년, '행동주의 입장에서 본 심리학'이란 선언문을 발표한 것에서 유래되었다.

행동주의이론은 정신분석이론의 비과학성을 맹렬하게 비판하면서 엄격한 실증적 과학주의에 근거하여 발전한 성격이론이다. 행동주의이론은 성격을 내면적인 심리적 구조나 역동으로 설명하기보다는 외부환경에 의해서 강화된 행동패턴으로 여긴다.

앞서 길들인다는 용어를 썼지만, 행동주의에서는 인간행동의 대부분은 학습되거나 학습에 의해 수정된다고 보기 때문에 학습이론(learning theory)이라고도 한다. 행동주의이론은 정신분석과는 반대로 밖으로 직접 관찰 가능한 인간의 행동에 관심을 가지며, 인간을 환경 속에서 보려는 사회복지의 전통적 노력에 가장 가까이 접근하고 있는 이론이라 할 수 있다. 이 접근방법은 개인과 환경 사이에서 일어나는 상호작용을 향상시키고, 클라이언트의 생활기술을 증진시키며 환경을 변화시키기 위하여 계획된 직접적 개입활동에 초점을 두고 있다(Dorfman, 1991).

20세기 초 러시아의 파블로프와 손다이크의 실험에서 발달한 행동주의이론은 고전적 조건화, 도구적(조작적) 조건화, 인지적 사회학습이라는 세 가지 접근으로 나뉜다. 조건화라는 말은 자극과 반응이 짝짓기를 하여 형성되는 행동반응이다. 예를 들면, 휴대폰이 울릴 때마다 기분이 좋아지거나 불안해진다면 조건화가 된 것이다. 고전적 조건화는 인간이 환경적 자극에 수동적으로 반응하여 형성되는 행동을 설명하기 위한 방법이다.

파블로프는 고전적 조건반응 실험을 통해 자극-반응(Stimulus-Response; S-R이론)의 실험을 실시하였다. 조작적 조건화는 인간이 환경적 자극에 능동적으로 반응하여 나타내는 행동, 즉 조작적 행동을 설명하려는 방법이다. 스키너는 인간행동을 수정할 수 있는 다양한 행동적 기법을 개발하여 임상에 적용하였다. 인지학습이론은 행동에 영향을 미치는 인지적 요인의 역할을 설명하기 위한 방법이다. 반두라(Bandura)의 사회학습이론이 대표적 인지학습이론이라 할 수 있다.

행동주의이론의 관점을 간단히 요약하면 다음과 같다.

첫째, 행동주의자들은 관찰하고 실험하여 얻은 결과가 아닌 것을 인정하지 않는 철저한 실증주의자들의 입장을 고수하였으며, 이 관점은 특히 그들이 프로이트의 인간 연구방법(꿈의 해석)을 비난하게 하는 계기를 마련하였다.

둘째, 인간행동에 관한 연구는 그래서 우리가 직접 관찰할 수 있는 어떤 유기체에 주어지는 자극(stimulus)과 이로부터 생기는 반응(response)으로만 연구되어야 한다고 주장하여 인간행동의 동기를 무시하였다.

셋째, 인간을 자율적인 존재가 아닌 외부 환경의 산물로 봄으로써 인간을 그저 외부 환경에 반응하는 수동적인 모습으로 표현했다.

넷째, 결국 인간을 기계의 한 부속품으로 간주하는 위험한 사고를 낳았다.

심리학의 제 2세대라고 불리는 행동주의이론은 1950~1960년대에 절정을 이루었다. 왓슨이 행동주의 아버지라면 스키너는 행동주의의 큰아들, 활성화시킨 장본인이라고 할 수 있다. 스키너가 행동주의이론 기여한 바는 지대하다. 그는 인간환경과 행동의 중요성을 강조하였다.

(2) 스키너의 생애

스키너(1904~1990)

스키너는 가장 저명한 행동주의 심리학자이며 사회의 의미 있는 변화를 위하여 심리학의 원리를 응용하려고 노력했던 대표적인 인물이다. 스키너(Skinner, 1904~1990)는 1904년 미국 펜실베이니아에서 태어나 화목하고 안정된 가정에서 성장했다. 소년 시절 물건을 디자인하고 만드는 데 많은 시간을 보냈는데, 이것이 후에 관찰 가능한 행동을 변형시키는 데 대한 관심을 갖게 만들었다. 그는 해밀턴 대학에서 영문학을 전공하여 작가의 꿈을 가졌다. 그러나 자신이 작가가 되기보다는 인간의 행동에 더 많은 관심을 가지고 있으며, 그것은 과학을 통해 이해해야 한다는 것을 깨닫게 되었다. 그래서 하버드 대학교 대학원에 입학하여 심리학을 공부했으며, 1931년 박사학위를 받았다. 스키너는 이후 미네소타 대학교, 인디애나 대학교 등에서 교수로 재직하면서 이전의 고전행동주의자(파블로프와 손다이크)의 조건화이론을 고전적 조건화 또는 도구적 조건화로 분류하고, 이 두 이론을 체계화시켜 자신을 행동주의 심리학의 선구자적 위치에 올려놓았다. 그는 1948년 하버드 대학교의 심리학과 교수로 취임하면서 같은 해에 인간의 행동과 성격이 환경에 의해 조정이 가능하여 유토피아적 사회를 창조할 수 있다고 묘사한 『월덴 투』(1948)를 출간하였다.

스키너가 가장 관심을 많이 가진 영역은 행동의 경험적 분석이었다. 이른바 '스키너상자'로 알려진 장치를 동물의 조작행동을 연구하는 데 사용하였으며, 동물의 연구를 통해서 얻은 원리를 인간에게 적용하였다. 그는 또한 "심리학은 반드시 측정될 수 있는 범위 안에서 연구되어야 한다"고 생각(Skinner, 1990)했으며, 인간을 그들의 본성이나 내적 충동에 의한 것이 아닌 환경에 의한 산물이라고 보았다.

그는 『유기체의 행동』(1938) 등 많은 저서를 출간하여 인간 내면의 문제에 초점을 맞추는 정신분석이론으로부터 환경의 영향을 강조하고 인간행동이 예측 가능하고 통제될 수 있다는 행동주의 심리학으로의 변화에 큰 공헌을 하다가 1990년 86세에 사망했다.

2) 주요 개념

(1) 인간관

행동주의학자들은 인간이 행동할 때 자연현상과 마찬가지로 일정한 법칙성에 따른다고 가정한다. 인간이 어떤 행동을 할 경우 여러 가지 요인들에 의해 결정되므로, 이 요인들과 행동을 결정짓는 법칙을 밝혀낼 수 있다면 미사일의 탄도를 추정하여 수정할 수 있듯이 인간의 행동도 예언하고 수정할 수 있다는 것이다.

이러한 전제에 따라 대부분의 행동주의 학자들은 인간의 행동이 학습된 것이라고 주장하며 학습 원리를 통해 인간의 행동을 이해하려고 한다. 행동주의자들의 인간관은 시대의 변천에 따라 많이 달라지는데, 초기에는 주로 환경에 반응하는 수동적인 것으로 인간을 본 반면, 후기에는 점차 인간의 능동적인 면을 인정하고 있다. 초기의 행동주의를 대변하고 있다고 볼 수 있는 호스포드(Hosford, 1969)의 인간관을 요약하면 다음과 같다.

① 인간은 좋지도, 나쁘지도 않은 상태로 이 세상에 태어났다.
② 인간은 환경의 자극(stimulus)에 대해 반응(response)하는 유기체이다.
③ 인간의 행동은 유전과 환경의 상호작용 산물이다.

④ 인간의 행동은 학습에 의한 것이며, 긍정적 또는 부정적 습관으로 이루어진다.
⑤ 인간의 행동은 생활에서 경험하는 강화의 형태와 빈도에 따라 결정된다.

반면, 후기 행동주의자들은 인간의 능동적인 면, 즉 자유와 의지적 선택을 강조하였다. 후기의 행동주의를 대변하고 있다고 볼 수 있는 반두라(Bandura, 1974)의 인간관을 요약하면 다음과 같다.

① 환경이 인간의 행동에 영향을 주지만, 인간의 행동도 환경을 창조할 수 있다.
② 인간은 자기조절의 능력을 지니고 있다.
③ 환경에 영향을 끼칠 수도 있고 받을 수도 있는 인간은 또한 자기를 지도할 수 있는 능력도 있다.

따라서 행동주의에서의 인간관은 환경적 요인에 의해 인간의 본성이 결정된다는 기계론적인 환경결정론의 입장에서, 인간행동은 인지특성, 행동, 환경이 서로 상호작용한 결과라고 보는 상호적 결정론(reciprocal determinism)에 입각하여 인간의 본성을 설명하는 입장으로 변하고 있다고 할 수 있다.

(2) 고전적 조건형성이론

고전적 조건형성은 1990년 초 러시아의 심리학자이며 노벨상 수상자인 파블로프(Pavlov)에 의해 연구되었다. 그는 개의 타액분비에 관한 연구에서 개에 음식을 주지 않아도 침 흘리는 재미있는 반응을 발견하였다. 즉, 개에게 음식물을 주면 침을 흘리게 되는데, 종소리를 울리고 음식물을 주는 일을 몇 차례 반복하게 되면 나중에는 종소리만 울려도 개가 침을 흘렸다. 여기에서 개는 종소리에 대해 반응하도록 조건형성된 것이다. 이러한 과정을 고전적 조건형성이라고 한다. 여기에서 개에게 음식물을 주는 것은 무조건 자극(unconditioned stimulus)이며, 음식물에 대해 개가 침을 흘리게 되는 것은 무조건 반응(unconditioned response)이다. 종소리는 침 흘리는 것과 상관없는 중성자극(natural stimulus)이지만, 나중에 종소리만 울려도 침을 흘리면 종소리가 조건자극(conditioned stimulus)이 되며, 침을 흘리는 것은 조건반응(conditioned response)이 된다. 이러한 조건반응은 조건자극과 무조건 자극의 연합이 계속될 경우에 더욱 강화된다.

고전적 조건화는 반응적 조건화라고도 하며, 이러한 조건화에 의해 형성된 행동을 반응적 행동이라 한다. 즉, 반응적 행동이란 인간이 특정 자극에 대해 자동적으로 반응을 보이는 것을 의미한다. 예컨대 타액분비, 눈물, 재채기 등과 같은 반사행동을 들 수 있다.

그림 11-1에서는 고전적 조건화의 도식을 보여주고 있다.

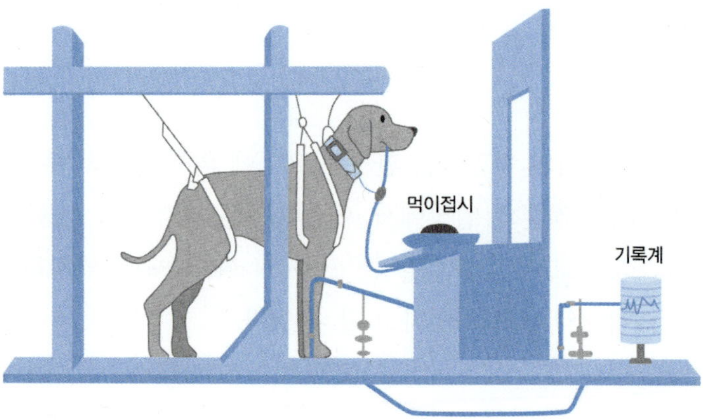

그림 11-1 파블로프의 개 실험

파블로프가 제시하는 네 가지 기본학습은 다음과 같다.

첫째, 소거(extinction)인데, 조건형성이 되었다 하더라도 무조건 자극 없이 조건자극만 계속 주어지면 더 이상 조건반응이 일어나지 않는다.

둘째, 자극일반화(stimulus generalization)는 조건형성이 된 조건자극과 비슷한 자극에도 조건반응이 일어나는 것을 말한다. 자라 보고 놀란 가슴 솥뚜껑 보고 놀란다, 토끼를 무서워하는 아이가 하얀 털 코트를 입은 여자를 보면 울거나 도망가려고 하는 행동을 말한다.

셋째, 자극변별(stimulus discrimination)은 조건형성과정에서 특정 조건자극에만 고기를 주고 그 외의 자극에는 고기를 주지 않을 때, 조건자극과 다른 자극을 구별할 수 있다.

넷째, 자발적 회복(spontaneous recovery)은 조건반응이 소거절차를 통해 소거된 후 일정 기간이 지나서 다시 조건자극을 제시하면 소거되기 이전보다는 약하지만 다시 조건반응을 보이는 현상을 말한다. 파블로프의 이런 기본학습 현상은 후일 스키너의 조작적 조건형성이론의 기본원리에 영향을 주었다.

(3) 손다이크의 시행착오학습

손다이크의 시행착오학습(trial and error learning)이란 어떤 목표에 도달하기 위한 확실한 방안이 없는 경우, 목표에 도달하기까지 여러 번 실수를 되풀이하다가 우연히 목표에 도달하게 되면서, 그 방법이 학습되는 현상을 말한다. 시행착오를 거치는 동안에 행동의 학습이 이루어진다는 것이다. 이렇게 목표가 달성되고 행동의 변화가 나타날 수 있는 것은 '효과의 법칙' 때문이라고 보기도 하였다. 행동의 결과가 만족스러우면 그 행동이 증가한다는 효과의 법칙은 스키너의 원리 이론 중에 강화개념에 많은 영향을 주었다.

(4) 조작적 조건형성이론

새로운 행동이 학습되는 중요한 원리는 조작적 조건형성이다. 그 효시는 1911년 손다이크가 발표한 고양이 실험이다. 그 이후에 손다이크의 발견을 더욱 발전시켜 조작적 조건형성의 원리를 체계화한 사람이 스키너이다. 조작행동은 환경을 조작해서 어떤 결과를 가져오도록 하는 행동이다. 예를 들어 책을 읽는 아이를 부모가 칭찬하면 그 아이는 계속 책을 잘 읽게 될 것인데, 이 경우 아이의 책 읽는 행동은 부모의 칭찬에 의해 나타난 조작행동(operant behavior)이라 할 수 있다.

스키너는 조작행동을 연구하려고 '스키너 상자'라 불리는 독특한 실험 장치를 만들었다. 이 상자의 한쪽 구석에는 지렛대가 있고, 이것을 누르면 전원과 연결되어 자동적으로 먹이와 물이 나오도록 고안되어 있다. 이 상자에 굶긴 쥐를 집어넣으면 쥐는 본능적으로 먹이를 얻기 위해 여러 가지 행동(걷고, 냄새 맡고, 물을 핥음)을 하다가 우연히 지렛대를 누르게 되고, 그럼으로써 먹이를 얻을 수 있게 된다. 시간이 흐름에 따라 지렛대를 더욱 자주 누르게 된다. 이렇게 되면 지렛대를 자주 누르는 결과는 강화되었다고 하며, 강화에 의해 영향 받은 조작행동을 조작적 조건형성(operant conditioning)이라 한다.

강화는 시간이 지날수록 행동을 유지시키는 수단이 된다. 음식, 돈, 성관계, 위험한 것으로부터의 도피 등은 생존을 위해서 중요하며, 이러한 것을 추구하는 행동은 생존적 지지를 지니고 있다. 이러한 환경적인 요소들은 행동의 결과라고 할 수 있으며 생존적 결과에 따르는 행동은 거의 반복된다.

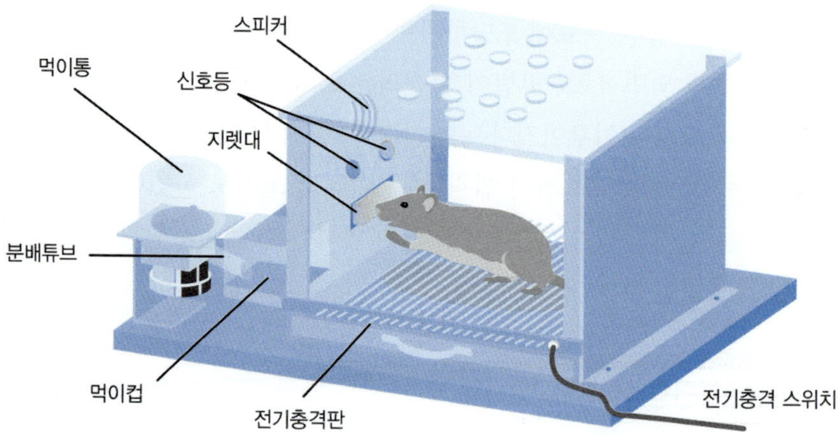

그림 11−2 스키너 상자

우리의 생활버릇들을 보면 조작적 조건형성으로 학습된 것들이 많이 있다. 그중 하나가 징크스이다. 예컨대 축구경기에서 승부차기를 하면 경기내용에서 이긴 팀이 꼭 진다든지, 시험 보기 전에는 손톱을 깎지 않는다든지, 유럽에서 13일의 금요일에는 파일럿이 비행을 거부해도 용납한다든지 하는 경우이다. 이런 징크스는 모두가 조작적 조건형성의 결과이다. 수염을 깎지 않고 야구장에 나타난 박 선수의 경우를 추정해 보자. 실제로 수염 깎는 것과 시합과는 아무런 관련이 없다. 그런데 어느 날 예상외의 경기결과가 나타났다고 했을 때 박 선수는 수염 깎은 차이에서 비롯되었다고 믿게 될 것이다. 결국 '수염 깎는 것'과 '시합 성적'의 관계없는 두

결과가 연결되어 다음부터는 시합 전에는 계속해서 수염을 깎지 않게 된다. 즉, 행동은 결과에 의해서 강화되며 결과 그 자체는 행동을 발생시키는 강화물이 된다. 또한 강화시키는 결과에 따라서 행동이 반복적으로 일어나게 된다.

파블로프의 행동주의이론은 비자발적인 반사행동을 유발하는 환경적 자극의 역할에 초점을 두고 있는 반면, 스키너의 행동주의이론은 개인의 과거행동의 결과가 어떻게 그 개인의 현재 행동에 영향을 끼치는가에 초점을 두고 있다.

① 강 화

강화(reinforcement)란 보상을 주어 어떤 행동에 대한 반응이 더욱 많이 일어나도록 부추기는 것이다. 강화는 스키너의 조작적 조건형성에서 가장 중요한 개념이며, 조작행동의 발생 가능성과 깊은 관계가 있다.

강화에는 두 가지 종류가 포함되어 있는데 긍정적이고 유쾌한 결과를 의미하는 정적 강화(positive reinforcement)와 불쾌한 결과나 행동을 없애 주는 부적 강화(negative reinforcement)가 있다. 이 두 가지 강화는 모두 행동의 빈도를 증가시킨다. 정적 강화는 긍정적 보상을 통해 그 행동을 지속하고 증가시키도록 하는 것이며, 그 예로는 헌혈을 한 후 제공되는 빵과 음료수, 봉사활동 점수 등, 도서관 사용을 많이 한 학생에게 주는 문화상품권 등을 들 수 있다. 반면 부적 강화는 대학축제에 참석하는 학생에게는 리포트의 양을 삭감, 면제해 줌으로써 학생들이 축제에 더 많이 참석하도록 하는 것을 예로 들 수 있다. 이것은 긍정적인 행동을 증가시키기 위해 그 사람이 싫어하는 어떤 것을 제거하는 것을 말한다.

또한 1차적 강화와 2차적 강화가 있다. 1차적 강화는 그 자체로 유기체에 생리적 만족을 줄 수 있는 강화물이며 실제 학습과는 무관하다. 마라톤으로 목마른 사람에게 물을 주는 것에서 물은 그 자체로 충분한 강화물이 된다. 2차적 강화물은 1차적 강화물과 연결됨으로써 강화력을 가지게 된 자극을 말한다. 배고픈 아이에게 젖을 주면서 보여 주는 엄마의 웃음과 달래는 소리는 2차적 강화물에 해당된다.

② 강화계획

강화계획은 행동 증가를 목적으로, 사용하는 강화물을 제시하는 빈도와 관련된 계획을 의미한다. 강화계획은 강화간격과 강화비율의 두 가지 기준에 따라 구분되며 다음과 같이 네 가지 형태로 나뉜다.

㉠ **고정간격 강화계획** : 매번 정해진 시간간격이 지난 후 강화

예 2시간마다 주는 간식, 월급

㉡ **고정비율 강화계획** : 정해진 수의 반응이 일어난 후 강화

예 한 과목 문제풀이 종료 시 주는 간식, 흰머리 10개 뽑는 데 천 원의 용돈

㉢ **변동간격 강화계획** : 강화시행 간의 시간간격이 다르나 평균적으로 확인할 수 있는 시간간격이 지난 후 강화

예 2시간 안에 아무 때나 주는 간식, 교통상황에 따라 들쭉날쭉한 시내버스

㉣ **변동비율 강화계획** : 평균적으로 정해진 어떤 수의 반응이 일어난 후에 강화

예 로또복권, 언제 득점할지 모르는 축구경기

일반적으로 가장 이상적인 계획은 연속적 강화를 통해 바람직한 행동이 습관화된 후 간헐적 강화를 하는 것이 행동을 유지하도록 하는 데 적절하다. 강화의 간격이나 비율 수량 등 강화가 어느 시기에 주어지는가는 반응되는 행동의 강도나 유지에 영향을 미치게 되기 때문에 매우 중요하다. 예를 들어, 수업시간에 어떤 과제를 힘들여 발표한 학생에게 발표 직후 보너스 점수와 칭찬으로 보상했다면 그 학생은 기분이 좋을 뿐 아니라 발표행위가 강화될 것이다. 그러나 며칠이 지난 후 그 학생의 선행에 대해 칭찬하게 된다면 그 학생은 발표행위가 아니라 선행이 강화될 것이다.

③ 처 벌

처벌은 부적 강화와는 다른 개념일 뿐 아니라 반대의 효과를 지닌다. 즉, 어떤 행동에 뒤따르는 결과가 그 행동을 다시 야기하도록 하는 가능성을 감소시키는 자극이다. 강화와 마찬가지로 처벌에도 두 가지 종류가 있다. 첫째는 불쾌한 자극을 가하는 처벌이며, 둘째는 유쾌한 자극을 없애는 처벌이다. 불쾌한 자극을 가하는 처벌은 우리가 일반적으로 생각할 수 있는 처벌의 의미와 같다. 예를 들어 싸움을 하고 돌아온 아이에게 집 밖으로 나갈 수 없도록 한다거나, 거짓말한 아이에게 매를 때리는 것과 같은 것이다. 반면 유쾌한 자극을 없애는 처벌이란 집에서 아이의 시험성적이 좋지 않을 경우 TV를 볼 수 없게 하거나 컴퓨터게임을 하지 못하게 하는

것을 예로 들 수 있다. 그러나 이러한 처벌을 가하는 것은 신중한 고려를 필요로 한다. 왜냐하면, 처벌은 부적절한 행동을 제거하기보다 일시적으로 부적절한 행동을 억압하는 경우가 많다. 결국 처벌은 새로운 방향을 제시하기보다는 하지 말아야 하는 것에만 초점을 맞추는 것에 그치게 되고, 문제를 다루는 방법에서 폭력을 사용하는 것을 정당화하거나 본보기로 만들 수 있어 비윤리적일 수 있다. 이것은 때로 처벌하는 사람을 공격적으로 만들고 처벌받는 사람에게는 공포를 유발할 수 있다. 따라서 스키너는 바람직하지 않은 행동을 없애기 위해 처벌보다는 소거가 효과적이라고 생각하였다.

④ 행동조성

행동조성(shaping)은 유기체의 행동이 바람직한 행동에 가까워질 때까지 점진적으로 행동을 형성해 가는 과정이다. 돌고래에 공중회전 묘기를 학습시키는 것도 단번에 이루어지지 않고 여러 단계의 훈련과정을 거쳐 마침내 그 행동이 완성된다고 볼 때, 그 훈련과정이 행동조성이라 할 수 있다. 그러나 학습시키기를 원하는 행동이 자발적으로 일어날 가능성이 적은 경우가 많다. 이러한 문제를 해결하기 위해서는 조건 형성하고자 하는 행동에 가장 가까운 행동부터 점진적으로 접근하여 강화하는 방법인 행동조성이 필요하다. 이와 같이 행동조성은 복잡한 행동이나 복합적인 기술을 학습시키기 위해서 사용하는 방법이며, 바람직한 행동을 학습할 수 있도록 기대에 부응하는 행동에 대하여 강화함으로써 행동을 점진적으로 만들어 가는 것이다.

행동조성은 기대하는 반응이나 행동에 가까울 때마다 강화를 함으로써 행동을 점진적으로 만들어 간다고 하여 이를 점진적 접근법이라고도 한다. 예를 들면, 대·소변 가리는 행동을 학습시키는 경우, 아이의 배변욕구에 관한 반응에 칭찬으로 강화하여 자기의 의사표현을 조성하고, 다음 순서로 옷을 벗고 변기에 앉아 배설하며 변기의 물을 내리는 행동을 점진적으로 학습케 함으로써 배변행위와 관련된 모든 바람직한 행동을 학습시킨다. 복합적인 행동을 학습하기 위해서는 구체적이고 세분화된 행동의 단계로 구분하여 접근하는 것이 효과적이다.

인간의 많은 행동은 행동조성을 통해서 점진적으로 학습된다.

2 사회학습이론

1) 서 론

(1) 사회학습이론의 배경

사회학습이론(social learning theory)은 반두라(Albert Bandura, 1925~)에 의해 체계화된 이론이다. 그는 인간행동이 내적 과정과 환경 영향 간의 복잡한 상호작용의 결과라 보았으며, 행동의 습득과정에서 관찰학습의 중요성을 크게 강조하였다. 사회학습이론은 인간행동을 이해하는 데 있어서 스키너의 단순한 자극-반응 패턴에 부가하여 사회와의 복합적인 상호작용까지 확대시킨 행동주의 학파라 할 수 있다. 즉, 환경자극이 인간행동에 영향을 주지만 신념, 기대 같은 요인이 더 많이 행동방식에 영향을 준다는 가정이다. 또한 인간의 행동이 사회적 상황 속에서 개인의 내적·인지적 과정과 환경적 영향력 간의 상호작용으로 결정된다는 성격이론이라 할 수 있다.

사회학습이론에서는 인간을 사회적 존재로 본다. 따라서 인간은 서로 영향을 끼치기도 하고 또한 영향을 받기도 한다. 인간의 모든 활동, 특히 학습은 일정한 사회적 환경 속에서 이루어진다. 인간은 다른 사람의 행동을 오감을 통해 경험하고 그 경험된 것으로부터 배운다. 이와 같이 다른 사람의 행동을 관찰함으로써 학습되는 것을 관찰학습(observational learning)이라고 한다. 관찰학습은 사회적 학습이라고도 하는데, 이 이론은 인간의 모든 심리적 기능을 개인과 환경적 결정요인의 계속적인 상호작용이라는 관점에 볼 때 설명될 수 있다고 본다. 관찰학습은 인류의 역사와 더불어 시작되었을 것으로 짐작되지만 이것을 이론적으로 가장 잘 체계화한 학자는 반두라이다.

스키너는 모든 학습이 직접적인 경험을 통해서 이루어진다고 보는 반면에, 반두라는 자신의 경험을 통해서 뿐만 아니라 관찰학습을 통해서도 학습이 이루어진다고 하였다. 관찰을 통한 대리강화를 함으로써 학습한다는 측면은 사회학습이론에서 인지가 중요한 역할을 한다는 의미이다. 반두라의 사회학습이론은 인지심리학에 영향을 주었고, 발달에 있어서 사회적 영향에 관한 분석뿐 아니라 행동수정의 원칙에도 영향을 주었다.

(2) 반두라의 생애

반두라(1925~2021)

반두라는 1925년 캐나다에서 폴란드계 밀농사를 하는 아버지의 아들로 태어났다. 그는 당시 초등학교에서 고등학교까지 통합되어 있는 전형적인 작은 시골학교를 다녔다. 교사와 자원이 부족한 탓에 학생들은 자발적으로 배워야 했기 때문에 반두라는 그의 친구들과 스터디그룹을 만들어 스스로 공부하였으며, 이것은 자기관리 능력에 대한 반두라의 신념의 원천이 되기도 했다. 그 후, 브리티시컬럼비아대학교에서 심리학을 전공하였고, 아이오와대학교 대학원 심리학과에 입학하여 석사학위와 박사학위를 취득하였다.

아이오와대학교에서 반두라는 임상심리학에 흥미를 가졌으며, 초기 연구의 초점은 심리치료 과정, 가족상황에서의 아동의 공격성 등에 있었다. 특히 그는 아동이 사회적 상황에서 모방을 통해 받은 것을 학습한다고 주장하여 모방학습의 이해에 관심을 고조시켰다. 그는 또한 사람들의 삶 속에서 기회의 역할에 대한 예를 계속 수집했다. 그가 수집한 현실 속에서 일어나는 많은 사건의 예를 가지고 있어도 그는 그 기회가 사람들의 삶의 한 요인이었다고 지적한다.

반두라는 1953년 스탠퍼드대학교 심리학과 교수로 임용되었다. 그는 미국심리학회로부터 우수과학자상도 받았으며, 미국심리학회 회장도 역임하였다. 그는 사회학습이론의 주요 인물로서, 행동수정의 개척자로서, 또한 공격성 이론의 학자로서 인정받고 있다. 특히 인간이 환경과의 접촉을 통하여 행동유형을 어떻게 발전시켜 나가는가 하는 이론을 발전시킨 학자이다.

대표적인 저서로는 『사회학습이론』(1977), 『청소년의 공격성』, 『사회학습과 성격발달』, 『행동수정의 원칙』 등이 있다. 특히 그는 행동을 설명하는 데 도움을 주는 주요 개념들을 요약한 『사회학습이론』을 저술하였다.

2) 주요 개념

(1) 모델과 모델링

관찰을 통한 학습을 모방 혹은 모델링이라고 한다. 사회학습이론에서는 모방이라는 용어보다 모델링이라는 용어를 사용하고 있다. 이유는 모델링이 모방보다 포괄적이며, 관찰을 통해 이루어지는 학습과정을 체계적으로 설명해 주는 개념이기 때문이다.

반두라는 사회학습에 있어서 중요한 과정은 모델링한다고 하였다. 이러한 모델링은 타인과의 관계 내에서 생활할 수밖에 없는 인간에게 있어 행동에 많은 영향을 미치게 된다. 사람들이 다른 사람의 행위를 모델링 하게 되는 이유에 대하여 먼저, 모델링은 인간의 본능적 특성이라고 설명하는 입장이고, 둘째, 다른 하나는 자신보다 유능한 사람을 모델링함으로써 자신도 그 사람처럼 유능하다고 느낄 수 있기 때문이라고 보는 견해, 셋째, 보상에 대한 기대가 모델링을 유발한다고 보는 입장 등이 있다.

보통의 경우 일반 사람들은 행동 이후에 보상을 인식하여 행동의 모방 여부를 선택하는데, 아이들은 부모나 동료, 또는 TV 탤런트나 가수의 행위를 자신들의 영웅으로 삼고 친사회적 또는 반사회적 행동을 어른들보다 쉽게 배울 수 있다. 반두라의 실험에 따르면 아이들은 훌륭하다고 생각하는 사람의 행동을 그렇지 않다고 생각하지 않는 사람의 행동보다 더 잘 모방하고, 동성 모델의 행동을 이성 모델의 행동보다 더 잘 모방하는 경향성이 있다고 한다. 또한 사회적 지위, 명예, 많은 돈 등을 가진 모델을 더 잘 모방하고, 비난받는 모델은 모방하지 않으며, 처지나 나이가 자기와 비슷한 모델을 더 잘 모방하는 특성이 있다고 보고했다(Bandura & Walters, 1963).

그는 모방학습을 효과적으로 사용하기 위한 원칙을 다음과 같이 제시하였다(Bandura, 1977).

① 바람직한 행동은 가능한 한 여러 사람이 여러 번 시범을 보인다.
② 모방의 내용은 쉽고 간단한 것에서 시작하여 점차로 복잡하고 어려운 것으로 옮겨 간다.
③ 각 단계에서 말로써 설명해 주거나 지도해 주는 것이 필요하다.

④ 가르치는 내용에 따라서 보여 주는 것이 효과적이다.

⑤ 각 단계마다 잘하면 칭찬을 해 주어야 한다.

(2) 관찰학습

관찰학습(observational learning)이란 사회적 환경 속에서 타인의 행동을 관찰함으로써 새로운 행동을 습득하는 것을 말한다. 반두라는 인간이 보이는 대부분의 행동은 다양한 사회환경 속에서 다른 사람들과의 행동을 관찰하고, 또 그 행동을 모방하여 수행하는 절차를 통해서 학습된다고 하였다. 모방범죄 등이 그 예라고 볼 수 있다. 영화나 TV등을 통해 살인이나 절도 등의 방법을 배운 뒤에 범죄에 사용하는 것이다.

관찰학습은 모방학습, 대리학습, 사회학습 등으로 불리기도 한다. 인간의 삶은 학습과정으로 평생 무엇인가 배우면서 살아가게 되는데, 이때 인간이 단순한 환경적 자극에 대한 반응을 통하여 행동을 익히는 것이 아니라 다른 사람의 행동을 관찰함으로써 학습한다는 주장이 곧 관찰학습이다.

관찰학습은 유용한 모델이 하는 행동을 따라 함으로써 학습이 되는 것으로 이것은 수동적인 행동의 모방만을 의미하는 것이 아니며, 학습된 행동을 모두 수행하는 것도 아니다. 여기서 말하는 관찰학습은 행동 수행의 가치를 배우고 다른 모델의 행위를 통합하여 새로운 행동을 만들어 내기도 하는 능동적이고 선택적인 행동을 의미하는 것으로, 반두라는 직접적 학습보다 오히려 관찰을 통한 대리적 학습을 더 강조하였다. 이러한 과정은 인지적 활동으로 인지는 사회학습이론에서 중요한 역할을 한다. 왜냐하면, 인지는 사람들이 다른 사람으로부터 배우게 되는 매개물이 되기 때문이며, 때로는 행동을 조정하고 통제하는 역할을 하기 때문이다.

만약 한 사람이 어떤 행위의 결과로 보상을 받은 다른 사람을 본다면, 그 관찰자는 '만약 내가 같은 행동을 한다면, 나도 같은 보상을 받을 것이다'라고 생각할 것이다. 다른 모델의 행동에 대한 보상을 관찰하는 것은 결과에 대한 직접적인 보상이 없더라도 학습할 수 있게 되는 것이며, 사실상 인간은 보상을 포함한 관찰이 아니라도 배울 수 있다(Allen, 2003). TV 프로그램 또는 책을 통하여 만날 수 있는 상징적 모델을 통한 학습이 관찰학습의 한 예라 할 수 있다. 즉, 관찰학습에는 자극이라고 하는 단순한 외적 요인 외에 인간 내적인 여러 조건이 동시에 구비되어야 한다고 본다. 관찰학습의 네 가지 단계는 다음과 같다.

① **주의집중단계**(attentional process)

주의집중은 모델을 따라 하기 위해 모델의 어떤 부분을 선택하여 관심을 기울일 것인지를 결정하는 것을 말한다.

모델을 제시하는 것만으로는 사람들에게 충분한 주의를 이끌 수 없기 때문에 모방학습을 위해서는 무엇보다 먼저 모델에 주의를 기울여야 한다. 따라서 관찰자는 모델의 두드러진 특성에 주목하고, 인식할 뿐 아니라 변별해야 한다.

② **기억유지단계**(retention process)

모델의 행동을 장기간 기억하는 것이다. 모델행동을 재생하려면 그것을 기억해야 하므로 모델행동의 주요 요소들을 회상할 수 있는 능력이 관찰학습의 결정요인이다. 반두라는 이 단계에서 심상체계와 언어체계라는 두 가지 주된 방식으로 이루어진다고 하였다. 심상체계란 모델을 관찰하는 동안 관찰대상에 대한 내용을 잘 기억할 수 있도록 심상을 형성하는 것을 말한다. 언어체계란 관찰한 내용을 언어로 부호화하여 저장하는 것이다.

③ **운동재생단계**(reproduction process)

기억한 내용을 실제 행동으로 전환하는 것을 말한다. 주의집중을 통해 심상에 저장되어 있거나 상징적으로 부호화된 기억을 적절한 행동으로 전환시키는 단계로서 새로운 행동을 수행할 수 있는 운동능력이 전제조건이 된다. 행동유형을 분석하고 인지적으로 조직화하는 반응선택단계와 행동을 재생하는 과정에서 자기관찰과 타인의 피드백을 보고 행동을 수정하는 계속적 접근단계가 있다.

④ **동기화**(motivation)

관찰한 것을 행동으로 옮기려면 동기가 있어야 한다는 것이다. 긍정적 강화가 주어지면 주의집중을 통해 저장된 기억이 행동으로 전환한다. 강화와 동기과정은 관찰학습 과정의 결과를 유지하기 위해서 필요하다. 행동을 수행할 능력을 가지더라도 동기가 없으면 행동하지 않을 가능성이 크기 때문이다. 따라서 모델을 통한 관찰학습은 긍정적인 자극이 주어질 때 동기화되고 행동으로 전환될 수가 있다. 동기화는 주로 강화에 의해 이루어지는데, 동기화를 촉진시키는 요인으로는 외적 강화, 대리적 강화, 자아강화가 있다.

(3) 상호결정론

상호결정론(reciprocal determinism)이란 사람과 그 사람이 처한 환경 그리고 그 사람의 행동의 세 가지 요소가 상호작용하여 후속행동이 나타난다는 것을 뜻한다. 반두라는 한 인간의 행동이 그 개인의 특성들과 사회적인 환경 사이의 상호작용에 의한 결과로 나타난다는 주장을 넘어서서 인간의 행동, 개인, 환경 세 가지 모두가 서로 영향을 주고받는다고 주장하였다.

반두라는 인간의 행동결정 요인으로 기질적 및 상황적 요인이 있지만, 어느 한 요인에 의하거나 혹은 둘의 조합에 의해 결정되는 것이 아니라 인간의 내적 과정과 환경적 요소 사이의 복잡한 상호작용에 의해 이루어진다고 주장한다. 즉, 사람, 환경 그리고 그 사람의 행동 자체가 모두 상호작용하여 그 사람의 행동을 만들어 낸다는 것이다. 이렇게 행동적·인지적·환경적 영향력 간의 끊임없는 상호작용에 의한다고 하여 이를 상호결정론(reciprocal determinism)이라고 하였다.

상호결정의 과정은 그림 11-3에서 보는 것처럼, 사람(P)은 지각과 인지를 통하여 그 상황을 분석하여 어떤 행동을 선택할 것인지 결정하며, 환경(E)은 사람이 어떤 행동을 하도록 상황을 제공하고, 행동(B)은 상황 분석과 관련된 정보제공과 그 환경을 수정한다. 즉, 어떤 개인이 자신이 무엇을 할 수 있다는 신념은 어떤 특별한 행동을 수행하는 것에 영향을 주고 그 행동은 환경에 영향을 준다. 환경은 다시 그 사람의 기대를 변화시키는 역할을 한다. 그러므로 환경(E), 사람(P), 행동(B) 세 가지 요소는 서로에게 영향을 주며 상호의존적이다(최옥채, 2004).

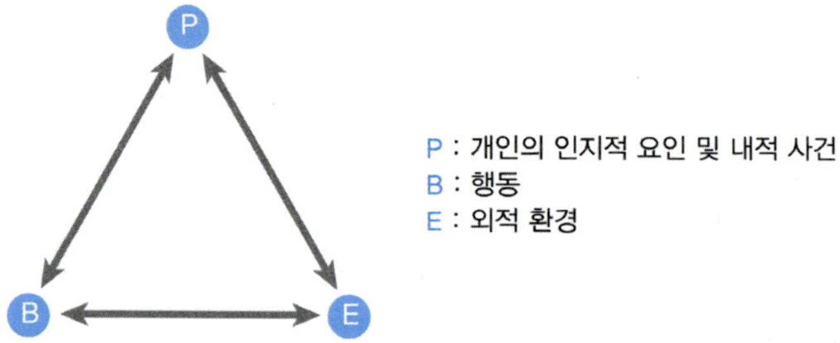

그림 11-3 상호결정론의 도식

상호결정론은 기질적 요인들과 상황적 요인들이 상호 의존하여 행동의 원인이 되는 것으로 간주하며 환경자극이 인간행동에 영향을 주지만, 신념, 기대와 같은 요인이 인간의 행동방식에 영향을 준다는 것이다. 또한 인간은 외적 자극에 대해서 단순히 반응만 하는 존재는 아니며, 상징을 사용할 수 있는 뛰어난 능력을 가지고 있으므로 행동으로 나타나는 인지과정인 사고, 창조, 계획 등의 일들을 할 수 있다(Hjelle & Ziegler, 1994).

(4) 자기효능감

자기효능감(self-efficacy)이란 특정 상황에서 자신에게 주어진 일을 성공적으로 잘 해낼 수 있다는 자신에 대한 믿음을 의미한다.

인간이란 감정, 사고, 행동을 통제할 수 있는 자기조절 능력을 지니고 있기 때문에 개인의 행동은 자기강화와 외적인 영향 요인에 의해서 결정된다고 보았다. 가장 강력한 자기조절 과정의 하나는 자기효능감인데 자신이 바라는 목적을 이루기 위해 어떤 특정행동을 성공적으로 수행할 수 있다는 신념이다. 반두라는 인간이 주관적으로 자신의 효능감에 대하여 어떻게 보느냐가 중요하다고 보았다.

이러한 효능감은 개인으로 하여금 더 높은 목표를 설정하게 하거나 좀 더 도전적인 일이나 환경을 추구하도록 할 수 있다(Bandura, 1997; 김의철 외 역, 1999). 따라서 개인은 자기효능감에 근거하여 자신이 행동해야 할 것인지의 여부를 결정할 뿐 아니라 얼마나 오래 수행할 수 있을지, 행동을 수행했을 때 얼마나 많은 처벌을 감수해야 할지를 결정하기도 한다.

자기효능감이 높을수록 더욱 어려운 활동을 추구하게 됨으로써 개인적 발달에도 많은 영향을 미치며, 또한 난관에 봉착했을 때 그 상황을 잘 극복해 나간다. 이것은 직업의 선택 방향을 결정지으며, 결국 사회적 발달과정에도 중요한 영향을 미치게 된다. 이러한 개념은 역량강화이론(empowerment theory)과 관련이 있다. 반두라는 자기효능감이란 단순한 개념이 아니라 다양한 영역에서 사용된다고 하였다. 예를 들어, 어떤 사람이 운동에 있어서는 자기효능감이 높아도 사회적 관계에서의 자기효능감은 낮은 경우를 볼 수 있다.

그러나 자기효능감이 낮은 사람은 종종 자신의 결함을 곰곰이 생각하고, 자신에게 주어진 과제가 실제보다 어렵다고 판단하게 되며, 자신의 결점에 지나치게 집중하게 됨으로써 과제수행에 실패할 가능성이 높아진다. 이것은 또다시 자기효능감을 낮추게 되는 결과로 우울증, 허무감, 불안 등의 원인이 되고 사회적 발달에도 제약을 가져오게 된다. 자기효능감을 신장시키는 가장 효과적인 방법은 어떤 일을 스스로 수행하고, 그 일을 할 수 있다는 믿음을 가지고 자기계발을 위해 노력하는 것이다(Garz, 2000).

한편, 자기효능감은 종종 자기존중감이란 용어와 같은 의미로 쓰이는데, 이 두 가지 용어는 전혀 다르다. 즉, 자기효능감은 개인의 능력에 대한 판단과 관련 있다고 한다면, 자기존중감은 자기가치에 대한 판단과 관련된다. 예를 들어, 노래를 잘 못 부르는 사람은 자신이 잘하지 못하는 일에 대한 자기효능감이 낮을 수 있다. 그러나 노래를 못 부른다고 해서 자신을 가치 없는 사람이라고 보지는 않는다. 따라서 자기효능감은 특정 영역에 대해 지각하는 개인의 성취 능력과 관계되는 것이다.

3) 행동주의 치료기법과 공헌

(1) 치료기법

① 모델링

모델링(modeling)이란 어떤 특정한 사람의 행동이나 말을 그대로 따라 하는 행동을 말한다. 한 아동이 인형에게 과자를 나누어 주는 것을 모델의 행동을 보고 배웠다면, 그 아동은 친구들과 장난감을 나누어 갖는 행동이나 엄마의 집안일을 도와서 물건을 정리하는 행동을 할 수 있다(이훈구 역, 1998).

② 자기지도

자기지도(self−directed change)란 자신의 인지적 행동수정 프로그램을 자기 스스로 이끌어 나가는 것을 말한다. 자기강화는 자기가 직접 강화물과 강화방법을 정하여 바람직한 행동을 했을 때 자신이 스스로에게 강화물을 주는 것이다.

③ 인지적 행동수정

인지적 행동수정(cognitive behavior modification)은 인지구조를 수정하여 개인의 문제행동을 변화시키는 방법이다. 엘리스(Ellis)의 인지 · 정서 · 행동치료는 행동의 수정보다 사고의 변화를 강조하는 반면에 반두라(Bandura)의 인지행동수정은 사고도 바꾸지만 그보다는 행동을 바꾸는 것에 궁극적인 목적을 두고 있다.

④ 자기 지시훈련

자기지시훈련(self−instructional training)은 인지행동적 기법으로서 마이헨바움(Meichenbaum)이 개발하였다. 내담자가 새로운 행동을 배우고 자기지시를 통해서 스스로 적응적 행동을 연습하고 실천하도록 돕는 방법이다.

⑤ 행동조성법

행동조성(behavior shaping)법은 조작적 조건형성의 원리를 이용해서 부적절한 행동을 없애고 바람직한 행동을 형성하게 하는 기법이다. 부적응적인 행동에 대해서는 강화물을 제거하고 새로운 적응적 행동에 대해서는 긍정적 강화를 해 주는 방법이다.

⑥ 자기효능치료

자기효능치료란 자기 자신을 유능하며 세상을 통제할 수 있는 존재로 지각하도록 하여 불안과 방어 증상을 치료하는 것이다.

(2) 공헌점과 한계

행동주의이론의 가장 커다란 공헌은 인간이 행동과 성격을 설명하기 위하여 과학적인 접근을 시도했다는 점이다. 또한 다양한 부적응 문제를 학습원리로 설명할 뿐만 아니라 그러한 문제를 치료할 수 있는 다양한 치료기법을 개발하여 성공을 거두었다. 심리학이 명실공히 과학의 반열에 오르게 된 것은 행동주의 심리학자들의 공헌이다.

행동주의이론에 대한 가장 중요한 비판은 설명의 영역과 범위가 제한적이다. 행동주의이론은 주로 동물실험에 의해 발전된 학습이론에 근거하고 있기 때문에 인간의 다양하고 복잡한 문제를 설명하는 데 한계가 있다. 인간은 동물에 비해 현저하게 더 복잡한 존재일 뿐만 아니라 내면적인 심리적 과정을 통해서 행동하게 된다. 또한 행동주의이론은 인간의 성격에 대하여 피상적인 설명뿐이라는 것이다. 행동치료가 심리적 장애의 원인보다 증상에 초점을 맞춘 피상적인 치료라는 것이다.

이러한 비판과 한계에도 불구하고 행동주의이론은 인간의 행동과 성격을 설명하는 과학적 이론의 바탕을 제시했다. 또한 행동치료는 공포증, 강박장애, 중독문제, 여러 아동 및 청소년 장애 등과 같은 다양한 행동장애에 대한 효과적인 치료방법으로 인정되고 있다. 행동주의이론에 근거한 학습의 원리와 기법은 다양한 교육장면이나 교정기관에서 활용하고 있을 뿐만 아니라 신체적 질병의 치료와 예방, 새활프로그램, 스트레스 대처에도 많이 활용되고 있다. 특히 20세기 후반부터 행동주의이론은 인지주의 이론과 통합되면서 현대 성격심리학의 가장 중심적인 흐름으로 발전하였다.

요약

행동주의이론은 인간의 마음을 강조하는 정신분석이론이나 인지, 즉 머리를 중시하는 인지이론에 비해 손과 발을 강조하는 이론이라 할 수 있다. 따라서 행동주의이론의 형성과정에는 유난히 개, 쥐, 비둘기 등의 동물들이 많이 등장하는데, 이들의 관점은 첫째, 관찰하고 실험하여 얻은 결과를 존중하는 실증주의 입장을 가지며, 둘째, 인간행동의 동기보다 유기체에 주어지는 자극과 반응의 연구를 주장한다. 셋째, 인간을 외부 환경에 반응하는 수동적인 존재로 보았으며, 넷째, 인간을 기계의 한 부속품으로 보는 견해를 가졌다.

행동주의는 조건형성이론과 사회학습이론으로 구분되는데, 조건형성이론에는 비자발적인 반사행동을 유발하는 환경적 자극의 역할에 초점을 두는 파블로프의 고전적 조건형성이론과 개인의 과거행동의 결과가 어떻게 그 개인의 현재 행동에 영향을 끼치는가를 중시하는 스키너의 조작적 조건형성이론이 있다.

고전적 조건형성 학자들은 인간을 볼 때 좋지도 나쁘지도 않은 존재로 보며, 인간은 환경의 자극에 대해 반응하는 유기체, 또한 인간의 행동은 유전과 환경의 상호작용 산물이며, 또한 학습에 의한 것이라는 환경결정론적 관점인데 비해, 조작적 조건형성 학자들은 환경이 인간의 행동에 영향을 주지만, 인간의 행동도 환경을 창조할 수 있으며, 인간은 자기조절의 능력을 지니고 있을 뿐 아니라 자기를 지도할 수 있는 능력을 가진 존재로 보는 상호 결정론적 입장을 취한다. 조작행동은 환경을 조작해서 어떤 결과를 가져오도록 하는 행동이다.

조작적 조건형성에서 강조하는 개념 중에 강화와 소거, 처벌, 일반화, 변별, 행동조성 등이 있다. 강화는 보상을 주어 행동에 대한 반응을 강력하게 하는 것이며 소거는 더 이상 강화되지 않아 반응이 약화되거나 없어지는 경향을 말한다. 처벌은 어떤 행동에 뒤따르는 결과가 일어날 가능성을 감소시키는 자극이다. 일반화는 '자라 보고 놀란 가슴 솥뚜껑 보고 놀란다' 는 속담처럼 특정한 상황에서의 반응이 다른 상황에서도 일어나는 것을 뜻하고, 그와 반대로 변별은 주어지는 자극에 대해서 선택적으로 반응을 보이는 것을 말한다. 행동조성은 기대하는 반응이나 행동에 가까울 때마다 강화를 함으로써 행동을 점진적으로 만들어 가는 과정이다.

사회복지실천과 조건형성이론과의 관련은 사회복지현장에서의 개입에 있어서 이 이론이 중요한 접근법으로 인식되고 있으며, 구체적인 인간행동의 개념과 행동수정의 지침을 제공하였다는 점에서 다른 이론들보다 더욱 밀접한 관련이 있다고 본다.

또한 보상 혹은 강화 개념은 사회복지실천행동을 변화시키기 위한 행동적 사고로부터 나온 개념이며, 인지행동적 치료는 사회복지 영역에서 널리 사용되고 있는 개념이다.

또한, 사회학습이론은 반두라에 의해서 세워졌으며 인간의 행동이 사회적 상황 속에서 개인의 내적·인지적 과정과 환경적 영향력 간의 상호작용으로 결정된다는 이론이다. 주요 개념으로서는 모델링, 관찰학습, 상호결정론, 자기효능감 등이 있다. 반두라는 사회학습에 있어서 중요한 과정을 모델링이라고 하였다. 개인은 다른 사람의 행동을 관찰함으로써 강화가 없더라도 변화될 수 있다는 것이다.

관찰학습은 인간이 단순한 환경적 자극에 대한 반응을 통하여 행동을 익히는 것이 아니라 다른 사람의 행동을 관찰함으로써 학습한다는 주장이다. 상호결정론은 인간의 성격이란 개인적·행동적·환경적인 요소들 간의 끊임없는 상호작용에 의하여 발달한다는 것이다. 자기효능감은 자신이 바라보는 목적을 이루기 위해 어떤 특정행동을 성공적으로 수행할 수 있다는 신념인데, 반두라는 한 개인이 주관적으로 자신의 효능감에 대하여 어떤 개념을 가지느냐가 중요하다고 보았다.

사회학습이론은 개인의 내적 과정과 환경의 상호작용을 중요시한다. 이것은 이 이론의 사회복지실천에서의 적용 범위가 넓음을 말하는 것이다. 사회학습이론은 관찰과 평가의 중요성을 강조하고 모델링을 통한 관찰과 모방에 의해 클라이언트의 문제행동을 보도록 하였다. 따라서 임상 및 치료적 측면에서 공헌을 하고 있으며 사회복지기관, 병원, 학교에서 많이 활용되고 있다. 사회학습이론에서는 부적응 행동은 기능장애 학습의 결과로 바람직하지 못한 모델에 노출된 학습으로 간주한다.

그러므로 사회복지실천에서는 모델링을 통해 클라이언트의 공포심, 불안감 등의 심리정서적인 문제를 감소시키고, 반사회적 클라이언트에게도 효율적인 의사소통기술을 가르칠 수 있다고 본다.

3 인지학습이론

1) 피아제의 인지발달이론

(1) 서 론

정신분석과 행동주의가 심리학계의 양대 산맥으로 군림하던 1950년대에 '인지주의'라는 새로운 심리학의 싹이 돋아났다. 인지주의는 인간행동을 설명하는 데 있어서 인간의 사고과정에 대한 이해가 핵심적이라는 입장을 뜻한다. 개인이 환경과 상호작용하면서 마음속으로 정보를 처리하고 문제를 해결하는 인지적 요인을 밝히는 것이 심리학의 중요한 과제이며 인간행동의 이해에 필수적이라는 주장을 하고 있다.

인지(cognition)란 일반적으로 '사고의 능력'을 의미하는데, 사전적인 뜻은 자극을 받아들이고, 저장하고, 인출하는 일련의 정신과정으로 지각, 기억, 상상, 개념, 판단, 추리를 포함하여 무엇을 안다는 것을 나타내는 포괄적인 용어이다. 따라서 인지발달이란 다양한 인지기능의 복합적인 발달과정으로 볼 수 있다.

인지발달이론(cognitive development theory)은 피아제(Piaget)에 의해 수립된 이론으로서, 인간이 무엇을 어떻게 알게 되고 어떻게 생각하게 되는지, 무엇을 느끼게 되는지에 관심을 갖고 사고의 획득과 기능에 초점을 두는 이론이다. 따라서 인간의 잠재력과 행동을 이해하는 매우 중요한 이론적 기반이 된다.

인지발달이론을 주창한 피아제는 아동들의 사고체계가 전적으로 어른들과 다르다는 사실을 확인하고 아동의 사고발달과정에 이론의 초점을 두었다. 그는 인간의 두뇌가 그 인지적 구조를 변화시킴으로써 환경에 적응해 나가는 능력이 있다는 것을 발견하였으며, 의사결정에서 의식적인 사고과정을 중요시하였다. 인지발달이론은 인간의 인지와 사고과정에 연구의 초점을 두고 인지적 구조가 형성되는 과정을 네 가지 단계로 구분하여 설명한 이론이다.

인지이론가들은 인간을 유전적 요인에 의해 결정되는 수동적 존재로 보지 않았으며 환경적 자극에 능동적으로 대처하고 지속적으로 성장·발달할 수 있는 잠재력을 지닌 적극적인 존재로 보고 있다. 이에 따라 그들은 인간의 행동이 환경으로부터 받아들인 정보를 처리하는 방식에 따라 결정된다고 본다. 즉, 자극과 반응에 따른 보상과 제재를 높게 평가하는 행동주의적 접근과 달리, 인지이론적 관점은 지능, 사고, 상상, 개념화, 창조성, 감성, 상징화, 분류 등의 과정을 중요하게 평가한다. 이러한 인지발달이론을 통한 인간행동에 관한 연구는 20세기에 들어서 활발하게 이루어졌으며, 그중에서도 다음에 소개하는 피아제의 인지발달이론과 그의 도덕발달단계이론을 보다 실증적이고 과학적인 방법으로 체계화한 콜버그(Kohlberg) 연구를 살펴보고자 한다.

(2) 피아제의 생애

피아제(Jean Piaget, 1886~1980)는 1886년 역사학자 아버지의 아들로 스위스에서 태어났다. 피아제는 매우 엄격한 가정교육을 받았으며 10세 때 새에 관한 논문을 발표하였고, 고등학교 때에는 연체동물에 관한 연구를 보고하면서 일찍이 천재성을 드러내어 외국학자의 초청 및 박물관장직을 제의받기도 하였다. 약관 21세에 동물학으로 박사학위를 취득하였지만, 그 이후에는 아동심리에 관한 연구로 일생을 보내게 되었다.

피아제(1886~1980)

피아제는 24세 때 비네(Binet) 실험실에서 아동용 지능검사를 만드는 과정에서 아동들의 사고체계가 전적으로 어른과 다르다는 사실을 발견하였다. 그의 관심은 양적인 것보다는 질적인 것에 있었다. 즉, 그는 어린아이들에게 질문을 할 때 그들이 옳은 답을 말하는 양적인 수보다 그렇게 답하는 이유에 더 큰 관심을 가지고 있었다. 이것이 그의 인지발달단계이론을 형성하는 계기가 되었다. 아동의 인지발달에 관한 중요한 연구는 첫 아이가 출생하면서 본격화되었다. 그는 아동들의 독특한 사고체제를 알아보기 위해 지속적인 '왜(Why) – 질문'을 통한 인지자극을 시도하였으며, 자신의 세 아이를 직접 관찰함으로써 실증적으로 아동을 이해하고자 노력하였다. 그는 1940년 초부터 연구의 초점을 전환하여 수학적·과학적 개념에 대한 아동의 이해에 관한 연구를 시작하였다. 1950년대에 그는 인식론의 철학적 문제들로 관심을 전환하였지만, 아동의 인지발달에 관한 연구는 계속하였다. 피아제(Piaget)는 1980년, 84세를 일기로 그의 천재적인 삶을 마감했다.

피아제의 대표적인 저서로는 『아동의 언어와 사고』(1923), 『아동의 판단과 추론』(1924), 『아동의 세상개념』(1926), 『아동의 물리적 인과성 개념』(1927), 『아동의 도덕판단』(1932), 『시간에 대한 아동의 이해』(1946), 『운동과 속도에 대한 아동의 이해』(1946), 『수에 대한 아동의 이해』(1952) 등이 있다.

2) 주요 개념

(1) 인간관

인지이론에서는 인간을 매우 주관적인 존재로 규정하고 있다. 인지이론에서는 이 세상에는 객관적 현실이란 존재하지 않으며 각 개인이 나름대로 부여한 주관적 현실만이 존재한다고 본다(김동배 · 권중돈, 1999). 그러므로 인지이론에서는 각 개인의 정서, 행동, 사고는 개인이 현실을 창조해 내는 방식, 즉 현실세계를 구성하는 방식에 따라 달라진다고 본다(Beck, 1976; Kelly, 1955). 인지이론에서는 인간본성에 대해 비결정론적 시각을 지니고 있으며 성장 가능성을 인정하고 있다. 즉, 인지이론에서는 인간이 유전적 요인에 의해 결정되는 존재가 아니며, 환경적 영향을 받기는 하지만 이러한 환경적 자극을 능동적으로 중재하고 재구성할 수 있는 능력이 있으며, 지속적으로 성장할 수 있는 잠재력을 지니고 있다고 본다.

피아제는 인간의 인지는 환경과의 상호작용을 통하여 변화하고 발달한다고 보고 있으며, 이러한 상호작용에서 인간의 능동적 역할을 중시하고 있다(전윤식, 1995), 포이엘슈타인(Feuerstein, 1979)과 비고츠키(Vygotsky, 1981)는 인간이 속해 있는 사회적·역사적 상황의 영향을 받는다는 점을 인정하고 있지만, 동시에 환경적 자극을 스스로 중재할 수 있는 능력이 있다고 보고 있다. 켈리(Kelly, 1963)는 인간을 환경에 단순히 반응하기보다는 환경을 해석, 평가, 구성하고 재구성하는 과정을 통해 능동적으로 구성할 수 있는 능력이 있는 존재이며, 현실세계에 대한 구성개념체계가 달라짐에 따라 지속적으로 변화된다고 하였다. 엘리스(Ellis, 1979)는 인간은 생물학적 본능에 의해 조종당하거나 외적 상황에 의해 조건 지어지는 것이 아니라 본래 자기 보존적이며 성장과 변화, 그리고 자아실현의 경향을 지닌 존재라고 보고 있다. 피아제를 비롯한 인지이론가들은 무의식을 강조한 정신분석이론에 비해 긍정적이고 환경에 인간이 능동적으로 적응한다는 측면에서 인간의 성장 가능성을 시사하고 있다.

이들은 인간의 의식에 초점을 두고 인간을 사고하는 합리적인 존재로 인식한다. 인간이 과연 합리적 존재인가 하는 점에 대해서는 인지이론가들 사이에 이견이 있다. 엘리스는 인간은 합리적이고 올바른 생각과 비합리적이고 잘못된 생각을 할 수 있는 가능성을 동시에 갖고 태어나는 존재라고 하였다. 이에 반해 켈리는 인간을 과학자로 규정하고, 세상을 지적이고 합리적으로 구성하는 과정에 끊임없이 참여한다고 보았다.

(2) 인지발달 모델

피아제는 어린 시절부터 관심을 가졌던 연체동물에 관한 연구를 통하여 인간과의 유사점을 발견하게 되었다. 연체동물이 환경의 변화에 따라 유기체의 변화를 가져오듯이, 인간의 두뇌는 인지적 구조를 변화시킴으로써 환경에 적응해 가는 능력이 있다는 것을 발견하였다. 피아제는 인지발달이 유전과 환경의 상호작용에 의한 적응과정이라고 하였다. 즉, 인간은 능동적인 생물학적 유기체로서 환경과 끊임없이 상호작용을 하며, 이러한 상호작용을 통해서 자기 자신, 외부세계 및 자기와 외부세계와의 관계에 관한 지식을 얻는다.

피아제는 어린이들이 어떻게 환경에 반응하는 방법을 습득하는지에 대해 그들의 인지구조의 발달을 통해 설명하고 있다. 이러한 피아제의 인지발달 모델은 사고체계의 4가지 주요 발달단계인 감각운동기, 전조작기, 구체적 조작기, 형식적 조작기로 구성되어 있으며, 여기서 각 단계는 후성설이론에 관한 용어로 개념화된 전형적인 발달의 수준을 말한다.

이러한 각 단계별 인지발달 성취 연령은 개인차가 있기 때문에 제시된 연령에 반드시 들어맞지 않을 수 있으며, 단계는 순서대로 통과하여 발달하며 절대로 단계를 뛰어넘을 수 없다. 그리고 다음 단계로 이동하는 과도기에는 두 단계의 인지적 특징이 함께 나타날 수도 있다. 마지막으로, 형식적 조작기에 도달한 아동이나 고도로 인지발달이 된 성인도 때로는 낮은 단계의 사고를 할 수 있다. 피아제는 단계가 가지는 특성을 다음과 같이 언급하고 있다.

첫째, 사고의 형식은 각 단계별로 질적인 차이가 있다.

둘째, 각 단계는 내부적으로 조직화되며 그것은 그 스스로 전체적이다.

셋째, 개인은 진보적이고 불변하는 방법 속에서 단계를 통하여 발달하며 단계를 건너뛰지 않는다.

넷째, 각각 더 높은 단계가 만들어지고 계층적인 방식으로 다음 더 낮은 단계를 통합한다. 단계는 수평적으로 통합할 뿐만 아니라 수직적으로도 통합한다.

다섯째, 단계는 모든 인류에게 일정하다. 그들이 같은 문화를 공유하지 않는다고 해도 같은 단계는 모든 문화에서 명백하다(Norlin & Chess, 1997).

이와 같이 단계에 대한 개념은 그 자신의 권리 속에서 구별되는 기본적인 조직화된 도식(schema)과 연결된다고 할 수 있다. 단계이론은 성장과 발달을 설명하는 데 있어서 기초적으로 조직화된 도식으로 단계를 사용하는 것 중의 하나이다. 이러한 조직화된 도식은 유기체의 생물학적 경향성이라고 볼 수 있는 동화와 조절을 통한 적응과정을 통해 인지구조의 변화를 이루고 사고체계의 발달이 이루어지게 된다. 이처럼 인지구조의 발달과 관련한 주요 개념들에 대하여 구체적으로 설명하면 다음과 같다.

① **도식**(schema)

유기체가 사물이나 사건을 인지하고 대응하는 데 사용하는 지각의 틀을 의미한다. 유아들은 빨기, 보기, 잡기, 때리기 등의 일반적 잠재력을 가지고 태어나는데, 이와 같이 외부 환경에 대처하기 위한 인간의 반사적 혹은 반복적 행동과 경험이다. 예컨대, 빨기 반사를 갖고 태어난 신생아는 젖을 빪으로써 빨기 도식을 지니게 된다. 유아는 배가 고프지 않아도 손에 잡히는 것은 빨 수 있는 것은 모두 빠는데 이것은 빨기 도식을 가졌기 때문이다. 점차 빨기 외에 보기, 잡기, 때리기 등의 도식을 가지므로 유아의 행동은 다양해진다. 인간은 일단 어떤 도식을 갖게 되면 그것을 능동적으로 사용하려는 욕구를 가진다. 이렇게 도식은 동화를 거쳐 새로운 도식에 대한 조절을 하고 다시 그 새로운 도식에 외부세계를 동화하는 순환적 과정을 거쳐 점차 분화·통합된다(Lidz, 1968 : 84). 도식의 사용은 아동이 성장함에 따라 감각운동 차원을 넘어 개념적 차원까지 확대되어 간다. 연령이 증가함에 따라, 그리고 많은 경험을 통해 인지구조가 발달하게 되는데, 이것이 도식의 질적 변화를 의미한다(조복희 · 정옥분 · 유가효, 1997 : 58). 즉, 인간이 발달한다는 것은 자기 자신과 그 주위에 있는 환경 속에서 도식이 변화하는 것이다.

② 적응(adaptation)

피아제는 유기체의 생물학적 특성인 적응의 개념을 인간에게도 동일하게 적용하여 모든 유기체가 그러하듯, 인간도 자신에게 주어진 환경에 적응하려고 한다고 말한다. 그런데 이와 같이 모든 유기체들이 환경에 적응하는 과정 속에 '동화(assimilation)'와 '조절(accommodation)'을 경험하게 되며, 이러한 경험은 인지구조의 발달을 가져오게 되는 것이다. 여기에서 동화란 외부로부터 인지구조를 변형시키는 것을 의미하며, 마치 무엇을 먹거나 소화시킬 때처럼 흡수하는 것으로서 어떠한 대상이나 정보를 자신의 인지구조에 수용하는 것을 말한다. 또한 조절은 외부의 요구에 응하여 자신의 인지구조를 변형시키는 것을 의미한다.

③ **평형**(equilibrium)

동화와 조절의 상호작용을 통한 조화를 통해서 유기체가 자신과 환경 간의 균형 상태를 이루는 것을 의미한다. 이와 같이 평형은 사고의 균형을 의미하며, 유기체는 그의 환경과의 상호작용을 통해서 균형을 추구하면서 발전해 나간다. 여기에서 균형은 정지된 상태가 아니라 계속적으로 움직이는 동적인 상태이다.

피아제는 인간의 인지발달이 동화와 조절이라는 적응과정을 통하여 내면적인 평형이 이루어지면서 가능하다는 것이다. 이러한 평형은 새로운 사태에 접할 때 균형이 깨지게 되며, 따라서 평형상태를 다시 회복하기 위해 적응과정이 되풀이됨으로써 보다 높은 수준의 인지발달이 이루어지게 된다고 하였다. 한편 동화와 조절이 이루어지는 과정은 모든 연령과 인지발달단계에서 동일하며, 평형은 모든 연령단계에서의 인지발달을 설명해 줄 수 있는 보편적인 원리가 된다.

④ **조직화**(organization)

두 가지 이상의 서로 분리된 체제나 구조를 좀 더 고차원적인 체제나 구조로 새롭게 통합시키고 체계화하는 과정을 말한다. 예를 들면, 영아는 처음에는 어떤 물체를 쳐다보거나 잡을 수 있는 분리된 행동만을 하다가 시간이 조금 지나면 두 개의 행동을 통합하여 쳐다보면서 잡을 수 있는 보다 고차원적인 행동구조를 지니게 되는데, 이와 같은 과정이 조직화라고 할 수 있다.

(3) 발달단계

피아제는 아동들의 감각, 지각, 사고, 추리, 지능 등의 인지능력이 어떻게 발달하는가에 매우 큰 관심을 보였다. 그는 아동의 인지능력 발달이 아동과 그를 둘러싼 환경 간의 상호작용에 의해 질적·양적으로 변화되는 일관된 과정이며 발달단계의 순서는 불변한다고 보았다(서봉연 · 이순형, 1983). 그러나 순서는 불변하여도 각 단계를 지나가는 속도에는 차이가 있을 수 있다고 하였고, 이러한 발달은 어른으로부터의 학습이나 유전적인 요인에 의해 결정되는 것이 아니라 환경과의 상호작용으로 아동 스스로가 구성한다고 보았다. 각 발달단계는 다음의 사고체계 4단계를 거쳐 발달된다(Cram, 1983; Flavell, 1983; Piaget, 1983).

① **감각운동기**(출생~2세)

0~2세의 유아는 외부세계에 대해 빨기, 쥐기, 때리기와 같은 신체적 행동양식을 조직화하므로, 이 시기를 감각운동기(sensory motor period)라 한다. 이때의 행동양식은 대부분 자극에 대한 반응으로 과거에 대한 기억이나 미래에 대한 계획이 아닌 순전히 감각운동에 기초하여 행동하게 된다. 이 시기를 다시 6단계로 나누면 다음과 같다.

㉠ 단계 1 : 반사 활동기(0~약 1개월)

㉡ 단계 2 : 1차 순환반응(약 1~4개월)

㉢ 단계 3 : 2차 순환반응(약 4~8개월)

㉣ 단계 4 : 2차 도식의 협응(약 8~12개월)

㉤ 단계 5 : 3차 순환반응(약 12~18개월)

㉥ 단계 6 : 사고의 시작(약 18~24개월)

② **전조작기**(2~7세)

이 시기는 아이들이 눈앞에 보이지 않는 대상이나 사건들에 대해 생각하기 위한 신호와 상징을 사용하는 것을 배우는 시기이다. 아동들은 언어를 사용하게 되면서 사물이나 사건을 기억하고 표현하는 능력이 가능해지지만 조작능력에는 한계가 있어 변형된 경험을 논리적으로 환원시키지 못하고, 지각에 의한 직접적 경험으로 사물이나 사건을 이해한다. 또한 이 시기에 어린이는 상징놀이에 몰두한다. 즉, 놀이는 더 이상 전과 같이 숙련에 대한 연습을 의미하는 것이 아니라, 사물이 그렇게 존재하지 않지만 마치 실제인 양 가상과의 관계를 포함한다. 전조작기의 사고는 어린이들의 자아중심과 위치, 사물의 외형적인 모습이나 구체적인 것에 초점이 맞춰져 있다.

이 시기의 특징인 보존개념, 유목화, 자아중심성, 상징놀이, 물활론, 도덕론, 꿈의 실재론 등을 알아보기로 한다.

㉠ 자아중심성 : 자아중심성(egocentrism)은 어린이가 자신의 관점과 상이한 다른 사람의 관점이 존재한다는 사실을 깨닫지 못하기 때문에 모든 사람이 자신이 보는 것과 같이 세상을 보고 있다고 생각하는 것을 말한다. 즉, 외부세계에 대해 자기가 생각하는 것이 전부이고 그것만이 가능한 것으로 생각하기 때문에, 모든 사람이 다 자신과 똑같은 방식으로 사물을 보고 있다고 생각한다는 것이다. 그래서 이 시기의 어린이와 전화를 하면 자기가 가지고 노는 장난감에 대해서 “아빠, 이거 왜 이래?” 하면서 묻는다. 즉, 자기가 갖고 있는 장난감을 전화하는 아빠도 본다고 생각하는 것이다. 또한 자신이 갖고 싶은 물건은 다른 사람도 갖고 싶을 것이라고 생각하여 엄마에게 장난감을 선물로 준다거나, 자기가 배가 고프면 인형도 배가 고플 것이라고 생각하게 된다. 이와 같이 이 시기의 어린이는 사물을 볼 때 자신의 위치에서만 사물을 이해할 뿐 다른 사람의 위치에서 보이는 사물의 모습은 상상하지 못하는 한계가

있다. 그리고 듣는 사람이 자신의 말을 이해할 수 있는가를 따져보지 않은 채 자신의 생각만을 전달하는 의사소통의 양상을 보인다(송명자, 1996).

이러한 자아중심성을 이기적이라고 생각하여 걱정할 필요는 없다. 이 시기의 어린이들은 함께 놀아도 상대방의 입장을 이해하지 못하므로 따로 노는 것이나 마찬가지이다. 이러한 성향은 또래들과 같이 노는 가운데 자연스럽게 극복된다. 왜냐하면, 어린이들이 같이 놀기 위해서는 또래들을 이해시켜야 하고 스스로도 다른 아동의 관점을 이해할 수밖에 없기 때문이다.

㉡ **물활론적 사고** : 물활론적 사고란 무생물을 생명이나 의지를 가진 살아 있는 것으로 간주하려는 경향을 말한다. 이 시기의 아동들은 모든 사물에 생명이 있으며 자의식을 소유하고 있다고 믿는다. 예를 들어, 인형에 생명을 부여하여 인형을 던지면 인형이 다친다고 생각한다. 4~6세 정도의 아동은 활동하는 모든 것에 생명을 부여하여 태양을 그릴 때도 그 안에 눈과 코를 그려 넣는다. 다른 사물은 아동의 판단에 따라 움직여진다고 믿는다. 즉, "타오르는 램프, 따뜻한 오븐, 반짝이는 달 등"(Piaget, 1974)은 자신을 위한 것이라고 본다. 그러나 6세를 넘어서면 움직이는 것에만 생명을 부여하여 꽃은 움직이지 않아 죽은 것이고 구름은 움직이므로 살아 있다고 한다. 그러다가 8세경이 지나야 비로소 스스로 움직이는 것에 한해 생명을 부여하며, 그 이후가 되어야 생명이 있는 것을 식물과 동물에 한정시킨다(Crain, 1993).

㉢ **보존개념 미형성** : 보존개념은 어떤 물체의 겉모양이 바뀌어도 그 양적 속성이나 실체가 변화되지 않는다는 사실을 이해하는 것을 말한다. 전조작기의 어린이는 이 보존개념이 아직 형성되지 않는다. 그래서 그림 11-4에서 보는 것처럼 똑같은 컵에 같은 양의 주스를 부어서 어린이에게 보여 준 뒤, 길쭉한 컵과 납작한 컵에 주스를 부으면 길쭉한 컵에 든 주스가 많다고 대답한다. 숫자 개념도 아직 완전히 형성되지 않는다. 이것은 그림 11-5에서 왼쪽 그림처럼 달걀과 컵을 나란히 놓은 뒤 '어느 것이 더 많냐?'고 물으면 두 개가 같다고 하지만, 오른쪽 그림처럼 달걀을 모아놓으면 컵 쪽의 숫자가 더 많다거나 아니면 더 붙여놓은 달걀 쪽이 더 많다고 한다.

그리고 고무찰흙으로 무게가 똑같은 공 두 개를 만들어 어린이에게 보여 준

다음, 그 자리에서 고무찰흙 하나를 하드처럼 길게 만들면 하드 모양의 고무찰흙이 더 무겁다고 말한다.

그림 11-4 보존개념 실험 A

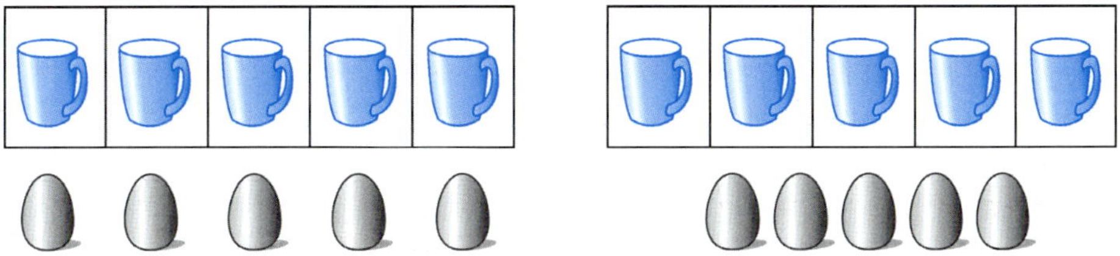

그림 11-5 보존개념 실험 B

㉣ 분류화 개념 미형성 : 분류화는 여러 사물과 현상들을 그 속성의 유사성에 따라 분류하여 그들의 공통적인 부분을 찾아내는 것을 말한다. 전조작기의 어린이는 분류화(classification) 개념이 형성되지 않는다. 그래서 8개의 붉은색 구슬과 2개의 푸른 구슬이 모두 나무구슬이라 한 뒤, "붉은색 구슬이 많니? 아니면 나무 구슬이 많니?"라고 물으면, 어린이는 붉은색 구슬이 더 많다고 대답한다. 붉은색 구슬이 나무구슬의 하위 유목임을 깨닫지 못한다. 이와 같이 분류화 개념이 형성되지 않은 전조작기의 어린이에게는 동물과 식물이 생물의 하위유목이라는 내용을 가르치기 힘들다.

㉤ 상징적 기능 : 상징적 기능은 감각운동기 6단계에서 처음 나타나 전조작기에서 가장 많이 발달한다. 상징적 기능은 어린이가 눈에 보이지 않는 사물이나 행동을 표상하기 위해 상징을 사용하는 능력을 말한다. 상징적 기능은 상상놀이, 그림 및 언어를 통해서 가장 잘 표현하고 있다. 상상놀이란 가상적인

사물이나 상황을 실제사물이나 상황으로 상징화하는 놀이이다. 이 시기의 어린이는 베개를 아기라 하면서 업고 다니고 손을 문질러 씻는 흉내를 내면서 비누라고 하기도 한다. 나무토막으로 총 놀이를 하는 어린이는 실제로 나무토막으로 놀이를 한다기보다는 자신의 머릿속에 있는 표상을 나무토막이라는 상징물을 통해 재현하고 있는 것이다. 그림은 어린이의 내적 표상이 표출되는 중요한 상징적 수단이다. 예를 들면, 어린이가 해를 그릴 때 눈, 코, 입을 그려 넣거나, 버스에 타고 있는 사람들의 다리까지 그려 넣는 것은 그들이 눈에 보이는 것을 그리는 것이 아니라 자신의 머릿속에 있는 심상을 그리고 있음을 보여 주는 것이다. 또한 언어는 어린이의 내적 표상을 표현하는 상징적 수단이다. 언어는 어린이의 시야를 넓혀 주며, 언어를 통해서 어린이는 과거를 다시 체험할 수 있고, 미래를 예측할 수 있으며, 사건을 다른 사람에게 전달할 수 있다.

㉥ **타율적 도덕성** : 타율적 도덕성(heteronomous morality)은 어린이가 성인들이 만들어 놓은 규칙과 제도에 무조건 따르는 것을 뜻한다. 이 시기의 어린이는 그들이 항상 따라야 하는 규칙이 있으며 이 규칙을 지키지 않으면 벌을 받기 때문에 절대적으로 지켜야 한다고 생각한다. 따라서 이 시기의 어린이는 동화 속의 이야기를 사실대로 믿어서 거짓말을 하면 피노키오처럼 코가 길어진다고 믿고, 또 산타클로스의 신화도 그대로 믿는다. 그리고 저지른 잘못이 크면 클수록 의도가 어떻든 간에 벌이 크고 더 나쁘다고 생각하여 의도보다 결과에 치중한다. 예를 들면, 엄마를 도와주려다가 실수로 컵을 3개 깨뜨린 어린이와 엄마가 먹지 말라고 한 우유를 먹으려다가 1개의 컵을 깰 경우, 누가 더 벌을 많이 받아야 하느냐고 물으면 대부분 3개의 컵을 깬 어린이가 더 많은 벌을 받아야 한다고 대답한다. 이러한 타율적 도덕성은 10세까지도 대부분 지속되다가 점차 규칙이 협동적인 상호작용을 위한 계약이라는 것을 배우게 되면서 자율적 도덕성이 나타난다.

③ **구체적 조작기**(7～11세까지)

구체적 조작기(concrete operational period)의 아동들은 구체적인 사물과 사건에 대하여 올바르게 추론해 낼 수 있다. 이 시기의 아동들은 사고가 안정되고 일관성이 있으며, 조작적이면서 논리적 추리력을 갖게 된다. 또한 논리적 사고가 현저하게 발달하는 시기이지만, 아동의 사고가 현실에 존재하며 관찰이 가능한 구체적 사건이나 사물에만 한정되어 있기 때문에 이 시기를 구체적 조작기라고 한다.

아동은 가상적인 상황을 만들어서 추론할 수 없기 때문에 추상적이고 복잡한 가설의 정신적 사고는 아직 가능하지 않다. 예를 들면, 이 시기 아동에게 10원, 100원, 500원짜리 동전을 쥐여 주면, 액수대로 분류하고 돈의 차이를 판별할 수 있다. 그러나 이러한 것은 실제로 돈을 손에 쥐여 주었을 때만 가능하다. 돈을 손에 쥐지 않고, 머릿속으로만 조작하기에는 제한이 있다.

구체적 조작기에 아동은 인지능력이 발달하여 보존개념, 분류화, 서열화, 탈중심화, 자율적 도덕성 등을 갖게 된다.

㉠ **보존개념** : 보존개념(conservation)은 어떤 대상의 외적 형태가 변화되어도 그 양적 속성이나 실체가 바뀌지 않는다는 사실을 이해하는 것을 의미한다. 이 시기에 어린이는 수, 길이, 면적, 무게, 부피 등 여러 형태의 보존개념을 획득해 나간다. 이 시기에 어린이는 아무것도 더하거나 빼지 않았을 때는 본래의 양이 동일하다는 동일성과 어떤 변화상태란 그 변화과정을 역으로 거쳐 가면 원상태로 복구될 수 있다는 가역성을 이해하게 된다. 그리고 어린이는 어떤 차원에서의 변형에 따른 양의 손실은 다른 차원에서 얻어질 수 있다는 보상의 개념도 이해하게 된다. 이런 동일성, 가역성 및 보상의 개념을 이해할 수 있기 때문에 보존개념의 획득이 가능하다.

㉡ **분류화** : 분류화는 앞서 전조작기에서 언급한 대로 사물이 지닌 속성의 유사성에 따라 공통적인 범주를 가려내는 것을 말한다. 구체적 조작기에 아동은 사물의 분류에서 전체와 부분과의 관계를 이해할 수 있으며, 사물을 일정한 속성에 따라 분류할 수 있다.

㉢ **서열화** : 서열화(seriation)는 어떤 특정의 속성이나 특징을 기준으로 하여 상호관계에 따라 사물을 잘 어울리게 배열하는 것이다. 이것은 여러 사물이나 현상들을 특정 속성에 따라 순서대로 배열하는 것을 말한다. 이 시기의 어린이는 사물 간의 관련성을 이해하기 때문에 한 사물을 여러 대상이나 사물들과

비교할 수 있게 되어 차례대로 늘어놓을 수 있게 된다.

㉣ **탈중심화** : 탈중심화(decenter)는 사물의 어떤 두드러진 특성이나 측면에만 얽매이지 않고 여러 가지 특성이나 측면을 고려하는 다면적 사고를 할 수 있는 것을 의미한다. 구체적 조작기에 아동은 또래들과의 관계 속에서 점점 자아중심성으로부터 벗어나게 된다. 이러한 탈중심성은 언어의 발달로 의사소통이 이루어지면서 더 활발해진다.

㉤ **자율적 도덕성** : 자율적 도덕성(autonomous morality)은 사람들이 서로 뜻을 같이하여 규칙을 만들 수도 있고, 또 서로가 동의하면 언제든지 변화될 수 있다는 것을 의미한다. 또한 행위의 결과보다 행위자의 의도에 따라 옳고 그름에 대한 판단을 내리게 된다. 예컨대, 어린이가 어머니를 돕기 위해 설거지를 하다가 컵을 깨뜨렸다면 일부러 깨뜨린 것이 아니기 때문에 잘못했다고 판단하지 않는다. 어린이는 규칙을 어겼다고 해서 꼭 벌을 받는 것은 아니며, 경우에 따른 정상 참작이 필요한 것을 알게 된다(최윤미 외, 1998).

④ **형식적 조작기**(12세~성인기)

형식적 조작기(formal operational period)는 12세경부터 성인이 되기까지의 시기로서 가장 성숙된 인지적 조작을 할 수 있는 단계이다. 이 단계의 아동은 구체적 조작기의 아동들과 달리 직접 경험하지 않아도 추상적으로 사고하고 추론을 통해 가설을 세워 검증할 수 있다. 이 시기에 가능한 사고방식에는 조합적 사고와 연역적 사고가 있다. 조합적 사고란 하나의 문제를 풀 때 모든 가능한 해결책을 논리적으로 모색해 봄으로써, 결국에는 문제해결에 이르는 사고를 말한다. 연역적 사고란 일반적인 사실에서 출발하여 특정한 사실에 도달할 수 있는 사고를 말한다. 예를 들면, 'A는 B보다 작다. B는 C보다 크다. 그러면 누가 가장 클까?'라는 질문을 했을 경우, 구체적 조작기의 아동들은 실제로 A, B, C를 세워 놓고 키를 대 봐야지만 알 수 있지만, 이 시기의 아동들은 마음속으로 이를 배열해 보고 추론을 통해 대답할 수 있다.

형식적 조작기의 아동들은 구체적 조작기의 아동과 달리 미래, 사회의 본질 등에 대해 생각하면서 추상적 사고가 가능해진다. 그리고 이상주의와 유토피아와 같은 현재와 다른 사회를 상상하고 이를 현실적으로 검증해 보지도 않고 굉장한 미래와 관념적인 세상의 변혁을 꾀하기도 한다. 전조작기와는 다른 자아중심성 때문에 독특한 종교와 현실적이지 못한 이데올로기에 심취할 수 있다. 그러나 이러한 자아중심성은 성인 역할을 수행하면서 서서히 탈중심화가 이루어진다.

3) 사회 속의 인지발달이론

피아제의 이론은 어린이의 과학적·수학적 추리능력의 발달과정과 자신이 경험한 것을 어떻게 생각하는지에 대한 사회복지사의 이해 증진에 도움을 줄 수 있다. 다시 말해서 어린이들은 성인들의 가르침에 일방적으로 따르는 것이 아니라, 그들 스스로의 방식으로 학습하는 자율성에 토대하고 있음을 알 수 있다. 인지발달이론은 발달과정에서 개인의 능동적 역할을 강조하며 심리적 구조의 존재와 이러한 구조 내에서 일어나는 변화들이 행동의 외형적 변화에 반영된다고 주장하고 있다. 그러므로 사회복지사들은 클라이언트의 현재 발달단계 내에서 발달을 촉진시키기 위하여 도전적 환경을 탐색하도록 하여 클라이언트의 인지발달을 도모하여야 한다.

또한 사회복지실천현장에서 서비스 제공자들이 클라이언트를 바라볼 때 각각의 대상에 따라 그 접근은 달라질 수 있으며 다르게 볼 수 있어야 한다는 점을 인식시켜 주고 있다. 그러나 인지발달이론은 인간의 발달을 지나치게 인지적인 측면에 초점을 맞추기 때문에 어린이에 대한 포괄적인 이해를 가로막기도 한다. 또한 가치지향적인 실천분야인 사회복지의 기본 원리와는 다르게 가치적인 면보다는 지나치게 인지적 측면만을 강조하고 있다는 점에서 한계점이 있다고 할 수 있다. 실제 피아제의 이론은 사회복지실천현장에서 직접 활용되기보다는 교육학적 측면에서 이론적 배경이 되는 사례가 더 많기는 하지만, 방과 후 프로그램이나 보육 등의 영역에서 인지발달이론의 이론적 측면을 활용할 수 있는 여지는 충분하다고 생각된다.

4 콜버그의 도덕성 발달이론

1) 서 론

(1) 도덕성 발달이론의 배경

도덕성 발달이론(moral developmental theory)은 인간의 인지발달에 관심을 두었던 콜버그(Lawrence Kohlberg)가 피아제의 도덕성 발달이론에 흥미를 느끼고 그 이론을 보다 체계적이고 구체화하여 자신의 독자적인 것으로 발전시킨 이론이다. 그는 아동의 도덕판단이 일정한 단계를 거치면서 발달한다는 피아제의 주장에 동의하면서 각 단계를 세분화하였으며, 어린이의 연령대별로 '하인츠의 이야기'와 같은 가상적인 도덕적 딜레마 상황을 제시하여 만일 자기 자신이 그러한 상황에 처했을 때 어떻게 행동을 할 것인가, 또한 왜 그렇게 하려고 하는가를 질문하는 식으로 연구하였다.

콜버그는 각 사회마다 도덕적 신념이나 가치, 문화의 내용이 다르기 때문에 도덕성의 내용보다는 도덕적 가치판단을 하는 사고구조에 눈을 돌렸다. 그래서 사람들이 도덕적 행위 자체에 관심을 두지 않고 어떤 행동이 잘못된 것이라고 생각되는 이유를 알아보는 것이 그 사람들의 행동을 알아보거나 또는 잘못되었다고 말하는 것을 듣는 것보다 더 중요하다고 판단했다.

그가 주장하는 이론의 가장 큰 특징은 도덕성 발달은 인지발달 수준에 따라 그 단계가 결정되며 불변의 순서를 따른다고 보았다. 즉, 피아제가 인지발달에서 주장한 것처럼 도덕성 발달도 낮은 수준의 발달을 거쳐서 순차적으로 다음 단계의 발달로 이어진다는 것이다(허혜경 · 김혜수, 2002). 뿐만 아니라 도덕성 발달은 성별에 따라 차이가 있으며, 남성이 여성보다 높은 수준의 도덕성 발달단계에 이를 수 있다고 했다.

그의 도덕성 발달이론은 철학, 심리학, 사회학, 교육학 등 여러 학문을 총체적으로 종합해 하나의 종합된 도덕교육의 이론을 구축하고자 노력하였다. 특히 어느 시대나 어떤 사회든지 인간이 반드시 지켜야 할 보편타당한 정의의 원칙과 도덕률이 있다고 생각하고, 인간이 개인적인 욕구중심의 단계로부터 원리적 도덕성으로 이행해 가는 과정을 설명하였다.

(2) 콜버그의 생애

콜버그(1927~1987)

콜버그(Lawrence Kohlberg, 1927~1987)는 1927년 뉴욕 주에서 태어났다. 그는 미국의 명문 사립고를 졸업한 후 대학에 진학하는 대신에 홀로코스트(유대인에 대한 나치의 대학살)에 영향을 받아 이스라엘 난민들을 유럽에서 이스라엘로 나르는 수송비행기 부조종사가 되어 그들을 돕는 일에 앞장섰다. 그러나 그는 영국군에 체포되어 사이프러스에 감금되었으며 2년의 감금생활 동안 자신을 되돌아볼 수 있는 기회를 가질 수 있었다. 그것은 도덕적 행동주의자였던 콜버그에게 그의 행위가 유대인의 이상주의와 이기주의의 혼합에 의한 것이고, 또한 원리에 입각한 것이었고 목적들이 수단을 정당화시켰던 것을 깨닫는 시간이 되었다. 이러한 경험은 나중에 그의 도덕성 발달이론의 기초가 되었다.

1947년 시카고 대학교에 좋은 성적으로 입학했기 때문에 2년 만에 학부과정을 마치고 대학원 심리학과에 입학하여 박사학위를 받았다. 콜버그는 박사과정 중에 피아세의 이론에 영향을 받아 도덕성 발달에 관심을 갖게 되었다. 그는 도덕적 딜레마를 응답자에게 제시하고 그것에 대해 도덕적 추론을 하게 한 뒤, 왜 그렇게 판단하였는가에 대한 이유를 기록하는 방법으로 도덕성을 연구하였다. 그는 자신의 박사학위논문 연구대상자를 20년 동안 추적하여 장기간에 걸친 도덕성 발달의 종단적 연구를 수행하였다. 콜버그는 1959년 예일 대학교에서, 1962년에는 시카고 대학교에서, 1968년 이후부터 하버드 대학교에서 교수로 학문적 연구와 후학 양성에 매진하였다. 그는 겸손하고 나서기를 좋아하지 않는 사람이었고, 도덕성을 중심으로 하여 철학과 심리학 분야의 여러 중요한 문제에 관해 깊이 사고하였다. 그러나 그는 불행히도 60세에 불치의 병을 비관하여 자살하였다. 대표적인 저서로는 『도덕성 발달의 의미와 측정』(1979), 『도덕성 발달의 철학』(1981) 등이 있다.

2) 주요 개념

(1) 도덕의 정의

도덕이란 정의(justice)의 원리로써 개인의 도덕적 갈등상황을 해결하려는 의사결정 또는 도덕 판단이라고 콜버그는 설명했다. 그는 한 사람이 어떤 선택을 하며 또 어떤 행동을 하게 되었는가, 그리고 왜 그런 선택을 하게 되었는지 그 선택의 근거에 초점을 맞추었다. 그렇기 때문에 콜버그에 있어서 도덕성 발달이란 사고의 방법, 도덕적 추론의 발달을 의미하는 것이다. 이러한 도덕성의 발달은 한 개인이 생각하고 행동하는 데 따르는 일련의 조직된 틀을 통한 개인적 발달을 뜻하며, 개인이 처한 사회적 혹은 물리적 환경 사이의 상호작용을 통해 순차적인 방식으로 발달하고 변화되어 간다(Kohlberg, 1969).

즉, 인간 내부의 인지구조와 환경 사이의 상호작용으로 인해 한 단계에서 다음 단계로 발달이 가능해지며, 이러한 인지적 사고는 능동적인 발달을 한다는 것이다(이효선, 2003). 한 단계에서 다음 단계로의 발달은 개인 내부의 인지구조와 환경 사이의 상호작용으로 이루어지며, 이러한 인지사고는 원리화된 사고로 능동적인 발달을 한다는 것이다(이효선, 2003).

(2) 도덕성 발달단계

콜버그의 도덕성 발달단계를 이해하기 위해서는 피아제의 도덕발달에 대한 견해를 먼저 살펴볼 필요가 있다. 피아제는 아동의 도덕발달을 세 단계로 보았다. 즉, 1단계는 전 도덕적 단계로서 도덕이나 규칙을 모르는 단계이다. 2단계는 타율적 도덕단계로서 외적인 준거와 행위의 결과에 의해 그 행위의 옳고 그름을 판단하는 단계이다. 앞서 피아제의 타율적 도덕성을 설명할 때 언급했던 것처럼 엄마를 도우려다가 실수로 컵을 세 개 깨뜨린 어린이와, 엄마가 먹지 말라고 한 우유를 먹으려다가 한 개의 컵을 깰 경우, 의도와는 관계없이 결과적으로 더 많은 컵을 깬 아이가 나쁘다고 판단하는 수준이다. 3단계는 자율적 도덕단계로서 어린이의 의도를 참작하여 비록 컵 한 개를 깼더라도 의도가 나쁘면 컵 세 개를 깬 어린이보다 나쁘다고 판단하는 단계이다.

콜버그는 이런 피아제이론을 발전시켜 개인이 도덕적 딜레마에서 어떻게 판단하고 어떻게 추론하는가를 분석하여 도덕발달단계를 체계화하였다. 다음은 콜버그가 사용한 도덕적 딜레마 상황이다.

> 하인츠는 아내가 죽어 가기 때문에 신약을 구하고자 애를 썼다. 신약을 발견하기는 했지만 가난한 하인츠는 약을 살 수 없었다.
> 약의 원료는 200달러밖에 되지 않지만, 약사는 연구비 등으로 한 알에 2,000달러를 요구하였다. 하인츠가 마련한 돈은 1,000달러였다. 약사에게 찾아가 사정하여 나중에 돈을 꼭 갚겠다고 해보았지만 약사는 거절하였다. 결국 하인츠는 그날 밤 약국 문을 부수고 들어가 약을 훔쳤다.

이 상황을 어린이에게 제시하고 하인츠의 행위가 옳은지 그른지, 또 왜 그렇게 판단하였는지를 질문하여 어린이가 어떻게 도덕적으로 판단하는지를 분석하였다.

① 전 인습적 수준

전 인습적 수준(pre－conventional level)에서는 규칙이 개인에게 내재화되어 있는 것이라기보다는 외부의 영향에 의해 이루지는 것으로 본다. 이 수준에서 아동은 행동의 결과가 가져다주는 보상이나 처벌에 의해 옳고 그름을 판단하거나, 규칙을 정하는 사람들의 물리적인 권위에 따라 도덕성을 고려하여 판단한다.

㉠ 1단계 : 처벌과 복종지향

아동은 처벌을 피하기 위해 규칙과 권위에 복종하며, 선과 악을 판단하는 데 있어서 어떤 행동의 내용보다는 결과에 의해 판단한다. 그들의 도덕관념은 극히 비합리적이며, 무조건적으로 외부의 권위에 순응하려고 한다. 따라서 훔치는 일은 벌을 받기 때문에 하인츠의 행위를 나쁘다고 판단한다. 즉, 이 시기의 어린이들은 행위가 어떤 결과를 낳느냐에 관심이 있어서 벌을 받으므로 나쁘다고 생각한다.

㉡ 2단계 : 상대적 쾌락주의

아동은 보상을 얻기 위해서 또는 개인적 목적을 위해서 규칙에 동조하며, 자신과 타인을 만족시키려는 도구로서 도덕적 행동을 정의한다. 즉, 그들은 규칙을 고정적이거나 절대적인 것으로 생각하지 않으며, 어떤 문제이든 한 가지 이상의 측면이 있음을 알게 된다. 모든 것이 자기가 어떻게 보느냐에 따라 상대적으로 달라질 수 있다고 보며, 자신의 욕구와 쾌락에 따라 도덕적 가치를 판단한다. 따라서 하인츠는 아내를 구하기 위한 것이었으므로 훔치는 것이 정당하다고 생각할 수 있으나, 약사의 입장에서는 도둑질은 나쁘다고 생각할 수 있다고 본다. 즉, 어느 쪽의 입장에서 생각하느냐에 따라 결과가 달라질 수 있다는 것이다.

② 인습적 수준

인습적 수준(conventional level)에서는 자신이 속한 가족, 사회, 국가의 기대에 맞는 행동을 하고자 노력한다. 이 수준에서는 힘이 있거나 권위적인 타인의 칭찬을 획득하고 사회질서를 유지하기 위해서 사회적 규칙이나 기준에 따른다. 또한 타인의 관점을 인식하면서 이를 고려할 수 있으며, 집단이나 집단성원에 대해 동일시한다.

㉠ 3단계 : 착한 소년·소녀 지향

도덕이란 타인과 좋은 관계를 유지하는 것이라고 생각하며, 타인으로부터 칭찬을 받고 타인을 기쁘게 해 주거나 타인에게 도움이 되는 행동을 도덕적이라고 여긴다. 이와 같이 타인의 반응이 도덕성 판단의 기준이 되지만, 물리적인 힘보다는 심리적인 인정 여부에 관심이 있으며, 착하게 됨으로써 타인의 인정을 받게 된다. 이때부터 사회적 규제를 수용하며, 의도에 의해 행위의 옳고 그름을 판단한다. 따라서 하인츠는 '아내의 생명을 구하려고 애썼다' 그래서 착한 것이고, 반대로 약사는 '자신의 이익 때문에 생명에 무자비하다'라고 생각하면서 몹시 분개하며 약사를 감옥에 보내야 한다고 응답한다. 이 시기의 올바른 행동이란 착하고 이해성 있는 모든 사람들이 인정하는 선의의 행동으로 이루어져야 한다고 생각하는 단계이다.

㉡ 4단계 : 법과 사회질서

사회질서에 대해 보다 광범위하게 사고하게 되며, 법과 사회질서를 준수하고 자신의 의무를 다하는 것을 옳은 행동으로 생각한다. 즉, 규칙은 사회적 질서 내에 고정된 것이며, 선한 행동이란 사회가 정한 규칙이나 역할을 그대로 따르는 것으로 본다. 따라서 하인츠에게 동정적이지만 그럴만한 이유가 있을 때마다 모두가 법을 어기면 사회가 어떻게 되겠느냐고 반문하면서 하인츠가 불가피한 상황에서 약을 훔쳤다면 그에 따른 처벌도 함께 받아야 한다고 생각한다. 왜냐하면, 법이 존중되어야 사회가 적절히 기능할 수 있다고 생각하기 때문이다.

③ 후 인습적 수준

후 인습적 수준(post-conventional level)에서는 집단의 권위나 권리를 행사하는 사람들과는 무관하게 도덕적 가치와 원리를 규정하려는 노력을 보인다. 즉, 보편적으로 타당한 원리로서의 정의에 의해 옳고 그름을 판단하며, 도덕적으로 옳은 것과 적법한 것이 항상 일치하거나 같은 것이 아님을 깨닫게 된다.

㉠ 5단계 : 민주적 법률

사회의 계약이나 개인의 권리 및 민주적인 방식으로 수용된 법률에 따라 행동하는 것을 도덕적인 것으로 본다. 법을 지키는 것은 사회적 계약이지만, 개인의 권리나 존엄성을 위협한다면 불공정한 것으로 간주되고 도전을 받아야 한다고 생각한다. 즉, 법은 사람들이 필요로 하는 바를 충족시키지 못하게 되면, 상호 동의와 민주적인 절차를 통해서 언제든지 변경시킬 수 있는 유동적인 것이라고 본다. 따라서 하인츠의 아내가 생존할 권리가 있다는 것은 알지만, 그렇다고 도둑질한 것을 옳다고 할 수 없어 옳고 그름을 분명히 이야기할 수 없다고 하는 단계이다.

㉡ 6단계 : 보편적 원리

최고의 선은 자신이 선택한 보편적인 윤리적 원리를 따르는 것이라고 생각한다. 즉, 이 단계에서는 개인의 양심이나 자신이 선택한 윤리적 원칙에 따라 옳고 그름을 정의한다. 이러한 원칙들은 법, 사회적 가치 또는 사회적 계약을 초월하여 인간의 존엄성, 포괄성, 보편성, 공정성 등을 지니고 있다. 이 단계에서 도덕성 발달이 최고 수준에 이르게 되며, 보통 사람들이 도달하기 어려운 단계로서 각 개인이 지향해야 할 하나의 목표단계라 할 수 있다. 따라서 하인츠가 도둑질을 할 법적 권리는 없지만 보다 상위의 도덕적 권리를 갖고 있다고 응답한다. 그러나 보편적 원리인 6단계에 도달하는 사람은 많지 않으며 예수, 간디, 소크라테스 같은 위대한 성인, 철학자, 사상가 등만이 여기에 도달한다고 보았다.

5 벡과 엘리스의 인지치료이론

1) 벡(Beck)의 인지치료이론

(1) 서 론

① 인지치료이론의 배경

인간이란 인지가 정서와 행동을 결정한다는 가정하에 출발한 인지치료이론은 아론 템킨 벡(aron Temkin Beck, 1921~)에 의해 창시되었다. 그는 정신과 의사였는데 우울증 환자를 치료하는 과정에서 환자들이 보이는 특유한 인지도식, 부정적이고 역기능적인 인지도식을 발견하게 되었다. 그는 프로이트의 정신분석이론에서 인지치료의 기본 개념이 되는 인지 수준인 자동적 사고, 중재적 신념, 핵심신념, 스키마 등을 밀어내고 엘리스가 중시한 신념체계와 맥락을 같이한다. 성장과정에서 자신의 신체적·정서적인 어려움을 인지적으로 극복한 과정은 후에 그의 이론의 토대가 되었다.

인지모델은 인간이 모든 감각으로부터 입수한 정보를 어떤 인지적 명제나 사고유형으로 조직화하는 인지구조가 있다고 보는데, 그 산물이 바로 도식(schema of schemata)이다. 예를 들어, 어떤 대상에 대한 직접 경험(아버지로부터의 학대)이나 관찰(아버지가 엄마를 구타함) 또는 다른 사람으로부터의 대화(아버지가 어린 시절에 많이 맞고 자랐다고 할머니로부터 이야기를 들음)를 통해 어떤 도식(폭력으로 어떤 권한을 획득할 수 있다)이 형성될 수 있다. 도식은 어린 시절부터 형성되고 후에 인생관이나 행동을 지배하는 규범이나 신념의 기초가 된다. 이러한 도식은 모든 자극이나 투입을 선별하고 분류하고 평가하는 기초를 형성한다. 이러한 도식은 개인이 자신과 세상을 보는 여과기 역할을 한다(Beck, 1996).

인지치료는 기저에 깔려 있는 왜곡된 도식의 변화를 목표로 하는데, 역기능적 사고, 또는 비합리적 신념이 바로 왜곡된 도식이라 말할 수 있다. 결국 인지치료는 부정확하고 역기능적인 도식(schemata)을 목표로 하여 이를 건설적으로 변화시키도록 돕는다.

② 벡의 생애

아론 벡(Aron Beck)은 1921년 5남매 중 막내아들로 태어났으며 미국에서 성장했다. 그의 부모는 모두 러시아계 유태인 이민자로서 문학과 교육을 중시하였으며, 주관이 뚜렷하고 정치적 관심이 많은 사람들이었다. 5남매 중 두 명은 유아기에 사망했으며 이러한 사건들이 벡의 어머니의 정서적 문제를 야기한 것으로 알려져 있다. 벡은 3세 때에 천식을 앓았으며 형과의 장난으로 질식에 대한 공포를 지니게 되었다. 이후 터널 공포증으로 발전하여 내내 괴롭힘을 받았다. 7세 때에 벡은 사고로 팔이 부러졌으며, 부러진 뼈가 감염되어 패혈증이라는 심각한 질병으로 발전하게 되었다. 이러한 질병으로 학교를 자주 결석하였으며, 성적도 부진하여 유급을 받기까지 하였다. 뒤처지는 것을 싫어하여 스스로의 노력을 통하여 조기 졸업을 하게 되었고 우수한 성적을 이어 나갔다.

예일대학 의학과에 진학하였으며 1953년에 정신과 의사가 되어 펜실베이니아 의과대학 정신과의 전임강사가 되었다. 1959년에 부교수가 된 벡은 우울증이 자기에게로 내향화된 분노라는 정신분석적 가설을 입증하기 위해 우울증 환자와 꿈 내용을 조사했을 뿐만 아니라 카드분류과제를 사용하여 성공 또는 실패 경험에 대한 반응을 조사하였다.

벡은 치료적 경험과 실험적 연구를 통해서 새로운 정신병리이론과 치료방법을 모색하였다. 이러한 과정에서 그는 개인적 구성개념에 관한 조오지 켈리의 이론으로부터 많은 영향을 받았다. 벡은 펜실베이니아대학 종합병원에 우울증 클리닉을 개설하였으며 1961년에는 우울척도를 개발하였다.

1976년에 벡은 "인지치료와 정서장애"라는 책을 출판하고 새로운 치료적 접근을 소개하였다. 벡은 정신분석학자로서 그의 치료적 접근은 켈리(1955)와 피아제

(1950)의 과업에 기반을 두고 있었다. 정서와 동기 그리고 행동의 주원인은 바로 우리의 의식적 사고라는 것이다. 치료적 개입은 직접적으로 역기능적인 사고와 해석, 신념을 겨냥하여 이를 변화시킨다. 사고가 변화되면 이는 결과적으로 행동을 변화시키게 된다. 치료자는 클라이언트의 인식과 생각이 현실적이 될 때까지 이를 수정한다는 것이다. 벡은 「인지치료와 정서장애」, 「우울증과 인지치료」 등 저서활동도 많이 하였으며 고령의 나이임에도 불구하고 명예교수로 활동 중이며 그의 장녀가 아버지의 뒤를 이어 대표적인 인지치료자로 활동하고 있다.

(2) 주요 개념

① 자동적 사고(automatic thoughts)

벡은 우울증 환자의 사고 내용을 조사하면서 실패, 상실, 좌절과 같은 주제와 관련된 부정적인 사고가 많음을 발견했다. 부정적인 심상과 생각은 다양한 생활사건에 의해서 거의 자동적으로 촉발되는 경향이 있었다. 이러한 생각과 심상이 우울증을 유발하는 중요한 요인이라고 하였다. 자동적 사고란 결국은 어떤 사건을 경험할 때 노력하지 않아도 저절로 떠오르는 생각을 말한다. 자신도 모르게 생각이 떠오르기 때문에 자동적 사고라 일컫는다. 오랫동안 사귄 여자 친구와 헤어진 한 남자가 있다고 하자. 그가 식욕을 잃고 잠도 못 이루고 사람을 만나는 것을 꺼려 하고 하루 종일 집에서만 지내는 이유가 사랑하던 여자와의 이별 때문이기도 하지만, 여자와의 이별로 그에게 떠오른 생각, 즉 자동적 사고 때문이기도 하다.

자동적 사고는 심사숙고하거나 합리적으로 판단한 결과가 아니며 아주 빠르게 떠오르기 때문에 자동적인 것처럼 느껴진다. 자동적 사고는 매우 빠르게 의식 속을 지나가기 때문에 개인에게 명료하게 인식되지 않으며 단지 그 결과로 뒤따르는 우울감정만이 인식된다. 엘리스의 ABC모델에 따르면 자동적 사고는 B에 해당하는 인지를 뜻한다.

② 인지적 오류(cognitive error)

역기능적 인지도식은 자동적 사고뿐만 아니라 인지적 왜곡(cognitive distortion)을 유발한다. 벡에 따르면 우울증 환자들이 지니는 자동적 사고는 현실을 부정적인 영향으로 과장하거나 왜곡한 것이다. 이들은 생활사건의 의미를 부정적인 것으로 받아들이면서 다양한 유형의 논리적 오류를 범한다. 어릴 때 여러 번 다른 사람에게 거절당한 한 남자가 있다. 그가 다른 여자와 데이트를 하는데 이 여자가 30분 늦게 도착했다면 자신과 헤어지려고 한다는 자동적 사고가 떠오르는 것이다. 사실 이 여자는 차가 막혀서 늦게 왔을 뿐인데 말이다. 배고픈 사람에게는 먹을 것밖에 안 보이고 목마른 사람에게는 물밖에 안 보인다는 말과 관련성이 충분하다.

이러한 인지적 오류의 대표적인 유형으로 몇 가지를 소개하고자 한다.

㉠ **흑백논리적 사고**(all or nothing thinking) : 생활사건의 의미를 이분적인 범주 중의 하나로 해석하는 오류를 말한다. 자신의 성취를 "성공이냐 실패이냐"로 평가하거나, 다른 사람의 반응을 '칭찬이냐 비난이냐'로 해석하며 그 중간의 회색지대를 생각하지 못하는 경우를 말한다.

㉡ **과잉 일반화**(overgeneralization) : 특수한 상황의 경험으로부터 일반적인 결론을 내리고 무관한 상황에도 그 결론을 적용시키는 오류를 말한다. 시험이나 사업에 몇 번 실패한 사람이 자신은 '항상', '어떤 일이든지', '어떻게 행동하던지' 실현되게 될 것이라고 생각하는 것을 말한다.

㉢ **자의적 추론**(arbitrary inference) : 자의적 추론은 충분하고 적절한 증거가 없는데도 결론을 내리는 것을 의미한다. 직장에서 바쁜 하루를 보낸 엄마가 자녀들에 대해 가지는 마음을 '나는 정말 나쁜 엄마야' 라는 결론의 증거로 삼는다. 친구에게 쇼핑을 가자고 했는데 친구가 못 간다고 할 때, 자신이 그 친구의 생각을 읽고 '아 ~나를 좋아하지 않는구나'라고 결론을 내리는 경우이다.

㉣ **정신적 여과**(mental filtering) : 특정한 사건과 관련된 일부의 정보만 선택적으로 받아들여 그것이 마치 전체를 의미하는 것으로 잘못 해석하는 경우를 말한다. 선택적 추론(selective abstraction)이라고도 한다. 친구 여럿이 테이블에서 담소를 나눌 때 자신의 여자친구가 다른 남자 동료의 얘기를 들으려고 하고 고개를 끄덕거릴 때 그 모습을 본 남자친구가 질투심이 생겨 그 자리를 박차고 나가는 경우가 이에 해당된다.

㉤ **개인화**(personalization) : 자신과 무관한 사건을 자신과 관련된 것으로 잘못 해석

하는 오류를 말한다. 길을 걷는데 벤치에 앉아 있는 사람들이 웃는 소리를 듣고 자신의 외모나 행동거지를 비웃는 것이라고 받아들이는 경우이다.

이외에도 의미확대와 축소(minimization and maximization), 잘못된 명명(labeling and mis-labeling), 정서적 추론(emotional reasoning), 파국화(catastrophizing), 긍정적 격하(disqualifying the positive) 등이 있다.

(3) 치료기법 및 공헌

벡은 인지치료에서 핵심적인 역할을 하는 네 가지 치료지침, 즉 인지적 모델에 근거한 사례개념화, 협동적 경험주의, 소크라테스식 대화, 인도된 발견을 제시하고 있다.

① 치료기법

㉠ **인지모델에 근거한 사례개념화** : 인지치료의 가장 큰 특징은 내담자의 문제를 인지적 모델에 근거하여 파악한 후에 인지의 변화를 시도한다는 점이다. 사례개념화는 내담자의 면담내용을 종합하여 내담자의 증상이나 문제들을 유발하는 자동적 사고, 중간신념, 핵심 신념 등을 파악하여 그들 간의 관계를 가설적으로 설정하는 작업을 뜻한다.

㉡ **협동적 경험주의** : 인지치료가 성공적으로 진행되기 위해서는 치료자와 내담자의 적극적인 협동이 필요하다. 인지치료에서 치료자와 내담자는 마치 공동연구를 하듯이 협동적인 동등한 관계 속에서 내담자의 경험에 근거하여 역기능적인 인지를 찾아내고 그 타당성을 검토하여 대안적인 인지를 발견해 나가는 모든 작업을 함께 해 나간다. 이는 현상학적 접근을 반영한 것이라고 할 수 있다.

㉢ **소크라테스식 대화** : 소크라테스식 대화는 인지치료자가 내담자의 인지적 변화를 촉진하기 위하여 주로 질문을 통해서 대화하는 방식을 말한다. 치료자는 질문을 통해서 내담자가 자신의 문제를 구체적이고 명확하게 이해하고 있는가? 내담자의 생각, 심상, 신념을 포착하도록 하고 있는가?

내담자로 하여금 어떤 사건에 부여한 의미를 재검토하는가? 부적응 사고와 행동의 결과를 평가하도록 도와주는가? 에 대한 내용을 다룬다.

㉣ **인도된 발견**(guided discovery) : 인도된 발견은 치료자가 내담자로 하여금 자신의 부정적 사고, 그 속에 포함된 논리적 오류, 그리고 대안적인 사고를 발견하도록 안내하고 인도하는 치료적 과정을 의미한다. 치료자는 내담자로 하여금 생각을 바꾸도록 논박하거나 설득하기보다 스스로 자신의 논리적 오류와 왜곡을 발견하도록 인도하는 것을 말한다.

이 외에도 행동실험법, 대처카드법, 활동계획표, 과제부여법, 인지적 시연법 등과 같은 다양한 기법들이 사용되고 있다.

② 공헌과 한계

㉠ 공헌 : 벡의 인지치료이론은 인간의 이해와 치료에서 인지적 혁명이라고 불릴 정도로 인지의 중요성을 강조함으로써 정신분석, 행동주의, 인본주의와 함께 심리학의 주류를 이룰 정도로 기여하였다. 또한 과학적인 방법을 적용하여 문제 증상을 유발하는 인지적 요인을 밝혔다. 특히 인지와 관련된 주요한 부적응 증상인 우울이나 불안, 자살사고 등을 측정할 수 있는 평가도구들을 개발하여 과학적 연구에 기여하였다.

벡의 이론은 우울증 치료에 효과적이다. 우울증에 관련된 수많은 임상연구는 그 결과를 말해 주고 있다. 이는 불안장애, 알코올중독, 섭식장애 등의 다양한 심리장애의 치료에도 효과가 있는 것으로 밝혀졌다.

㉡ 한계 : 벡의 인지치료이론은 개인의 인지와 현재의 문제 증상에만 초점을 두어서 무의식의 중요성을 빠트리고 있다. 결국 인간의 정서부분을 소홀히 다루었다는 평가를 듣는다.

벡의 이론을 적용할 수 있는 대상에 한계가 있다는 것이다. 한 개인의 심리적인 증상을 치료할 때, 내담자의 사고에 초점을 둔다. 그런데 내담자가 정신병적 증상이 심하거나 단기 위기상황일 시에는 적용하기 어려울 수가 있다. 또한 인지 기능이 많이 떨어진 사람은 자신의 인지 도식을 정확하게 관찰하는 것이 어려울 수 있으며, 자신이 가진 사고가 기능적인

지, 역기능적인지 판단할 인지 능력이 부족할 수 있다.

여러 가지 비판과 한계에도 불구하고 인지주의 심리치료이론은 성격과 정신병리를 설명하는 가장 유력한 이론으로 받아들여지고 있다. 인지치료 역시 현대의 심리치료자에게는 가장 많은 인기를 끌고 있다. 왜냐하면 다양한 심리치료 중에서 가장 체계적인 이론과 실증적인 지지근거를 지니고 있을 뿐만 아니라 그 치료효과가 가장 잘 입증되어 있다. 또한 비용과 시간면에서도 경제적이며 지금은 행동치료와 통합되어 인지행동치료로 발전했으며 현대 심리치료의 주된 흐름을 이루고 있다.

2) 엘리스의 합리적 정서행동이론

(1) 서 론

인지치료는 부적응적 행동 유형을 바꾸기 위해서는 그 행동을 유지하는 사고 유형을 변화시키는 것이 필요하다는 개념에 기반을 둔다. 인지치료에는 다양한 모델이 있는데, 엘리스의 합리적-정서 치료와 벡의 인지치료, 그리고 클라이언트가 건설적인 자기독백(self-talk)을 하도록 훈련받는 마이헨바움(1977)의 자기지시훈련(self-instructional training) 등이 있다. 여기서는 벡의 인지치료와 엘리스의 합리적-정서 치료에 대해 자세히 알아보고자 한다(Maguire, 2002; Zastrow, 2003; Hutchson, 2003).

① 합리적 정서행동이론의 배경

엘리스가 자신의 이론을 세상에 소개한 1950년대 중반에는 환경이 인간의 행동을 결정한다는 입장인 행동주의에 대한 비판이 제기되면서 인간의 행동에 앞서 일어나는 마음의 구조와 작용에 대한 관심이 형성되던 시기였다. 구조란 전체를 구성하고 있는 요소들의 조직을 의미하는 말로, 이는 일정한 체계로 존재한다는 것을 가정하는 개념이다. 엘리스는 성격과 정신병리를 설명함에 있어서 외부 자극에 대한 개인의 반응을 매개하는 신념체계, 즉 해석방법의 중요성을 강조하고 있다. 비합리적인 신념과 사고방식은 부적응과 정신병리를 유발하는 핵심적 요인이다.

엘리스에 의하면 인간은 합리성과 비합리성의 양면적 본성을 지닌 존재이다. 인간은 합리적이고 순기능적으로 생각할 뿐만 아니라 비합리적이고 역기능적으로 생각하는 선천적인 경향성을 지니고 있다. 따라서 본질적인 요소들 사이의 관계 위에 정신적·언어적·사회적·문화적 구조가 성립되며, 그것이 개인이나 문화의 의미가 만들어진다는 관점에서 시작되었다.

② 엘리스의 생애

엘리스는 어린 시절의 불행한 경험을 불굴의 의지로 극복하고 위대한 심리치료자로 성장하는 과정을 잘 보여 준 의지의 심리학자이다. 그는 1913년 펜실베이니아의 피츠버그에서 장남으로 태어났다. 엘리스는 출장이 잦았던 아버지와 집안일을 등한시하던 어머니 밑에서 모든 일을 처리하는 방법을 터득해야 했다. 어린 시절에는 건강상태가 좋지 않았고 급성신장염이 발병하여 5세 때 응급수술을 받기까지 하였다. 엘리스가 12세 되던 시절에는 부모가 이혼을 해서 집안이 엉망으로 되어 가고 있었다. 따라서 엘리스는 지극히 소심하고 내성적인 아이로 자랄 수밖에 없는 환경이었고 가능하면 남 앞에 나서는 것을 회피하였다. 좋아하는 소녀에게도 데이트 신청을 한 번도 해 본 적이 없었고 단상에 나갈 때도 땀을 삐질삐질 흘릴 정도로 불안해했다.

엘리스는 아동기의 어려웠던 환경에 의해 도전받았기 때문에 자신의 선천적인 능력을 발휘되었으며 문제해결자의 역량을 갖게 되었다는 견해를 말하곤 했었다.

20세 초반에는 자신의 가장 큰 심리적 어려움이었던 '대중 앞에 연설의 공포'와 여성에게 다가가는 공포를 극복하기 위하여 다양한 시도를 하였다. 이때의 시도 경험이 후에 REBT 치료기법의 동기가 되었다.

엘리스는 한때 소설가가 되기를 원했지만 자신의 심리적 어려움을 극복하는 경험을 통해 다른 사람을 돕는 전문적 직업을 갖기를 결심하고 임상심리학을 공부하게 되었다. 컬럼비아대학에서 박사학위를 받은 그는 정신분석훈련을 받으면서 자신의 심리치료에 정신분석적 기법을 사용하였다. 그러다가 자기가 받은 정신분석 경험에 근거하여 정신분석 문제점을 인식하면서 자신만의 이론을 구축하기 시작하였다.

1955년에 엘리스는 자신의 치료적 접근을 '합리적 치료'라고 명명하였다. 1961년에는 정서적 측면의 중요성을 강조하기 위해서 '합리적 정서치료'라고 이름을 바꾸었으며, 1993년에는 자신의 치료기법에 행동적 측면이 상당부분 포함되어 있다는 점을 받아들여 '합리적 정서행동치료(REBT)'로 바꾸게 되었다.

엘리스는 심리치료활동뿐만 아니라 저술과 강연으로 열정적인 삶을 살았다. 1974년에 미국심리학회로부터 탁월한 전문심리학자상을 수상하고, 1982년에는 가장 영향력 있는 심리학자로 뽑히기도 하였다. 평생 자신의 치료이론을 몸소 실천한 그는 2007년 93세의 나이로 영면하였다.

(2) 주요 개념

엘리스의 합리적-정서치료(rational-emotive therapy)는 어떤 정서적 어려움이나 문제행동이 단순히 외부적 사건의 결과가 아니라 그 사건에 대한 비합리적인 자기독백(비합리적 신념에 기반을 둔 자기독백)의 결과라고 본다. 다시 말해, 사건이나 상황에 대한 해석방식, 즉 상황에 대해 스스로 평가하는 자기독백(self-talk)에 따라 감정과 행동이 달라진다고 본다. 자기독백은 개인의 신념에 기반을 두고 나오고, 또한 지속적이고 반복되는 자기독백은 결국 개인의 가치, 태도, 신념이 된다. 모든 감정과 행동은 다음 형식을 따라 발생한다(Zastrow, 2003).

예를 들어 설명해 보자. 아이가 꽃병을 깼을 때 엄마가 그 사건에 대해 '말썽쟁이, 자기 아버지만 닮아서 또 말썽이다'라고 독백을 한다면, 엄마는 화가 나고 아이를 몽둥이로 때리는 행동을 하게 된다. 그러나 엄마가 '저런, 내가 꽃병을 너무 위험한 곳에 두었네.'라고 독백을 한다면, 엄마는 걱정하고 두려워하면서 아이가 어디 다치지는 않았는지 보살피는 행동을 하게 된다.

개인의 감정과 행동이 자기독백에 의해 결정되고, 그 자기독백은 신념체계에 기반을 두므로, 엘리스의 치료기법은 어떤 사건이나 상황에 대한 클라이언트의 비합리적 자기독백 또는 비합리적 신념을 파악하고 교정하여 주는 데 목적을 둔다.

합리적-정서 치료과정은 ABCDE 모델로 설명될 수 있다. A는 선행사건(activating event)으로서 개인에게 어려움을 주고 있는 사건이다. B는 신념체계(belief system)로서 어떤 사건이나 자극에 대한 개인의 해석이나 태도이다. 이러한 신념은 합리적 신념(rational belief : rB)과 비합리적 신념(irrational belief : iB)으로 나뉜다. C는 결과

(consequences)로서 신념을 통해 나타난 정서적 결과이다. D는 논박(dispute)으로서 비합리적 신념에 대해 도전하고 교정하는 것이다. E는 효과(effect)로서 논박의 결과로 느끼게 되는 긍정적인 감정이나 행동을 말한다(홍경자, 1995).

비합리적 신념의 예는 표 11-1을 참고하기 바란다.

결론적으로 합리적-정서 치료의 핵심 개념은 상황에 대한 평가적 독백이 우리의 느낌과 행동을 결정하므로 우리의 독백을 변화시킴으로써 감정과 행동도 바꿀 수 있다는 것이다. 우리가 우리 자신에게 발생한 사건을 항상 통제할 수는 없지만, 사건에 대해 합리적으로 생각할 수 있는 힘을 가지고 있기에 우리가 원치 않는 감정이나 행동을 변화시킬 수 있다는 것이다.

표 11-1 **비합리적 신념의 예**

비합리적	합리적
모든 사람이 내가 하는 것을 인정해야 한다.	나는 모든 사람을 기쁘게 할 수 없다. 나는 내가 최선이라고 생각하는 것을 하겠다.
훌륭한 사람이 되기 위해 나는 완벽해야 한다.	완벽하기는 불가능하다. 그리고 완벽을 추구하는 것은 건강하지 못한 것이다. 나는 때로는 실패할 것이다.
나는 완벽한 삶을 살 가치가 있다.	삶은 불완전한 것이다. 세상이 내 위주로 돌아가지 않는다.
나는 내가 원하는 것은 가져야만 한다.	나는 늘 내가 원하는 것을 가질 수는 없다. 그러나 일반적으로 내가 필요로 하는 것을 갖고 있다.
나와 다른 사람들은 좀 이상하다.	많은 사람들이 나와 다르지만 지극히 정상이다.
그 사람의 어떤 행동만 고친다면 난 행복할 것이다.	그것은 그 사람의 문제이고 나도 내 문제를 가지고 있다. 그는 그 나름대로 자신의 삶을 살 권리가 있다.
난 이렇게 살아왔으니 그것에 대해서는 아무것도 할 수 없다.	물론 난 변할 수 있다. 내게는 미래가 있다.
내 행복은 다른 사람에게 달려 있다.	내가 내 행복에 책임이 있다. 나 자신, 나의 판단, 나의 능력이 중요하다.

엘리스와 벡의 이론은 핵심 개념에서 크게 차이가 나지 않는다. 벡의 인지치료는 정서 및 행동 문제가 주로 비합리적인 부정적인 사고, 즉 자기비하, 생활 경험에 대한 부정적 견해, 미래에 대한 비관적 견해의 결과라고 본다. 이러한 도식들이 개

인의 정보처리과정에서 오류와 왜곡을 촉진시킨다는 것이 핵심이 된다. 엘리스는 사건을 해석하는 데 있어 비합리적 신념에 기반을 둔 비합리적 독백이 문제의 핵심이라고 본다.

벡은 대화적 접근을 통해 비적절한 사고를 찾아내도록 질문을 던지는 데 비해, 엘리스는 다소 일방적, 설교적 접근을 한다. 즉, 벡은 엘리스보다 적극적으로 클라이언트에게 그들의 신념이 옳다는 증거를 댈 것을 요구한다. 벡은 클라이언트가 스스로 자신의 사고방식에 대한 결론을 이끌어 내도록 하기 위해 자신의 역기능적인 인지와 자동적 사고를 모니터하도록 하는 반면, 엘리스는 클라이언트의 사고의 비합리성을 직접적으로 강력히 지적하고 대응한다.

(3) 인지이론에 대한 평가

인지이론이 태동되었을 때는 무의식적 사고의 영향을 강조하던 정신역동이론에 대한 반작용의 의미가 컸다. 많은 실천가들은 정신과정이 무의식 의해 영향을 받더라도 무의식이 행동에 미치는 영향을 미미하다고 믿게 되었고, 의식적 사고가 대부분의 행동과 정서에 기반이 된다고 믿고 있다.

개인의 인지형태가 우리의 목적을 성취하는 데 도움을 준다면 이는 건강한 것이다. 개인의 사고 유형이 왜곡되어 있다는 것은, 환경으로부터의 투입을 왜곡하여 심리적으로 어려움을 경험하도록 유도하는 사고습관을 갖고 있다는 뜻이다. 인지치료이론은 인간이 신념의 상당 부분이 비합리적이고 왜곡되어 있다고 가정하고 있으며, 동시에 인간은 그러한 신념을 교정할 잠재력이 충분히 있다고 가정한다. 사회사업실천현장에서 사회사업가는 클라이언트의 사고 유형을 잘 파악하고 클라이언트가 자신의 목적달성을 촉진할 수 있는 인지 도식을 개발하도록 도와주어야 한다.

인지치료는 효과적이라고 보고되고 있지만 환경 속에 실제로 존재하는 비합리적인 사건과 문제를 인정하지 않으려 한다는 비판과 함께 클라이언트의 사고를 바꾸는 것이 반드시 적절한 반응은 아니라는 비판을 받는다. 요즘은 행동 치료에 인지적 요소를 가미한 인지행동치료(cognitive behavior therapy)를 많이 행한다.

피아제 이론에 대한 비판은 다음과 같다. 피아제의 인지발달단계가 모든 개인에게 같이 적용된다는 것은 문화적 차이를 반영하지 못하고 있고 또한 과도하게 결정론적이라는 점에서 비판을 받고 있다(Germain, 1987). 예를 들어, 전조작기에 해당하는 아동이라도 어떤 아동은 인지능력이 더 일찍 발달하기도 하고, 모두 자아중심적이 아닐 수 있으며, 모두 물환론적 사고(생명이 없는 대상에게 생명을 부여하는 것으로 예를 들면, 인형을 아기라 하고 아기가 아프다고 한다)를 하는 것도 아니다. 또한 청소년기가 되어도 상당수 개인들은 형식적 조작기에 도달하지 못한다(Grain, 1985; 최옥채 외, 2003).

또한 아동의 발달이 자발적이라는 주장도 비판을 받고 있다. 이는 교육과 훈련 없이도 아동이 스스로 인지구조를 발달시킨다는 것인데, 학습론 자들은 훈련의 효과를 검증한 여러 연구들은 통해 피아제의 자발적 발달과 관련된 부분을 비판하고 부모와 교육의 중요성을 강조하고 있다(Grain, 1983; 최옥채 외, 2003).

요약

인지이론은 사고의 획득과 기능에 초점을 두는 이론이다. 대표적인 인지이론은 피아제의 인지발달이론과 콜버그의 도덕발달이론을 들 수 있다. 인지발달이론은 피아제에 의해 주창된 이론으로 인간의 인지와 사고과정에 연구의 초점을 두고 인지적 구조가 형성되는 과정을 네 가지 단계로 구분하여 설명한 이론이다. 그는 인간을 유전적 요인에 의해 결정되는 존재가 아니라 환경적 자극을 능동적으로 재구성할 수 있는 능력이 있으며 성장 잠재력을 지닌 존재로 본다.

인지발달은 유전과 환경의 상호작용에 의한 적응과정의 산물로서 인간은 환경과의 상호작용을 통해서 자기 자신, 외부세계 및 자기와 외부세계와의 관계에 관한 지식을 얻는다. 피아제는 인간의 인지구조의 발달을 설명하기 위하여 도식, 적응, 평형, 조직화라는 주요 개념들을 제시하였다. 그는 인간이 감각운동기, 전조작기, 구체적 조작기, 형식적 조작기의 각 단계에 따라 발달한다고 보았다. 감각운동기는 0~2세의 유아에 해당되는 시기로서 유아가 외부세계에 대해 빨기, 쥐기와 같은 신체적 행동양식을 조직화하는 시기이다. 전조작기는 2~7세에 해당되는 시기이며, 이 시기는 아이들이 눈앞에 보이지 않는 대상이나 사건들에 대해 생각하기 위한 신호와 상징을 사용하는 것을 배우는 시기이다. 이 시기를 보다 잘 이해하기 위해서는 자아중심성, 물활론적 사고, 보존개념 미형성, 분류화 개념 미형성, 상징적 기능, 타율적 도덕성 등에 대한 개념을 알아야 한다.

구체적 조작기는 7~11세에 해당되며, 아동들은 구체적인 사물과 사건에 대하여 올바르게 추론해 낼 수 있지만, 관찰 가능한 구체적 사건이나 사물에만 한정되어 있는 시기이다. 이 시기의 아동은 인지능력이 발달하여 보존개념, 분류화, 서열화, 탈중심화, 자율적 도덕성 등을 갖게 된다. 형식적 조작기는 12세 경부터 성인이 되기까지의 시기로서 구체적 조작기의 어린이들과 달리 직접 경험하지 않아도 추상적으로 사고하고 추론을 통해 가설을 세워 검증할 수 있는 시기이다.

인지발달이론은 어린이들이 어른들의 가르침에 일방적으로 따르는 것이 아니라, 그들 스스로의 방식으로 학습하는 자율성에 토대하고 있음을 밝혔다. 그러므로 사회복지사들은 클라이언트의 현재 발달단계 내에서 발달을 촉진시키기 위하여 도전적 환경을 탐색하도록 하여 클라이언트의 인지발달을 도모하여야 한다.

한편, 도덕성 발달이론은 콜버그가 발전시킨 이론으로서 아동의 도덕성 발달은 인지발달 수준에 따라 그 단계가 결정되며 불변의 순서를 따른다고 보았다. 그는 도덕이란 정의의 원리로써 개인의 도덕적 갈등상황을 해결하려는 의사결정 또는 도덕판단이라고 하였다.

도덕성 발달단계는 전 인습적 수준, 인습적 수준, 후 인습적 수준으로 나뉜다. 전 인습적 수준은 규칙이 개인에게 내재화되어 있는 것이라기보다는 외부의 영향에 의해 이루지는 것으로 보는 단계이며, 이것은 다시 처벌과 복종지향, 상대적 쾌락주의로 구분된다. 인습적 수준의 아동은 권위적인 타인의 칭찬을 획득하고 사회질서를 유지하기 위해서 사회적 규칙이나 기준에 따르게 되며, 이것은 다시 착한 소년·소녀지향, 법과 사회질서로 구분된다. 후 인습적 수준의 아동은 집단의 권위나 권리를 행사하는 사람들과는 무관하게 도덕적 가치와 원리에 따르게 된다. 여기에는 민주적 법률, 보편적 원리로 구분된다.

그는 아동의 도덕판단력을 알아보기 위해 도덕판단력 검사를 개발하였다. 이 검사는 사람들을 두 개의 도덕적 규범이 갈등상황을 일으키는 가설적 딜레마 상황에 놓이게 함으로써 그들의 도덕적 판단능력을 측정하는 척도이다.

도덕발달이론은 인간의 변화가능성과 자율성에 대한 기본이념을 바탕으로, 사회와의 상호작용 과정에서 일어나는 일련의 사건을 다루기 때문에 이러한 점에서 볼 때, 사회복지실천과 일맥상통한다고 볼 수 있다.

도덕발달이론에 대한 연구가 사회복지실천 영역에서 필요한 것은 사회복지가 도덕적 가치를 추구하는 학문이며, 사회복지현장에 종사하는 사회복지사들에게 있어서 가치판단에 대한 올바른 인식능력은 무엇보다도 중요한 과제이기 때문이다. 따라서 사회복지사의 도덕발달 수준은 매우 중요하다.

엘리스는 성격과 정신병리를 설명함에 있어서 외부 자극에 대한 개인의 반응을 매개하는 신념체계, 즉 해석방식의 중요성을 강조했다. 그에 따르면 비합리적인 신념은 부적응과 정신병리를 유발하는 핵심적 요인으로서 자신, 타인, 세상에 대한 당위적 사고로 구성되어 있다. 벡이 제시한 인지이론은 성격과 정신병리를 설명하는 가장 강력한 인지주의 이론으로서 자동적 사고, 인지적 오류, 역기능적 신념, 인지도식과 같은 다양한 개념에 근거하고 있다. 성격의 핵심은 인지도식과 신념체계에 있으며 정신장애는 생활사건의 의미를 부정적인 방향으로 왜곡하는 편향된 인지도식에 근거한다. 그가 제시한 인지치료의 기본적 원리는 정신병리를 유발하는 왜곡된 인지를 재구성하는 것이다.

Chapter 12

인본주의적 관점

1 로저스의 현상학이론

1) 서 론

(1) 현상학이론의 배경

인본주의 심리학은 1950~1960년대에 양대 산맥을 형성하고 있던 정신분석과 행동주의이론을 비판하면서 긍정적 인간관에 근거하여 새롭게 대두된 심리학의 입장으로서 제3의 심리학이라 불린다. 로저스(Carl Rogers)의 인간중심이론은 인간이 성본능의 지배를 받는다고 보는 정신분석적 입장과 인간을 자극에 대해 수동적 존재로 반응하는 행동주의적 입장에 대한 반작용으로 출현하였다. 이처럼 결정론적이고 기계론적인 관점에 근거하여 인간의 자유의지와 존엄성을 무시하는 기존의 심리학이론을 비판하면서, 인본주의 심리학은 자기실현 욕구를 인간의 가장 기본적인 상위의 동기라고 주장하면서 인간을 전체적이고 통합적인 존재로서 이해한다.

로저스는 인간을 기본적으로 유능하고 강인한 존재일 뿐만 아니라 자신의 잠재력을 실현시킬 수 있는 능력을 지니고 있다고 보았다. 한편, 인본주의이론의 발생배경은 오늘날의 물질만능주의와 무관하지 않다. 즉, 현대에 들어 인류가 두 차례의 세계대전을 치르면서 사회·정치적으로 혼란을 겪게 되었지만, 그보다 더 큰 불행은 산업화·현대화의 과정에서 인간의 존엄성이 훼손당하는 배금주의라 할 수 있다. 이러한 역사적 맥락 속에서 인본주의 운동이 일어나서 인간의 가치를 되찾고자 하는 노력을 기울이게 되었다. 이 인본주의 운동은 키르케고르(Kierkegaard), 사르트르(Sartre), 카뮈(Camus), 빈스방거(Binswanger), 보스, 프랭클과 같은 현상학과 실존주의 학자들의 노력으로 더욱 활성화되었다.

실존주의이론이 인간의 소외, 불안, 무의미 등과 같은 인간존재의 한계성을 추구하는데 비해, 인본주의이론에서는 창조성, 자아실현, 선택, 사랑, 의미, 가치 등과 같은 인간의 긍정적인 측면을 강조하고 있다. 인본주의자들은 자기 자신이 스스로의 경험과 행동의 결정적 존재임에 초점을 맞춘다. 즉, 인간은 경험하고 스스로 결정하며 자신의 행동을 자유롭게 선택하는 의지를 지닌 존재라는 것이다. 그리고 인간은 근본적으로 선하며 마치 씨앗의 가능성처럼 환경조건이 적당하기만 하면 자신의 잠재능력을 실현해 나갈 수 있는 존재라고 보았다.

인본주의이론은 로저스(C. Rogers)가 주장한 현상학이론과 매슬로우(A. Maslow)의 자아실현이론으로 구성된다. 로저스가 주장한 이론을 현상학이론(phenomenological theory) 혹은 인간중심이론이라고 하는데, 현상학이론이란 개인의 주관적 경험, 감정 및 세계와 자기 자신에 대한 개인적인 견해 및 사적 개념을 연구하는 인본주의 성격이론이다. 즉, 각 개인에게 '현상이 나타나는 방식'과 그가 그 현상을 어떻게 '경험하고 느끼는지'에 대해 관심을 둔다. 예를 들어, 어떤 사람이 일에 몰두하여 배고픔을 잊어버렸다고 할 때, 그의 몸은 배고픔을 체험하더라도 그의 의식세계는 배고픔을 지각하지 못한다고 할 수 있다. 이러한 현상학적 장에는 개인이 의식적으로 지각한 것과 지각하지 못하는 것까지도 포함되는데, 개인은 객관적 현실이 아닌 자신의 현상학적 장에 입각하여 재구성된 현실에 반응한다. 이러한 속성 때문에 모든 개인은 서로 다른 독특한 특성을 보이는 것이다.

로저스의 이론은 프로이트와 마찬가지로 정서적으로 장애를 겪은 사람들을 임상적으로 치료하면서 얻은 경험이 토대가 되었다. 그는 루소(Rousseau)의 성선설(性善說)을 반영하여 인간이 기본적으로 자유로우며, 자신의 행동에 대해 책임을 지고, 합리적이며 자발적이고 건설적인 방향으로 나가는 미래지향적 존재라고 주장하였다.

또한 인본주의 이론의 거대 학자 매슬로우는 인간을 자아실현을 위하여 노력하는 존재로 규정하여 자아실현이론(self-actualization theory)을 주창하였다. 이는 욕구위계론과 자기실현적 인간상을 제시하여 유명해졌으며, 자기실현동기를 인간이 지향하는 가장 상위의 동기라고 주장하였다. 또 인간은 태어날 때부터 두 가지 경향성, 즉 생존적 경향과 실현적 경향을 갖고 있다고 보았다.

생존적 경향은 기본적 욕구라고도 하며, 실현적 경향은 성장욕구라고도 한다. 다음 절에서는 현상학이론과 자아실현이론에 대해 자세히 살펴보기로 한다.

(2) 로저스의 생애

로저스(1902~1987)

로저스(Carl Rogers)는 1902년 일리노이 주에서 태어났다. 그의 부모는 자상한 반면에 철저한 종교적인 입장을 지니고 있었기 때문에, 로저스의 소년 시절은 엄격하고 비타협적인 종교적인 규율의 분위기였다. 가족 이외에는 친구가 없어서 고교 시절까지 대부분의 시간을 혼자서 독서와 사색으로 보냈다. 1919년에 위스콘신 대학에 입학한 후, 대학교 3학년 때에 그의 인생을 변화시킬 만한 일이 생겼다. 그는 중국 북경에서 개최된 세계기독학생연합회에 참가하는 12명의 미국학생 중 한 사람으로 선발되어 6개월 동안 중국에 머물렀다. 그곳에서 다양한 종교와 문화적인 특성들을 지닌 많은 외국인들과 만나게 되었고, 그러한 경험들은 그로 하여금 자신의 인생관을 보다 자유롭게 다시 결정할 수 있게 하였던 것이다. 로저스는 그때의 경험을 통하여 "나는 나 자신의 사고방식대로 생각할 수 있고, 나 자신의 결론에 도달할 수 있으며, 나 자신이 믿는 바에 따라 행동할 수 있다"는 인식을 갖게 되었다고 기술하고 있다(Schultz, 1977).

그는 위스콘신대학교 사학과를 졸업한 후, 유니온 신학대학에서 2년간 학업하다가 컬럼비아대학교에서 아동철학으로 전공을 바꾸었고, 존 듀이(John Dewey) 철학의 영향을 받으며 어린이들과 함께 실제적인 임상실험을 하여 교육심리학으로 석사(1928)와 박사학위(1931)를 받았다. 그 후 로체스터의 아동학대방지협회에서 연구원으로서 12년간 비행아동과 불우아동을 위하여 치료활동을 하다가 1940년 오하이오 주립대학교의 심리학 교수로 초빙되었다. 그는 이 대학에서 학생들에게 자신의 경험들을 토대로 하여 당시 임상가들이 활용하고 있던 원리들 가운데서 정수를 뽑아 보다 분명한 상담의 실제적인 방법으로 도출해 낸 아이디어들을 가르쳤다. 그러한 강의과정에서 그는 자신의 아이디어들이 상담 및 심리치료에 있어서 하나의 새로운 접근임을 깨닫게 되었다. 이 아이디어들을 1940년 12월에 미네소타대학교에 한 논문으로 발표하였다(Rogers, 1961; Header & Rogers, 1979). 이것은 로저스가 상담에 대한 자신의 아이디어를 처음 발표한 논문이었는데, 이 논문이 놀라운 반응을 일으켰던 것이다. 이를 토대로 하여 1942년에 그는 『상담과 심리치료』(Counseling and psychotherapy)를 출판하였다. 그 당시만 해도 미국을 지배하고 있었던 상담 및 심리치료의 세력들은 지시적 접근과 정신분석적 접근이었고, 이들은 모두 상담자의 지식과 기술에 의존하는 것이었으며, 내담자를 진단하고 해석하는 방법들이었다.

그 후 1945년부터 1957년까지 시카고 대학의 심리학 교수와 상담소장의 일을 맡았다. 이 기간 동안에 『내담자 중심치료』(Client-centered therapy)를 출간했다. 1957년에는 모교인 위스콘신 대학 교수로서 활동하였으며 1964년에는 캘리포니아의 '라호야'(La Jolla)에 있는 서부 행동과학연구소와 인간연구소로 자리를 옮겼다. 그는 1956년에 미국심리학회의 우수과학 공로상을 수상했고, 1972년에 미국심리학회의 우수공로자상을 수상하였다. 그는 인간의 잠재력에 접근하는 심리요법과 상담요법을 고안하여 실행한 성격 연구의 혁신자이며 참만남운동(encounter movement)의 개척자로서 활동하다가 1987년에 사망하였다.

2) 주요 개념

(1) 인간관

로저스의 인간중심이론에서 인간을 바라보는 관점은 낙관론적, 유전론적, 자유롭고 전체적인 관점이라고 할 수 있다.

로저스의 인간에 대한 기본시각은 선한 존재이며 자유롭고 낙관론적인 것이다. 인간을 자기가 통제할 수 없는 어떤 힘에 이끌리는 피조물이 아니라 미래의 목적과 자기 지시적 목적으로 지향된 에너지를 가진 능동적인 존재로 간주하였으며 긍정적 방향으로 나아가려는 경향이 있다고 하였다. 또한 모든 인간은 자신의 과거와 현재의 생활 상태를 정확히 인식할 수 있기 때문에 자신의 삶과 미래를 능동적으로 선택할 수 있다. 유전론적인 입장으로는 인간은 선천적으로 타고난 성장 가능성을 실현하는 과정에서 자신의 인생 목표와 행동 방향을 스스로 결정하고, 이러한 결정에 따르는 책임을 수용하는 자유로운 존재로서 자기를 조절하고 통제하는 능력이 있다고 보았다. 그러므로 적절한 조건만 제공된다면 인간은 마치 씨앗이 한 그루 나무로 성장하듯이 타고난 잠재력을 건설적으로 발달시킬 수 있는 존재라고 하였다. 이러한 자기실현의 경향을 발휘하기 위하여 항상 노력하고 도전하며 어려움을 극복하여 진정한 한 사람으로 성숙해 간다고 보고 있다. 이러한 관점을 갖고 있기 때문에 그의 이론을 '인간중심적인 접근' 혹은 '클라이언트 중심적 이론'이라고 한다. 따라서 인간중심적인 그의 이론은 심리적인 부적응을 겪고 있는 사람들은 물론 심리적 부적응을 겪지 않는 일반인에게도 가능성과 잠재력을 실현하도록 적용할 수 있다. 또한 인간을 유기체로 보아 전체 경험으로서 인간행동을 이해하고 설명하고 있다. 인간의 각 행동을 단편적인 사건으로 분석하기보다는 전체적으로 기능하는 개인이라는 관점에서 이해하였다.

따라서 로저스는 참다운 인간의 특징을 다음과 같은 다섯 가지로 설명하고 있다.

첫째, 인간은 자발적인 존재로서 존재하고자 한다. 즉, 인간은 어떤 행위가 자신에게 의미 있는가를 스스로 결정하며, 진정한 자신이 되기 위한 자유는 상당한 책임을 수반한다는 것을 아는 존재이다.

둘째, 인간은 개방적으로 유동성 있게 변화하는 존재가 되려고 한다. 로저스는 인간은 형성되어 가는(becoming) 과정 속에 있으며 계속 변화하는 존재라고 설명하였다.

셋째, 인간은 자신의 경험에 대하여 개방성을 지니고 있다. 인간은 자신의 경험이 무엇을 지니게 되는가에 대해 더 이상 두려워하지 않고 그 경험을 자신의 일부로서 자유롭게 받아들인다.

넷째, 인간은 자신을 신뢰하는 방향으로 나가려고 한다. 인간은 그의 유기체가 실존적 상황에서 가장 만족할 수 있는 행동을 선택한다고 믿는다.

다섯째, 인간은 실존적으로 살려고 한다. 다음 순서에 되어야 할 것과 행하고자 하는 것은 순간으로부터 형성되는 것이지 자신이나 타인에 의해 미리 예견되는 것이 아니다. 즉, 실존적인 삶은 유동적인 것으로 경험 안에서의 구조 발견과 자아의 인격 변화를 의미한다. 따라서 로저스는 인간을 수동적인 존재가 아닌 미래의 목적과 자기지향적 목적을 향한 에너지를 가진 활동적인 존재로 바라보았다.

앞에서 제시한 것들이 가능하게 될 때 비로소 인간은 전체적으로 조화된 유기체적 존재, 즉 진정한 자신이 될 수 있다고 보았으며 이렇게 자신의 잠재력을 인식하고 능력을 발휘하여 자신에 대한 완전한 이해와 경험을 풍부히 하는 사람을 '충분히 기능하는 사람(the fully functioning person)'이라고 설명하였다.

(2) 주관적 경험과 행동

경험과 행동 간의 관계를 이해하는 것은 로저스의 현상학적 이론의 중요한 주제이다. 로저스는 인간은 자신이 사건에 대하여 어떤 인상을 갖느냐에 따라서 행동한다고 하였다. 이는 인간의 행위를 지배하는 것은 자극 상황에 대한 주관적인 해석과 그것에 대한 개인적 의미이다. 그러므로 어느 누구도 자기의 현실을 타인에게 강요할 권리를 가지고 있지 않다.

인간의 행동을 이해하기 위해서는 행동이란 과거에 일어난 어떤 것에 의하여 결정된 것이라고 보아서는 안 되고, 현재 처해 있는 환경과의 관계성을 파악하는 것이 필요하다. 즉, 현재의 행동에 영향을 끼치는 것은 과거의 경험이 아니라 과거 경험에 대한 현재의 해석이다. 그러므로 인간의 행동이나 성격은 '현재 - 미래'의 틀 속에서 연구되어야 한다는 입장이다.

(3) 자아실현의 경향

로저스는 인간이 가진 욕구와 동기 중에 가장 기본적 욕구는 자기를 유지하고, 향상시키며 실현하려는 욕구라고 하면서, 이 세 가지 개념을 묶어 자아실현경향(self-actualization tendency)이라는 용어로 압축하였다. 그는 모든 인간은 성장과 자기

증진을 꾀하기 위해 끊임없이 노력하며, 생활 속에서 부딪히는 고통이나 성장 방해 요인을 극복할 수 있는 성장 지향적 유기체라고 보았다. 비단 인간만이 아니라 다른 모든 유기체들도 좀 더 향상된 방향으로 나아가고자 하는 진화적인 경향성이 있다. 이 경향성은 성장의 신체적·심리적 요소들을 총망라한 것이다.

자기실현 경향성은 유기체의 성숙과 성장을 촉진시키며 긴장을 감소시키지만, 단순히 유기체의 긴장 감소만을 목적으로 하지 않으며 때로는 긴장을 증가시키기도 한다. 예를 들면 유아가 걸음마를 배우는 과정에서 비틀거리고, 수없이 넘어지는 시행착오를 거친 후 마침내 걷는 것을 볼 수 있다. 그 걷고자 하는 노력이 애처롭게 느껴질 정도이지만 유아는 그 넘어짐의 공포를 아랑곳하지 않고 끝내 걷게 되고 그 다음의 단계로 계속 발달하게 된다. 유아는 왜 그렇게 계속적으로 집요하게 노력을 하는가? 이 물음에 대한 답으로 로저스는 자기실현 경향성의 동기가 발달하고자 하는 노력이 포기하는 충동보다 훨씬 더 강하기 때문이라고 하였다.

로저스는 자기실현 경향성이 성장과 퇴행 중 어느 하나를 선택해야 하는 상황에 처하게 될 때, 더욱 두드러지게 나타난다고 보았다. 즉, 그는 모든 인간이 퇴행적 동기도 지니고 있지만 그보다는 성장지향적 동기, 즉 자기실현욕구가 기본적 행동 동기라고 보았다. 그런데 현실지각이 왜곡되어 있을 경우, 퇴행적 동기가 더 우세하게 유아적 수준의 행동을 나타내는 경우도 있다. 그렇지만 자기실현의 과정은 완전한 최종의 상태를 말하는 것이 아니라, 죽을 때까지 보다 유능한 인간으로 되어가는 과정이므로 이러한 과정을 통하여 모든 인간은 삶의 의미를 찾고 주관적인 자유를 실천해 나감으로써 점진적으로 완성되어 간다는 점을 로저스는 강조했다.

(4) 무조건적인 긍정적 관심

무조건적인 긍정적 관심(unconditioned positive regard)은 다른 사람을 대할 때 하나의 인격체로서 무조건적으로 존중하고, 있는 그대로의 모습으로 봐주면서 모든 것을 수용하는 것이다. 또한 그의 감정, 사고, 행동 등에 대하여 어떤 판단이나 평가도 하지 않은 채, 있는 그대로 존중하고 받아주는 것을 의미한다. 부모가 아기를 무조건적으로 사랑하듯이 어느 개인의 잘못과는 무관하게 긍정적인 관심을 주는 것이다. 하지만 부모가 항상 아이가 행하는 것은 어떤 것이거나 용서하고 수용한다는 것을 의미하지는 않는다. 아이가 그 존재 자체로 귀중한 한 생명체로서 사랑받고 있다는 분위기를 마련하는 것을 뜻하는 것이지, 다른 아이와 비교해서 긍정적으로 관심 받을 가치가 있다거나 없다는 판단을 하는 것은 아니다.

아이가 부모로부터 한 인간으로서 존중해 주는 무조건적인 긍정적 관심을 받을 때 그 아이는 자신을 가치 있는 존재로 인식하며, 긍정적인 자아개념에 따라 행동할 수 있게 된다. 이를 로저스는 인간의 건강한 성격발달을 위해 중요한 요소라 하였으며, 클라이언트와의 상담장면에서도 필수적인 상담자의 태도이자 기술이라고 보았다. 이것은 실제로 적용하기가 매우 어렵지만, 타인과의 상호작용의 특성과는 관계없이 타인에 대한 관심 및 수용과 존중에 대한 사고와 감정을 유지해야 하는 것이 중요하다(Nye, 1991).

(5) 충분히 기능하는 사람

충분히 기능하는 사람(the fully functioning person)이란 좋은 삶 혹은 이상적인 삶을 사는 사람을 의미한다. 즉, 자신의 잠재력을 인식하고 능력과 재질을 발휘하여 자신에 대한 완벽한 이해와 경험을 풍부히 하는 방향으로 나아가는 인간을 말한다. 패터슨(Patterson, 1980)은 한 인간이 완전한 기능을 한다는 것은 최적의 심리적 적응, 최적의 심리적 성숙, 완전한 일치, 그리고 경험에의 완전한 개방성 등과 동의어로 볼 수 있다고 했다. 충분히 기능하는 사람으로 도와주는 것이 인간중심이론의 궁극적인 목표라고 볼 수 있다. 로저스는 충분히 기능하는 인간의 특성을 다음과 같이 주장하였다.

① 경험에 대한 개방성(openness to experience)

자신의 경험에 충분히 개방할 수 있다면, 모든 자극들을 방어기제에 의하여 왜곡됨이 없이 신경계를 통해서 이루어지는 경험에 대해 보다 더 잘 느낄 수 있게 되고, 두려움이나 좌절 혹은 고통들을 더 잘 포용할 수 있게 된다. 따라서 그는 자신의 감정들을 있는 그대로 자유롭게 각성할 수 있게 되고, 또한 그들에 대해 자유롭게 대처해 나갈 수 있게 된다. 즉, 심리적으로 자유로운 사람은 보다 충분히 기능하는 인간이 될 수 있는 것이다.

② **실존적인 삶의 태도**(existential living)

삶의 순간순간 보다 충실하게 살고자 하는 경향, 즉 실존적 삶의 태도가 증가되는 것이 두 번째 특징이다. 자신의 새로운 경험에 대하여 방어적이지 않고, 완전히 개방적인 사람은 삶의 순간이 새로운 것임을 깨달을 수 있다. 완전히 기능하는 사람은 자아구조가 그때그때의 새로운 경험들을 이전에는 결코 비슷한 방법으로 존재하지 않았던 것처럼 새롭고 신선하게 느낀다. 완전히 기능하는 사람은 고정된 자아를 갖지 않으며, 경험을 다스리거나 조정할 필요도 없기 때문에 경험에 자유롭게 참여할 수 있다.

③ **자신의 유기체에 대한 신뢰감**(organismic trusting)

로저스는 "어떤 상황에 대한 나의 전체적 유기체의 감각이 나의 지성보다 더 신뢰로움을 알았다"고 했다. 즉, 건강한 사람은 경험에 대하여 완전히 개방적이기 때문에 그는 의사결정에 유용한 모든 정보들에 접할 수 있게 된다. 그들은 모든 관련된 요소들이 신중하게 고려되고 조화가 이루어져 그 상황의 모든 측면을 가장 잘 만족시키는 결정에 도달할 수 있다. 그들은 결정에 도달하는 데 사용된 자료가 왜곡되지 않고 정확하므로 그들 스스로를 신뢰하듯 그들의 결정도 신뢰한다. 타인보다는 자기 자신을 믿고 의지하는 것이다.

④ **경험적 자유**(experiential freedom)

충분히 기능하는 사람은 선택과 행동에 대한 자유의식을 가지고 있다. 자신이 선택한 인생을 자신이 원하는 대로 자유롭게 살아가고 있다는 느낌을 가진다. 로저스는 인간의 행위가 신체구조나 사회적 압력, 과거의 경험에 크게 영향을 받지만, 인간은 자기가 선택한 인생을 자유스럽게 살아갈 수 있다고 보았다. 이러한 경험적 자유는 인간이 자신의 행동과 그 결과에 책임을 지는 것은 자신뿐이라는 뜻을 담고 있다. 그러나 완전히 기능하지 못하고 방어적인 사람은 삶에 대한 지배감을 갖지 못하고 무한한 가능성을 느끼지 못하며, 선택이 제한되어 있고, 미래에 대한 시야도 좁다.

⑤ **창의성**(creativity)

충분히 기능하는 사람의 삶은 모두가 창의적이다. 그들은 모든 영역에서 창의적인 삶으로 스스로를 표현한다. 이들은 자신의 깊은 곳에 있는 욕구를 만족시키며, 사회 속에서 살지만 사회에 얽매이지 않는다. 충분히 기능하는 사람은 주변 환경의 급작스런 변화에 보다 더 잘 적응하며, 살아남을 가능성이 더 많다고 믿는다.

3) 현상학이론과 평가

인본주의 심리학의 가장 큰 공헌은 인간의 본성에 대한 긍정적인 관점을 제시했다는 점이다.

로저스와 같은 인본주의 이론가들은 개인의 잠재력과 내적인 욕구에 중요성을 두고 있으며 개인의 자기개념이나 잠재력을 극대화할 수 있는 개인의 능력에 초점을 두고 있다. 인본주의이론은 정신분석이론에서 말하는 본능적이고 역동적인 개념들을 거부하고, 자기(self)에 관한 것에 초점을 두기 때문에 현상학적 이론 또는 자기실현이론이라고 불린다. 현상학적 입장에 따르면 각 개인은 행동의 주체이며, 행동이란 단지 내부세계의 관찰 가능한 표현일 뿐이기 때문에 인간의 경험에 대한 연구를 하는 것이 필요하다고 하였다(Milhollan & Forisha, 1972).

현상학적 이론은 심리치료와 상담영역에서 상당한 공헌을 하였으며, 특히 정서적 장애를 가진 사람들의 치료에 효과적이라고 알려져 그동안 많이 적용되어 왔다(Schultz & Schultz, 1994). 또한 로저스가 강조한 인간본성의 긍정적인 면과 잠재력 및 자기개념, 가치, 자기결정권, 사회적 책임과 상호성에 대한 소신은 사회복지실천이념과 잘 어우러진다. 즉, 원조에 있어 따뜻하고 관심을 가져주는 관계를 통해 인간이 변화하도록 도울 수 있음을 전제로 원조과정에서 진실해야 하며, 일관성 있어야 하고, 무조건적 긍정적 관심을 가져야 하고, 클라이언트의 세계관에 공감할 수 있어야 한다는 것은 사회복지실천에 있어서 서비스를 제공하는 사람들의 실천적 자세 측면에서 사회복지의 토대가 되고 있다.

그러나 그의 이론은 다음 몇 가지 점에서 한계를 가지고 있다.

첫째, 실제 현장에서 실천할 수 있는 구체적이고 현실적인 방안들에 대해 대안

제시를 못하고 있다는 점이다. 즉, 클라이언트의 말을 비판 없이 그대로 받아들이는 순진한 현상학을 취하고 있으며, 클라이언트에 관한 자료들의 신뢰도와 타당도가 의문시된다. 과학적인 실증적인 증거가 부족하다.

둘째, 기본적인 인간본성에 대한 긍정적인 측면을 너무 강조하고 있으며, 인간의 부정적인 면과 부적응적인 인간에 대한 설명이 부족하다는 점이다. 인간행동은 본성에 의해서만 좌우된다고 볼 수 없으며, 다양한 관련 요소를 통해서 설명되어야 한다. 인본주의 심리학은 가치중립적인 객관적 과학을 지향하기보다 긍정적 관점을 추구하는 개인적 입장에 불과하다는 비판이 제기되었다.

셋째, 어떤 경우에는 비지시적이고 공감적 상담이 클라이언트에게 부적절할 수도 있다는 점이다. 즉, 객관적이고 과학적인 평가가 어렵기 때문에 실천현장에서 직접적으로 활용되기는 어려운 한계점이 있다.

넷째, 성격발달에 관한 자료를 제공해 주지 못한다는 점이다. 즉 부끄러움, 우울증, 슬픔 등과 같은 정서적인 문제의 발생 원인에 대하여 설명하지 못하고 알코올중독, 지나친 흡연, 야뇨증, 폭력행동 등과 같은 문제행동의 발생 원인에 대해서도 설명하지 못하고 있다.

다섯째, 학습을 통한 인간행동의 발달을 간과하고 있고, 유기체적 경험, 자기개념, 완전한 기능 등 현상학이론에서의 개념들이 모호하고 포괄적이어서 이해하기 어렵다는 점이다.

여섯째, 인본주의이론에 근거한 심리치료의 치료효과가 그다지 크지 않는 것으로 나타났다. 로저스가 제시한 인간중심치료는 인지행동치료를 포함한 다른 심리치료보다 효과가 낮은 것으로 보고되었다(Grawe, Donati, & Bernauer, 1998; Shapiro, 1982; Weisz et al., 1995).

이러한 한계에도 불구하고 인본주의 로저스 이론은 인간의 이해와 심리치료분야에 커다란 영향을 미쳤으며 로저스는 심리치료분야의 전문가로 강력한 영향을 미쳤다. 인간은 누구나 지금 여기 있는 그대로, '이것이 나다'라는 진실성으로 충분한 가치를 지닌 소중한 존재라는 것을 분명하게 인식시켜 주었다. 또한 심리치료사, 상담사 등이 내담자를 어떠한 자세로 대해야 하는지를 잘 보여주었기 때문에 오늘날 인본주의 심리학의 창시자로 일컬어지고 있다.

4) 사회복지실천에의 적용

로저스의 이론은 인간의 본성에 있어서 부정적인 측면보다는 선한 측면을 지나치게 강조한 측면이 없지 않다. 인간의 행동은 본성에 의해서만 이루어지는 것이 아니라 다양한 요소들에 의해 영향을 받는다는 점을 유념해야 한다.

클라이언트의 경험과 자극에 대한 클라이언트의 인식이 자신의 실제를 구성한다는 로저스의 개념은 사회복지에서 '클라이언트가 처한 곳에서부터 시작하라.'는 원리와 일치한다. 또한 로저스의 인간에 대한 존엄성과 가치, 자기 결정권, 사회적 책임과 상호관계에 대한 소신은 사회복지실천의 철학과 조화를 이루는 원칙이 되고 있으며(정 은, 2014), 원조관계의 본질도 사회복지 개입과정의 핵심이 되고 있다. 즉, 따듯한 관심과 사랑으로 클라이언트를 대할 수 있는 사회복지사의 필요성과 중요성을 깨닫게 해주고 있다.

로저스는 훌륭한 삶을 살아가는 사람에 대한 규정으로 경험에 대한 개방성을 갖춘 사람, 실존적 삶을 살아가는 사람, 자기 자신을 신뢰하는 사람, 자유의식을 지닌 사람, 창조적 삶을 살아가는 사람으로 보고 있어 올포트(Allport)의 성숙한 인간과 유사한 개념으로 설명된다. 이러한 인간중심적 접근 방법은 가족치료의 실천에 큰 영향을 미쳤으며, 지역사회 혹은 집단사회복지 방법론과 교육에 많은 영향을 주었고, 공동체 생활을 통한 내적 성장을 도모하는 사회변화의 수단으로 활용되고 있다(구혜영, 2020).

사회복지실천현장의 개입과정은 초기에는 주로 관계설정 및 개입방법 결정, 클라이언트의 긴장이나 억압정도, 변화가능 능력 정도, 도움 필요 정도, 환경으로부터의 독립 정도, 개입 가능성 여부, 연령, 지능, 안정성 등이 고려되어야 한다. 중기에는 표현을 통한 자신의 감정 통찰이 가능하도록 돕고, 지적인 내용보다는 감정적인 내용에 반응하여 감정을 두려움 없이 표출하도록 지원해야 한다. 인간관계에 대해 이해하고 수용하도록 지원하고, 새로운 목표선택 및 목표달성을 위한 자발적 행위를 지원해야 한다. 말기에는 새로운 선택과 적절한 행동 실천의 결심이 되면 종결하게 되는데, 자신감 회복, 자율성, 통찰력 등을 고려해야 한다(장진선, 2005). 사회복지실천에 있어서 클라이언트에 대한 긍정적인 관심은 로저스의 인간중심적 접근 방법과 맥을 같이한다. 사회복지실천의 철학과 조화를 이루는 원칙과 공감을 이끌어 내는 일은 사회복지서비스에 있어서 서비스를 제공하는 사람들이 반드시 실천해야 할 실천적 자세가 되어야 한다는 점을 보여 주고 있다. 뿐만 아니라 로저스는 사회복지사는 클라이언트와의 관계에 있어서 촉진적인 관계가 형성될 수 있도록 갈등과 감정을 잘 수용하고 통합해 나가는 역할을 해야 한다는 지침을 제시하고 있다.

2 매슬로우의 자아실현이론

1) 서 론

(1) 자아실현이론의 배경

자아실현이론(self-actualization theory)을 체계화한 학자는 매슬로우(A. Maslow)이다. 그는 위스콘신대학교에서 실험중심적인 행동주의 심리학을 공부했으며 미국 컬럼비아대학의 심리학 교수로 재직하였다. 그러다가 제2차 세계대전을 겪으면서 기존의 심리학에 대하여 회의가 들기 시작했으며 인간의 마음을 이해하기 위한 새로운 관점을 제시하면서 이를 인본주의 심리학이라고 불렀다.

그는 인간이 근본적으로 선하며 존경받을 만하여 만일 조건만 적당하게 주어진다면 잠재능력을 실현할 수 있는 미래지향적 존재라고 주장하였다. 또한 프로이트적인 관점으로 인간을 비합리적으로 보거나 행동주의적 관점으로 인간을 자극에 대해 단순히 반응하는 유기체로 보는 것을 비판하면서, 건강한 사람들의 특성을 발견하는 것이 심리학의 연구 과제라고 주장하였다. 그는 인간의 잠재능력을 중요시하여 행동주의자들처럼 현실에 집착하는 것이 아니라 인간이 자기를 실현할 수 있는 무한한 가능성에 대해 연구했다.

매슬로우는 인간의 행동을 연구할 때, 창의적이고 건전한 부분을 토대로 하였으며, 인간행동이 스스로의 욕구를 채우기 위한 동기에서 비롯된다고 보았다. 자아실현이론은 인간이 자신의 잠재력을 최대한 발휘하여 자기의 성격적인 성숙뿐만 아니라 자신의 성장과 발전을 꾀하며, 결과적으로 자기가 원하는 사람이 되도록 하는 것과 관련된 성격이론이라 할 수 있다.

그의 이론은 의미로 볼 때 자아실현이론 혹은 욕구단계이론이라고 하지만, 사실상 그는 보다 포괄적 개념이라고 할 수 있는 인본주의이론의 창시자로 불린다. 인본주의이론에서는 인간을 항상 무엇인가 다른 존재가 되려고 하는 과정 중에 있으며 이러한 형성을 거부하는 것은 곧 성장을 거부하는 것이라고 본다. 또한 자신의 실존을 다른 사람들과의 관계와 연관 지음으로써 느낌, 의식, 분위기를 중요시한다.

이와 같이 매슬로우는 기본적으로 인본주의 관점을 취하면서 인간이 가진 생리적 욕구, 안전욕구, 소속과 사랑에 대한 욕구, 자존감의 욕구, 자기실현 욕구 등을 중심으로 하여 인간의 성격이론을 전개했기 때문에 욕구단계이론 혹은 인간동기이론이라고도 한다.

(2) 매슬로우의 생애

매슬로우(1908~1970)

매슬로우(Abraham Maslow, 1908~1970)는 1908년 뉴욕 브룩클린에서 태어났다. 그의 부모는 러시아에서 이민 온 유대인이었다. 그들은 자기 아이만큼은 자기들보다 더 나은 삶을 살아야 한다는 꿈을 가지고 있었기 때문에 매슬로우에게 학문적으로 성공해야 한다는 것을 강조했다. 그는 어린 시절 유대인이라고는 전혀 없는 동네에서 살았기 때문에 고독하고 불행하다고 생각하며 자랐고, 친구도 없이 대부분의 시간을 도서관에서 책을 읽으며 보냈다.

매슬로우는 아버지의 강요로 뉴욕시립대학에서 법학을 공부했으나 적성에 맞지 않아 위스콘신대학에서 심리학을 전공하였다. 뉴욕시립대학에 입학할 즈음, 클래식 음악과 손아래 사촌 누이 비아샤와의 뜨거운 사랑의 체험으로 절정경험(peak experience)이라는 심리학의 주요 개념이 형성되었다. 첫 딸의 출생은 그로 하여금 행동주의에 대한 열정을 불러일으키게 하였다. 이유는 아이가 나타내는 복잡한 행동은 그로 하여금 행동주의 심리학이란 사람보다는 동물을 이해하는 데 더 적절한 것이라는 생각을 하게 만들었기 때문이다.

또한 그가 학문적 방향을 바꾸도록 하는 데 영향을 미친 것 중 하나는 제2차 세계대전이다. 일본의 진주만 공격이 있었던 며칠 후 우연히 군대 행렬을 목격한 그는 평화에 기여하는 심리학을 발전시키겠다는 결심을 하게 된다. 그는 인간의 성격 연구에 새로운 차원을 제공하였으며, 그의 새로운 접근법은 왓슨의 행동주의와 프로이트의 정신분석과 마찬가지로 혁명적인 것이었다. 매슬로우의 인본주의이론 혹은 '제3세력(third force)의 심리학'은 행동주의의 기계적 특성과 정신분석의 우울한 특성에 비해 희망의 이론으로 자리매김하였다.

그는 1951년, 브랜다이스대학 심리학과 교수로 부임하면서 인본주의 운동에 있어서 가장 저명한 인사가 되었다. 그의 말년에는 캘리포니아의 에살렌 연구소와 인간의 잠재력 운동에 열중하고 있는 단체를 후원해 주는 등의 활동을 하였다. 1967년 미국심리학회(American Psychological Association)의 회장으로 선출되었고, 1969년 초월심리학회를 발족시켰다. 매슬로우는 62세 되던 해인 1970년 지병인 심장병이 악화되어 심장마비로 사망했다.

2) 주요 개념

(1) 욕구단계이론

매슬로우(Maslow)는 성욕과 공격성을 인간의 가장 기본적인 동기로 여기는 정신분석이론과 인간을 백지로 간주하는 행동주의이론에 반대하면서 자기실현동기를 인간이 지향하는 가장 높은 동기라고 주장하였다. 인간의 행동은 다양한 동기에 의해 유발되는데 이러한 동기들은 위계적 구조를 이루고 있다고 하였다. 그는 인간의 욕구를 기본욕구와 성장의 욕구로 구분하면서 강도나 정도의 차이에 따라 다섯 가지의 위계로 구분하고 있다.

매슬로우의 욕구단계이론에서는 욕구를 기본욕구(결핍성의 욕구)와 성장욕구의 두 가지 형태로 구별하고 있으며, 이러한 욕구들을 선천적인 것으로 보았다. 기본욕구란 음식, 물, 사랑, 신체의 안전, 쾌적한 온도, 존경 등에 대한 욕구이다. 이는 결핍되면 병이 생기며 충족되면 병이 예방되거나 회복된다고 보았다. 또한 자유롭게 선택할 수 있는 상황이라면 욕구가 결핍된 사람은 우선적으로 그것을 충족하려고 한다.

성장욕구 혹은 자아실현 욕구로 불리는 두 번째 욕구는 잠재능력, 정의, 선, 조화, 기능, 잠재능력과 재능을 발휘하려는 욕구이다. 성장욕구도 기본욕구처럼 선천적이라고 보았지만, 기본욕구만큼 사람들에게 본능적이거나 선천적인 것이지는 않으며, 이 욕구가 충족되지 않으면 소외, 냉담, 고민 등과 같은 상태가 되어 병적인 상태가 될 수도 있다.

기본욕구와 성장욕구는 강도와 중요성에 따라 다음과 같이 다섯 가지 계층적 단계로 나누어져 있다. 이를 위계체계(hierarchy of needs)라고 하며 개인에 따라 차이가 있고 특정 시기에 강하게 나타나는 욕구가 있기는 하지만, 모든 욕구가 동시에 존재한다고 보고 있다. 만일 생리적 욕구를 85% 정도 충족시키면, 안전욕구는 70% 정도, 소속과 애정에 대한 욕구는 50%, 자존감의 욕구는 40%, 그리고 자아실현의 욕구는 10%가 충족된다(Maslow, 1970). 이러한 욕구들은 낮은 단계에 있는 욕구가 어느 정도 만족되어야 더 높은 단계의 욕구를 의식하거나 동기가 부여된다.

그림 12-1은 매슬로우가 말하는 인간의 다섯 가지 기본욕구를 나타내고 있다.

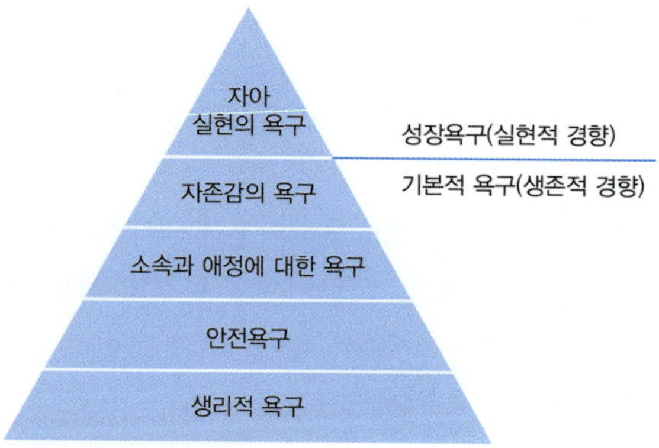

그림 12-1 매슬로우의 욕구위계 구조

① **생리적 욕구**(physiological needs)

생리적 욕구는 인간의 욕구 중에서 가장 기본적이고 강하며 분명한 욕구에 속한다. 여기에는 음식, 물, 공기, 잠, 은신처, 성, 휴식, 건강 등이 포함된다. 생리적 욕구가 만족되지 않은 병사는 전쟁 중 빵이 지뢰밭에 있더라도 들어간다는 말이 있다. 이러한 기본적인 욕구수준을 만족하지 못한 사람은 더 높은 단계의 욕구를 만족하려는 시도를 할 수 없다. 이러한 욕구는 개체가 생존하기 위한 기본적인 조건을 공급받기 위한 것으로서 다른 욕구에 비해 기본적이며 일차적인 욕구이다.

생리적 욕구는 인간행동을 이해하는 데 매우 중요하다. 이것은 인간의 욕망을 지배하고 있으며, 만일 이것이 제대로 충족되지 못하면 사회의 가치나 도덕이 지켜지기 어려울 수 있다. 또한 인간이 생리적 욕구에 집착하게 되면 더 높은 수준의 목표를 추구하지 못하게 된다. 생리적 욕구는 기본적인 생존에 어려움이 있는 사람들에게는 가장 중요한 삶의 동기가 되지만, 대부분 사람들의 생활에서는 최소한의 역할을 수행하고 있다.

② **안전의 욕구**(safety needs)

위험으로부터 보호받을 수 있으며 안전하고 편안한 피난처를 갈구하는 욕구를 말한다. 안전의 욕구는 생리적 욕구가 만족되면, 인간이 새롭게 관심을 갖게 되는 욕구이다. 이것은 보호, 의존, 확실성, 정돈, 질서, 공포나 위험으로부터 자유 등이 있다. 안전의 욕구는 상대적 무력감과 어른에 대한 의존 때문에 유아와 아동들에게서 가장 많이 나타나는 보편적인 욕구이다. 또한 이것은 개인이 전쟁, 범죄, 홍수, 지진 등과 같은 실제적 위기에 직면했을 때도 나타난다. 높은 경쟁률을 뚫고 취업하고자 하는 것이나 연금, 보험, 재테크, 적립식 펀드 등을 좋아하는 것도 부분적으로 안전의 욕구 때문이다.

특히 안전의 욕구는 아동의 생활에 중요한 요소로서, 그들은 어느 정도 엄격한 가정에서 이러한 욕구를 만족시킬 수 있다. 그러나 아동이 가정환경 내에서 불안, 걱정 등을 느끼게 되면, 안정을 찾기 위해 생활의 다른 영역을 찾게 된다. 또한 이혼, 부부싸움, 부모의 사망 등은 아동의 환경을 불안정하게 하기 때문에 그들의 안정감은 손상을 받게 된다. 안전의 욕구는 성인이 되어서까지도 커다란 영향력을 갖게 되며, 특히 종교와 철학은 개인이 자신의 세계를 구축하는 것을 돕고 거기에 소속된 사람들 전체를 의미 있는 하나로 만들어 안정감을 느끼게 한다.

③ **소속과 사랑의 욕구**(belonging and love needs)

인간은 의미 있는 강한 집단에 소속되고자 하는 욕구를 지닌다. 소속과 사랑의 욕구는 사랑, 가족이나 집단에 대한 소속감, 우정, 친구들과 시간을 함께 보내는 것 등 생리적 욕구와 안전의 욕구가 충족되었을 때 개인에게 나타나는 욕구이다. 사람들은 친구나 가족이 없을 때 심한 외로움을 느끼게 되어 심하면 죽음에까지 이르게 된다. 따라서 소외감, 고독감 등을 극복하고자 하는 욕구는 산업화, 도시화에 따른 사회적 이동성의 증가로 인하여 점점 충족되기 어려워진다. 이러한 욕구를 충족시키기 위해서는 개인이 조직, 단체, 집단 등에 가입하여 활동하는 것이 필요하다. 유학하는 학생이라면 동아리 활동이나 향우회에 참석하는 횟수가 많아진다.

사랑에 대한 욕구는 사랑을 받는 것뿐만 아니라 주는 것을 포함한다. 사람은 사랑을 받고 포용되는 것을 통해 자기가 가치 있다는 느낌을 갖게 되지만, 그렇지 못하게 되면 공허감, 적대감 등을 갖게 되며 부적응, 신경증, 정신병 등의 원인이 되기도 한다. 반대로 지나치게 소속과 사랑의 욕구가 강하여 집단 외부의 사람에 적대적인 행동을 보이는 경우도 있는데 대표적 예가 소위 조직폭력배 집단이다.

④ **존중의 욕구**(esteem needs)

자신이 가치 있는 존재라는 것을 느끼는 것을 말한다. 자기긍지와 자기만족을 느끼기 위해서 자신을 발전시키려는 욕구이다.

존중의 욕구(esteem needs)는 사랑받고 남을 사랑하는 욕구가 어느 정도 충족된 이후에 개인에게 나타나는 욕구이다. 이것은 자신을 긍정적으로 평가하려는 데에서 생기며, 자기존중과 다른 사람으로부터의 존경으로 구분된다. 자기존중은 능력, 개인적인 힘, 신뢰감, 성취, 독립, 자유 등을 포함하는 것으로 개인이 자신이 가치 있다고 생각하는 것이다. 다른 사람으로부터의 존경은 수용, 명성, 인식, 지위, 평판 등을 포함하는 것으로 자기의 능력이 다른 중요한 사람으로부터 인식되고 좋게 평가되는 것이다. 자존감의 욕구가 만족되면 자신감, 자기존중, 힘, 능력, 적절성, 세상에서 유용하고 필요하다는 느낌 등을 가져온다. 그러나 이러한 욕구가 만족되지 못하면 열등의식, 어리석음, 약함, 무력감, 좌절감, 무용지물이라는 느낌, 자기 비하 등을 유발한다. 긴전한 자존감은 명성, 재산, 지위 등과 같은 외부 요소에 의한 것이 아니라, 개인의 능력과 끊임없는 노력을 통하여 다른 사람으로부터 얻어낸 존경에 근거한다. 한나라 명신 한신이 어렸을 때 동네 깡패의 가랑이 사이를 기어갔다 하여 남이 비난할지라도 그는 태연자약했다. 오히려 후에 대장군이 되었을 때 그를 장수로 임명했다고 한다. 이것이 자존심이다. 남이 알아주지 않더라도 화내지 않으면 군자라는 얘기다.

⑤ **자아실현의 욕구**(self-actualization needs)

자신이 지닌 잠재력을 충분히 표현하고 발현하려는 욕구이다.

자아실현의 욕구는 앞서 논의한 네 가지 욕구가 충족된 이후에 나타나는 욕구이며, 자기가 성취할 수 있는 모든 것을 성취하려는 욕구이다. 이 단계에 도달한 사람은 자기 자신의 능력, 재능, 잠재력을 충분히 발휘하기 위해서 노력한다. 매슬로우에 의하면 인구의 약 1% 정도가 자아실현에 근접한다고 하였다. 자아실현이 힘든 것은 자아실현을 위한 움직임은 자동적으로 발생하거나 쉽게 이루어지는 것이 아니기 때문이다. 특히, 자아실현욕구는 제일 위의 계층에 위치해 있기 때문에 본능적인 욕구의 힘이 제일 약하다고 할 수 있다.

자아실현은 다양한 형태로 나타날 수 있다. 이것은 누구든지 직업이나 관심 분야와는 관계없이 자신의 잠재력을 충분히 발휘하며 성격발달의 정점에 도달할 수 있는 가능성이 있기 때문이다. 그런데 사회적인 환경이 자아실현을 눌러 버리는 경우가 있다. 음악을 잘하더라도 성적이 괜찮으면 법대에 원서를 내야 한다. 운동을 좋아하고 소질도 있어서 스포츠를 전공한 사람이 졸업 후 많은 보수를 보장하는 기업에 취업하는 것처럼 수많은 사람들은 자아실현을 포기하고 안전의 욕구에 따라 행동한다.

그런가 하면 마음의 병을 치유하겠다며 늦은 나이인 57세에 복지상담학을 시작하여 6년 만에 관련 박사학위를 취득한 63세의 할머니, 성직자가 되기 위해 고액연봉의 유혹을 물리치고 대기업을 과감하게 사퇴한 대기업 인사과장, 입양아라는 비난과 흑인과 황인의 혼혈이라는 인종차별을 뛰어난 운동 실력과 자기 노력으로 극복한 미식축구선수 출신의 하인스 워드, 여성 흑인 혼혈아의 비웃음과 손가락질을 뛰어난 가창력으로 거뜬히 극복한 당대 최고의 여가수 인순이, 어릴 적 못다 한 공부를 하기 위해 검정고시 합격 후 대학을 진학한 만학도, 고교 졸업한 지가 20~30년 지난 후에도 자기의 꿈을 실현하기 위해 늦은 나이에 진학한 만학도 학생들은 자아실현에 도전한 인간승리자들이다.

자아실현을 하기 위해서는 몇 가지 조건이 필요하다. 첫째로, 사회나 자기 자신에 의해서 부과된 강요로부터 자유로워야 한다. 둘째로, 생리적 욕구나 안전의 욕구와 같은 낮은 수준의 욕구에 의해서 정신적으로 혼란해져서는 안 된다. 셋째로, 자신의 이미지와 다른 사람들과의 관계에 대해 확신이 있어야 하며, 사랑을 주거나 받아야 한다. 넷째로, 자신의 강점과 단점 등에 관한 자신을 잘 알아야 한다.

(2) 잠재적 창조성

인간의 창조성은 인본주의이론의 가장 중요한 요소이다. 매슬로우는 인간의 가장 보편적인 특질은 창조성이라는 사실에 최초로 관심을 가진 사람이다. 그에 의하면 창조성은 모든 사람은 태어날 때부터 잠재적으로 가지게 되는 인간본성의 공통적 특질이라는 것이다. 그러나 문명화되면서 대부분의 사람들은 창조성을 잃게 되었다고 생각하였다. 창조성은 누구에게나 잠재해 있기 때문에 이것을 갖기 위해 특별한 자질이나 능력이 요구되지는 않지만, 사물을 새롭고 순수하게 보는 극소수의 사람들에 의해 나타나는 것도 사실이다. 인간은 적절한 환경에서 성장할 때 자신의 본성을 실현시키기 위한 능동적인 노력을 함으로써 사람의 창조성은 더욱 뚜렷하게 발전된다. 창조성은 보편적인 인간의 기능이면서 여러 가지 형태의 자아표현을 나타낸다.

(3) 자아실현인의 특성

자아실현한 사람들은 존재 가치를 실현하는 자들로 하위단계의 욕구가 충족되어 있고 자기의 잠재능력을 최고도로 발휘하는 건강한 사람을 말한다. 건강한 인간은 정신병리적 질환과는 거리가 멀며 자기가 누구이며, 무엇이며, 어디로 가고 있는지를 아는 사람이다. 매슬로우는 기능, 능력, 잠재력 등을 얼마만큼 충분히 사용하고 개발해 가는가를 자아실현의 척도로 삼아, 이 점을 다른 욕구에 비추어 보고 총체적인 관점에서 다음과 같은 15가지 자아실현인의 특성을 설명하였다 (Maslow, 1970).

① 효율적인 현실지각

현실을 효과적으로 지각하고 평온한 관계를 유지한다. 이것은 자아실현인이 보통 사람들보다 일반적·추상적·규범적인 것과 새롭고, 구체적이고 독특한 것을 쉽게 구분하며 사람을 정확하게 판단하는 능력을 말한다.

② 본인, 타인, 자기 자신에 대한 수용

자아실현인은 불평이나 걱정이 없이 자기의 약점과 장점을 받아들인다. 자신의 약점에 대해 부끄럽게 생각하거나 죄책감을 가지지 않고 자신의 본성 그대로를 받아들이는 사람이다. 뿐만 아니라 이웃의 결점, 인류의 결점에도 관대하다.

③ 자발성, 순수성, 자연성

삶의 모든 측면에서 꾸밈이 없고, 솔직하며, 자연스럽고 자발적임을 말한다. 일상적인 삶에 대하여 감사할 줄 알며 자율적이고 개인적인 윤리규정을 가지고 있다.

④ 문제중심적 사고

자기중심이 아닌 자신 밖에 있는 문제나 일에 초점을 맞추는 것을 말한다. 즉, 나무만 바라보지 않고 가급적이면 전체 숲을 보려고 한다.

⑤ 분화감과 개인생활에 대한 욕구

보통 사람들보다 고독과 개인 사생활을 즐긴다. 자기 주위의 소란스러움에서 벗어나 정적인 상태를 만끽하며, 결코 과격한 행동을 하지 않고 바람직하지 못한 상태라도 존엄성을 유지한다.

⑥ 자율적 기능

사회적 환경으로부터 비교적 독립되어 있다. 이 같은 독립심은 어려운 시기나 좌절 상황에 직면하더라도 비교적 안정감을 갖게 하며, 혼란스러운 상황에서도 상대적으로 평온을 유지하면서 내적 성장과 자기개발을 도모한다.

⑦ 풍부한 감상

자연이나 어린아이와 같이 삶의 기본적인 것에 대하여 기쁨을 느끼고, 고정관념의 틀에서 벗어나 경이, 기쁨, 황홀감을 가지고 삶을 신선하고 순수하게 감상할 수 있는 능력을 가지고 있다.

⑧ 절정경험

인생의 과정에서 경험하게 되는 매우 기쁘고 흥분되는 감격적인 순간으로 강렬한 행복감을 준다. 이런 경험을 하는 동안 자아는 초월하게 되고 자신감, 절정감, 성취감 등과 같은 심오한 의식을 갖게 되며, 자신이 몰두하는 활동에서 쾌감을 느낀다. 이러한 경험은 삶이 변화되고 강화되도록 하기 때문에 중요하고 가치 있다.

⑨ 사회적 관심

가끔은 사회에 대한 욕구불만이 있지만 대체로 인간에 대해 깊은 공감, 애정, 일체감, 공동체감을 가지고 있다. 인류를 돕고자 하는 진정한 열정이 있으며, 모든 사람을 한 가족의 성원으로 간주하고 형제애를 보여준다.

⑩ 깊은 대인관계

다른 사람들보다 더 깊고 의미 있는 대인관계를 유지한다. 따라서 실제로 맺는 인간인맥 관계의 수는 많지 않을 수 있다. 이들의 대인관계의 성격은 차별적이지 않고, 사랑이 깊고 이기적인 경계를 벗어나 있다.

⑪ 민주적 성격

모든 사람을 존중할 줄 아는 민주적 성격의 소유자로 권위주의적 사람들과 다르다. 또한 다른 사람들로부터 무엇인가 기꺼이 배우려고 하며, 타인의 출생, 인종, 혈통, 가문, 나이, 힘에 의하여 사람을 차별하지 않고 배려하고 겸손하다.

⑫ 수단과 목적, 선악의 구별 확실

실제 생활에서 옳고 그른 것, 선악, 목적과 수단 등을 확실하게 구분한다. 또한 그들은 관습적인 것에서 벗어 날 수 있으며 윤리적이고 도덕적인 기준을 가지고 있다.

⑬ 철학적이며 적개심 없는 유머감각

자아실현인의 유머감각은 철학적인 뜻을 내포하며, 타인에게 상처를 입히지 않고, 또한 타인의 열등함을 비웃거나 음란한 농담 같은 유머와도 다르다. 이들의 유머는 웃음보다는 은근한 미소를 자아내는 유머이다.

⑭ 창의성

창의성은 자아실현인의 공통된 특성으로 창의성 여부에 따라 자아실현 여부를 알 수 있을 정도로 중요하며, 어린아이의 순수함에 가까운 창조성을 지니고 있다.

⑮ 문화적 동화에 대한 긍정적 저항

자아실현인은 무조건 문화에 동화하는 것을 거부하면서도 제도적인 것과 조화를 이루어나가는 사람이다. 권위에 대한 무조건적인 반항적 태도를 보이지 않으며, 인습을 고집하지 않는다. 또한 현실적인 입장에서 참을성 있게 대처해 가며, 문화에 대한 비판력을 가지고 자유롭게 의사를 결정하는 주체적인 면을 보여준다.

매슬로우는 이상의 15가지 속성을 제시함으로써 자아실현인이 충분히 사랑을 할 수 있고 사랑받을 수 있는 인물로 부각시켰다. 또한 매슬로우는 어린이의 양육방법이 자아실현에 중요한 역할을 한다고 주장했다. 하지만 매슬로우는 자아실현인이라고 다 완벽한 인간이라고 보지 않는다. 그는 완벽한 인간은 없으며, 자아실현인은 오히려 현실 속에서 불의를 보면 분노할 줄 알고, 의를 보면 행하고 도덕적이다. 다른 사람에게 배우고자 하는 겸허한 자세를 가졌으며 자기 지식이 많아도 겸손하고 타인의 인격을 세워주는 지혜로운 사람이라고 설명하였다.

3) 자아실현이론과 평가

매슬로우가 인간본성을 선하고 긍정적으로 본 점은 사회복지실천에 있어서 중요한 시사점을 제공한다. 그는 인간의 욕구에 대하여 단계적으로 설명함으로써 사회복지실천현장에서 클라이언트의 욕구수준을 고려하여 관계를 형성할 수 있는 근거를 마련해 주었으며 클라이언트의 욕구수준을 고려하여 미래를 가늠할 수 있게 하였다. 매슬로우가 관심을 두었던 인간의 욕구(need)란 인간이 사회생활을 영위함에 있어서 충족시켜야 할 기본적 욕구를 나타내는 말이다. 사회복지실천에서 서비스나 정책의 단위가 욕구이다. 사회복지실천과 욕구는 불가분의 관계이다. 그러므로 사회복지에서는 매슬로우의 욕구단계이론을 다음과 같은 이유에서 자주 거론하고 있다.

첫째, 사회적 자원은 한정되어 있으므로 프로그램의 효율성 제고를 위해 낮은 수준의 욕구충족으로부터 높은 수준의 욕구해결을 위한 방안을 마련할 수 있다.

둘째, 욕구단계이론은 사회복지사가 클라이언트의 욕구를 평가하는 데 유용한 지침이 될 수 있다.

셋째, 사회복지 프로그램을 비교 연구하는 데 기준이 된다.

이와 같이 매슬로우는 인간이 가지고 있는 욕구 내용을 적절히 제시하여 사회복지학에 공헌을 하고 있다. 사회복지실천에서 인본주의이론을 사용하여 클라이언트를 원조하려면 다음과 같이 접근할 수 있다.

첫째는 욕구충족과 통찰이다. 이것은 좋은 인간관계로서의 심리치료를 의미한다. 욕구가 충족되지 않으면 병이 든다는 결핍욕구의 관점에서 본다면, 심리적으로 병에 걸린 클라이언트란 충분한 안정감, 사랑, 존중 등이 결핍된 사람이라 추정된다. 결핍욕구는 다른 사람에 의해 충족될 수 있으므로 사회복지사는 클라이언트의 결핍욕구를 직접 혹은 간접적인 인간관계를 통해 충족케 할 수 있을 것이다. 즉, 사회복지사와 클라이언트의 관계에서 기본적 욕구를 충족하도록 도와주어야 한다. 매슬로우는 모든 좋은 인간은 잠재적으로 치료자가 될 수 있다고 하였다.

둘째는 통찰치료이다. 병이 심각한 사람은 기본욕구의 충족을 찾거나 원하지 않고 대신 신경증적 욕구충족을 원한다. 이들은 애정을 보여주어도 두려워하며 불신하고 잘못 해석하는 등, 기본욕구를 충족시키려 해도 거절하게 된다. 깊은 죄책감으로 파괴적이 되므로 전문적 치료가 필요하다. 전문적 치료기법은 정신역동적 통찰치료이다. 무의식적 욕망과 충동 해석, 즉 프로이트의 정신분석적 접근을 사용하거나 전문가에게 의뢰하여 원조할 수 있다.

한편, 매슬로우의 자아실현이론에서는 인간의 전인성과 잠재적 창조성을 강조하여 인간행동 연구의 새로운 장을 마련하였다. 이러한 학문적인 공헌에도 불구하고 그의 이론은 몇 가지 측면에서 비판을 받고 있다.

첫째, 매슬로우의 이론은 연구방법에서 비판을 받고 있다. 자아실현에 관한 정보를 수집하는 방법에서 자료를 이끌어내기 위한 표본이 연구의 결과를 일반화하기에 어려울 정도로 모집단에 비해 너무 적으며, 실험 자료의 해석과 전기적 자료의 분석방법이 불명확하다는 것이다.

둘째, 그는 건전하고 창조적인 인간을 너무 강조하여 인간행동에서 내면적 측면과 환경과의 상호작용을 간과하고 있다. 또한 인간욕구의 우선순위가 사람에 따라 다양성을 보일 수 있기 때문에 욕구의 단계가 순서적으로 일어난다고 볼 수는 없다.

셋째, 그의 이론에서 사용되고 있는 성장욕구, 절정경험, 자아실현 등과 같은 개념들은 명료성이 부족하고 모호한 점이 많다는 것이다. 또한 자아실현의 욕구가 학습된 것이 아니라 선천적인 것으로 보기에는 어려움이 있다.

4) 사회복지실천에의 적용

매슬로우는 인간의 본성을 긍정적인 시각으로 바라보았다. 즉, 인간은 스스로 자신의 행동을 통제할 수 있는 존재로 바라보았던 것이다. 매슬로우의 인간에 대한 이러한 관점은 사회복지실천에 있어서 중요한 시사점을 제공한다. 매슬로우의 이론은 클라이언트가 아무리 어렵고 힘든 상황에 놓여 있더라도 이를 이해하고 수용하며 존중하면서 접근해야 한다는 사회복지실천의 철학적 기반을 제시하고 있다. 즉, 인간에 대한 긍정적이고 희망적이며 낙관적인 견해를 바탕으로 인간의 건전성과 창의성의 가능성을 신뢰하는 것이 필요하다. 매슬로우의 욕구이론에서 보여 준 바와 같이 인간의 욕구를 체계적으로 이해하고 이를 바탕으로 사회복지기관에서 클라이언트의 욕구가 무엇인지를 파악하여 그에 맞는 서비스를 제공해 주고, 클라이언트의 욕구 수준을 고려한 다양한 프로그램을 개발하고 적용하는 일이 이루어져야 한다.

인간의 문제행동은 욕구충족이 실패했을 때, 상대적으로 역기능적이거나 혼란

상태에서 유발되기 때문에 욕구를 충족시켜 회복됨으로써 역기능을 치유할 수 있다. 하나의 기본적인 욕구의 충족은 다음 단계의 욕구 충족으로 옮아간다고 보기 때문에 사회복지실천현장에서는 개인의 욕구 충족의 내용과 수준을 파악하는 일이 매우 중요하다. 그러므로 사회복지 개입의 목표는 단순히 문제를 해결하는 것만이 아니라 클라이언트의 성장과정을 원조함으로써 현재의 문제, 그리고 미래에 다가오게 될 문제에 대해 잘 대처할 수 있도록 도와 독립성과 통합성을 달성하는 데 있다(구혜영, 2020). 매슬로우의 욕구이론에서 보여주는 통합성은 사회복지사와 클라이언트와의 관계가 촉진적 관계가 되어야 함을 보여주고 있다. 사회복지실천현장에서는 이러한 점에 유념하여 클라이언트와의 관계에서 감정을 솔직하게 표현하고 정직한 대화를 나누는 일이 중요하다. 대화상대인 클라이언트를 하나의 소중한 인격체로 인식하고 그대로의 모습을 수용할 수 있는 자세가 필요하다. 감정이입을 통한 진정한 의사소통이 이루어지도록 하는 일이 중요하다. 이 밖에도 사회복지실천과 관련하여 매슬로우의 욕구단계이론을 다음 세 가지 관점에서 이해할 수 있는데 첫째, 사회적 자원은 한정되어 있으므로 프로그램의 효율성을 감안하여 욕구위계설에 따라 낮은 수준부터 높은 수준의 욕구해결을 위한 방안을 마련하는 일이고 둘째, 욕구단계이론은 사회복지사가 클라이언트의 욕구를 평가하는 데 유용한 지침이 될 수 있다는 점이며 셋째, 사회복지 프로그램을 비교 연구하는 데 기준이 된다는 점이다.

요약

인본주의이론은 정신분석이론과 행동주의이론에 이어 등장한 이론으로서 '제3세력의 심리학'이라고도 불린다. 인본주의이론은 정신분석이론처럼 인간을 비합리적으로 보거나 행동주의적 관점에서와 같이 자극에 대해 단순히 반응하는 유기체로 보지 않고, 스스로 결정하며 경험하고 자신의 행동을 자유롭게 선택하는 의지를 지녀서 자신의 잠재능력을 실현해 나갈 수 있는 존재로 본다. 인본주의이론은 현상학이론과 자아실현이론으로 구성된다.

현상학이론은 로저스에 의해 체계화된 이론으로 철학의 사조 중 실존주의와 현상학에 영향을 받았으며, 개인의 주관적 경험, 감정 및 세계와 자기 자신에 대한 개인적인 견해를 강조하는 이론이다. 현상학이론에서는 인간을 선한 존재로 보며 미래의 목적과 자기지시적 목적으로 지향된 에너지를 가진 능동적인 존재로 간주했다. 그의 이론을 인간중심적 접근이라고 부르는 이유는 인간을 볼 때 자신의 인생목표와 행동 방향을 스스로 결정하고, 이러한 결정에 따르는 책임을 수용하는 자유로운 존재로 보기 때문이다.

현상학이론에서의 주요 개념으로는 주관적 경험과 행동, 자아실현의 경향, 무조건적인 긍정적 관심, 완전히 기능하는 사람 등이 있다. 주관적 경험과 행동에 대해 로저스는 인간의 행위를 지배하는 것은 자극상황에 대한 주관적인 해석과 그것에 대한 개인적 의미라고 하면서 인간의 행동을 이해하기 위해서는 과거 경험이 아니라 현재 처해 있는 환경과의 관계성을 파악해야 한다고 주장하였다. 자아실현의 경향은 인간의 세 가지 기본욕구, 즉 자기를 유지하고 향상시키며 실현하려는 욕구를 묶은 개념이며, 이것은 인간을 비롯한 다른 유기체들이 좀 더 향상된 방향으로 나아가고자 하는 진화적인 경향성을 의미하는 것이다. 무조건적인 긍정적 관심은 다른 사람의 감정, 사고, 행동 등에 대해 어떤 판단이나 평가를 하지 않고 있는 그대로 존중하고 수용하는 것을 말한다. 인간은 무조건적인 긍정적 관심을 받을 때 스스로를 가치 있는 존재로 인식하며, 긍정적인 자아개념에 따라 행동할 수 있게 된다. 완전히 기능하는 사람은 자신의 잠재력을 인식하고 능력을 발휘하여 경험을 풍부히 하는 방향으로 나아가는 인간을 말하며, 이들의 특징은 경험에 대한 개방과 실존적인 삶의 태도와 자신의 유기체에 대한 신뢰감과 경험적 자유의식 및 창조성이 증대되는 성향을 지닌다.

현상학이론에서 강조하는 인간본성의 긍정적인 면과 잠재력 및 자기개념, 사회적 책임과 상호성에 대한 입장은 사회복지실천 이념과 같은 맥을 이룬다. 원조과정에서 클라이언트에게 진실해야 하며, 무조건적 긍정적인 관심을 가질 뿐만 아니라 그들의 세계관에 공감하는 것은 사회복지사들의 실천적 자세이기 때문이다.

한편, 자아실현이론은 인간이 자신의 잠재력을 최대한 발휘하여 자기의 성격적인 성숙과 함께 자신의 성장과 발전, 즉 자아실현을 위하여 노력하는 존재로 보고 이를 연구한 이론이다. 대표적인 학자로 매슬로우를 들 수 있는데, 그는 기본적으로 인본주의 관점을 취하면서 인간이 가진 욕구를 중심으로 인간의 성격이론을 전개했기 때문에 그의 이론은 욕구단계이론 혹은 인간동기이론이라고도 한다.

주요 개념으로는 욕구단계, 잠재적 창조성, 자아실현인의 특성 등이 있다. 욕구단계란 인간에게는 크게 기본욕구와 성장욕구가 있으며, 이들을 강도와 중요성에 따라 계층적 단계로 나눈 것을 뜻한다. 매슬로우는 인간에게 생리적 욕구, 안전의 욕구, 소속과 사랑의 욕구, 자존감의 욕구, 자아실현의 욕구 등 다섯 가지 기본욕구를 가진다고 하였다. 잠재적 창조성은 인간이 태어날 때부터 잠재적으로 가지게 되는 인간본성의 공통적 특질이며, 적절한 환경에서 성장할 때 자신의 본성을 실현시키기 위한 능동적인 노력을 함으로써 잠재적 창조성은 개발된다고 보았다. 자아실현인이란 자기의 잠재능력을 최고도로 발휘하는 건강한 사람을 말하며, 그들의 특성을 매슬로우는 15가지로 설명하였다.

자아실현이론의 매슬로우도 로저스와 같이 인간을 선하고 긍정적으로 보았는데, 이는 사회복지실천현장에서 클라이언트를 대할 때의 기본자세를 시사하고 있으며, 클라이언트의 욕구수준을 고려하여 관계를 형성할 수 있는 근거를 마련해 줄 뿐 아니라 클라이언트의 욕구수준을 고려하여 미래를 가늠할 수 있게 하였다.

사회복지실천에서는 매슬로우의 욕구단계이론을 다음 세 가지 이유에서 언급한다. 첫째, 사회적 자원은 한정되어 있으므로 프로그램의 효율성을 감안하여 욕구위계설에 따라 낮은 수준부터 높은 수준의 욕구해결을 위한 방안을 마련할 수 있다. 둘째, 욕구단계이론은 사회복지사가 클라이언트의 욕구를 평가하는 데 유용한 지침이 될 수 있다. 셋째, 사회복지 프로그램을 비교 연구하는 데 기준이 된다.

Part 03

사회환경적 관점에서의 인간행동이해

Chapter 13

사회환경과 인간행동

인간은 사회적 존재이며 다른 사람들과 관계 속에서 자신만의 뚜렷한 개성을 찾고 이를 유지한다. 사회복지의 개념과 특징에서의 중요성은 개인이나 가족이 그들의 사회환경과 맺고 있는 관계에 관심을 둔다는 것이다. 즉, 인간은 자신이 속한 조직이나 사회에 단순히 적응해 나가는 것이 아니고 이를 변화시켜 나가는 주체적인 존재이다. 따라서 사회환경 속에서 인간행동에 대한 파악은 사회복지실천에 있어서 기본적인 것이다. 즉, 인간행동은 인간의 행동과 그 행동이 일어나는 사회 간의 상호적 영향을 고려할 때 가장 정확하게 이해할 수 있다.

인간행동과 사회환경에 관한 지식의 중요성은 사회복지실천과정에서 문제에 대한 정확한 사정과 클라이언트의 문제해결에 필요한 계획을 선택하는 데 반드시 필요하다.

1 사회환경의 의미

사회환경은 인간의 삶에 직접 혹은 간접적으로 영향을 미치는 크고 작은 조건이나 상황이며, 사회환경은 그 사회가 추구하는 사회적 성격, 문화구조와 전통, 사회제도와 정책, 경제수준, 정보화 정도, 인간상호 간 관계 등을 포함하는 것으로 사회환경에는 그 사회를 구성하는 성원들의 공통된 성격, 즉 국민성과 문화를 형성하고 활용하는 체계 그리고 제도와 전통이 스며들어 있다. 이러한 사회환경은 개인, 가족, 동료집단, 조직, 기관, 지역사회, 국가로 확대될 수 있으며, 이들 체계는 서로 상호작용을 통하여 각 개인은 발달해 나간다. 인간은 역동적으로 변화하는 사회환경에 순응하여 자신을 맞춰 가기도 하지만 때로는 사회환경을 자신에게 맞게 변화시켜 나가기도 한다. 이러한 사회환경이란 인간생활에 직접적 또는 간접적으로 영향을 미치는 제반요소로 인간발달은 이러한 사회환경과 각 개인의 유전적 요인의 상호작용을 통해서 이루어진다. 이러한 점에서 인간과 사회환경은 상호 분리된 체계가 아니라 상호작용하고 서로 영향을 미치는 하나의 통합된 체계로서의 속성을 지닌다(김상아 외, 2014).

사회환경을 개괄적으로 분류하면 개인을 중심으로 미시체계(microsystem)와 개인이 속해 있는 가족과 접촉하는 친구, 집단, 이웃, 조직 등의 중간체계(mesosystem), 정치, 경제, 문화 등의 거시체계(macrosystem)가 있다. 그런데 개인을 둘러싸고 있는 사회환경, 즉 다양한 수준의 체계는 그 자체로서 하나의 완전한 체계인 동시에 다른 체계의 상위체계이자 또 따른 하위체계로서 개인의 생활과 행동에 직·간접적으로 영향을 미치거나 영향을 받고 있으며, 체계 상호 간에도 서로 의존하고 영향을 미치는 등 상호 관련성이 있다.

인간은 환경 속에서 살아가고 또한 죽음에 이르기까지 끊임없이 변화하는 존재이기 때문에 '환경 속의 인간'이라는 관점에서 인간의 성장과 발달에 대한 정확한 이해가 필요하다. 재스트로와 커스트 애쉬맨(Zastrow & Kirst Ashman, 2007)은 인간행동과 발달을 평가하는 데 인간과 사회적 환경 간의 상호작용을 세 가지 측면에서 강조하였다.

첫째, 인간의 보편적 발달, 즉 인간의 생애에 걸쳐 보편적으로 일어나는 신체적·심리적·사회적 발달은 누구나 성장과정에서 일반적으로 경험하는 현상이다. 예를 들면, 아기가 한 살 정도 되면 걷기 시작하는 것, 청소년기에 이성에 대한 관심을 갖는 것 등을 말할 수 있다. 이러한 인간의 보편적 발달에 대한 지식은 정상적인 발달과 병리 및 문제를 구분해 내는 데 필수적이다. 따라서 사회복지사는 신체적·심리적·사회적 차원에서 삶의 단계별 보편적 발달에 대한 이해가 필요하다.

둘째, 인생의 특정한 시기에 공통적으로 맞게 되는 삶의 사건들이다. 즉, 대학 졸업 후에 경제적 독립, 노년기의 정년퇴직 등이다. 이러한 사건들은 그것이 일어나는 시기적 맥락에서 고려되어야 하며, 그 사건을 경험하는 사람이 갖는 개인적 의미에 초점이 맞추어져야 한다.

셋째, 사회적 계층, 인종, 신체적 특징 등에서 사회의 주류에서 벗어난 소수집단의 특징을 지닌 것이 인간의 행동과 발달에 영향을 미친다. 어떤 사람이 소수집단의 특징을 가지게 되면 사회가 개인의 고유한 속성에 의해서가 아니라 소수집단에 대한 편견에 의해 반응함으로써 개인적 정체감이 상실되고, 집단의 특징에 동화된다. 예를 들면, 여성 개개인의 개성이나 다양성을 무시한 채 동일한 특성과 능력, 기질 등을 가지고 있는 동질집단으로 간주해 버리는 가부장적 인식이다. 이러한 소수집단의 특징이 개인의 행동과 발달에 미치는 영향을 이해하는 것은 사회복지실천에서 중요한 의미를 가진다.

2 사회환경과 인간행동의 관련성

사회복지실천의 궁극적 목적은 인간으로 하여금 현존하는 다양한 문제를 해결하여 삶의 질을 향상하는 것이다. 사회복지실천에서 가장 중요한 대상은 인간이며, 모든 인간은 천부적으로 인간답게 살아갈 권리를 가지고 있기 때문에 그 권리를 실현하기 위해 사회복지실천이 이루어지고 있는 것이다. 따라서 인간이 당면한 문제를 해결하여 보다 나은 삶을 영위할 수 있도록 하기 위해서는 인간행동에 대한 이해가 선행되어야 한다.

인간의 행동을 보는 관점은 인간을 신체적 에너지와 특정대상에 따른 동기에 반응하는 생물학적 관점으로 보느냐, 사회환경 간에 상호작용하는 체계적 관점으로 보느냐에 따라 그 개념이 달라진다.

심리학자 왓슨(Watson, 1924)은 12명의 건강한 아이와 그들을 키울 수 있는 자신만의 독특한 환경만 주어진다면 어떤 아동이라도 원하는 전문가를 만들 수 있다고 했다.

사회학자들은 인간행동의 목적은 의도하는 것과 그로 인해 나타나는 의도하지 않은 결과 사이의 구분을 중요하게 생각한다. 우리가 어떤 일을 할 때 가지는 의도와 그로 인해 발생하는 결과는 서로 다를 수 있기 때문이다. 때로는 특정한 목적으로 행해진 행동이 그 목적의 달성을 방해하는 결과를 낳기도 한다(정은, 2014). 예를 들어, 사회복지 차원에서 영구임대아파트 단지를 조성한 초기 목적과 달리 영구임대아파트에 대한 부정적인 시각 때문에 지역사회의 차별로 상처받는 아동, 청소년들의 부적응 문제 등이 또 다른 사회문제로 나타나고 있다.

인간행동은 그 행동이 행해지는 현장이라고 할 수 있는 사회환경 속에서 구체적으로 하나가 된다. 따라서 우리가 인간행동을 이해하기 위해서는 개인을 중심으로 한 미시적인 차원뿐만 아니라 개인을 둘러싼 환경적인 요소, 즉 사회문화적인 맥락에서 이해하는 거시적인 차원의 접근도 모색해야 한다. 이러한 견해에 따르면 인간의 부적응을 규명하고 치료하는 데 있어서 심리적 차원의 접근뿐만 아니라 사회문화적인 환경적 차원의 접근을 통합하는 접근이 필요하다. 그래서 사회복지사는 개인의 생물학적 · 지적 · 정서적 · 사회적 · 가족적 · 정신적 · 경제적 · 공동체적인 것 등 상호 관련된 다양한 영역에 관심을 가져야 한다. 이러한 전체로서의 인간에 대한 관심은 사회복지전문직의 관심의 폭을 넓히는 데 기여하였다. 예를 들면, 섭식, 주택, 건강보호 등 기본적인 신체적 욕구를 충족시키려는 개인의 능력, 생활의 요구에 대처하고 생활비를 벌기 위해 필요한 지식과 기술 수준, 다른 사람과 자신의 생활에 대한 개인의 생각, 개인의 목적과 열망 등이다. 성격은 사람 전체의 한 구성요소에 불과하므로 성격에만 초점을 맞추는 것은 사회복지의 영역과는 모순되는 것이며, 심리학 영역만을 지향하는 것이다.

"환경"이라는 용어는 다수의 물리적 · 사회적 구조, 힘, 인간과 다른 생활 유형에 영향을 미치는 과정과 같은 주변 상황을 가리킨다. 사회복지사는 사람들의 인접환경으로서 일상적인 사회기능에 직접 영향을 미치는 체계와 구조를 비롯한 다른 요인에 관심을 갖는다.

우리를 둘러싸고 있는 직접적인 사회환경 요소, 모든 사회에서 일정한 기능을 수행하는 것은 사회제도이다(Johnson, 1960).

사회제도는 다음과 같은 기능을 한다.

첫째, 생산, 분배, 소비기능을 수행한다. 이것은 경제제도와 관련된 기능으로서 사회구성원이 일상생활을 수행하는 데 필요한 재화와 서비스를 생산하고 분배하여 소비하는 과정과 관련된 기능을 말한다.

둘째, 사회화로서 사회가 가지고 있는 일반적 지식, 사회적 가치와 규범, 문화적 행동양식 등을 사회 구성원에게 전달하는 과정에 관련된 기능을 말한다. 이것은 주로 세대 간에 이루어지는 기능으로 학교교육, 가정교육, 사회교육 등이 주로 담당하게 된다. 특히 유년 시절의 가족관계를 통한 사회화는 이후 한 개인이 성장하여 가정생활이나 사회생활에 적응하는 데 기반이 되기 때문에 사회화 기능을 수행하는 가장 일차적인 제도는 가족제도이다.

셋째, 사회통제는 사회구성원들로 하여금 사회규범, 법과 질서에 순응하게 하기 위한 기능이다. 이러한 것이 지켜지지 않으면 사회가 해체되거나 붕괴되기 때문에 정부, 경찰, 사법기관 등이 법의 강제력을 집행하고, 기타 가정, 학교, 종교기관과 사회기관도 윤리, 도덕 등의 규범으로 통제한다. 그러나 가장 광범위하게 사회구성원에게 규범의 준수를 요구할 수 있는 곳은 정부이기 때문에 사회통제를 담당하는 일차적인 제도는 정치제도이다.

넷째, 사회통합으로 사회체계를 구성하는 단위와 단위조직 간에 관련된 기능이다. 제도와 제도의 통합, 집단과 집단의 통합이 주요한 요소이다. 정치제도, 종교제도, 복지제도 등이 이러한 기능과 관련된다.

다섯째, 상부상조기능이다. 전통사회에서는 일차적 집단에 의해서 모든 것을 해결할 수 있었으나 오늘날 사회구성원은 누구나 혼자서 모든 것을 해결하거나 충족할 수 없다. 따라서 서로 돕고 나눈 것은 필연적이 되었고, 복지제도나 종교제도가 이러한 기능에 밀접하게 관련되어 있다.

사회복지는 인간과 사회환경 사이에서 나타나는 여러 가지 문제들을 해결하거나 역기능적인 상호작용유형이나 연쇄과정을 변화시키기 위한 것이라고 할 수 있다. 사회복지 기초과목으로서 인간행동과 사회환경은 인간이 행동하는 방식에 관한 근거와 인간이 환경맥락에서 어떻게 행동하는가를 찾는 작업이라 할 수 있을 것이다.

3 사회환경과 인간행동에 따른 사회복지실천

사회복지실천은 개인, 집단, 지역사회로 하여금 그들 각자의 사회적 기능을 증진 또는 복구시키며, 그러한 목적에 할당한 사회적 조건들을 스스로 만들어 갈 수 있도록 돕는 전문적인 활동을 말한다. 이러한 사회복지실천은 인간과 환경에 대한 관심에 기초를 둔다. 따라서 사회복지실천은 클라이언트의 문제 또는 상황을 자세히 조사하고 이해하기 위하여 클라이언트와 환경과의 상호작용에 대해 관심을 갖고 폭넓은 사회적 맥락을 파악하는 일에 주안점을 둔다.

1) 사회복지실천의 목적

사회복지실천이란 개인은 물론이고 개인과 환경 사이에서 의식적인 조정을 통해 개개인의 인격 발달을 이루어 가는 과정을 말한다. 즉, 사람들의 삶의 질을 향상시키고 빈곤과 억압을 감소시키기 위해 다양한 분야에서 사회서비스를 제공하는 것을 말한다. 그러므로 사회복지실천을 위해서는 가장 먼저 클라이언트의 심리·사회적 환경을 파악하고 클라이언트의 개인적 상황을 파악하는 일이 우선되어야 한다. 따라서 사회복지를 실천하는 사회복지사는 다양한 계층과 폭넓은 분야의 지식을 지니고 있어야 한다. 사회복지사에게 다양한 인간환경에 대한 이해와 함께 인간관계의 심리적 관계에 대한 지식이 필요한 이유가 여기에 있다.

사회복지의 목적은 모든 개개인의 삶의 질 향상을 위해 개인과 사회와의 관계를 돕기 위한 것이며 관계 안에서 자신의 독립적이고 행복한 삶을 살 수 있도록 도와주는 것에 있다. 이러한 사회복지에 대한 배경을 바탕으로 한 사회복지실천에 대한 목적을 제시하면 다음과 같다(김향선, 2018).

첫째, 사회복지실천의 목적은 개인의 문제해결 및 대처 능력을 고양시키는 것에 있다. 가장 분명한 목적은 내담자(클라이언트) 개인이 스스로 자신의 문제를 해결할 수 없거나 욕구를 충족할 수 없을 때, 사회복지사가 지지적 서비스를 제공해 주는 상담자, 교사로서의 조력자의 역할을 수행하는 것을 궁극적인 목적으로 본다.

둘째, 자원, 서비스, 기회를 제공하는 체계와 개인을 연결하는 일을 사회복지실천의 목적으로 삼는다. 이 경우 사회복지사는 개인과 자원체계 사이의 초기 연결관계를 확립하는 데 있어서 중개자의 역할을 한다. 또 다른 목적은 체계를 향상시켜 효과적이고 인도적으로 운영하도록 촉진하는 것이다. 사회복지사는 내담자 개인과 개인이 속하는 사회적 자원체계를 새롭게 확립하여 서비스 전달의 효과성과 효율성을 증가시킴으로써 상호작용을 원활히 활용할 수 있도록 프로그램을 개발하고 감독하고 자문하는 역할을 담당하게 된다.

셋째, 사회복지실천의 목적은 사회정책의 개발과 향상에 기여하는 것에 있다고 보는 것이다. 사회복지사는 지속적으로 인간의 문제를 다루고 있기 때문에 국가적인 수준에서 기본적 사회정책 변화의 필요성을 느낄 수밖에 없다. 또한 사회복지사는 직무 자체가 사회문제나 현존하는 사회적 자원체계의 결핍과 직접적으로 접촉하기 때문에 실질적이고 중요한 자료를 수집할 수 있는데 이러한 자료의 수집을 정책 수립에 반영할 수 있기 때문이다.

2) 사회복지실천에서 사회복지사의 역할

사회복지실천은 개인이나 집단, 또는 지역사회로 하여금 사회적 기능성에 관한 능력을 강화시키고 회복시키며, 그들의 목표에 바람직한 사회적 상황을 창출하도록 돕는 전문적인 활동이다. 따라서 사회복지를 실천하는 사회복지사는 사회복지에 관한 전문지식과 기술을 가진 전문인이어야 한다.

사회복지는 사회복지실천을 통해 공공의 목적을 달성하고 사회적 기능을 촉진하여 개인의 기능을 복구하고 향상시키는 것을 근본적인 목적으로 하고 있다는 점을 고려하면 사회복지실천은 개인의 임파워먼트를 향상시키고 잠재능력을 개발하는 일을 소홀히 해서는 안 된다. 사회복지사는 클라이언트가 환경에 적응해 나가면서 사회구성원의 일원으로서 공헌할 수 있도록 하는 사회적 기능을 강화해 나가야 한다.

사회복지사는 한 개인의 문제를 바라볼 때, 그가 속한 집단과 지역사회의 맥락에서 파악해야 하고, 치료 내지 변화를 시도할 때에도 개인은 물론 집단과 지역사회의 변화를 동시에 꾀하는 것이 바람직하다. 사회복지사는 어떤 상황이 주어지든 간에 매사를 주의 깊게 관찰하고 사고해야 하며 클라이언트가 해결책을 찾고 선택하는 데 도움을 주기 위해 인간발달에 관한 과학적 지식을 갖고 인간행동을 이해해야 한다(정 은, 2014).

일반적으로 사회복지사의 역할은 다음과 같이 설명할 수 있다(구혜영, 2020).

첫째, 조력자의 역할이다. 조력자는 도움을 주는 사람이다. 즉, 어려운 사람, 혹은 문제를 가진 사람들이 그 문제를 해결할 수 있도록 도와주는 그런 역할을 말한다.

둘째, 중재자의 역할이다. 중재자는 견해가 서로 다른 개인이나 집단 사이에 의사소통을 향상시키고 타협하도록 도와 논쟁이나 갈등을 해결해 주는 역할이다. 이때 중재자는 항상 중립을 유지해야 하기 때문에 상대방 양쪽의 입장을 정확히 이해해야 하고 서로가 갖고 있는 여러 가지 측면의 장점과 단점을 토대로 갈등을 해결해야 한다.

셋째, 사회복지실천현장에서 사회복지사는 통합과 조정자 역할을 한다. 옹호나 조정 가능성을 파악하는 일에서부터 기술적으로 지원하고 또 서비스를 연계하고 수행하기 위해서 직접 개입하는 역할까지 수행하는 것을 말한다.

넷째, 관리자의 역할을 수행한다. 관리자란 사회복지기관이나 부서의 책임행정자의 역할로서 조직의 어떤 목표 설정이나 서비스 프로그램 운영, 재정 확보, 실무자들의 과업 조정 등과 같은 업무를 수행하는 역할이다.

다섯째, 교육자의 역할이다. 교육자는 클라이언트나 또 클라이언트를 둘러싸고 있는 다양한 형태의 체계라고 하는 부분들에 대한 정보를 주고 또 그 정보를 활용할 수 있는 기술들에 대해 가르치는 역할을 한다.

여섯째, 분석, 평가자의 역할을 담당한다. 사회복지사의 개입이나 기관의 프로그램과 기능을 분석해서 그 효과성을 평가하는 기능을 의미한다.

일곱째, 사회복지사는 중개자의 역할을 담당하기도 하는데, 마치 집을 사겠다는 사람과 집을 팔겠다는 사람을 연결해 주는 공인중개사처럼 양쪽에 필요한 자원들을 연결해 주고 또 서비스를 연계해 주는 것을 의미한다.

여덟째, 촉진자의 역할을 한다. 이 촉진자는 집단의 지도자 역할을 의미하는 것으로서 사람도 모으고 의사전달 통로도 만들어 활동이나 자원을 전달하는 그런 변화 노력을 하는 것을 말한다.

아홉째, 주창자라는 역할이다. 주창자는 개선해야 할 문제에 대해서 관심을 불러일으키고 캠페인 같은 것을 통해서 우리 지역에 이런 문제가 있다든지 지금 현재 이런 부분에서 굉장히 힘든 상황에 놓인 클라이언트가 있다는 것을 알리고 밝혀주는 일을 한다.

열째, 사회복지사는 협상가의 역할을 한다. 협상가는 각각의 집단에서 이슈가 되는 무언가를 얻어내는, 그래서 양쪽에서의 어떤 변화 같은 것들을 얻어내서 필요한 것들을 클라이언트들에게 주는 역할을 담당하게 된다. 중재자가 갈등을 해결하기 위해서 양쪽 집단의 어떤 이해관계나 대립요소들을 설명하고 설득하는 것과는 달리 협상가는 협상을 통해 클라이언트의 문제해결에 초점을 두고 클라이언트 욕구를 강하게 알려주는 역할을 담당해야 한다.

열한째, 옹호자의 역할이다. 옹호자는 클라이언트가 필요한 것을 얻을 힘이 없을 때 그 입장을 대변해 주는 역할이라고 할 수 있다. 클라이언트들은 대부분 어려운 상황 가운데 매우 위축되어 있기 때문에 사회복지사는 클라이언트의 입장과 처지, 상황의 역기능적인 부분들을 다른 사람에게 알리는 역할을 담당해야 한다.

열두째, 사회변화 대행자의 역할이다. 이 역할은 주민의 삶의 질을 향상시키는 영역에 대해 확인하고 변화를 위한 새로운 자원들을 획득하기 위해 이익집단을 동원하는 것을 의미한다. 즉, 각각의 흩어져 있는 이익집단들을 활용해서 클라이언트나 주민들의 삶의 질을 위해서 노력하는 활동을 의미한다.

사회복지실천은 사람들의 삶의 질을 개선하기 위해 인간과 환경 양쪽에서 유익한 관계를 촉진하거나 회복하는 일을 의미한다. 따라서 개인과 환경 간에 이루어지는 상호작용에 초점을 맞춰 변화를 위한 조정이 이루어질 수 있도록 해야 한다. 개인과 환경과의 상호작용과정에서 발생하는 문제(problem), 변화를 위해 조정을 필요로 하는 클라이언트(person), 조정을 위해서 개입하는 장소와 전문인(place, profession), 클라이언트와 사회복지사 개입 활동의 연결과정(process), 클라이언트의 문제 해결을 위해서 제공되는 제공물(provision) 등이 모두 사회복지실천의 구성요소가 될 수 있다. 이 밖에도 사회복지실천의 수준에 따른 사회복지사의 역할을 요약하여 표로 제시하면 다음과 같다.

표 13-1 사회복지실천 수준별 사회복지사의 역할

구분	마일리(Miley) 외	페데리코 (Federico)	쉐퍼(Sheafor) 외	재스트로 (Zastrow)
미시적 차원의 역할(개인/가족)	조성자 중개자 교사	서비스 제공자 행동변화 유발자 촉진자 중개자 교사	상담가/임상가 사례관리자 중개자 옹호자 교사	조성자 집단촉진자 중개자 옹호자 교육가
중간범위 차원의 역할(집단/조직)	촉진자 중재자 훈련가	행정가 자문가	행정가 업무량관리자 직원개발자	중재자 협상가 조정가
거시적 차원의 역할 (지역사회/사회)	계획가 행동가 현장 개입가	계획가 현장 개입가	사회변화대행자	주창자 행동가
전문가 차원의 역할 (전문가 집단)	동료 촉매자 연구자/학자	자료 관리자 평가자	전문가	연설가 연구자

출처 : 구혜영(2020). p. 18.

Chapter 14

사회체계이론과 생태체계이론

체계이론은 자연과학에 학문적 기초를 두고 있는 일반체계이론(general system theory)에서 비롯되어, 사회과학영역에서는 체계이론을 일반체계이론에 바탕을 두고 파슨즈(Parson)의 구조기능이론적 관점에서 재조명한 사회체계이론(social system theory)으로 확대되어 사회복지분야나 인간행동을 이해하는 학문에까지 사용하고 있으며, 최근 들어 사회복지영역에서는 생태체계이론(ecology theory)이 새롭게 등장하여 체계이론은 다양한 개념을 제시하고 있다(장수한, 2014). 생태체계이론은 생태학(ecology)과 일반체계이론(general system theory)적 관점을 통합한 이론으로 현재 사회복지실천에서 가장 널리 사용되고 있다. 사회복지영역에서 체계이론에 대한 관심이 증대하게 된 배경으로 기존의 성격이론들이 개인의 내재적 문제 혹은 행동의 변화에만 초점을 두었지, 개인의 성격발달에 상당한 영향을 미치는 환경이라는 주요 변수를 고려하지 못하고 사회구조적인 부분을 간과하고 있다는 점을 보완하기 위하여 도입되었다고 할 수 있다. 따라서 생태학은 인간발달의 진화적·적응적 관점과 종의 특성들을 설명하는 데 유용한 개념이 되었고, 인간이 그들의 환경과 지속적인 상호작용을 하고 있다는 것을 강조하여 '상황 속의 인간'의 관점을 지향하는 기능주의를 넘어서는 또 다른 성격이론의 패러다임을 창출하였다. 또한 이러한 관점은 자연과의 끊임없는 상호작용을 하는 인간의 실체를 규정하고 인간을 둘러싼 사회환경과 물리적 환경의 맥락을 통해 인간의 심리사회적 문제에 대한 깊은 통찰력을 제공하는 등 사회복지실천에서 인간의 문제에 대한 새로운 시각과 접근법을 개발하는 데 도움을 줄 수 있을 것이다. 사회복지영역에서 다루어지는 체계이론은 크게 일반체계이론과 생태체계이론 등으로 대표되며, 이 장에서는 이 두 이론의 주요 개념과 특성, 사회복지실천의 연관성을 살펴보고자 한다.

1 사회체계이론

인간은 사회환경체계와 분리되어서 존재할 수 없으며, 개인과 환경체계의 지속적 상호작용을 통하여 발달해 간다. 환경 속의 인간을 강조하기 시작한 심리사회적 이론의 발달 이후 인간행동에 대한 관심은 인간과 환경의 상호작용에 초점을 두고, 사회복지실천적 접근이 이루어졌다. 사회체계이론에서는 인간의 욕구는 자신이 살고 있는 보다 큰 사회체계로부터 분리해 생각할 수 없다. 즉, 사회복지에서는 개인과 환경 간의 상호작용을 강조하며, 사회복지사는 사회문제나 개인문제에 연관된 다양하고 복잡한 생리적·심리적·사회적 요인을 파악한다. 따라서 인간행동을 정확히 이해하고 효과적인 사회복지실천을 위해서는 인간은 내면체계뿐만 아니라 그를 둘러싸고 있는 환경체계가 인간에게 미치는 영향과 상호작용에 대한 정확한 이해를 갖추어야 한다(김상아, 2014).

사회복지실천에서 가장 많이 활용되고 있는 이론은 개인과 환경의 상호작용과 상호관계를 설명하는 데 가장 적합한 이론으로 일반체계이론, 인간행동의 사회적·문화적·자연환경적·시간적 맥락을 종합적으로 고려할 수 있게 해 주는 생태학 이론이다. 사회체계이론은 개인, 가족, 집단, 조직, 지역사회 간의 상호작용의 관계를 연결하고 구체화할 수 있도록 도와준다. 생태체계이론은 생태학과 체계이론에 기초하고 있으며, 생태체계이론에 대한 명확한 이해를 위해서는 관련 이론들에 대한 이해가 선행되어야 한다. 생태학은 자연과학영역에서 생물집단과 환경과의 상호관계를 연구하는 자연생태학에서 발달한 학문으로, 이를 인간과 환경과의 관계, 즉 모든 체계들이 서로에게 어떻게 적응해 나가고 맞추어 나가는가에 특별히 초점을 맞추어 접근한 이론이다.

1) 사회체계이론의 개념과 특성

(1) 사회체계이론의 개념

사회체계이론은 광범위한 의미를 포괄하며 개인, 집단, 조직, 지역사회 간의 관계를 강조하면서 인간과 환경 간의 이해를 필요로 하는 현장에 다양하게 적용할 수 있는 다양한 사회체계 간의 상호작용을 강조하는 이론이다.

사회체계이론은 생물학자 버틀란피(Bertalanffy)가 제시한 일반체계이론의 관점을 적용하였으며, 1960년대부터 주목 받게 되었다. 그는 인간의 발달은 진공상태에서 일어나는 것이 아니라 언제나 특정한 환경 안에 담겨 있으며 행동으로 표출된다고 하였다. 인간의 환경은 물리적 환경과 사회적 환경으로 구분하였으며, 인간과 환경의 각 부분들 간의 상호관계에 의해 형성되는 광의의 개념으로서 사회환경은 체계로서의 속성을 지니고 있다.

이 이론에서 체계는 상호의존적이며 상호작용을 하는 부분들로 구성된 전체 또는 부분들 간에 관계를 맺고 있는 일련의 단위이다. 즉, 체계는 인과적인 관계 속에서 직·간접적으로 관련된 구성요소들의 복합체이며, 각 구성요소들은 어떤 특정한 기간 내에서 안정적으로 다른 구성요소와 관련되어 있다. 체계는 구성요소 간 상호작용은 구성요소의 개별적 특성과 발견되지 않는 총체적인 특성을 포함한다. 그러므로 구성요소들 간의 상호관계는 부분들의 집합 이상의 전체를 창조한다.

(2) 사회체계이론의 특성

체계란 어떤 공통된 목적에 봉사하는 상호 관련을 맺고 있는 다종다양한 부분 또는 요소들의 집합이라고 할 수 있다. 이러한 체계의 특징은 다음과 같다(이희세 외, 2015).

첫째, 체계는 그 구성요소로서 여러 부분이 있고 이 부분들은 서로 기능적으로 연결되어 있으며, 전체가 주위 환경과 구분되는 하나의 집합이며 실체이다.

둘째, 체계는 기계와 같이 고형의 부품으로 구성될 수 있고 추상적 개념의 연결로도 구성될 수도 있다.

셋째, 체계의 각 구성부분 및 요소는 전체 체계 속의 하위체계로 표현된다.

넷째, 체계는 일정한 경계를 갖는다. 즉, 각 하위체계는 다른 하위체계와 구별되는 경계를 가지며 전체 체계는 그 상위체계인 환경과 구별되는 경계를 갖는다.

다섯째, 전체체계와 하위체계는 각기 그들의 목표를 성취하기 위한 자원, 정보 및 에너지를 갖고 있으나 그 각각은 전체체계의 공통된 목적달성을 위하여 기능적으로 연결되어 작용해야 한다.

여섯째, 체계는 투입-전환과정-산출-환류의 기능적 구조를 가지며, 또한 상위체계인 환경과 불가분의 관계를 갖는다. 체계의 기본구조는 그림 14-1과 같다.

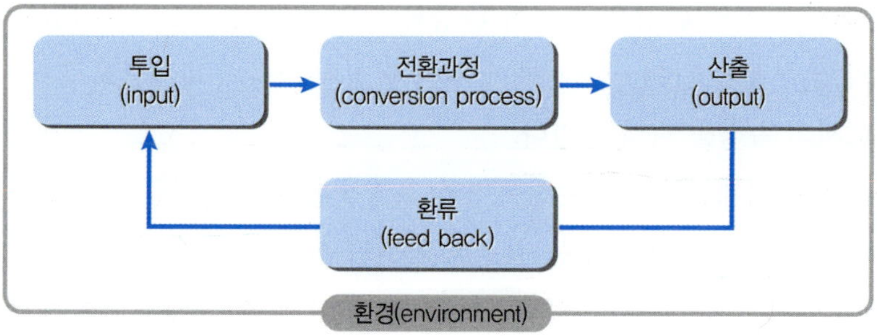

그림 14-1 체계의 기본 구조

일곱째, 체계는 균형을 유지한다. 체계는 관련 요소 및 구성 부분 간에 상호작용과 상호의존의 관계를 갖는다.

체계의 특징을 중심으로 한 기본 속성은 다음과 같다.

첫째, 전체성(집합성)이다. 하나의 체계가 구성되기 위해서는 몇 개의 부분이 모여야 되고, 이 집합체는 기능 면에서 부분과는 달라야 한다. 예를 들면, 벽돌이 몇 개 쌓여 벽을 이루고, 또 몇 개의 벽이 모여 건물이라는 하나의 체계로서 전체를 이룬다고 보면 어떤 벽돌이건 전체에 공헌하지만 전체라는 건물은 부분인 벽돌과는 전혀 다른 기능을 한다.

둘째, 상호관련성이다. 하나의 체계는 각 구성요소들이 단순히 접한 것이 아니라 모든 요소 간에 유기적 관련성이 있어 상호영향을 주고받아 비로소 존재한다.

따라서 한 부분은 전체 속의 한 부분이며 다른 부분들과 복합관계를 맺고 있어 한 사물의 변화는 모든 사물들과 전체에 변화를 일으킨다.

셋째, 목적 추구성이다. 어떠한 체계이든 전체로서의 공동 목적을 가지고 있으므로 체계는 그 목적을 지향한다. 그런데 이 목적은 하나가 아닌 복수의 경우가 많다. 그러므로 어떤 것이 과연 체계의 존속에 결정적 영향을 주는 것인지를 충분히 인식하여 그의 고유한 목적을 추구하여야 한다.

넷째, 환경 적응성이다. 하나의 체계는 암흑상자로 존재하는 것이 아니고 외부 환경의 변화에 적응하면서 그 생명을 존속 및 유지한다. 즉, 체계는 외부 환경과의 역동적 균형을 유지하기 위하여 환경으로부터 자원, 에너지, 정보와 같은 투입요소를 받아들이고 이것을 체계 부분 요소들의 상호작용을 통하여 재화나 서비스와 같은 형태로 변형시켜 환경으로 산출함으로써 존속, 성장 및 발전할 수 있는 것이다. 이와 같은 체계는 환경과의 관계에 있어서 개방적일 뿐만 아니라 체계 부분 요소 간의 상호작용이 전체로서의 체계에 영향을 미친다. 예를 들면 생물체로서의 인간은 외부환경으로부터 단절되면 생활을 영위할 수 없다. 목이 마르면 물을 마셔야 하고 배가 고프면 먹어야 하며, 더우면 옷을 벗고, 추우면 따뜻한 옷을 입어야 한다. 또한 심리적으로도 인간은 외부로부터 정보 전달이 필요하므로 인간이 감각적 투입이 전혀 없는 상태에 있게 되면 급격한 심리적 변화가 일어나 마침내 심리적 구조가 균형을 잃어 파괴되고, 인간의 행태는 일관성이 없어지고 행동의 예견성을 잃게 된다.

다섯째, 계층성(연속성)이다. 하나의 체계 속에는 다수의 하위체계가 존재하고 그 하위체계 속에는 또 다른 다수의 하위체계가 존재한다. 이것은 마치 하나의 조직체가 위계질서와 안정을 유지하기 위하여 국장 밑에 과장이 있고 과장 밑에 계장이 있는 것과 같은 것이다.

2) 사회체계이론의 주요 개념

(1) 체 계

체계(system)가 기능적으로 완전체가 되기 위해서는 구성요소 전체가 질서 있게 상호 연관성이 있어야 한다. 기본적으로 사람으로 구성되어 사람에게 영향을 주는 사회체계로, 하나의 거대한 국가, 공공복지서비스 담당부서 또는 부부 등이 이러한 체계의 예가 될 수 있다.

(2) 경 계

경계(boundary)란 체계를 외부 환경으로부터 구분하는 테두리로서 체계 내부로의 에너지 흐름과 외부로의 유출을 규제한다. 경계의 기능은 그것이 환경으로부터 체계를 구분하는 것이며, 기능 수행을 방해하는 환경의 영향력으로부터 체계의 부분들을 보호하는 것이다. 체계의 경계는 환경 내에서 투입과 산출의 교환을 위해 항상 투과성을 허락한다.

(3) 대상체계, 상위체계, 하위체계

대상체계(subject system)는 분석의 대상이 되는 특정한 사회체계를 의미한다. 예를 들면, 어떤 가족의 갈등이 관심사인 경우 이 가족이 대상체계가 되는 것이다. 대상체계의 외부에 있으면서 그 체계에 기능적으로 연결되어 영향을 미치는 사회단위들이 그 체계의 상위체계(super system)가 된다. 즉, 가족이 속해 있는 종교기관은 그 가족이라는 대상체계의 상위체계라 할 수 있다. 대상체계의 내부에 있으면서 내부의 다른 하위단계의 단위들과 상호작용하여 체계를 이루는 것이 하위체계이다. 하위체계는 이차적 또는 종속적인 체계로서 큰 체계에 속하는 보다 작은 체계로 이해할 수 있다. 하위체계는 지정한 경계에 따라 구분하는 보다 큰 체계의 일부이다.

(4) 항상성

항상성(homeostasis)은 비교적 안정적이며, 지속적인 균형상태를 유지하기 위한 체계의 경향을 말한다. 항상성은 체계의 일관성을 유지하려는 기능으로서 만약 체계의 균형을 깨려는 것이 있다면 적응하기 이전의 안정성을 회복하려고 할 것이다. 항상성의 기능은 체계에 안정을 줄 뿐만 아니라 외부의 정보를 적절히 통제함으로써 혼란과 무질서로부터 체계를 보호하며, 미래에 대한 예측을 가능하게 함으로써 체계의 구성원들에게 안정과 편안함을 제공한다.

(5) 균형과 안정상태

균형(equilibrium)은 외부환경으로부터 새로운 에너지의 투입 없이 현상을 유지하려는 체계의 속성이다. 이에 반해 안정상태(steady state)는 부분 간의 관계를 유지하고 쇠퇴해서 붕괴되지 않도록 에너지가 지속적으로 사용되는 상태를 의미하며 환경과의 교환, 적응을 위해 구조를 변경시킬 수 있는 개방체계에 속한다. 즉, 체계의 내부와 외부로부터 정보와 자원의 흐름으로 체계가 제대로 기능할 수 있는 상태를 말한다. 안정상태는 전체 체계가 평형상태를 유지하면서 환경과의 성숙한 관계를 유지하고, 그 기능들이 체계의 유지를 위해서 역동적으로 수행되고 있으면서 고도의 조직성, 복잡성, 환경에 대한 개방의 특성을 지니고 있다.

(6) 엔트로피, 네겐트로피, 시너지

엔트로피(entropy)는 체계가 해체하는 방향으로 진행되는 경향이다. 체계구성요소들 간의 상호작용이 감소함에 따라 유용한 에너지가 감소하는 상태로 체계가 서서히 무질서와 혼돈의 상태를 향해 나아가는 것 또는 체계 내에 유용하지 않은 에너지의 정도를 나타낸다. 그러나 실제로 완전한 폐쇄체계가 존재하지 않듯이 완전한 엔트로피 상태는 존재하지 않는다.

네겐트로피(negentropy)란 체계가 성장하고 발달하는 방향으로 진행되는 과정이다. 즉, 체계 내에 질서, 형태, 분화가 있는 상태를 말한다. 체계 외부로부터 에너지를 유입함으로써 체계 내부에 유용하지 않은 에너지가 감소하는 것을 말한다. 예를 들면, 가정불화상태인 부부에게 사회복지사가 개입하여 긴장관계가 감소하는 것이다.

시너지(synergy)는 체계 내부나 외부와의 상호작용이 증가함으로써 체계 내에 에너지양이 증가하는 현상을 의미한다. 체계 내에 유용한 에너지 증가에 의해 구성원 간의 상호작용을 촉진함으로써 체계 내에 나타나는 긍정적인 변화를 말한다. 예를 들면, 사회복지사의 개입으로 가족 전체의 분위기가 긍정적으로 바뀌고 예전에 없던 가족모임이나 행사에 적극적 참여가 이루어지고 자녀들이 더욱 성숙해지는 것이다.

3) 사회체계이론과 사회복지실천의 연관성

사회체계이론은 사회복지실천의 기초로서 인간행동에 대한 이해를 도울 수 있는 개인과 환경의 상호관계의 본질을 조명해 줄 수 있다. 사회복지실천에서의 유용성을 보면 첫째, 과거의 다른 실천모델보다 넓은 관점과 관심영역을 포괄한다(손광훈, 2014). 문제를 사정할 때 문제와 관련된 많은 체계를 접촉하여 정보를 얻어내므로 개인으로부터 나오는 정보에만 의지하던 과거의 방법보다 훨씬 다양하고 객관적인 정보를 획득할 수 있다.

둘째, 개인, 집단, 공동체를 포함한 다양한 크기의 체계에 적용되는 이론이다. 개입을 위한 실천모델을 활용함에 있어 어느 한 가지 모델에 치우치지 않고 보다 다양한 모델을 절충적으로 선택하고 활용할 수 있다. 따라서 사회복지사는 클라이언트를 돕기 위해 다양한 수준의 사람이나 체계와 일할 수 있으며, 다양한 실천모델을 적용할 수 있도록 해 준다.

셋째, 사회체계이론은 대상체계의 속성과 체계 사이의 상호연관성을 평가함에 있어 체계 간의 일관성과 상호성, 갈등의 정도와 상태를 규명할 수 있는 개념들을 제공하므로 사정의 도구로도 직접적 유용성을 지닌다.

넷째, 문제를 총체적인 관점에서 이해할 수 있으므로 사회복지사가 개입 시 체계 전체를 변화시키는 전략을 세우는 데 유용하다. 따라서 개입이 종료되어도 이미 발생한 체계의 변화는 체계 자체의 적응 기능에 의해 지속되는 특성이 있기 때문에 그 효과가 지속적으로 유지될 수 있다.

사회체계이론의 제한점은 이론이라기보다 하나의 모델이나 도표적 접근방법이며, 체계와 관련되는 복잡한 요인을 정확하게 측정하고 기술하기가 어렵고 인과관계를 구체화하기가 힘들어 과학적 검증이 어렵다는 점이다.

2 생태학이론

생태학이론(ecological theory)을 인간발달에 적용한 대표적 학자는 브론펜브레너(U. Bronfenbrenner)이다. 브론펜브레너는 생태학이론을 '활동적이고 성장하는 인간과 환경 간의 일생 동안 이루어지는 진보적이고 상호적인 적응과정을 연구'하는 것으로 규정하고 있다. 브론펜브레너는 인간발달에서 '맥락 속의 발달' 또는 '발달의 생태학'을 연구해야 한다고 주장하며, 인간과 그들이 생활하는 환경적 상황과의 상호작용에 초점을 두었으며, 독창적인 이론화를 통하여 인간발달 연구의 방향을 근본적으로 변화시켰다(이근홍, 2015). 생태학이론은 인간이 환경의 제 요소들과 끊임없이 상호교류를 하면서 적응하고 진화한다는 견해를 바탕으로 인간이 그들의 물리적·사회적 환경을 변화시키며, 환경과의 지속적인 상호적응과정을 통하여 환경에 의해서 변화된다는 이론이다.

1) 생태학이론의 특성

생태학이론은 성장하는 유기체와 항상 변화하는 사회적·물리적 환경과의 특정 시점에서의 상호작용을 규명하는 이론이다. 즉, 이것은 인간이 환경의 제 요소들과 끊임없이 상호교류하면서 적응하고 진화한다는 견해를 바탕으로 하고 있다. 따라서 인간과 환경은 분리될 수 없으며, 항상 동시에 고려해야 한다는 것이다. 이러한 생태학이론은 가족, 집단, 조직, 지역사회, 문화 등 인간이 몸담고 있는 환경을 보다 체계적으로 구조화하고 이들 환경체계와 개인 간의 관계를 이해하는 것을 인간발달의 주요과제로 삼고 있다.

브론펜브레너는 인간발달을 분석하는 가운데 체계론적 관점을 확대하여 '생태적 체계'라는 용어를 사용하여 인간을 둘러싸고 있는 생태학적 환경을 가장 가까운 것에서부터 가장 먼 것에 이르기까지 다섯 가지의 환경체계, 즉 미시체계, 중간체계, 외체계, 거시체계, 시간체계로 구분하였다. 생태학이론은 인간발달이 결코 진공상태에서 일어나지 않고 언제나 특정한 환경 안에서 환경과의 상호작용을 통해 일어난다고 보았으며, 사회적·물리적 환경을 다양한 체계수준으로 구분하여 개인과의 상호작용을 분석하고 있다.

2) 생태학이론의 주요 개념

생태학이론에서의 체계는 인간과 사회적·물리적 환경과의 상호작용을 바탕으로 상호의존적이고 변화하는 구조를 네 개의 주요한 체계로 규정하였다. 생태학이론의 체계수준을 미시체계, 중간체계, 외부체계, 거시체계, 시간체계로 구분하였다(U. Bronfenbrenner, 1993).

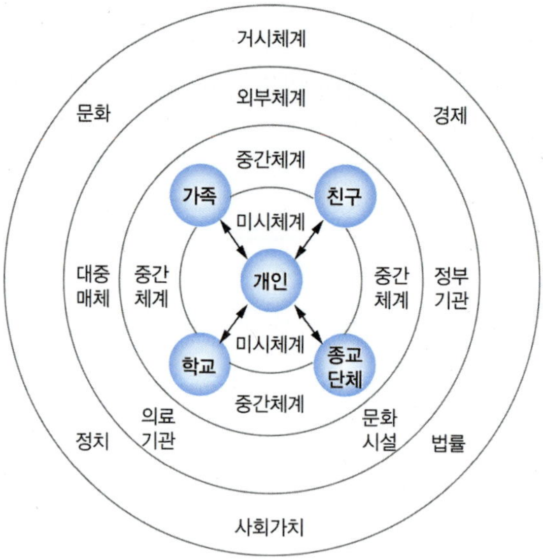

그림 14-2 생태학이론의 체계수준

(1) 미시체계

미시체계(microsystem)는 인간이 가장 밀접하게 상호작용을 하는 사회적·물리적 환경을 말한다. 즉, 이것은 인간과 가장 인접한 수준의 환경으로서 가족, 친구, 학교, 종교단체 등이 여기에 속한다. 또한 미시체계는 성장하는 개인이 친밀한 대면적인 환경 내에서 경험하는 활동, 역할, 대인관계의 유형을 포함한다.

(2) 중간체계

중간체계(mesosystem)는 특정한 시점에서 미시체계들 간의 상호작용을 의미한다. 즉, 이것은 개인이 하나의 미시체계에서 일어나는 일이 다른 미시체계와 상호 관련되어 있으며, 그들 간에 상호작용을 하는 것을 말한다. 예를 들면, 가정생활과 학교생활, 가정생활과 친구관계, 가정생활과 종교생활 등이 상호작용을 하는 것이다.

(3) 외부체계

외부체계(exosystem)는 지역사회 수준에서 기능하고 있는 주요한 기관들로서 대중매체, 정부기관, 교통시설, 통신시설, 의료기관, 문화시설 등을 말한다. 외부체계는 개인과 밀접하게 상호작용하는 것은 아니지만 점차 성장하면서 생활의 주요한 요소가 되며, 개인의 행동발달에 영향을 미친다. 외부체계는 개인, 미시체계 및 중간체계에 영향력을 미칠 수 있다.

(4) 거시체계

거시체계(macrosystem)는 개인이 속한 사회의 이념이나 제도의 일반적인 형태로서 정치, 경제, 사회, 법, 문화, 관습, 가치관 등을 말한다. 거시체계는 법과 같이 명백한 형태를 가진 것도 있지만 문화와 가치관과 같이 일정한 형태가 없는 것도 있으며 이것은 인간의 행동발달에 지속적인 영향을 미친다.

거시체계는 개인의 생활에 직접적으로 개입하지는 않지만, 간접적이면서도 전체적으로 강력한 영향력을 발휘한다. 또한 거시체계의 변화는 개인, 미시체계, 중간체계 및 외부체계에 영향을 미친다. 예를 들면, 경제적 위기는 개인생활, 가족생활과 학교생활의 관계, 직업세계 등에 크게 영향력을 미친다.

(5) 시간체계

시간체계(time system)는 개인이 전 생애에 걸쳐 발생하는 변화와 역사적인 환경을 포함하는 체계이다. 어떤 시대에 출생하여 성장했는지에 따라 개인은 발달과 삶에 큰 영향을 받는다. 부모, 가족, 친구, 학교 등 개인을 둘러싼 미시체계에서부터 문화, 관습, 이념 등의 거시체계에 이르기까지 모든 생태체계는 개인에게 영향을 미치며, 이러한 생태환경은 과거, 현재, 미래의 시간체계의 변화 속에서 작용한다.

3 생태체계이론

생태체계이론은 일반체계이론(general system theory)과 생태학이론(ecological theory)을 결합한 것으로 인간과 환경적 힘이 상호작용하는 방법에 대한 실천가의 관점을 중시한다. 생태체계이론은 생태학으로부터 개인과 환경 사이에 존재하는 상호적응의 개념을, 일반체계이론으로부터는 체계와 관련된 다양한 개념인 상호작용성, 개방체계 및 폐쇄체계, 위계성, 항상성, 환류의 개념을 가지고 와서 일반체계이론의 한계점을 극복하기 위해 생태학이론을 도입한 통합모델이다.

첫째, 생태체계이론의 인간관은 '환경 속의 인간'이라는 총체적 인간관, 즉 인간과 환경은 분리될 수 없으며 인간과 환경은 지속적인 상호작용과 상호교환을 통하여 서로에게 영향을 미치고 서로를 형성하며 상호적응하는 호혜적 관계를 유지하고 있다고 본다.

둘째, 인간은 환경적 자원과 사회적 지지를 자율적으로 이용할 수 있으며, 환경 속에서 효과적으로 기능할 수 있는 능력을 지니고 있다고 본다. 즉, 인간은 자기 내면세계의 욕구와 외부세계의 요구로부터 비교적 자유로운 존재로서 환경과의 상호교류에서 성공적 경험을 획득하고 자율성, 자기규제능력, 유능성을 확보할 수 있는 능력이 있다고 본다.

셋째, 인간은 사회문화적 존재로서 사회적 관계를 유지하지 못하고 소외되어 있는 인간은 인간적일 수 없다고 본다. 인간은 생활환경 속에서 타인과 가치 있는 사회적 관계를 맺고 존경과 관심을 주고받음으로써 자아를 발달시키고 사회적 역할기대를 적절히 이행하고 일생 동안 타인과 상호의존성을 유지할 수 있어야만 생존을 보장받고 삶의 적절성을 확보할 수 있게 된다.

1) 생태체계이론의 기본 가정과 주요 개념

(1) 기본 가정

사회복지실천은 클라이언트와 다양한 환경체계들 간의 상호작용에 초점을 둔다. 생태체계이론의 기본 가정은 첫째, 인간이 환경의 모든 요소와 지속적인 상호교환을 하는 존재로 보는 적응적, 진화적 관점을 지니고 있다. 따라서 인간과 환경은 분리될 수 없으며, 동시에 고려해야만 한다. 둘째, 인간과 환경이 서로를 형성하는 단일체계를 구성한다. 환경의 개인에 대한 영향이나 개인이 속해 있는 환경에 관심을 두는 것이 아니라 인간과 환경 사이의 상호적 관계 또는 상호작용에 관심을 둔다. 셋째, 개인과 환경이 상호 간에 영향을 미친다. 개인과 환경 사이의 상호교환은 개인-환경 단위 내에서 변화를 일으킨다.

생태체계이론의 기본가정

- 환경과 상호작용하고 타인과의 관계를 맺는 능력은 타고난 것이다.
- 유전적 및 다른 생물학적 요인은 환경과 상호작용하는 과정에서 다양한 방식으로 표현된다.
- 개인과 환경은 상호영향을 미치는 단일체계를 형성한다.
- 적합성이란 적응적 개인과 양육적 환경 사이의 상호작용을 통하여 형성되는 상호적 인간·환경이다.
- 인간은 목적 지향적이고 유목적적이다. 인간은 유능성을 획득하기 위하여 노력한다.
- 개인의 환경에 대한 주관적 의미는 발달에 매우 중요하다.
- 개인을 자연적 환경과 상황 속에서 이해할 필요가 있다.
- 성격은 개인과 환경 사이의 상호작용의 산물이다.
- 생활경험에 따라 긍정적 변화가 일어난다.
- 생활상의 문제는 전체 생활공간 내에서 이해하여야 한다.
- 내담자를 원조하기 위해 사회복지사는 내담자의 생활공간에 개입할 준비가 되어 있어야 한다.

(2) 주요 개념

① 사회적 환경

사회적 환경이란 사회적 체계 내의 개인과 매일의 상호작용을 포함한다. 인간에서 많은 영향을 미치는 사회적 환경은 관료조직과 사회적 관계망이다. 관료조직은 인간의 욕구를 효과적으로 충족시키기 위한 목적으로 만들어졌지만 이 조직을 이용하는 주민들의 생활문제를 야기하는 경우도 있다. 또한 사회적 관계망은 주요 타인 간의 관계체계로서 성장과 적응에 상당한 기여를 한다.

② 물리적 환경

물리적 환경이란 지연적 환경과 인위적 환경으로 구성되어 있다. 자연적 환경에는 기후, 지리적 조건 등이 있으며 인위적 환경에는 건물, 교통시설, 통신시설, 대중매체 등이 있다. 자연적 환경에서 온도, 습도, 바람, 기압, 강수량, 계절적 변화 등은 인간의 감정과 행동에 영향을 미치게 되며, 인위적 환경은 인간의 사회적 상호작용, 생활양식, 문화수준 등에 영향을 미친다.

③ 시간과 공간

환경의 조직은 시간과 공간에 의해 구성된다. 환경에서 시간이란 상호작용이 지속기간, 주기성 및 속도에 대한 것이며, 이것들은 인간의 적응과 밀접한 관련성을 지니고 있다. 공간은 개인의 사회적 상호작용의 양과 거리를 의미한다. 인간은 누구나 다른 사람이 침범할 수 없는 공간적 영역을 유지하고 있으며, 그 경계는 가시적이고 때로는 그 존재가 인식되지 못한다. 또한 인간은 생활의 편안함을 위해 사생활을 침범하지 않고, 서로 개입하지 않으며 바람직한 거리를 유지하기 위해서는 상호이해와 합의가 필요하다.

④ 적합성

개인의 적응적 욕구와 환경의 질이 어느 정도 부합되는지에 대한 개념으로 다른 종의 경우에는 진화에서 비롯되면 인간의 경우에는 일생을 통하여 성취된다. 적합성은 인간과 환경 사이의 상호교류를 통하여 성취되고, 이들의 상호작용이 성공적이고 적응적일 때 적합성이 이루어진다. 개인과 환경 사이의 적합성은 양자의 기능이다. 적합성은 개인과 환경 간의 계속적 교류이며 고정되어 있지 않고 상호교류의 변화에 따라 바뀐다. 그러므로 부정적 교류가 반복되면 인간발달과 건강 그리고 사회적 기능은 손상된다.

⑤ 적 응

적응(adaptation)은 개인과 환경 사이의 활발한 상호교환을 포함한 개인–환경이라는 하나의 단위 안에서 이루어지는 과정이다. 인간은 자신의 욕구에 적합하도록 환경을 변화시키고 이러한 환경의 변화에 또한 적응할 수 있어야 한다. 인간은 새로운 환경적 상황에 처할 경우 그 상황의 요구에 적응하고 상황은 그 인간 존재로 인하여 구조적 변화를 경험하고, 끊임없이 창조하고, 재구조화하며, 환경이 인간에게 어떤 영향을 미치더라도 환경에 적응해 나간다.

⑥ 스트레스

스트레스(stress)는 사회적·발달적 변화, 충격적 사건, 다양한 생활문제 등의 요구가 자신이 활용할 수 있는 인적 자원 또는 환경자원을 초과하는 상황에서 비롯된다. 즉, 개인과 환경 간의 상호교류의 불균형이 야기하는 현상이다.

개인과 환경 사이의 상호교류는 생활 스트레스를 발생시킬 수도 있다. 스트레스는 개인이 지각한 요구와 이러한 요구를 충족시킬 수 있는 자원을 활용할 수 있는 능력 사이에 불균형으로 발생하는 생리·심리·사회적 현상이라고 할 수 있다. 이러한 스트레스는 반드시 문제가 되는 것은 아니다. 개인의 긍정적 자존감을 가지고 있고, 유능성이 있으면 스트레스는 개인의 성장과 발전을 도모하는 하나의 동기로 작용할 수 있다.

⑦ 대 처

대처기술(coping skill)은 스트레스를 경험하면서 자연적으로 발생하게 된다. 정서적 고통을 통제하기 위하여 개인이 수행하는 행동이다. 대처능력을 갖추기 위해서는 내적 자원과 외적 자원이 필요하다. 내적 자원은 자존감, 문제해결기술이며, 외적 자원은 가족, 사회적 관계망, 조직의 자원 등이다. 성공적 대처는 인간과 환경의 질을 향상시키고 높은 수준의 사회적 관계, 능력, 자긍심, 자율성 획득으로 적응 수준을 향상시킨다.

⑧ 유능성

유능성(competence)은 인간발달에 필수적 요소로서 자아심리이론에서는 개인이 환경과 효과적으로 상호작용할 수 있는 능력이라고 보았으며, 상징적 상호작용이론에서는 어떤 과업을 수행하고 상호작용으로 인해 일어나는 결과를 통제할 수 있는 능력이라고 하였다. 따라서 유능성은 자신의 판단을 신뢰하고, 자기 확신을 가지고, 환경에 바람직한 영향을 미칠 수 있는 능력이라고 할 수 있다.

⑨ 관 계

관계(relatedness)는 인간관계를 형성하거나 타인과 연결될 수 있는 능력으로 관계를 맺고자 하는 욕망과 능력은 최기의 양육과정에서 시작되고 일생을 통하여 상호적 보호행동의 유형을 결정한다.

2) 생태체계이론과 사회복지실천의 관련성

생태체계이론은 인간의 다양성과 환경 사이의 관계를 이해하는 개념적 준거틀을 제시할 뿐만 아니라 구체적인 개입방법을 제공한다. 즉, 클라이언트의 현재 상황을 체계적·전체적 시각에서 사정하는 효율적인 사정도구로서의 역할과 구체적 개입방향을 제시하고 있다(조흥식 외, 2013). 생태체계이론은 인간의 다양성과 인간과 환경 간의 관계를 이해하기 위한 방법을 제공한다. 개인, 가족, 소집단과 직접적 실천을 할 때 사회복지사의 자료수집과 사정활동은 환경 속의 인간을 강조한다. 이는 개인의 욕구, 바람, 능력과 그의 환경이나 외부 세계의 요구 사이의 적합성을 말한다. 따라서 사회복지사의 사정은 최소한 전인적 인간의 모든 차원과 인간경험, 이러한 차원이 자신의 기본적 욕구를 충족시키고 사회적 역할을 수행할 개인의 동기, 능력, 기회와 어떻게 관련되는지에 주의를 기울인다. 생태체계이론은 '환경 속의 인간'의 관점을 유지하면서 클라이언트를 사정할 수 있는 중요한 관점을 제공한다. 또한 생태체계이론에서는 다양한 크기의 사회관계망을 분석하고 클라이언트와 환경 사이의 상호교류를 시각적으로 활용할 수 있는 생태도, 사회관계망 등 유용한 사정도구를 활용하고 있다. 이러한 생태체계이론의 사정모델은 클라이언트가 가지고 있는 사회관계망 등 자원이나 강점에 초점을 둔 강점이론이나 역량강화모델의 이론적 기초가 되어, 클라이언트를 문제중심으로 보는 것이 아니라 강점중심으로 봄으로써 클라이언트의 잠재역량 및 자원을 인정하고 클라이언트 내외의 적응유연성이 있음을 전제하여 클라이언트가 자신의 삶을 통제할 수 있도록 권한 혹은 힘을 부여하고자 한다.

생태체계이론은 클라이언트가 환경과의 상호작용하는 과정에서 어느 정도의 적합성을 성취하는가에 초점을 둔다. 개인이 자신의 욕구와 능력과 환경적 자원 간의 불일치가 발생할 때 스트레스를 경험하며, 적응적 적합성이 붕괴될 때 생활문제가 발생한다. 이러한 생활스트레스를 경험하는 사람을 돕는 과정에서 사회복지사는 개인, 가족, 집단, 지역사회, 사회관계망, 조직 등에 개입하도록 요청된다.

Chapter 15

주요 환경체계

1 가 족

가족은 사회의 가장 기본적인 단위이며, 인간의 생리적 · 정서적 · 경제적 욕구 등을 충족시켜 주는 1차 집단이다. 가족은 보호와 애정, 경제적 부양, 자녀의 양육과 사회화, 종족보존, 교육 등 다양한 기능을 수행한다. 오늘날 가족은 핵가족에서 소가족화로 되어 가고 있으며, 가족의 구조도 한부모가족, 노인가족, 조손가족, 독신가족, 다문화가족, 공동체가족 등 다양한 형태로 나타나고 있다. 이러한 가족의 변화는 집단, 조직, 지역사회, 전체 사회에 영향을 미칠 수 있다. 한 가족의 문제는 그 한 가족만의 문제가 아니라 전체 사회문제와의 연속선상에서 해결능력을 필요로 한다. 따라서 사회복지사가 다양한 문제와 상황에 처해 있는 클라이언트를 효과적으로 지원하기 위해서는 한 개인에게 가장 일차적이고 직접적인 환경체계인 가족을 이해하는 것이 매우 중요하다.

1) 가족의 정의

(1) 가족의 개념

가족의 개념은 문화와 시대, 학자의 관점에 따라 다양하게 정의되고 있다. 사전적 정의의 가족은 어버이와 자녀, 형제자매, 부부 등 혈연과 혼인관계 등으로 이루어진 집단을 말한다.

머독(Murdock)은 "가족은 공동의 거주, 경제적 협동, 생식의 특징을 갖는 집단으로 사회적으로 인정받은 성관계를 유지하고 있는 최소한의 성인 남녀와 한 명 이상의 자녀로 이루어진다"라고 정의하고 있다(김혜경 외, 2008).

우리나라 「건강가정기본법」(제3조 1.)은 '가족'이라 함은 혼인·혈연·입양으로 이루어진 사회의 기본 단위라고 말한다고 정의하고 있다. 이와 같이 현재 우리나라의 가족법에서는 미혼모가족, 동성애가족, 공동체가족 등과 같은 사회적 관계로 이루어지는 가족에 대해서 명확하게 인정해 주고 있지 않다. 이러한 우리나라와는 달리 스웨덴, 노르웨이, 프랑스 등에서는 동성애가족까지도 가족으로서 합법적인 보호를 하고 있다.

가족은 전통적 의미와 함께 혈연적 관계가 아닌 2인 이상의 친밀한 관계를 갖는 다양한 집단으로 구성하여 살아가는 대안적 형태를 가지면서 사회의 정치적 개입에 의해 변화하며, 그러한 변화에 대하여 역동적으로 적응할 수 있는 중요한 사회제도의 하나라고 정의할 수 있다.

인간은 누구나 가족의 사랑과 보호를 받으면서 성장하고, 가족을 통하여 사회생활에 적응할 수 있는 능력을 배양한다. 또한 가족은 인간이 최초로 경험하는 사회로서 생활규범을 배우고 문화를 익히는 사회제도이다.

(2) 가족의 기능

가족의 기능이란 가족이 수행하는 역할, 행위를 뜻하는 것으로 사회의 산업구조의 변화에 따라 시대의 흐름과 문화의 발전에 따라 가족의 가정 내 역할이나 사회적 역할이 달라지고 있다. 가족은 구성원들을 위해서 더 큰 사회를 위해서 고유한 기능을 수행한다. 학자에 따라 조금씩 다른 기능을 제시하고 있지만 가족이 담당하는 기능을 다음과 같이 요약할 수 있다(조흥식 외, 2010).

첫째, 친밀한 관계의 근원을 제공한다. 사회가 산업화되고 복잡해질수록 사람들은 갖고 내에서 친밀성을 발견하려고 노력한다. 직업세계에서나 우리 주위의 더 큰 사회 내에서는 개인이 대부분 역할로서 지각되기 때문에 타인과 개인적 수준에서 친밀성을 공유하는 것은 쉽게 이루어지지 않기 때문이다.

둘째, 경제적 협조단위로서의 기능이다. 가족은 경제적 기본 단위로서 생산활동과 소비활동을 동시에 수행하고 있으며, 경제활동을 통하여 구성원의 생계를 유지하고 재산을 소유한다. 현대사회에서는 농업이나 가사를 제외하고는 대부분의 생산활동이 가족 이외의 직장에서 이루어지고 있기 때문에 가족은 전형적인 소비기능을 수행하는 단위가 되었다.

셋째, 자녀를 출산하고 그들을 사회화시킨다. 전통적으로 자녀출산은 가족의 주된 기능이었다. 가족은 노인세대가 사망할 때 그들을 대치할 아동을 출산하고 양육하여 사회가 계속적으로 유지될 수 있도록 하는 기능을 수행한다. 가족은 자녀의 신체적·인지적·사회적 발달을 촉진하고 훌륭한 사회인으로 성장할 수 있도록 지도하고 원조한다.

넷째, 가족구성원에게 지위와 사회적 역할을 할당한다. 결혼에 의해 새로운 가족이 형성되면 남편이나 아내의 새로운 가족역할이 부과되는데, 그것이 사회에서 진정한 성인의 지위를 획득하도록 돕는다. 가족은 개인의 인종, 사회경제적 수준, 종교 등을 결정하기 때문에 우리가 사회 내에서 특정한 지위와 위치를 획득하게 하는 역할을 한다.

2) 가족의 구조

전통적 사회에서는 가족의 형태가 확대가족이 대부분을 차지했지만 현대사회에서는 핵가족에서 소가족화되어 가고 있다. 지금까지는 자녀를 낳아 기르는 기간이 가정생활의 핵심이었다면 그 기간은 가족의 삶의 일부분에 지나지 않게 되었다. 결혼을 포기하는 젊은 세대의 증가와 고령화사회로 1인가구가 증가 추세에 있고, 결혼을 하더라도 자녀출산을 하지 않는 무자녀가족 등 사회 전체적으로 다양한 가족이 출현하고 있고, 동시에 한 사람의 생애를 통해 다양한 형태의 가족 관계가 만들어지고 있다. 이러한 가족들은 구성원에게 각기 다른 영향을 미치고 있으며, 여러 가지 문제점을 지니고 있다.

(1) 한부모가족

한부모가족은 이혼, 별거, 사망, 유기, 가출 등으로 인하여 부모 중 한 사람과 18세 미만의 자녀로 구성된 가족을 말한다. 한부모가족은 최근 이혼의 증가로 인하여 관심이 더욱 높아지고 있으며 계속적으로 증가하는 추세를 보이고 있다. 2020년 기준 우리나라 한부모 가구는 약 153만 가구로 전체 가구 중에서 한부모 가구가 차지하는 비율은 7.1%이다.

(2) 노인가족

노인가족은 65세 이상 노인이 자녀나 친척과 동거하지 않고 독신 또는 부부가 함께 독립적인 가구형태를 이루고 생활하고 있는 가족을 말한다. 노인가족은 최근 핵가족화로 인하여 노인부양의식이 약화되고, 노인 자신이 독립적인 생활의 욕구로 인하여 증가하는 추세를 보이고 있다.

노인가족은 노년기의 신체적·경제적·정서적·사회적 문제를 대부분 노인 스스로 해결해야 하는 어려움 때문에 다양한 문제가 발생한다.

(3) 재혼가족

재혼가족은 이혼 전 혼인관계에서 생긴 최소 한 명의 자녀와 함께 사는 재혼한 부부로 구성된다. 재혼한 부부는 이전 혼인관계에서 얻은 자녀 외에 둘 사이에서 새롭게 자녀를 출산할 수 있기 때문에 이들 가족이 서로를 받아들이고 살아가는 과정에서 여러 가지 문제가 발생할 수 있다. 이혼의 증가로 재혼가족도 증가하고 있는 추세이다.

(4) 독신가족

독신가족은 성인이 된 남녀가 혼인을 하지 않고 혼자서 사는 가족을 말한다. 성인남녀가 혼인을 하지 않거나 노인이 되기 이전에 이혼이나 사별한 이후 재혼을 하지 않고 혼자서 사는 가족형태이다.

독신가족은 개인주의적 사고, 경제적 지위의 상승, 혼인과 가족에 대한 가치관의 변화, 이혼의 증가, 교육기간의 연장, 자아실현의 경향 등으로 인하여 점차 증가하고 있다.

(5) 조손가족

조손가족은 가족 해체의 증가로 파생되는 새로운 가족의 형태로서 아동이 부모로부터 양육받지 못하고 조부모와 함께 살면서 양육을 받는 가족을 말한다. 조손가족은 조부모의 건강악화와 고령으로 인한 경제활동의 어려움 등으로 경제적 어려움을 겪고 있으며, 조부모의 건강문제, 양육부담, 손자녀의 정서적 불안정, 사회적 부적응, 교육의 불평등 등을 경험하고 있다.

(6) 다문화가족

다문화가족은 한 가족 내에 다양한 문화가 공존하고 있는 가족을 의미한다. 다문화가족은 외국인 노동자의 증가와 한국 남성과 외국인 여성과의 결혼으로 이주여성의 증가, 북한이탈주민이 지속적으로 증가하면서 새로운 가족형태로 부각되고 있다.

3) 가족의 생활주기

가족은 상대적으로 예측 가능한 방식으로 성장하고 변화하기 때문에 가족을 이해하는 데 유용한 방법의 하나로 각 발달단계를 검토할 수 있다. 가족의 생활주기는 인간의 생애주기와 마찬가지로 가족의 탄생에서 소멸까지 일련의 단계가 있고, 이들 단계마다 과업이 있다는 것을 전제한다. 모든 가족이 이 생활주기의 단계를 거치며, 그 적응과정에서 많은 스트레스를 경험하는데, 스트레스가 심할 경우 가족 문제가 발생할 수 있다. 따라서 가족이 어떤 생활주기의 단계를 어떻게 거쳐 왔고, 현재 어느 단계에 있으며, 그 적응 상태는 어떠한지에 대한 평가가 이루어져야 한다.

가족의 생활주기상에서 어떤 문제는 가족의 발달상 어느 가족이나 겪을 수 있고, 어떤 문제는 특정가족에서만 일어날 수 있다. 이처럼 다양한 생활주기의 상황에서 가족구성원이 떠나기도 하고 새 가족구성원이 들어오기도 한다. 또한 가족구성원이 연속되는 생활주기를 통해 진보하고 새로운 발달과업을 맞아들임에 따라 개인은 새 역할을 받아들이고 다른 역할은 포기해야 할 수도 있다.

가족의 생활주기는 가족의 유형과 특성에 따라 다양하지만 일반적으로 가정이 형성하는 시기부터 축소되어 끝나는 시기까지를 통해 보면 특징적 단계를 구분 지을 수 있다.

유영주는 외국 학자들이 제시한 주기에 약간의 수정을 가해서 우리나라 가족에 맞는 유형을 표 15-1과 같이 제시하고 있다(유영주 외, 2004).

표 15-1 **한국 가족의 생활주기**

단 계	특징 및 과제
형성기	결혼으로부터 첫 자녀 출산 전까지 약 1년간
자녀출산 및 양육기	자녀출산으로부터 첫 자녀가 초등학교에 입학할 때까지
자녀 교육기	첫 자녀의 초등학교, 중학교, 고등학교 교육 시기
자녀 성년기	첫 자녀가 대학에 다니거나 취업, 군 복무, 가사를 협조하는 시기
자녀 결혼기	첫 자녀 결혼으로부터 막내 자녀 결혼까지
노년기	막내 자녀 결혼으로부터 배우자가 사망하고 본인이 사망할 때까지

출처 : 유영주 외(2004)

2 집 단

인간을 둘러싼 다양한 체계 가운데 가족 다음으로 개인의 성장과 발달에 영향을 미치는 것은 집단이다. 개인은 가족과 학교, 직장 등을 통해 대인관계의 기초가 되는 사회적 기술과 사회적 규범을 습득하게 되고 자아정체감을 형성해 나간다. 집단은 구성원들의 상호작용을 바탕으로 한 사회체계로서 개인의 다양한 욕구를 충족시키고 문제를 해결하며, 구성원 각자와 사회에 긍정적·부정적 영향을 미친다.

1) 집단의 개념

집단은 서로가 동일한 집단에 소속되어 있다는 집단의식이 있고 공동의 목적이나 관심사가 있으며 이들 목적을 성취함에 있어서 상호의존적이며 의사소통, 인지, 반응을 통하여 상호작용하며 단일한 행동을 할 수 있는 능력이 있는 2인 이상의 사회적 집합체로 정의된다(손광훈, 2014).

체계로서의 집단은 "한 개인으로서 서로 인식하고 상호작용하며, 사회적 실체로서 집단에 대한 의식을 공유하고, 구성원들의 집단과 연관된 행동에 의해 영향을 받으며, 자연적이고 표현적인 행동이 지배적인 두 명 이상으로 구성된 사회조직의 한 형태"로 정의된다.

인간의 성격은 한 개인이 집단에 소속되어 고유의 지위, 권리, 역할을 부여받고 타인과 상호작용을 함으로써 형성되고, 그러한 집단성원과의 관계를 통하여 지속적으로 성장하고 변화하며 수정된다.

얄롬(Yalom)은 집단의 치료효과를 희망고취, 보편성, 정보의 공유, 이타주의, 원초적 가족집단의 교정적 재현, 사회화 기술의 발달, 모방행동, 대인관계적 학습, 집단결속력, 정화, 실존적 요인을 제시하고 있다.

2) 집단의 유형

집단의 유형은 집단의 크기, 성원 간의 상호작용, 정서적 결속정도, 집단의 구성방법, 집단의 목적에 따라서 분류한다.

(1) 사회적 관계에 따른 유형 : 1차 집단과 2차 집단

1차 집단은 혈연과 지연을 중심으로 자연발생적으로 형성된 집단으로 가족, 또래집단 등을 들 수 있다. 정서적으로 친밀한 관계 속에 개개인의 개별성이 조화를 이루어 개인의 자아가 바로 집단의 공동목표, 즉 우리라는 개념으로 발전한다.

2차 집단은 정서적 결속이 미약하고 특별한 목적 성취를 위하여 상호작용하는 집단을 의미한다. 인간관계는 형식적인 수준에서 형성되고 수단적인 관계로 이용될 수 있다.

(2) 집단구성 동기에 따른 유형 : 자연집단과 형성집단

자연집단은 자연발생적으로 만들어진 집단으로 공식적인 지원체계가 없다. 또래집단과 같은 집단의 특성으로 설명될 수 있으며 일차집단과 유사하다. 반면 형성집단은 치료집단, 위원회, 팀 등을 포함하는 인위적 구성집단은 어떠한 외부의 영향력이나 전문가의 개입을 통하여 의도적으로 구성된 집단으로 후원이나 외부의 협력 없이는 구성될 수 없는 집단이다.

(3) 집단의 목적에 따른 유형 : 치료집단과 과업집단

치료집단의 주요 목적은 교육, 성장, 치유, 사회화 등이다. 치료집단을 목적중심으로 분류하면 다음과 같다.

① 교육집단

교육집단은 구성원들에게 지식, 정보 또는 기술의 향상을 목적으로 한다. 구성원들의 자기표출보다는 전문가의 강의형태 또는 구성원들 간의 토의로 학습이 이루어진다. 집단의 공통의 관심사를 가진 사람들로 구성되며, 집단 지도자는 최상의 학습효과를 얻을 수 있도록 구성원의 지식, 기술, 경험 등을 고려하여 집단을 구성한다. 예를 들면, 성교육집단, 예비부부 및 신혼부부집단, 위탁가정 부모집단 등이다.

② 성장집단

성장집단은 구성원의 자기인식을 증진시키고, 자신의 사고를 변화의 기회를 제공함으로써 개인의 잠재력을 최대한 발휘할 수 있도록 한다. 성장집단은 사회정서적 질병의 치료보다는 사회정서적 건강증진에 초점을 두며, 집단을 개인의 성장기회로 활용하려는 사람들로 구성된다. 예를 들면, 청소년 진로탐색집단, 은퇴 후 생활설계를 위한 노인집단 등이다.

③ 치료집단

치료집단은 구성원들의 행동변화와 개인적 문제의 해결 및 상실된 기능의 회복을 돕는다. 집단은 전문가에 의해 치료집단에 적합한지에 대한 사정 후 공통적인 문제를 경험하고 있는 사람들로 구성된다. 집단지도자는 전문가, 권위적 인물, 변화매개인으로서 역할을 수행하며, 집단구성원 개개인의 치료목표를 구체적으로 수립하여 이를 달성하도록 돕는다. 예를 들면, 발달장애아동 집단, 비행청소년집단, 정신장애인집단, 성학대피해자집단 등이다.

④ 사회화집단

사회화집단은 사회적 기술을 습득하고, 사회적으로 수용되는 행동유형을 학습함으로써 지역사회의 생활에서 효과적으로 기능할 수 있도록 원조하는 데 일차적 목적이 있다.

사회화집단은 토의보다는 게임, 역할극, 여가활동 등 특정 프로그램 활동에 참가하여 결속력을 다지며, 대인관계 기술을 향상시킨다. 사회화집단은 사회기술훈련집단, 자치집단, 스카우트활동, 캠핑, 스포츠활동 등을 주요 활동으로 하는 여가집단으로 구분된다.

3) 집단의 특성

집단은 두 명 이상이 모인 집합체로서 공통의 목적을 가지고 있다. 또한 집단은 전체로서의 집단을 인식하고, 다른 집단과 구분되는 특징을 지니고 구성원들이 상호작용하면서 각자의 행동에 영향을 미친다는 특성을 가지고 있다. 이러한 집단의 특성은 다음과 같다(Norlin & Chess, 1997; 이근홍, 2015 재인용).

(1) 일정규모

집단의 크기가 최대한 어느 정도인가에 대해서는 한정되어 있지 않지만 최소 두 명 이상의 구성원으로 이루어진다. 집단은 구성원들 간의 상호작용에 의해 제한을 받으며, 대부분 규모가 작은 편이다. 집단이 구성원들 간에 직접적인 상호작용을 하지 않을 경우에는 더 이상 집단이라 할 수 없다.

(2) 공통목표

집단은 구성원들 간의 역할 차이가 최소화되어 있으며, 직접적인 상호작용을 통해서 전체적인 성격에 따라 움직인다. 집단의 공통적인 목표를 가지고 있으며, 목표는 명백하기보다는 오히려 암시적이다. 집단의 목표는 집단구성원들의 소속감이나 사랑과 같은 욕구로부터 나타나며, 비공식적이고 개인적인 관계의 본질에서 유래한다.

(3) 정체성

집단의 구성원들은 공통의 집단 정체성을 공유하며, 전체적으로 집단을 인식한다. 집단에 대한 정체성은 집단활동을 통해서 우리 의식이 나타날 때 더욱 명백해진다. 집단은 구성원으로서 소유하는 자기 본위에 주요한 영향을 미친다. 집단의 구성원들이 상대적으로 구별되지 않으며 서로 인간적인 측면에 의해 관련되어 있기 때문에 집단이 유지되고 발달하며 자기 본위 의식의 증진에 기여한다.

(4) 배타성

집단은 모든 사회체계 중에서 가장 배타적이다. 집단구성원들의 관계가 개인적인 차원에서 이루어지며, 개인의 내부에서 우러나오는 감정에 의해 이루어지기 때문에 다른 체계에 대해 배타적이다. 배타성은 집단의 잠재적인 안정성과 구성원들의 사회화에 기여한다.

(5) 자기조직화

집단구성원들 사이의 관계와 효과적인 상호작용은 구성원들의 내적이고 자연스러운 상황에 기인한다. 이러한 관점에서 집단은 스스로 조직된 것이며, 집단과 관련된 행동은 이성적인 요소보다는 정서적인 측면에서 나타난다. 집단의 관계는 어떤 다른 목적달성을 위한 도구나 수단이기보다는 그들 스스로의 목적 달성을 위해 이루어진다.

(6) 개인행동에 대한 영향

집단은 구성원들에게 사회화와 사회통제의 기능을 수행한다. 모든 집단은 독특한 하위문화를 소유하며, 이것은 집단과 관련된 구성원들의 행동에 영향을 미치는 규범을 포함한다.

4) 집단의 발달단계

집단에 대한 아이디어를 구성원들 간에 공유함으로써 형성된 집단은 시간이 지남에 따라 집단의 내부구조, 의사소통과 상호작용의 형태, 응집력, 사회통제, 문화 등이 형성되며 변화되어 간다. 사회복지사는 집단의 발달단계별 특성을 이해하고 관찰과 사정을 통해 집단 구성원에게 적합한 개입방법을 사용할 수 있다. 다음은 노든(Nothern)의 집단발달단계 모델이다.

(1) 준비단계

이 단계는 회원들이 집단의 구성원이 되어 실제적인 상호작용을 하기 이전의 단계를 의미한다. 이 단계에서는 유사한 내용의 문제를 가진 개인들의 접수 및 집단 구성에 관한 조치가 행해지며, 이 단계에 고려해야 할 변수로는 집단의 크기, 성원의 특성과 배경, 그리고 집단의 환경적 위치 등이다.

(2) 오리엔테이션 단계

다른 학자들의 접근단계, 형성단계, 시작단계에 해당되며, 성원들은 불안과 긴장을 가진 채 새로운 상황에 들어오게 되며 타인에 대한 관심보다는 자의식이 강한 상태에 있다. 이 단계에서는 집단 구성원 간에 인간적 유대가 발생하고, 보다 주장이 강하고 투쟁적인 성원이 리더의 역할을 담당하게 되며 의사전달은 이를 중심으로 나타난다. 집단 구성원들 간에 불안과 긴장이 가장 높은 단계이며, 관계의 형성이 중심과제가 되는 단계이다.

(3) 탐색과 시험단계

이 단계에서는 상호작용의 유형이 발달하는 것이 특징이며, 이러한 상호작용은 상황에 대한 탐색과 시험 그리고 조화와 갈등의 관계가 중심이 되며, 이러한 상호작용을 통하여 응집력이 있는 집단이 형성되기에 이른다. 성원 간의 상호작용이 증가함에 따라 하위집단이 형성되기 시작하며, 집단의 규범과 가치에 관련하여 통제적 기제가 발전한다.

(4) 문제해결단계

이 단계는 집단 구성원의 상호의존성과 집단의 응집력이 높은 수준에 이르고, 문제해결을 위한 매개체로서 집단을 이용하는 단계이다. 성공적인 집단만이 이 단계에 도달할 수 있으며, 성원들이 집단의 내부나 외부에서 오는 변화의 압력이 효과적으로 반응할 수 있을 때만 이 단계를 유지할 수 있다.

(5) 종결단계

목적이 달성되어 이제 더 이상 집단이 존속할 이유가 없어지게 되면 종결된다. 처음부터 집단은 일정한 기간 동안에 설치하도록 계획되어 그 기한이 도래하면 종결하게 된다.

3 조 직

인간에게 조직은 매우 중요하면서도 복잡하게 관련되어 있다. 조직이란 일정한 구조를 가지고 특정한 목적을 달성하기 위해서 의도적으로 설립한 사회체계이다. 조직은 업무분단 및 권력통제가 필요하며, 적절한 지도력과 책임성이 부여되어야 한다. 인간은 조직을 이용하여 자신의 사회적 욕구나 야망을 실현하고 각 개인은 여러 유형의 조직과 관계하면서 자신에게 부여된 임무를 수행한다. 사회적 단위로서의 조직을 이해하는 것은 사회복지실천에서 효율성을 높이기 위한 필수사항이다.

1) 조직의 개념

조직은 특정한 목적을 달성하기 위해서 의도적으로 설립한 체계로서 일정한 크기와 구조를 가지고 구성원들이 업무에 의해서 상호 관련되어 있는 사회적 단위이다.

조직은 위원회, 클럽, 정당의 형태를 취하면서 합당한 권리를 행사할 수 있는 체계를 갖춘 집합체이다. 파슨즈(Parsons, 1960)는 조직을 특정한 목표를 추구하기 위해서 의도적으로 구축한 사회적 단위로 보고 회사, 군대, 학교, 병원, 교회, 교도소 등이 여기에 속하며 부족, 계급, 인종집단, 친목집단, 가족은 제외된다고 정의한다. 종합해 보면 조직은 구체적이고 명백한 목표와 목적을 달성하기 위해 구성원들이 비교적 좁은 행동 범위에 그들 스스로 제한하고 권위와 위계적 통제의 형태로 제각기 권력을 행사하며, 체계의 목표에 순종하고 규정된 역할에 충실한 사회체계로 정의할 수 있다.

2) 조직의 특성

조직은 일정한 형태를 가지고 있으면서 특정한 목적을 달성하기 위해 설립된 집합체이다. 이러한 조직은 체계적인 업무수행을 위해 일정한 구조를 가지고 있다. 구성원들이 통제와 지도력을 바탕으로 분업을 통해서 각자의 책임을 수행한다.

(1) 특정 목적

조직은 구성원들 간에 묵시적 혹은 명시적으로 합의된 공통의 목적을 달성하고자 노력하며 이러한 목적은 조직이 실현하고자 하는 하나의 바람직한 상태인 것이다. 특히 조직은 특정한 목적을 명확하게 설정해야 구체적인 활동 계획을 세울 수 있으며 조직을 편성하거나 관리할 수 있게 된다.

(2) 분 화

조직이 특정한 기능을 효율적으로 수행할 수 있도록 영역별로 나눈 형태를 분화라고 한다. 조직이 목적을 달성하기 위해서는 구성원 간에 업무가 적절하게 분배되어야 하며, 합리적인 조정이 있어야 한다. 구성원들에게 업무수행에 대한 권한이 적절히 위임되었을 때 그들에게 안정감과 만족감을 제공할 수 있다.

(3) 지도력

지도력은 조직의 목적을 달성하기 위해서 구성원들을 조정하여 활동하게 하는 기술이나 영향력이다. 지도력은 조직의 목적 달성과 구성원들의 역할행동에 크게 변화를 가져올 수 있으므로 조직환경에 적절한 지도력을 발휘할 필요가 있다.

(4) 권력과 통제

권력은 힘을 사회적 상황에 도입시키는 능력으로서 조직의 질서를 유지하는 데 필요하다. 권력이 없으면 조직도, 질서도 존재할 수 없다. 조직이 다른 사회체계들과 다른 특성 중 하나는 권력을 명시한다는 것이다. 조직을 성공적으로 이끌기 위해서는 구성원들에 대한 통제가 유지되어야 한다. 통제는 계획적이고 신중하게 이루어져야 하며, 이에는 신체적·물질적·상징적 통제가 있으며 이들은 조직환경에 적절하게 활용되어야 한다.

(5) 구 조

조직은 특정한 목적을 달성하기 위해 체계적인 구조를 가지고 있으며, 조직이 업무를 기획하고 수행하며 통제하기 위해 기반을 이루는 구조는 구성원들에게 전문적으로 업무를 분화하고 조직의 질서를 유지할 수 있도록 한다.

(6) 책임성

조직은 목적을 달성하기 위해 구성원들에게 일정한 업무를 부여하며 담당 업무에 대해서 책임을 지도록 한다. 책임성은 구성원들에게 자신이 조직을 위해서 무엇을 해야 하는가를 인식하도록 하여 조직의 발전에 기여할 수 있는 기초가 된다.

3) 조직의 유형

(1) 사회적 기능에 따른 유형

파슨즈(Parsons, 1960)는 조직이 사회적 필요성을 충족시키기 위해서 어떠한 기능을 수행하느냐에 따라 경제조직, 정치조직, 통제조직, 사회조직으로 구분될 수 있다고 하였다.

(2) 통제형식에 따른 유형

모든 조직에는 고위 관계자와 하위 관계자가 있으며, 고위 관계자가 이용할 수 있는 세 가지 권력은 물리적 힘을 사용하는 강제적 권력, 물질적 보상을 사용하는 보상적 권력, 도덕적인 설득 혹은 사회적 수용의 보장을 사용하는 규범적 권력 중 어느 것을 사용하느냐에 따라 조직을 구분할 수 있다. 첫째, 강제적 조직은 구성원들의 의사와 관계없이 조직의 목적을 달성하기 위해 강제적으로 통제하는 조직으로 주요 권력의 형태는 억압이고, 대부분의 구성원들은 소외감을 느끼며 행동의 제약을 받는다. 교도소, 군대, 폐쇄병동 등이 여기에 해당한다.

둘째, 공리적 조직은 구성원들이 실리적인 목적하에 소속되며 돈과 같은 인센티브를 사용하여 조직의 목표를 달성하도록 한다. 구성원들은 자신의 이익을 위해 조직에 가입하기 때문에 조직의 목표를 어느 정도 지지하는 경향이 있으며 보상이 매력적일수록 더욱더 개입한다. 회사, 은행, 경제단체 등이 해당되며, 가입과 탈퇴가 자유롭다.

셋째, 규범적 조직은 흔히 자발적 협회라 불리며, 조직의 주요 권력형태는 규범이다. 구성원들의 개입은 도덕적이며 조직에 높은 귀속감을 가지고 있다. 종교단체, 정당, 자원봉사단체 등이 이에 속한다.

넷째, 혼합조직은 앞의 세 가지 권력이 각기 다양하게 복합적으로 사용되는 조직을 말한다. 현실적으로 한 가지 유형의 권력에 의존하는 조직은 없다. 교도소는 재활프로그램을 통한 규범적 권력을 사용할 수 있지만 강제적인 권력에 의존하며, 회사는 구성원들을 고무하기 위해 독려할 수 있지만 그들의 참여는 주로 임금에 의존하게 된다.

4 지역사회

지역사회는 일정한 지리적 구역을 전제조건으로 일정한 지역에 사는 사람들이 집합체를 말한다. 이에 공동체는 공동의 관심과 이해관계를 전제조건으로 기능적 기준에 의해 형성되며 그 구성원이 공동의 이익을 추구하고 이해관계를 같이 하는 개인이나 집단조직체를 의미한다. 지역사회는 지리적 의미와 기능적 의미를 함축하고 있으며 일정한 지리적 범위 내 사람들의 집단 또는 공동의 이해관계, 소속감, 문화에 기초하여 활동하는 사람들이 집단으로 구성된 사회적 단위이다. 지역사회는 사회의 중요한 부분이며 그 자체가 하나의 사회로서, 가족, 집단, 조직의 행동에 영향을 미치고 그들에게 영향을 받으며 변화하고 발전한다.

1) 지역사회의 개념

지역사회의 일반적 개념은 "일정한 지리적 범위 내 사람들의 집단 또는 공동의 이해관계, 소속감, 문화에 기초하여 활동하는 사람들이 집단으로 구성하는 사회적 단위"라고 정의할 수 있다(김광희, 2012). 지역사회는 한 지역을 구성하는 주민들과 조직체의 지리적 분포로 이루어지는 활동영역을 강조하는 지리적 의미의 지역사회와 지역사회 주민들 간의 합의성, 일체성, 공동생활양식, 공통의 관심과 가치, 그리고 공동노력을 강조하는 사회적 동질성을 띤 지역사회, 워렌은 기존의 지역사회에 대한 개념이 급속한 산업화와 도시화를 경험하고 있는 지역사회에는 적합하지 않다고 비판하며, 지역사회를 "지역적인 수준에서 사람들의 욕구를 충족시키기에 적절한 주요 사회기능들을 수행하는 사회적인 단위와 체계의 연합"으로 정의하여 근린, 자발적 연합체, 그리고 더 광범위한 지역사회에 이르는 사회적 단위들을 포함시키고 있다.

2) 지역사회의 유형

현대화에 따라 지역사회를 유형화하는 방법은 다양하나 가장 흔히 사용하는 기준은 던햄(Dunham)이 나눈 인구의 크기, 경제적 기반, 정부의 행정구역, 인구구성의 사회적 특수성을 들 수 있다.

첫째, 인구의 크기에 따른 구분은 대도시(서울, 부산, 대구, 대전, 인천, 광주 등), 중소도시(오산, 군산, 강릉, 청주, 춘천 등), 읍지역(평창, 금산 등)과 같은 작은 부락 등의 구분에서 흔히 볼 수 있는 지역사회의 형태이다. 이러한 구분은 사회조사의 경우 응답자들의 성장지를 파악하는 데 가장 많이 사용되고 있다.

둘째, 경제적 기반에 따른 지역사회의 구분은 광산촌, 산촌, 어촌, 관광지, 공업단지 등의 구분에서 볼 수 있다. 이러한 분류는 주민들의 경제생활뿐만 아니라 사회·문화적 특성을 파악하고자 하는 인류학적인 조사·연구에서 흔히 사용되고 있다.

셋째, 정부의 행정구역에 따른 구분은 특별시, 광역시, 도, 시·군·구, 읍·면·동 등으로 지역사회를 구획하는 것으로서 일반적으로 인구의 크기가 중요시되지만 반드시 인구의 크기에 따라 비율적으로 구분되지는 않는다.

넷째, 인구구성의 사회적 특수성을 기준으로 한 지역사회의 구분은 도시 저소득층지역, 외국인촌, 장애인 밀집지역, 미국의 할렘가나 차이나타운, 유태인 거주지역 등에서 볼 수 있는 바와 같이 지역사회 구성원 대다수의 경제적·인종적 특성을 중심으로 지역을 유형화하는 것이다.

3) 지역사회의 기능

지역사회는 해당 지역 주민들의 기초생활을 형성해 나가는 기본적인 역할과 함께, 상호작용을 통해 사회구조와 사회적 기능을 발전시킨다. 또한 지역사회는 개별 구성원들의 사회화 기능과 도덕적 양속, 정책적 요소들을 도출하여 지역의 통합과 발전을 도모하기 위한 여러 가지 기능들을 조정하는 장이 된다. 한편 모든 지역사회가 공통으로 수행하는 주요 기능은 경제제도로써 생산·분배·소비의 기능과 가족제도로써 사회화 기능, 정치제도로써 사회통제기능, 종교제도로써 사회통합의 기능, 사회복지제도로써 상호부조기능의 다섯 가지 기능에 방어와 의사소통 기능이 있다(박태영, 2003).

(1) 생산·분배·소비의 기능

지역사회는 생산·분배·소비의 기능이 이루어지는 경제적 공간이다. 즉, 지역사회 주민들이 일상생활을 위해서 필요로 하는 기본적인 재화 및 서비스를 생산·분배·소비하는 과정을 말한다. 오늘날 사람들은 의식주, 보건, 교통, 고용, 여가생활 등과 관련된 다양한 영역에서 재화 및 서비스와 같은 기본적인 욕구를 충족시키기 위하여 서로 의존하고 있다. 따라서 지역사회는 이러한 활동이 이루어지는 환경이 된다.

(2) 사회화 기능

사회화는 지역사회가 공유하는 일반적인 지식, 사회적 가치, 행동양식 등을 지역주민들에게 전달하는 과정을 의미한다. 사회화 과정을 통해서 지역주민들은 다른 사회구성원과 구별되는 생활양식을 터득하게 된다. 사회화과정은 개인의 유년시절부터 가정을 중심으로 이루어지며, 사회구성원으로서 일생 동안 지속된다.

(3) 사회통제기능

모든 지역사회는 지역주민들이 지켜야 할 법, 도덕, 규칙 등의 규범을 가지게 된다. 그러나 이러한 규범을 준수하도록 하는 강제력이 결여된다면 지역사회의 질서가 붕괴되어 사회해체현상이 나타나게 된다. 사회통제를 담당하는 일차적인 기관은 정부로 사법권과 경찰력을 통해 보편적으로 적용할 수 있는 법을 집행한다. 그러나 여타 사회조직인 가정, 학교, 교회, 사회기관 등도 부분적으로 이러한 기능을 담당한다.

(4) 사회통합의 기능

지역사회는 지역사회체계가 정상적인 기능을 수행하도록 어느 정도 결속력과 사기를 전제로 하는 사회통합의 기능을 갖는다. 특히 종교활동과 사회봉사의 참여를 통하여 사회발전에 기여할 수 있는 기능이다. 사회통합의 기능은 정치적·사회적·경제적으로 급격한 변화를 경험하고 있는 사회와 시대에 특히 강조되는 경향이 있다.

(5) 상호부조의 기능

지역사회는 기존 사회제도에 의해 기본 욕구를 충족할 수 없는 경우 상호부조라는 사회적 기능을 갖는다. 전통사회에서 상호부조의 기능은 가족, 친척, 이웃, 자선단체 등과 같은 일차적인 집단에 의해 이루어졌으나 현대사회에서는 이러한 기능이 정부, 민간사회단체, 종교단체 등에서 이루어진다.

(6) 방어의 기능

지역사회는 구성원을 보호하고 지키기 위한 방어의 기능을 갖는다. 이러한 기능은 특히 안전하지 못한 지역사회에서 주요한 기능이 되어 왔다. 이러한 기능은 공간적 지역사회뿐만 아니라 비공간적 지역사회에서도 관련되어 있는 기능이다. 예를 들면, 동성연애자 집단의 경우 이러한 방어적 기능은 더욱 중요할 수 있는데, 이는 그들에게 피해를 줄 수 있는 집단이 있기 때문이다. 또한 외국에서 생활하는 이민자들의 경우에도 그 사회의 주류집단으로부터 자신들을 보호하기 위하여 방어기능을 가지게 된다.

(7) 의사소통의 기능

지역사회는 생각을 표현하는 공통의 언어 및 상징을 활용하는 의사소통의 장이다. 의사소통의 기능을 하나의 독립된 기능으로 간주하는 것은 매우 의미 있는 일이다. 의사소통이 언어나 문자이든지, 그림 또는 소리를 통한 표현이든지 간에 사람들을 결속시키는 접착제적인 역할을 하는 기능이다.

5 문 화

문화란 인간의 생활양식으로서 사회구성원들에게 내면화되어 인간행동에 영향을 미친다. 이것은 보편성, 사회성, 공유성, 학습성, 체계성, 축척성, 다양성 등의 특성을 지니고 있으며, 은둔문화, 하위문화, 주변문화 등 다양한 형태로 존재한다. 문화는 개인의 사회화, 욕구충족, 사회통제, 사회존속의 기능을 수행하며, 전체 사회 속에 존재하는 개인 집단, 조직 및 지역사회에 영향을 미치는 거시체계로서, 세대 간에 전승되면서 사회의 모든 성원들에게 영향을 미친다.

1) 문화의 개념

문화는 사회구성원들이 공유하는 생활양식이나 행동양식, 가치 및 규범의 총체이다. 문화는 지식, 신앙, 예술, 도덕, 법률, 관습 및 기타 사회구성원으로서 인간에 의해 획득된 모든 능력과 관습의 복합적 총체, 이들은 상호 긴밀한 관계를 유지하면서 하나의 전체를 이루는 통합체이다. 이와 같이 문화는 인간이 소유한 능력의 소산으로서 생활하는 관습의 전체이기도 하다. 문화는 특정한 인간집단이나 지역에서 특징적으로 나타나는 생활양식으로서, 선천적으로 가지고 태어나기보다는 후천적으로 특정한 사회에서 성장하는 과정 속에서 익히는 것이다. 이것은 인간의 생존을 위한 필수적인 요소이면서 거의 무의식적으로 인간의 행동과 사고에 영향을 미친다(한상복 외, 1997). 문화는 개인에게 영향을 미치는 거시체계이다.

2) 문화의 특성

문화는 일반적으로 사회구성원들 간에 공유되며, 생득적이라기보다는 인간이 사회 속에서 성장하면서 학습을 통해 습득되며, 한 세대에서 다음 세대로 전승되어 누적적으로 나타난다. 이러한 문화의 특성을 통해 사회복지실천에서 개인, 가족, 집단, 조직, 지역사회에 관하여 보다 폭넓고 깊이 있는 이해를 꾀할 필요가 있으며, 다양한 문화가 공통으로 갖는 일반적 특성은 다음과 같다.

첫째, 보편성이다. 문화는 문화사회이건, 미개사회이건 간에 모든 사회에 존재한다.

둘째, 사회성이다. 인간은 사회적 동물로서 문화와는 떼어 놓을 수 없는 불가분의 관계이다. 따라서 문화는 인간을 다른 동물과 구별지어 준다.

셋째, 공유성이다. 한국사회에 살고 있는 사람은 그들이 아무리 다른 사람과 다르게 행동한다 해도 기본적으로 다른 한국인과 비슷한 행위양식을 보이기 마련이다. 우리가 다른 사람을 이해하고 다른 사람의 행동을 예측하고, 다른 사람과 마찰 없이 지낼 수 있는 것은 바로 우리가 다른 사람과 문화를 공유하고 있기 때문이다.

넷째, 학습성이다. 문화는 선천적으로 타고나는 것이 아니라 사회경험 속에서 후천적으로 학습되는 것이다. 문화의 학습은 어느 한순간 또는 어떤 짧은 기간 내에 이루어지는 것이 아니라 평생에 걸쳐 진행된다. 문화는 사회화를 통해 개인의 일부가 되기 때문에 인간행동에 밀접하게 관여한다.

다섯째, 축척성이다. 문화는 한 세대에서 다음 세대로 전승된다. 새로운 지식과 생활방식이 쌓이면서 문화전승이 이루어진다.

여섯째, 체계성이다. 문화는 그 내용 하나하나가 별개로 떨어져 있는 것이 아니라 하나의 전체 또는 체계이다. 문화를 구성하는 어떤 한 요소는 그 자체로 독립되어 존재하고 의미를 갖는 것이 아니라 무수히 많은 다른 것들과 관련되어 있으며, 그 관련 속에서만 의미를 갖는다.

일곱째, 문화의 다양성이다. 인간의 문화형태는 매우 다양하고 상이하다. 문화의 다양성을 감안하여 사회복지사는 개인의 다양한 문화를 좋고 나쁨으로 규정해서는 안 되며, 문화를 올바르게 이해하기 위해서는 문화를 소유하고 있는 당사자의 시각에서 볼 수 있어야 한다.

3) 문화와 관련된 주요 개념

(1) 문화 변용

둘 이상의 문화가 지속적으로 접촉하여 한쪽이나 양쪽에 변화가 일어나는 현상이다. 문화 변용은 상이한 문화 속의 개인, 가족, 집단, 조직, 지역사회가 만나 상호작용을 주고받으면서 일어날 뿐만 아니라 그 사회가 추구하는 제도, 관습, 가치 등의 사회적 상황으로부터도 영향을 받는다.

(2) 문화 생태학

문화 생태학이란 인간사회가 환경에 적응하고 변형시키는 방식들에 관한 연구를 말한다. 인간과 환경 간 관계를 중시한 생태학을 바탕으로 문화를 환경에 대한 적응체계로 간주하고 문화의 특정영역이 환경과 밀접한 관계를 맺는다는 점을 강조한다. 특히 인간의 문화형성에서 환경요인을 강조한다.

(3) 문화 상대주의

문화 상대주의는 모든 문화에는 절대적으로 우월하거나 열등한 문화가 없으며 전부 상대적으로 고유한 가치를 지닌다는 것이다. 문화의 상대성을 인정하고 각 문화를 그 사회의 독특한 환경과 역사적·사회적 맥락 속에서 이해해야 한다는 것이다.

(4) 문화 사대주의

문화 사대주의는 자신이 속한 문화를 비하하고 다른 사회의 문화를 맹목적으로 추종하는 태도를 말한다.

4) 문화의 기능

(1) 사회화

문화는 개인이 사회에서 어떻게 행동하고 어떻게 말하며 어떻게 세상을 인식할 것인가를 가르쳐 주는 지침이 된다. 문화는 개인의 성격을 형성하고 변화시키며, 개인에게 다양한 생활양식을 내면화시켜 사회에 적응하며 살아갈 수 있게 한다.

(2) 욕구충족

문화는 개인의 생리적 욕구와 심리적 욕구를 충족시켜 준다. 다양한 생활양식을 통해 의식주 같은 개인의 기본적인 욕구를 충족시켜 주며, 개인이 다양한 문화와 접하면서 사회적으로 안정감을 가지고 살아갈 수 있게 한다.

(3) 사회통제

문화는 행동에 대한 규제와 사회악의 제거를 통해 사회통제기능을 수행한다. 문화는 개인의 행동양식을 규정하며 대인관계와 사회생활에서 자기의 행동이 상대방에게 어떤 영향을 주고 상대방이 어떤 반응을 보일 것인가를 알고 적절히 행동할 수 있게 한다.

(4) 사회존속

문화는 사회의 유지·존속에 필수 불가결한 요소이다. 문화 없이는 사회가 존재할 수 없고, 사회 없이는 문화도 존재할 수 없다. 사회가 계속 존재하는 것은 사회가 문화의 학습과 전승을 통해서 새로운 구성원에게 필요한 생활양식을 전해 주기 때문이다.

6 환경체계와 사회복지실천의 관련성

사회복지실천이 효과적으로 이루어지기 위해서는 인간행동에 대한 이해가 필수적이며, 이를 위해서는 인간의 행동이 일어나는 맥락, 즉 환경체계에 대한 이해가 있어야 한다. 사회환경은 기본적으로 개인과 환경의 상호작용을 토대로 하고 있다. 즉, 인간과 환경은 지속적으로 서로에게 상호작용을 하면서 상호거래를 하는 것이다. 사회복지는 이러한 개인과 환경 간의 상호거래의 적합성을 증진시키는 실천현장인 것이다. 사회복지실천현장에서 환경체계는 사회복지실천의 가치, 목표, 지식, 기술 등에 기초를 이루고 있기 때문에 사회복지사가 갖추어야 할 주요 지식 중의 하나로 인식되고 있다. 즉, 사회복지사는 사회복지실천의 목표가 클라이언트의 변화라고 할 때 그 목표를 충실히 수행하기 위해서는 환경체계에 대한 철저한 이해가 선행되어야 한다.

이러한 근거로 환경체계와 사회복지실천과의 관계를 클라이언트를 중심으로 정리하면 다음과 같다.

첫째, 환경체계는 사회복지실천에서 사회복지사의 활동현장으로서 중요한 의미를 갖는다. 사회복지사는 클라이언트, 클라이언트의 가족과 동료집단 등과 상호작용뿐만 아니라 자신이 속해 있는 기관, 조직, 지역사회에서 활동하고 있기 때문에 환경체계는 사회복지사의 주요 실천현장이라고 할 수 있다.

둘째, 환경체계는 사회복지실천에서 클라이언트에의 중요한 영향체계로서의 의미를 지닌다. 클라이언트를 둘러싼 환경체계로서 가족, 집단, 조직, 지역사회, 문화 등은 클라이언트에게 다양한 형태의 영향을 주고받는다. 따라서 클라이언트에게 긍정적인 영향을 미치면 가족은 클라이언트를 위한 지지체계나 자원체계로 활용될 수 있으며, 부정적인 영향을 미치면 클라이언트의 욕구나 문제의 상황을 악화시키는 표적체계로 간주될 수 있다.

참고문헌

강봉규(2000). 『인간발달』. 서울: 동문사.

강현정(2009). 『노년기 사회적 배제』. 한서, 2008. Social Gerontology. PERSON.

강현정 · 정종현(2012). 노인의 성격특성과 사회적 지지가 삶의 만족도에 미치는 영향, 호서대학교 벤처전문대학원 박사학위논문.

건강가정기본법(2004).

고병인(1989). "한국문화와 세계문화." 「한국사 시민강좌」, 제4집. 서울: 일조각.

구혜영(2020). "인간행동과 사회환경." 서울: 신정.

권석만(2015). 『현대 성격심리학』. 서울: 학지사.

권순종 · 김병 · 노희선 · 류종원 · 오정옥 · 이상주 · 이은경 · 이은혜 · 정정란(2008). 『인간행동과 사회환경』. 경기: 양서원.

권육상(2000). 『인간행동과 사회환경』. 서울: 유풍출판사.

권중돈(2019). 『인간행동과 사회환경』. 서울: 학지사.

김경희(2001). 『발달심리학 – 생애발달 – 』. 서울: 학문사.

김광희(2012). 『지역사회복지론』. 경기: 공동체.

김동배 · 권중돈(2005). 『인간행동이론과 사회복지실천』. 서울: 학시사.

__________(2003). 『인간행동과 사회복지실천』. 서울: 학지사.

김만두(1998). "생태학이론에 기초한 사회사업실천에 대한 연구". 「강남대학 논문집」, 제32집.

김상아 외(2014). 『인간행동과 사회환경』. 경기: 공동체.

김선남(1984). "상담에 있어서 아들러의 개인심리학적 접근". 「경상대논문집」, 제23호.

김성천(1989). "한국 가족복지서비스 전달체계의 개선방안에 관한 연구 – 공적전달체계를 중심으로". 「단국대학교논문집」, 제24집.

김영호 외(2005). 『인간행동과 사회환경』. 경기: 양서원.

김완일 · 김옥란(2015). 『성격심리학』. 서울: 학지사.

김은정(2002). "청년기 친밀감 형성과 자아정체감 및 애착의 관계". 「경희대학교 수원

캠퍼스 학생생활연구」, 제7권.

김은지(1999). “L. Kohlberg 도덕교육론의 도덕과 교육에로의 적용가능성에 관한 연구”. 연세대대학원 석사학위논문.

김일철(1998). 『지역사회와 인간생활』. 서울대학교출판부.

김일택(2001). “아들러를 통하여 본 자존감 회복에 관한 연구－청소년을 대상으로－”. 한신대학교 대학원 석사학위논문.

김재현 외(1996). 『하바머스의 사상』. 서울: 나남출판사.

김정희 외 4인(2004). 『아동발달심리』. 서울: 동문사.

김정희(1995). ‘아들러학파의 심리치료’. 윤순임 외 편. 『현대상담・심리치료의 이론과 실제』. 서울: 중앙적성출판사.

김진규(2004). “Freud와 Erikson이론에 따른 성격형성에 관한 고찰”. 「장안논총」, Vol. 24 No. 1.

김진아(2004). “대학생의 자아정체감 형성발달에 관한 고찰”. 「제주관광대학논문집」, 제10집.

김태련・장휘숙(1998). 『발달심리학』. 서울: 박영사.

김향선(2018). 『현대 인간행동과 사회환경』. 서울: 학지사.

김현택 공저(2001). 『심리학: 인간의 이해』. 서울: 학지사.

김형섭 역(2004). 『융심리학 입문』. 서울: 문예 출판사.

김혜경 외(2008). 『가족복지론』. 경기: 공동체.

김혜란 외(2001). 『사회복지실천기술론』. 서울: 나남출판사.

남세진・조흥식(1995). 『한국사회복지론』. 서울: 나남출판사.

노안영(2011). 『상담심리학의 이론과 실제』. 서울: 학지사.

도미향・남연희・박건실・정미현・정은미(2019). 『인간행동과 사회환경』. 서울: 신정.

류종훈(2002). 『사회복지현장실습 이론과 실제』. 서울: 청목출판사.

______(2005). 『사회복지실천적 인간행동과 사회환경』. 서울: 동인.

문은희(1982). “윤리의 심리분석가 에릭 H. 에릭슨 그의 삶과 이론의 어울림”. 「현상과 인식」, Vol. 6 No. 3.

문인숙 외 역. Pincus, A. and Minahan, A.(1998). 『사회사업방법론 : 통합적 접근』. 서울: 보진재.

민경환(2002). 『성격심리학』. 서울: 법문사.

박경순(2003). 『고령화 사회 이미 진행된 미래』. 서울: 의암출판문화사.
박노권(1998). "에릭슨의 사회심리학 8단계 이론의 분석". 「신학과 현장」, 제8집.
박명숙(1999). "생태체계이론에 대한 이해와 사회사업에의 적용에 관한 연구". 가톨릭대학교사회복지연구소. 4(1).
박아청(1990). 『아이덴티티의 세계』. 교육과학사.
______(2000). "Erikson 인간론의 접근방법에 대한 일 고찰". 계명대학교 인문과학연구소 「동서문화」, 33권 1호.
박영희 외(1996). 『부부 및 가족치료기법』. 서울: 신한출판사.
박용순(1997). "사회사업과 체계이론의 관련성". 성결대학교 사회과학연구소 논문집.
박태영(2008). 『지역사회복지론』. 서울: 현학사.
박형규(2008). "노인의 죽음에 대한 태도 결정요인에 관한 연구", 강남대학교 대학원 박사학위논문.
백정현(2006). 『조직과 인간행동』. 서울: 학문사.
사회문화연구소 편(1993). 『사회운동론』. 서울: 사회문화연구소출판부.
서미경(1997). "정신분열병 환자의 부모폭력에 관한 연구." 이화여자대학교 대학원 박사학위논문.
서봉연 · 송명자 역. Flavell, J. H.(1983). 『인지발달』. 서울: 중앙적성출판사.
서봉연 · 이순형(1983). 『발달심리학: 아동발달』. 서울: 중앙적성출판사.
서봉연 · 이순형(1996). 『발달심리학』. 서울: 중앙적성출판사.
서진숙(1993). "인본주의 심리학에 대한 소고". 심리연구. 이화여자대학교사범대학 교육심리학과. No. 31.
서진환 외 역. Paynr. M.(2001). 『현대사회복지실천이론』. 서울: 나남출판사.
석말숙, 2004. "노인의 주관적 안녕감에 대한 생태 체계적 접근－지역사회 거주 재가노인을 중심으로". 한국노인복지학회 노인복지연구, 26.
손광훈(2014). 『인간행동과 사회환경』. 경기: 공동체.
손병덕 외(2005). 『인간행동과 사회환경』. 서울: 학지사.
송길연 외 역(2000), D. Shaffer 저. 『발달심리학』. 서울: 시그마프레스.
송명자(2005). 『발달심리학』. 서울: 학지사.
송석재(2003). "반두라의 행위중심의 도덕교육론에 관한 연구". 한국교육대학원 박사학위논문.

신종우 · 윤경원 · 이우언(2012). 『인간행동과 사회환경』. 서울: 동문사.

신현석(1999). "종교활동 청소년의 도덕발달에 관한 연구－Kohlberg와 Gilligan의 이론에 따른 병합 연구－". 경기대대학원 석사학위논문.

양옥경 외(2000). 『사회복지실천론』. 서울: 나남출판사.

양옥남 외(2006). 『노인복지론』. 경기: 공동체.

양창삼(1984). "에이브라함 마스로우 연구" 현상과 인식, 「한국인문사회과학회」, Vol. 8, No. 4.

엄예선(1994). 『한국가족치료개발론』. 서울: 홍익재.

오세진 외(1999). 『인간행동과 심리학』. 서울: 학지사.

오연주(2003). "학습자의 도덕발달수준과 사회적 쟁점인식". 한국교원대대학원 박사학위논문.

유영주 외(2004). 『새로운 가족학』. 서울: 신정.

윤순임(1995). '정신분석치료' 윤순임 외 편, 『현대상담 · 심리치료의 이론과 실제』. 서울: 중앙적성출판사.

윤종모(1996). "위기이론의 실제". 「성공회대학논총」, 1996권 6호.

윤진 · 김인경 역(1988), Erickson, E. H. 『아동기와 사회(*Childhood and society*. 1965)』. 중앙적성출판사.

윤진 · 김인경 역. Erickson, E. H.(1992). 『아동기와 사회: 인간발달 8단계이론』. 서울: 중앙적성출판사.

윤평중(1993). 『푸코와 하버마스를 넘어서』. 서울: 교보문고.

윤혜미(1995). Muller, B. J., 『사회적 행동과 인간환경』. 서울: 한울아카데미.

이근홍(2015). 『인간행동과 사회환경』. 경기: 공동체.

이근후 · 박영숙 역. Brenner, C.(1987). 『정신분석학』. 서울 : 하나의학사.

이동원 외(2001). 『변화하는 사회 다양한 가족』. 경기: 양서원.

이상로 · 이관용 역. Hall, C. S., Lindzey, G.(1991). 『성격의 이론』. 서울: 중앙적성출판사.

이상로 · 이관용(1992). 『성격의 이론』. 서울: 중앙적성출판사.

이소희 외(1998). 『현대가족복지론』. 경기: 양서원.

이소희(1997). "보육정보화의 과제". 미래유아교육학회지, 3.

______(2000). 『인간행동과 사회환경－인간복지의 전망과 과제』. 서울: 형설출판사.

______(2002). 『아동복지론』. 서울: 양지.

이소희 · 오영재 · 최영희 · 조성연 · 도미향 · 김민정 · 김민 · 김호영(2003). 『현대가족복지론』. 경기: 양서원.
이영철 외(2003). 『사회복지학』. 경기: 양서원.
이우언 · 김이영 · 배헌석 · 이은진(2006). 『아동발달과 복지』. 대구: 도서출판 서울기획.
이인정 · 최해경(1995). 『인간행동과 사회환경』. 서울: 나남출판사.
_____________(2008). 『인간행동과 사회환경』. 서울: 나남출판사.
이종복 · 전남련(2007). 『인간행동과 사회환경』. 서울: 학현사.
이죽내(1995). '분석심리학적 정신치료.' 윤순임 외 편. 『현대상담 · 심리치료의 이론과 실제』. 서울: 중앙적성출판사.
이춘재 외(1991). 『청년심리학』. 서울: 중앙적성출판사.
이형영 · 이귀행 역. Thompson, C.(1987). 『정신분석학의 발달』. 서울: 하나의학사.
이화여자대학교 사회복지학과 편(1993). 『집단사회사업실천방법론』. 서울: 동인.
이효선(2003). 『사회복지윤리와 철학의 이해』. 서울: 학지사.
______(2005). 『사회복지실천을 위한 질적 연구－이론과 실제－』. 경기: 학현사.
이훈구 역(2000). 『성격심리학』. 서울: 법문사.
이훈구 역. Hjelle, L. A., Ziegler, D. J.(1992). 『성격심리학』. 서울: 법문사.
이훈구(1991). 『성격심리학』. 서울: 법문사.
이훈표(1996). "청소년의 자아정체 발달수준 및 관련변인에 관한 연구". 숙명여자대학교 교육대학원 석사학위논문.
이희세 외(2015). 『인간행동과 사회환경』. 경기: 양서원.
임상사회사업연구회 역. Dorfman, R. A. ed.(1991). 『임상사회사업기술론』. 서울: 홍익재.
임용우(1993). "가족체계 유형과 청소년의 부적응 행동과의 관계". 서울대학교 대학원 석사학위 논문.
임은희(2005). 『인간행동과 사회환경』, 경기: 양서원.
임의영(1993). 『스키너의 행동주의적 인간관』. 서울: 문학과지성사.
장동환 외(1997). 『심리학 입문』. 서울: 박영사.
장수한(2014). 『인간행동과 사회환경』. 경기: 공동체
장수한 · 김현주 · 임혁(2008). 『인간행동과 사회환경』. 경기: 공동체.
장인협(1989). 『사회사업실천방법론』. 서울대학교출판부.
장진선(2005). 『인간관계 심리의 이론과 실제』. 서울: 시그마프레스.

전병재(1993). 『사회심리학』. 서울: 경문사.

전윤식 · 서봉연 역. Mussen, P. M. et al.(1984). 『발달심리학』. 서울: 학문사.

전재일 · 김상규(1997). 『개별사회사업』. 서울: 형설출판사.

정옥분 외(2000). 『부모교육-부모 역할의 이해』. 경기: 양서원.

정옥분(2014). 『발달심리학(개정판)』. 서울: 학지사.

정원식 외(1999). 『카운슬링의 원리』. 서울: 교육과학사.

정 은(2014). 『인간행동과 사회환경』. 서울: 학지사.

정지웅 외(2000). 『지역사회학』. 서울대학교출판부.

정하성 외(1995). 『지역사회개발론』. 서울: 백산출판사.

조복희 외 3인(2004). 『인간발달』. 경기: 교문사.

조성국(1998). "칼 로저스의 인간주의 심리학적 인간학". 「학생생활연구」, 고신대학교. Vol. 12.

조흥식 외(2002). 『가족복지학(개정판)』. 서울: 학지사.

________(2010). 『가족복지론』. 서울: 학지사.

________(2013). 『인간행동과 사회환경』. 서울: 학지사.

조흥식 · 김혜래 · 신은주 · 우국희 · 오승환 · 성정현 · 이지수(2011). 『인간행동과 사회환경』. 서울: 학지사.

최경숙(2000). 『발달심리학』. 경기: 교문사.

최성영(1997). "하버마스의 비판적 사회이론에 관한 연구". 서강대학교 수도자대학원 석사학위논문.

최성재 · 장인협(2006). 『노인복지학』. 서울대출판부.

최순남(1994). 『인간행동과 사회환경』. 한신대학교출판부.

최옥채(2001). 『사회복지실천론』. 경기: 양서원.

최옥채 · 박미은 · 서미경 · 전석균(2004). 『인간행동과 사회환경』. 경기: 양서원.

________________________(2009). 『인간행동과 사회환경』. 경기: 양서원.

최재락(1976). "칼 로저스의 심리학이론과 기독교 교육". 이화여자대학교 대학원 석사학위논문.

최재석(1994). 『한국인의 사회적 성격』. 서울: 현음사.

통계청(2002). 「2002년 혼인 · 이혼통계」.

통계청(2002). 「한국의 사회지표」.

통계청(2016). 「장래인구추계 2015-2065년」 中 중위추계 결과.

표갑수 · 박 영 · 김현진 · 김혜정 · 유옥현 · 박선희(2020). 『인간행동과 사회환경』. 서울: 신정.

한국가족복지학회(2001). 「청소년상담」. 춘계학술대회자료집.

한국사회복지연구회(1991). 『사회복지의 사상』. 이론과 실천.

한국안동단체협의회(2001). 통계로 본 한국의 아동상황 2001.

한규석(1995). 『사회심리학의 이해』. 서울: 학지사.

한상복 외(1997). 『문화인류학 개론』. 서울대학교 출판부.

홍경자(1995). "합리적 정서적 치료." 윤순임 외 편. 『현대상담 · 심리치료의 이론과 실제』. 서울: 중앙적성출판사.

홍숙기(2011). 『성격심리』. 서울: 박영사.

홍승우(2012). "한국 노인소비자의 조부모역할 유형과 손자녀를 위한 소비행동". 이화여자대학교 대학원 박사학위 논문.

2009. "노년기 사회적 배제", 한서.

Allen, B.(2003). *Personality Theories: Development, Growth, and Diversity*. 4th ed.

Anderson, R. E. and Carter. I기. 1984. *Human Behavior and Social Environment*. 장인협 외 역. 『인간행동과 사회환경』. 서울: 십문당.

Ansbacher, H. L & Ahnsbacher R.(1995). *Alfred Adlers Individual Psychologie*. Ernst Reinhardt Verlag Muenchen Basel.

Baltes, P. B & Smith, J.(1990). *The Psychology of Wisdom and It's Ontogenesis*. New York : Cambridge University Press.

Bandura, A.(1971). *Psychological Modeling Theories*. Aldine Athenon, Inc.

Bandura, A.(1977). *Social Learning Theory.* Prentice-Hall, Inc. New Jersey.

Bandura, A.(1986). *Social foundation of thought and action: A Social theory*. Prentice-Hall, Inc. New Jersey.

Bee, H. L.(1997). *The Developing Child*. New York: Longman.

Bee, H.(1997). *The developing child*. New York: Harper & Row.

Blau, P. M. & W. R. Scott.(1962). *Formal Organization*. San Francisco: Handler.

Bronfenbrenner, U.(1979). *The Ecology of Human Development*. Cambridge. MA:

Harvard University Press.

Burrus-Bammel, L. L. & Bammel, G.(1985). *Leisure and Recreation*. New York: Van Nostrand Reinhold.

Chess, W. A. & J. M, Norlin.(1988). *Human Behavior and Social Environment, A Social Systems Model,* Boston: Allyn and Bacon.

Cooley, C.(1909). *Social Organization.* New York: Charles Scribner's Sons.

Corsini. R. J., Marsella, A. J.(1983). *Personality theories, research, and assessment.* Itasca, IL: F. E. Peacock.

Duursma, S. A., Raymaker, J. A., Boereboom, F. T. J., & Scheven, B. A. A.(1991). "Estrogen and Bone Metabolism." *Obstetrical and Gynecological Survey*, 47, 38-44.

Eitzen, S. & Zim, M.(1994). *Social problems*. Boston : Allyn and Bacon.

Fischer, J., Corcoran, K.(1994). *Measures for clinical practice*: *A sourcebook*(2nd ed.). New York: Free Press.

Germain, C. B.(1973). An ecological perspective in casework practice. S*ocial Casework,* 54(6).

Gould, S. J.(1978). *Transformation, Growth and Change in Adult Life*. New York: Simon and Schuster.

Greene, R. R., Ephross, P. H.(1991). *Human Behavior Theory and Social Work Practice.* New York: Aldine de Gruyter.

Hartfield, E. & Rapson, R.(1993). *Love, Sex and Intimacy*. New York: Harper Collins.

Hartford, M.(1971). *Groups in Social Work.* New York: Columbia University Press.

Hayachi, Y. & Ende, S.(1982). "All-night Sleep Polygraphic Recofdings of Healthy Aged Person: REM and Slow Wave Sleep." *Sleep*, 5, 277-283.

Horton, P. L. & Larson, P.(1997). *The Sociology of Social Problems*(12th ed.). Englewood Cliff. New York: Prince-Hall.

Hurlock, E. B.(1965). *Adolescent Development*. New York: McGraw-Hill Book Co., Inc.

Johnson, H. M(1960). *Sociology: A Syotematic Introduction*. New York: Harcourt, Brace Janovioh

Jordan, Catheleen & Franklin, Cynthia.(1995). *Clinic Assessment for Social Workers*. IL: Lyceum Books, Inc.

Kail, R. W., Cavanaugh, J. C.(1996). *Human Development.* Pacific Grove. CA: Brooks/Cloe.

Kosnik, W., Winslow, L., Kline, D., Rasinski, K. M., & Sekuler, R.(1988). Visual Change in Daily Life Throughout Adulthood. *Journal of Geronthlogy*, 43, 63−70.

Labouvie−Vief, G.(1986). Modes of Knowing and Life−span Cognition. Paper Presentation at the Meeting of the American Psychological Association. Washington, DC: APA, Inc.

Lefrancois, G. R.(1990). *The Lifespan*. Wadsworth Publishing, co.

Liebowitz, M.(1983). *The Chemistry of Love*. Boston: Little, Brown and Company.

Lopata, H. Z.(1981). The Meaning of Friendship in Widowhood. In L. D. Steinberg(Ed), *The Life Cycle: Reading in Human Development*. New York: Columbia University Press.

Malatesta, C. Z. & Izard, C. E.(1984). *Emotion in Adult Development*. Beverly Hill, CA: sage.

Maslow, A. H.(1959). "Creativity in Self−actualizing People." In H. H. Anderson. ed., *Creativity and Its Cultivation*. New York: Harper & Row.

Maslow, A. H.(1968). *Toward a Psychology of Being.* Princeton: D. Van Nostrand Company. Inc.

Parsons, T.(1960). *Structure and Process in Modern Societies.* IL; The Free Press.

Patterson. G. et al.(1982). "A Comparative Evaluation of a Parent Training Program." *Behavior therapy*. 13.

Peck, R, C.(1968). *Psychological development in the Second Half of Life*. Chicago: University of Chicago Press.

Piaget. J.(1952). *The Origins of Intelligence in Children.* New York: International Universities Press.

Rothman, J.(1995). "Approaches to Community Intervention." Jack Rothman et al. eds., *Strategies of Community Intervention*. Illinois : F. E. Peacock Publishers.

Runbin, H. J. and Runbin, Irne S.(2001). *Community Organizing and Development.*

Boston : Allyn and Bacon.

Santrock, J. W., & Halonen, J. S. (2004). *Your guide to college success (4th ed.)*. Boston: Thomson Higher Education.

Schaie, K. W.(1983). The Seattle Longitudinal Study: A Twenty-one-year Exploration of Psychometric Intelligence in Adulthood. In K. W. Schaie(ED.), *Longitudinal Studies of Adult Psychological Development*(pp. 64-135). New York: Guilfrd Press.

Schriver, J. M.(2001). *Human Behavior and Social Environment.* Massachusetts: Allyn & Bacon.

Seligman, M. E. P.(1975). *Helplessness: On Depression, Development, and Death,* San francisco: Freeman.

Selman, R. L.(1980). *The Growth of Interpersonal Understanding: Developmental and Clinical analysis*. New York : Academic press.

Sheldon, B.(1995). *Cognitive-Behavioral Therapy: Research, Practice and Philosophy.* New York: Routledge.

Smart, M. S. & Smart, R. C.(1982). *Children: Development and relationship*. NY: Macmillan.

Sternberg, R. J.(1986). A Triangular Theory of Love. *Psychological Review*, 92, 119-135.

Suh, E., Diener, E., & Fujita, F.(1996). Event and Subjective well-being : Only Kecent Events Matter. *Journal of Personality Social Psychology*, 1091-1102.

Tanner, J. M.(1968). Earlier Maturation in Man. *Scientific American*, 218, 21-27.

Tsitouras, P. D. & Bulat, T.(1995). The Aging Male Reproductive System. *Endocrinology and Metabolism Clinics of North America*, 24, 297-315.

Turner, J. S. & Helms, D. B.(1983). *Lifespan Development*(2th ed.). Halt-Saunders International Editions.

U. Bronfenbrenner(1993), “The Ecology of Cognitive Development : Research Models and Fugitive Findings”, in Wozinak, R, H., 7 Fischer, K.(Eds.), *Scientific Environments*. Hillsdale, NJ : Erlbaum.

Watson, J. B.(1924). *Bebaviorism*. New York: W. W, Norton.

Watson, J. B.(1924). *Behaviorism.* New York: The People's Institute Publishing Co.

Weinstein, N. D.(1984). Reducing Unrealistic Optimism About Illness. Susceptibility, *Health Psychology*, 3, 431–457.

Weitzman, L. J.(1985). The Divorce Revolution: *The Unexpected Social and Economic Consequences for Women and Children in America*. New York: Free Press.

White, R. W.(1959). "Motivation Reconsidered: The Concept of Competence." *Psychological Review*, 66.

Wright, P. H.(1989). *Gender Differences in Adult's Same and Cross–Gender Friendships*. Newbery Park: Sage Publication.

Zastrow & Kirst Ashman, K.K.(2007) *Understanding Human Behavior and the Social Environment*. Belmont, CA: Wadsworth/Thomson Learning.

Zastrow, C.(1995). *The Practice of Social Work.* Pacific Grove: Brooks/ Cole Publishing Co.

Zivian, M. T. & Darjes, R. W.(1983). Free Recall by Inschool and Out of School Adults: Perfo. Mance and Metamemory. *Developmental Psychology*, 19, 513–520. 2008. Social Gerontology. PERSON.

〈보도자료〉

EBN 산업경제신문(2021.12.07.). 국토연구원 "청년고용 지역간 격차 완화 위한 균형 발전 정책 필요". https://www.ebn.co.kr/news/view/1511146/?sc=Daum

광주드림(2021.11.24.). 인공지능 돌봄서비스를 확대. http://www.gjdream.com/news/articleView.html?idxno=611540

뉴스포스트(2021.10.06.). 중장년층 우울증 주의보. http://www.newspost.kr/news/articleView.html?idxno=94718

대전일보(2017.01.24.). <두뇌학습 이야기> 성장과 성숙. http://www.daejonilbo.com/news/newsitem.asp?pk_no=1249569

상생(SANG SAENG) 뉴스(2021.11.29.). 태아는 사람인가? http://sangsaeng.org/mnu03_00_02.html

에듀동아(2020.08.25.). 청소년 45%, 부모님께 '연애' 사실 숨겨…이성교제 반대할까 봐. http://edu.donga.com/?p=article&at_no=20200825090414590913

여성신문(2021.12.05.). 디지털 성범죄 증가, '위장수사' 제도 도입되어.
http://www.womennews.co.kr/news/articleView.html?idxno=218061
여성조선(2017.01.27.). 10대를 위한 성교육은?
http://news.chosun.com/site/data/html_dir/2017/01/10/2017011001817.html
오늘뉴스(2021.11.26.). 전북경찰청, 아동학대 분석.
https://www.onulnews.com/sub_read.html?uid=70257
이데일리(2020.12.01.). 소아과 전문의 85% 영유아 조기교육 정신건강에 부정적.
https://www.edaily.co.kr/news/read?newsId=03965526625994256&mediaCodeNo=257&OutLnkChk=Y
지디넷(ZD Net) 코리아(2021.08.05.). 하루 종일 폰만 보려는 아이들...스마트폰 과몰입 어떻게 할까. https://zdnet.co.kr/view/?no=20210805144423
지식해설가 WebZine(2021.09.15.). 인간행동의 결정론과 자율론 논쟁.
https://kogg22.tistory.com/31
한겨레21(제1386호, 2021.11.03.). 영국 정부에는 '외로움부'가 있어.
https://h21.hani.co.kr/arti/world/world_general/51121.html

저자소개

윤경원

영남대학교 대학원 교육학과 상담심리전공 (교육학 박사)
현) 대원대학교 사회복지(학)과 교수/학과장
전) 영남대학교 교육학과 겸임교수
경운대학교 아동사회복지학부 연구교수
한국상담학회 이사
한국교류분석상담학회 이사 및 학술지 편집위원장
한국진로상담학회 회장
대원대학교 평생교육원장/인권센터장/교수학습센터장/상담센터장

[저서]
인간행동과 사회환경
인간관계론
정신건강론
교육학개론
인성과 자기계발
자기성장의 열쇠 외 다수

안외자

대구가톨릭대학교 사회복지학과(박사수료)
현) 구미대학교 사회복지학과 교수

박선태

대구가톨릭대학교 사회복지학과 사회복지학(박사)
현) 수성대학교 보건복지경영과 학과장

[저서]
노인복지론
인간행동과 사회환경
사회복지실천기술론
가족복지론 외 다수

이규은

공주교육대학교 교육학사 / 행정학사(사회복지전공)
고려대학교 교육대학원 교육학 석사(교육방법전공)
인하대학교 대학원 교육학 박사(교육과정전공)
전) 중국 연변대학교 객원교수
전) 한국학교보건학회 회장
현) 동서울대학교 사회복지학과 교수

[저서]
아동권리와 복지
사회복지실천기술론
자기계발과 직업 외 다수

이지복

한국외국어대학교 대학원 행정학과 행정학 박사
알권리연구소 이사
서울시 영등포구 정보공개심의회 위원
현) 서정대학교 글로벌융합복지과 교수

[저서]
정신건강론(2018)
청소년활동론(2017)

이경희

明治學院大學 社會福祉學科 社會福祉學 專攻 卒業
立教大学大学院 コミュニティ福祉學研究科 社會福祉學專攻 卒業
순천시 다문화가족지원센터 센터장
전라남도 다문화가족지원거점센터 센터장
전라남도 정책자문위원 외
현) 순천제일대학교 사회복지학과 교수

인간행동과 사회환경

초판 1쇄 발행 / 2022년 1월 28일
초판 2쇄 발행 / 2025년 3월 5일

공저자 / 윤경원 · 안외자 · 박선태 · 이규은 · 이지복 · 이경희
발행인 / 이 중 수
발행처 / **동 문 사**

서울특별시 서대문구 홍제원 1길 12
(홍제동 137-8)
Tel : 02)736-3718(대), 736-3710, 3720
Fax : 02)736-3719
등록번호 : 제9-17호
등록일자 : 1974년 4월 27일
가격 : 22,000원

ISBN : 979-11-6328-381-2(93330)
E-mail : dong736@naver.com
Homepage : www.dongmunsa.com